大 学 问

始 于 问 而 终 于 明

守望学术的视界

China's Traditional
Legal Order

清代传统法秩序

雅理

田雷 主编

[日] 寺田浩明
- 著 -

王亚新
- 监译 -

广西师范大学出版社
· 桂林 ·

清代传统法秩序
QINGDAI CHUANTONG FAZHIXÜ

CHUGOKU HOSEISHI by Hiroaki Terada
Copyright © 2018 Hiroaki Terada
All rights reserved.
Original Japanese edition published by University of Tokyo Press.

This Simplified Chinese language edition is published by arrangement with University of Tokyo Press, Tokyo in care of Tuttle-Mori Agency, Inc., Tokyo through Shinwon Agency Co., Beijing Representative Office.
著作权合同登记号桂图登字：20-2022-095 号

图书在版编目（CIP）数据

清代传统法秩序 /（日）寺田浩明著；王亚新监译. -- 桂林：广西师范大学出版社，2023.4（2023.7 重印）
（雅理 / 田雷主编）
ISBN 978-7-5598-5809-2

Ⅰ．①清… Ⅱ．①寺… ②王… Ⅲ．①法制史－研究－中国－清代 Ⅳ．①D929.49

中国国家版本馆 CIP 数据核字（2023）第 022072 号

广西师范大学出版社出版发行
（广西桂林市五里店路 9 号　邮政编码：541004）
（网址：http://www.bbtpress.com）
出版人：黄轩庄
全国新华书店经销
广西广大印务有限责任公司印刷
（桂林市临桂区秧塘工业园西城大道北侧广西师范大学出版社集团有限公司创意产业园内　邮政编码：541199）
开本：880 mm × 1 240 mm　1/32
印张：15.875　　　字数：320 千
2023 年 4 月第 1 版　2023 年 7 月第 2 次印刷
定价：98.00 元

如发现印装质量问题，影响阅读，请与出版社发行部门联系调换。

翻译出版说明

本书为寺田浩明教授多年来潜心研究中国法史的集大成之作。

虽然在日本的大学作为"东洋法制史"这一科目的授课教材，但本书没有采用常见的教科书体例，即并无对中国历朝历代法律制度发展的概述，亦未就法典律令或机构设置等方面展开体系性的介绍。著者在本书中指向的目的在于，通过种种史料史实去"破译"体现传统中国社会秩序形成与维系的动态及其内在逻辑的"编码"（code），建构起某种能够深入而又统一地解读历史上种种有关"法"的复杂现象的理论模型。大概正是出于这样具有高度理论性的研究目的，本书的对象范围大致以清代的家庭（"同居共财"）、宗族、土地和契约、司法制度（包括民事领域的"听讼"和作为刑事审判的"断罪"）为主，涉及的时代则延伸至帝制之后的民国和当代。通过对汉民族传统的日常生活及社会秩序中"法"究竟何指或者"法为何物"的叙述和分析，著者描绘出了某种从整体和根本上区别于西欧前近代法，以及欧美现代法制的"另一类秩序"模式。

由于本书具有以上的特点，将其翻译为中文介绍给国内读者绝非一件易事。所幸，著者在潜心研究的同时，也指导培养了一批中国留学生。本书的八名译者中，多数都曾在京都大学受教于寺田浩明教授门下。黄琴唐、张登凯来自中国台湾，目前黄琴唐已在中国台湾政治大学法学系任教，回到中国大陆的李冰逆、海丹、孟烨、魏敏、曹阳的工作单位则分布在四川大学（法学院）、中山大学（历史系）、复旦大学（法学院）及华东政法大学等院校。此外，从中国台湾到金泽大学留学，由中村正人教授指导取得博士学位的江存孝现在供职于中国台湾法官学院。他们分担译出的各个章节都由著者本人仔细校阅，不少内容的表述在著译者之间经过了反复的沟通及推敲。对于这样形成且已具备很高完成度的译稿，我作为监译仅加以通览并从整体上就中文的表达略做勘校，在得到著者本人的确认首肯之后才最终予以定稿。与此同时，中国社会科学院历史研究所阿风研究员又仔细阅读译稿，提供了若干修订或润色的意见，寺田教授本人再吸收其中一些修改，对译稿做了进一步完善。历经两年来如此"较真"的共同努力，至少就著者自己也表示十分满意这一点而言，相信本书的翻译质量已经获得了相当的保证。

本书各章译者（按照章节顺序排名）：张登凯（序章、后记）、黄琴唐（第一章、第八章、终章）、李冰逆（第二章）、海丹（第三章）、曹阳（第四章）、海丹/孟烨（第五章）、江存孝（第六章）、魏敏（第七章）。本书以目前这样上佳的面貌同读者见面，与诸位同仁和出版社编辑的共同努力是分不开的，在此一并致谢。

王亚新谨识于清华园
2022 年 3 月

目 录

序　章　传统中国的法秩序　　1

第一章　人与家　　18
　　第一节　家　　18
　　第二节　人　　38
　　第三节　宗　　49

第二章　生业与财产　　65
　　第一节　管业　　65
　　第二节　服役　　84
　　第三节　租佃　　107
　　第四节　所有权秩序的特质　　124

第三章　社会关系　　139
　　第一节　空间构成　　139
　　第二节　社会结合　　155

第四章	秩序、纷争和诉讼	178
第一节	社会秩序的思考方式	178
第二节	纷争和解决	191
第三节	国家审判机构的概要	212

第五章	听讼——审判与判决的社会基础	227
第一节	听讼流程1——标准流程	227
第二节	听讼流程2——附随的各种展开	251
第三节	听讼的规范构造	271
第四节	规则型法与公论型法	290

第六章	断罪——犯罪的处罚与判决的统一	307
第一节	命盗重案的处理1——州县进行的工作	307
第二节	命盗重案的处理2——复审的过程	333
第三节	律例及其运作方法	349
第四节	成案的使用	366
第五节	判决基础的赋予及判决的统一	383

第七章	法律、权力和社会	403
第一节	寻找中国的法律	403
第二节	心中之法律的社会共有	413
第三节	社会和权力	427

第八章　传统中国法与近代法　　　　　　　　442
　　第一节　一般的人际关系与制度性的关系　　444
　　第二节　中国与近代法　　　　　　　　　　467

终　章　跨越文明的法论述方式　　　　　　　　484

后　记　　　　　　　　　　　　　　　　　　　496

序　章
传统中国的法秩序

1. 本书的两个课题

清代的法状况　就在日本的江户时代（1603—1867年）实行幕府及地方各藩的分权统治的同时，中国开始进入清朝（1644—1912年*，后金国则于1616年建国）统治时期，实行皇帝支配的专制统治秩序。

当时，人们的生活以小家庭为单位，每户有五六人。由于兄弟均分的家产分割制度，家产的零散化不断地反复进行。为了生存，每个家庭之间也存在着竞争关系。土地财产通过市场交易，频繁地从没落家庭转移到上升家庭。无产之家，大多以耕作有产之家的土地为生，与地主缔结了租佃契约。各个家庭无法维持长期的安定，也就难以形成其他前近代社会常见的村落共同体构造。也就是说，相邻的各家之间，难以形成跨世代的互酬式关系。即便是生产与生活中所必要的

---

*　1636年皇太极改国号为大清。1644年多尔衮率领清兵入关，同年顺治帝迁都北京，从此清朝取代明朝。——编者注

互助关系，也只通过订立短期的契约来维系。其中存在的，是与日常生活息息相关，变化不定的契约式关系，主导着市场社会。现存数量庞大的契约文书群，就是这种情况的真实反映。

皇帝一元化的全国统治，笼罩着人们如此的生活全部。不同于其他多数的前近代文明，统治阶层并非用自己持有的武力，控制一定区域的当地领主，而是皇帝通过科举，只局限一代任用的官员。皇帝划分出全国的行政区块，派遣自己任用的官员，作为地方长官，前往赴任。此长官作为"父母官""亲民官"，统治一地的民众。最末端的地方行政区划，称为州或县，全国一千六百有余。清代中叶，人口约有三亿人。如此计算，一位州县长官，辖下约有二十万人，约四万户。[1]

既然是竞争型社会，则纷争在所难免；既然不存在所谓村落共同体，当有解决纷争的需求时，则寻求国家介入。最初担任裁判官角色的官员，即亲民官。提起诉讼，称之"打官司"。打官司，以向州县衙门提出诉状的方式进行。多数民众不善书写，但在州县衙门附近，官方承认的代书排成一列，一收到委托，就将提诉之事，缮写成诉状。每逢尾数为三、

---

〔1〕"依嘉庆年间的统计数据，天下的厅、州县总计一六〇三，人口有三亿三千五百万余，因此可以得到一位亲民官，辖下约有二十万人口的概算。"而最基层行政区块的数量，也因统计方法不同，而出现各种的数据。参照滋贺秀三《清朝时代の刑事裁判——その行政的性格。若干の沿革の考察を含めて》，收入同氏《清代中国の法と裁判》，創文社，1984年，第13页。

八的日期,即收受诉状之日,每月有六天,为受理诉状的例日,民众持诉状,前往衙门受理窗口投递。新受理的案件,一州县每年有一千件之多(全国每年总数约一百六十万件)。[1]虽难以评价如此数量是多是少,然而,以一年一千件案件而论,至少有原、被告两造各自一千户的家庭,牵涉其中。以前述每一州县平均有四万户试算,不管如何的家庭,在二十年间,会有一次作为原告的家庭或被告的家庭,卷入诉讼的风波之中。对于中国民众而言,诉讼是十分贴近的存在,应无疑问。通过传世的数州县行政公文的原件(州县档案),可以详尽得知当时裁判的实际情况。

至于刑事案件的处理,则由国家规模的裁判制度一体运作。处以徒刑(详见后述)以上刑罚必要的案件、命案(牵涉死亡的案件)、盗案(主要为强盗案件)的裁决权限,归属省级以上的高级官员。这些案件经过州县审理与作成原案后,为寻求上司的裁决,而在国家官僚机构中进行复审,同时往上递呈(若为死刑案件,则呈至皇帝本人之下)。作成上行公文时,有必须援引法典条文的义务。因应此种援引的必要,再逐步完善详细且有体系的实定法(律例)。中国的档案馆、博物馆中,藏有大量上呈皇帝的刑事裁判文书(题本),其中重要的判决先例(成案),亦早已在清代时,便以成案集的方式印刷、刊行。

早熟的国家与社会的二元性 如此,在此所展现出的,

---

[1] 参照第四章第二节。

是大规模的市场社会、契约社会、诉讼社会,由统一的官僚制国家所统辖。若单就大致上的秩序,乍看之下,几乎与近代社会雷同。而且西方正处于克服封建割据的状态,在统一的国家权力之下,形成国家规模的市场型契约型社会、单一的法空间,也就是绝对君主制,即十七八世纪之时,土地也随之而起,正式成为商品之一。然而,中国民间土地自由买卖状态的确立,可溯及十世纪前后的宋代,单就一君万民的国家体制(以下称之为"帝制")来说,也在公元前三世纪末的秦始皇时代出现。比较法制史学者水林彪氏,将从具有封建、多层的政治构造,转化为单一国家权力下,已经平准化的各法主体平均并列的状态,称为"文明化",并认为西方国家在十七八世纪时,产生如此转变,而中国则发生于公元前三世纪至公元十世纪之间。[1] 的确,单从国家体制的外观而论,情势的确如此,而上述法的状态,则表示出中国人对于此种大转变后所发生的各种课题,采取的处理方法。

然而,若论及中国人如此的处理方法,是否等同于西方近代的模式,答案肯定是绝非等同。也正因为不等同于西方近代的模式,中国不得不在十九、二十世纪引进起源于西方的近代法制度,而承担着因两种法的混淆所产生的新烦恼。帝制中国原有的法秩序,不仅异于西方前近代封建制的法秩序,也与西方近代的法秩序迥异。中国法制史与西方法制史

---

[1] 水林彪等编:《比較国制史研究序説——文明化と近代化》,柏書房,1992年。水林彪:《国制と法の歴史理論》,創文社,2010年。

的异同,不单是过渡时期,就内容方面,也有所不同。

课题一:阐明清代法秩序的实态 在此,本书中,以具体剖析在世界史上占有独特地位的中国清代法秩序之实态为首务。仅就主要的构成要素来说,诸如家庭的实态、土地所有与租佃关系的实态、社会关系的组成、民事与刑事裁判的实态及其中法典判例所担当的作用、契约社会特质等,有必要加以探讨、或者值得探讨的问题,举不胜举,而不管何者,皆充满具有魅力的特征。本书中,尽可能以彼等的思绪,以及彼等的日常概念,逐一进行分析。[1] 阅读当时的诉讼文献,仿佛置身其中,得以理解其背后究竟发生何事,以此为首要的目标。而本书的后半部,则针对数件裁判事例,进行更详尽的探讨。

课题二:另一个法范式的确立 其次,在进行以上分析的同时,本书亦思考方法论上的问题,即传统中国,或者广义上西洋以外的传统社会中,如何就"法"这一社会现象,进行讨论。倘若将上述课题一视为历史学上的问题意识,则课题二属于法学上的问题意识。实际上,此问题对于当代日

---

[1] 以广泛选取构成法秩序的各种构成要素,并描绘出统一的全体面貌之尝试,在过去的研究中,本书最先想到仁井田陞氏(1904—1966年)的论著《中国法制史》(岩波全书,初版1952年、增订版1963年)。该书篇幅,与本书略同,为概述的论著(著者以1948年迄1951年,在东京大学法学院的授课讲义为基础所编写的教科书);讨论从国家到村落、行会,以及从刑法到亲属法、土地法、贸易法等多方面的问题后,再对传统中国法试以历史的定位。该书极力表现的,是可以与革命余烬未灭的"新中国",相与对比的"旧中国"下东方式的"权威主义、专制主义"。该书出版迄今,已五十余年,仍未见与其同样、同规模的其他尝试。本书试图表示出,能够取代该书的另一崭新的传统中国法之面貌。

本的法律学者而言，依然是令人困惑的问题。

以当代日本法为例，溯及其历史渊源时，在明治时期以前，则上溯德国、法国等西方法史。至于我们对当代日本国家法外侧所具有的秩序，从明治以来，则认为是"法外"的范畴。当然，我们也并非积极地将继受西方近代法以前的日本，表述为"无法"的状态。在这里，亦认为存在某种意义上的法。然而，此种代代相传而来的法，与近现代的日本法（或者西方近代的法）之间，其概念上的位置关系是难以巧妙连结的。结果，此种近现代日本的法秩序，也无法在作为其外围的日本社会之日常规范秩序中，得到一个确切的地位。日常秩序与法秩序、前近代日本法与近代日本法，若单纯分别提及，似乎没有任何破绽；然而，焦点一旦集中于与法有关的问题上，再讨论两者之间的关系时，则往往成为在前近代日本当中，寻找类似西洋近代法事物的踪迹，再讨论其成效与不足而已。

中国法制史的研究，也同样存在着这种问题。例如上述清代的法状况，若照以往的方法，可能会有如下的诠释：虽然社会具有市场、契约的属性，然而民事实体法却不发达。国家主导的民事裁判，并非实现法定权利，而是由具有浓厚的个别主义、协调气息所形成。刑事裁判中，实体法，以及判例制度发达，然而裁判本身的推断，却不当然有依法（rule of law）裁判的思维，因为皇帝凌驾于实体法之上。如此描述时，不知不觉中，权利秩序自然集约于规则，其权利通过裁判而得以实现，同时裁判是由规则所统制的西方型法与裁判的理想态样，成为参考框架。无论其结论是还不够，或者出乎意料的顺利进展，所进行者，乃在中国史当中搜寻对应西方各种要件的事物，再以西方法的标准进行评价的操作，当然，从结构来说，永远无法得到满分。

法概念的贫困　结果，我们对于法的理解，在大框架下，只有已经被理念化的西洋近代法模式，以及对其恣意加以稀释的模式。[1]法的概念定义仍无法从历史上实际存在的西方法独立出来（如此的法概念，只有一个），因此，无法妥当区分出"不同于西方的法（其他形式的法）""不属于法"两者之间的不同。基于同样的理由，有关法如何形成的历史记述，如果描写其持续到现代的发展，自然而然只是成为近代法的形成发展史而已；而仅仅以近代法为标准所能得出的当然结论，也不过是把近代法自身无意义地尊奉为所有的法在历史上之最终归结而已。

如此，不管主观上如何以对等的相互比较为目标，仍然很难从这样的努力中找到把西方法、近代法这一侧相对化的

---

[1] 当然，在此（仿佛像史料用语主义一般）也有着眼于"法"这一汉字的方式。但是在传统中国法领域中，此字主要指皇帝出示于官僚或人民的实定刑罚规则。以传统中国法为论述的对象时，不会只局限于此。而且棘手的是，"法"字在近现代以后，中国与日本皆专指西方用语 law 等的译语。因此，单就此字的讨论，可能稍不注意，就陷入言语的迷思。正如中国有"法为王者治世的工具"一说（至少就古汉语的字义而言，应无违误），再扩大为"归根到底，治者与被治者成为一个法共同体的关系——法官讲述何者为互相之间的法，以及民众倾听后，再查明自己的法意识，此种法官与民众的面貌——并不存在于帝制中国"时，当途中转换话题的对象时，论者能够自觉到何种程度，实在不无疑问。以上引文，出自滋賀秀三《清代中国の法と裁判》，創文社，1984 年，第 79—80 頁。

议论路径。当然,法制史学本就来自西方近代的框架,一开始其学问的概念化即以西方历史经验为对象,而日本法制史学与中国法制史学本来即仿效西方学科所创设,其出发点在一定程度上不得不借用其学问的概念。然而,此种做法亦非长久之计。如此一来,应如何为宜呢?

来自中国法制史学的挑战 若暂停在此尝试加以思考,姑且不论日本,就中国来说,诚如前述传统时期中,从契约经由裁判到实定法等,我们可以想到的多数有关法的现象,盛大展示出来。特别是有关清代,能够生动反映出法律实际运作的契约文献、裁判文献,仍有丰富的遗存。如此,已不是进行以往个别"寻找相似于西方事物"的工作,而是阐明各构成要素之间,所具备的独自内在关联,以及以自圆其说、毫无矛盾的方式,以概念描绘出其中事项的全体轮廓,再积极地以"其他形式的法"之形式,提出一套构造,应该是一条可行的道路。[1]

如此的操作,是自行决定以何者为"法"进行讨论,再表现出来的要点,更重要的是,也成为中国法制史学的基础建立。正由于有如此的一个尝试,开启了思考:可以讨论与

---

[1] 在日本,如此的学问志向始于滋贺秀三氏(1921—2008年),并由其引领。但滋贺氏的工作,分为以亲属法领域为代表的民事实体法研究、法典编纂史研究及民刑事裁判制度研究三大领域,各自的进展非常深入,唯三者相互间的关系,即其中所存在的法的全体面貌,仍然未充分进行概念的统合。个别论述时,并无破绽,然跨越三者进行讨论时,如前注例子所示,绝对可以发现龃龉之处。本书的目的,即跨越残存的最后一道壁垒。有关滋贺氏业绩的学说史意义及地位,参照寺田浩明《滋賀先生を偲ぶ》,收入《法制史研究》第58号,成文堂,2009年。

此互为对照的西方法史和西方的法概念，在世界法史中所占的地位及特性；同时以跨越文明的方式讨论"法"时，有何应注意的地方（或者广义对人类来说，"法"为何物）等问题的思路。对于世界法制史学、比较法制史学来说，如此的研究手法，意味着中国法制史并非独树一帜，孤立于世界法史以外，而是通过法概念的富饶化，来使中国法制史学能够有所贡献。

传统中国的法秩序　在此，本书将具体阐明清代法秩序的第一个课题，同时也作为一个如此独特的法秩序范式的建立〔其他非西方地区亦可能做如此的，亦即先驱式的尝试（pilot program）〕来推进。既然已进行初步的探讨，当面与其对照的对象，是以非常概括的方式，所取得的西洋传统法的实态与近代法的实态。[1] 按此，则与之相对应的中国一方的对应物，自然也是非常概括，即在接触西方法以前，中国人

---

[1] 附带一提，在以下篇幅，笔者不厌其烦讨论传统中国法这一概念所具备的问题点，当然，就西方方面而言，也不会存在西方法传统或近代法此一事物。而西方法史的专家们，现实上忙于讲述比民族国家规模还小的地区之历史。实际上，研究越是深入，将西方法、近代法总括而论的鲁莽，对任何专家来说，都非常清楚。然而试与传统中国法对照时，西方法史研究者应该自省地定立方向，这样才能产生某种重大的共通项目，也十分确切。正是明确说出此点后，也更清楚互相性质的异同。结果，此种东西方对照论最困难之处，或许在于，有关整体西方法史性质最大规模的结论，竟然是出自对西方外行的中国法制史学者。也因为如此，很难对此种结论，直截了当地注记、标示其根据（将此断言的责任，强加于此专家）。论及西方法的部分，几乎未附注解，应先向读者表示歉意（欲学习西方法制史，仍需自读西方法制史的教科书，除此之外，别无他法）。另外，同样的理由之下，以西方法史为专业的学者，若一睹本书，也会发现到处都有十分可笑的基本错误。也请予以严加叱正，并请积极提供替代方案。

独自创设的法秩序全体。本书所称的"传统中国的法秩序""传统中国法"等用语，即指在如此概括比较的面貌中所反照的中国固有法的实态。换言之，本书的第二个目的，在于阐明传统中国法秩序所具备的世界史特质，试图说明传统中国法、西方传统法，以及近代法的地位关系。

本书的界限、目的的限定 只关注以上两课题的结果，本书就中国史内部的历史发展过程，反而较为薄弱，或许先向读者叙明为宜。

毋庸置疑，以下所见的亲属法、土地法、身份法、裁判制度、刑罚制度等各论，在清代之前，各有必须论述的悠久的历史。而有关法全体的性质，不管如何称之为传统中国法，决定其性质的构成要素之历史深度，事实上也是形形色色（各种各样的构成要素，组成了传统中国法的性质。然而，这些构成要素，并非全部从以前就一直存在，存在的时间点不尽相同——译者注）。家的构造基础的血缘观念，甚至也不知道究竟始于何时。一君万民的皇帝统治构造，诚如前述，可上溯至秦代（公元前三世纪），然而土地买卖的全面化，却只能上溯到宋代（十世纪）。社会关系全面契约化、市场化，或许是明末清初以后（十七世纪）的事。若前提条件在此有所不同，则本书以清代为素材而加以厘清的法的特质，也不可能从太古以来，就全部保持原封不动的状态。至于帝制的成立，可以容易想见，系属较大的时代区分，但也不会决定法的所有特征。本书的结论，无法无条件地扩大到整个帝制中国法。但是，如果讨论历史的形成，也就是追溯此前存在何种状态，问题则会加速复杂化。所以，本书中所述各个论点的历史范围，以及诸如何种历史要素，属于法特质的哪一部分、规范程度为何的这种问题，皆保持开放，容日后再行检讨。

另外，与西方接触以前之传统中国法秩序的样子，尽可能以一个自圆其说的系统重新组成。按此目的，本书虽然以清代法为主要的考察对象，但就清代特有的历史要素，原则上不加以辨别注意。由于考察集中在法秩序核心中主要要素之间概念的位置关系的复原，清代法秩序中，当然存在版图内重大的地方差异（例如蒙古，在该地区会有稍微不同的法秩序传开），以及民族互异的各种问题（例如满洲人作为"旗人"，与其他民人有所区别。至于多样化的少数民族，则具备独特的内部秩序），本书几乎未加以触及。这些问题，则与历史展开的问题一起，作为下一个课题，留待今后解决。

2. 皇帝、绅士和民

主要的登场人物　在以下各章论述清代法秩序的各种具体面貌之前，首先简介登场人物的情况。狩野直喜氏以宋代哲学家朱子的《大学章句》为素材，就帝制中国的组织原理，简洁说明如下（引文中的〔　〕内文字，为著者所加，以下引文皆同）。[1]

> 帝王乃天从人类当中，选择聪明睿智、卓越出众

---

[1] 狩野直喜：《清朝の制度と文学》，みすず書房，1984年，第277页。

者，命之以为亿兆之君师，使其掌握治教〔统治与教育〕。当治教使得人民的德行完全成就，则帝王的责任，始为实现。司徒典乐诸官，亦为辅成帝王治教之大事业所设。就此意义而言，世界上唯独帝王一人，世界上所有人类，皆应接受其治教。因此，与中国国家有关的思想，并非现在以国境为分界互相对立的国家，而是宇宙国家的思想。

通过唯独一人接受天命，并教化其他所有人民的论理，国制因而组成。而一君与万民之间，则设有"司徒典乐诸官"，扮演道德教化的辅佐角色。

绅士身份与科举 此等"司徒典乐诸官"（官僚），以及其来源基础的"绅士"阶层，在清代，实际上也由皇帝从人民之中，通过科举考试，辨别是否具备相关经典的学识而决定。简单来说，[1]科举考试制度大概分为学校考试（童试）的预备考试与科举考试的正式考试两阶段。考生若通过每年举行的学校考试，则可获得"生员"的身份，以及参加科举考试的资格。在三年一度的科举考试中，考生若通过第一阶段的乡试，则可获得"举人"的身份，同时开始具备任官资格。若想更往精英之路迈进，则参加在北京举行的会试。通过会试者，称为"贡士"，全体考生直接参加主考官为皇帝的殿试。参加皇帝主考的考试后，皇帝与考生之间，即缔结一

---

〔1〕详细论述参照宫崎市定《科举》，中公新书，1963年。收入《宫崎市定全集》第16卷。

种拟制的师生关系。殿试结束后，再授予"进士"的身份。每三年，约产生三百人的新科进士。

绅士身份，为考生本人通过考试所获得，原则上无法世袭，因此，每逢世代交替，具备绅士身份的家庭，也大幅更替。根据以往研究所示，某年度的进士通过人数293人（不含满洲人）中，父亲为绅士者占190人（65%），父亲为平民者占103人（35%）。[1]

然而，若只强调由皇帝选拔的要点，则容易放过重要之处。科举制度自宋代以后，逐渐完备。然而，并非来自暴力或者经济的力量，以德望立足于民众之上的绅士阶层，在此之前，早已存在。绅士身份，绝非科举制度甚至是皇帝所创造。质言之，此社会需要"承接天命，教化民众的一位有德皇帝"的存在，同理，也需要"无数的有德绅士"。科举制度的历史意义，不过是此种认定绅士资格的功能，转化由皇帝形式上垄断而已。

社会中的绅士　作为统治阶层的绅士们，他们在社会中又是怎样的情况呢？就绅士人数占全体人口的比率而言，19世纪初期，全国总人口数约3亿人，生员以上的绅士约110万人，比率约0.36%（280人当中，有一位绅士）；迄清末时，则各为3亿5000万人与150万人，比率为0.42%（340

---

[1] Robert M. Marsh, *The Mandarins: The Circulation of Elites in China, 1600-1900*, Free Press of Glencoe, 1961.

人中有一位绅士）。[1]

由此讨论其在社会上的存在感，并非易事。以现代日本医师占整体人口的比率来说，2014年，每10万人口，有245人的医师，约占0.245%（408人中有一位医师）。我们都知道科举考试的难度，所以我们往往会认为绅士是稀少的，但在当时的清朝社会，绅士的存在却是现代日本的医师数的1.5倍。绅士住在人们容易接近的范围内，当然他们也不平均分布在社会空间之中。有可能大都市多，乡下较少，此应无疑义。然而，在大都市中，只要不是高位阶身份者，还不至于显眼；但在乡下，即便只是生员，亦为人所重。这就如同现代大学附设医院中的医师，与偏僻地区的实习医师一样的区别。

接下来，讨论绅士家庭人数的比率，以19世纪初及末为例，分别为450万人（1.5%）与750万人（2%）。以统治阶层所占全体人口的比率而言，可谓偏少。就以江户时代"士"身份占全体人口的6%—7%为例，便可见一斑。当然，由此可以想见，其各自在社会中，统治阶层被赋予的角色、实现的工作等有所不同。若再与上述流动性论述互为连结，则可以看出，不满全体人口2%的家庭，能够产生出下一代2/3的高级官吏。这种数据的解读，并不容易。

---

〔1〕 19世纪初叶的数据，参照坂野正高《近代中国政治外交史》，東京大學出版會，1973年，第68頁以下。清末的数据，则参照斯波義信《社会と経済の環境》，收入橋本萬太郎編《漢民族と中国社会（民族の世界史5）》，山川出版社，1983年，第170頁。

相对于上述绅士的人数,彼等可以任职的官职总数,也不过数万。也就是说,以上绅士中的数万人,被配置于中央、地方的国家官僚制机构;国家统治所及最为基层的州县,也由北京当局任命的地方长官前往赴任。而其余非现任官僚的绅士们(有曾任官者、未来希望前往任官者,更有不热衷于任官之人),多半生活在自己生长的州县,其中,对于周遭人民,发挥社会的领导能力,对从外地前来赴任的地方长官,时而给予协助,时而对抗。

皇帝、绅士、人民所扮演的角色 此为一君万民国制下,登场人物大致上的配置。诚如上述,整体上由天选择卓越出众者为皇帝,皇帝再率领自行遴选出的绅士,为德化的助手,激励人民的教化。然而,不言而喻的是,"由于我们并非宣传王权的思想体系,而是研究其现实的具体状态,所以王权下的社会,并非纯粹精神的、柏拉图式的宇宙论观念(如天子受命于天教化人民的观念——译者注)的自我发现,我们应该从此种自明的事实出发"[1]。所实行的,并非帝王学,而系社会科学。以皇帝统治为对象进行探讨时,应该阐明的,并非有德的皇帝如何教化无德的人民,而是统治也就是政治的控制(并非像西方史中,以自己的武力,保护一定空间与在此空间中生存的人,免受外力的侵略等;也不是以此种力量,保护、实现其中的法,或者属下人们的权利)为何表现

---

[1] 関本照夫:《東南アジアの王権の構造》,收入伊東亜人、関本照夫、舟曳建夫編《国家と文明への過程(現代の社会人類学3)》,東京大學出版會,1987年,第10頁。

出人民道德上教化的形象。我们讨论西方法的历史时,时常将包含权力自身定位在内的全体,当作一个问题。唯独传统中国,从有受命于天的皇帝存在开启话题,而有关法的话题,本就不该局限于彼"为治世所用的工具"一处。

结果,进入发展的,还是"人民"这个角色。人们特定的生活态样,反复之下,形成特定形态的权力。第二次世界大战前的中国史学者和田清氏谓:[1]

> 在我国〔当然指战前日本〕,臣民一体;中国的臣与民,则全然不同。臣,即官僚,属于天子直接的召使,必须不忘其职务,忠实任官;民,即一般人民,由于是天下之公民,只要各自务其生业,不为非法之事即佳,所以,当然没有直接效命国家或皇帝的理由。

在此所表现出的,与其说是作为国家政治秩序当中一位成员的生活,不如说是作为"天下的公民",其再好不过的愉悦生活。在此种生活之上,所有的秩序,编制而成。

中国的社会人类学学者费孝通,更进一步以"农民在家族的这一细胞当中生活,细胞之间,不存在强力的羁绊",描述此种人民的生活。[2] 因此,本书首先从第一章,家(家

---

〔1〕 和田清:《東亜史論叢》,生活社,1942年。转引自中根千枝《社会人類学——アジア諸社会の考察》,東京大學出版會,1987年,第211頁。

〔2〕 費孝通著,小島晋治等訳:《中国農村の細密画——ある村の記録 一九三六~八二》,研文出版,1985年。Fei Hsiao Tung, *Chinese Village Close-Up*, New World Press, 1983。

族）的实态开始谈起。其次则依序讨论：第二章为家的经济基础，第三章则为家与家之间，彼此如何缔结关系，进而建立、发展出社会。以此见解为基础，第四章以后，则逐步进入法与裁判的相关问题。

然而，从个别的人民开始谈起，并不当然就表示，特别如同社会契约论般的处理［回归到最原始（zero base）的"自然状态"开始，有逻辑的构成国家权力］。第一章所表现的世界，已有国家的存在。因此，有必要之处，亦穿插和国家与法有关的话题，获得各种知识的同时，再依序进入核心的问题。

第一章
人与家

第一节 家

1. 日本的"家"与中国的家

与日本一样,在传统中国,人们也和近亲聚集在一起生活,此种生活单位中文也称之为家。[1] 不过,传统中国的家与近代以前日本的"家",虽然因使用了相同的汉字而容易混

---

[1] 本章的理论构成,当然是笔者所独创,但是有关传统中国的家的事实认知,几乎全部借助于滋贺秀三的《中国家族法の原理》,創文社,1967年(中文版:张建国、李力译《中国家族法原理》,法律出版社,2003年;商务印书馆,2013年——译者注),引用的大部分史料也是该书所提示的内容。如同第二节中也将触及的,滋贺秀三的前揭书从历代王朝的立法、记载流传下来的裁判例、民间习惯调查报告三种史料来源,全面性地收集与家族财产法相关(有时看起来似乎有矛盾)的理论性要素,就它们的所有内容负责地彻底做出某些说明,而后辈研究者们进行研究时,首先也会就该书所提示的各种事实,重新给予定位。本章虽然也以此种创新为目标,但对于滋贺氏的立论却无法做出太多的补充。

淆，但它们在内涵上具有相当大的差异。如果带着错误的意象进入接下来的讨论，将会导致讨论的内容变得混乱，因此，这一点必须在开头处就予以厘清。[1]

日本的"家" 在传统日本里，如同"承'家'"这句话所显示的，所谓"家"，指的是从祖先那里承接而来，在自己的世代中守护、振兴，然后交接给下个世代的对象物。在此意义下，它是超越各个构成成员而存在的客观组织体。这样的"家"，具有世世代代必须担负的、职务上或社会上的特定功能（"家业"——世代家传的职业、行业），而人们所意识到的"家"的兴盛，就是此种家传行业的繁荣壮大。

"家"的家长是此种业务组织体（一种公司）的经营责任者，所谓"承'家'"，意味着家长——公司董事长——地位的交替或交接。此种地位通常由长男承袭，但是对于"家"而言，"家业"的存续是最高的价值，因此有时候能力的重要性会凌驾于血缘。长男没有能力时，由次男以下之人成为家长，甚至可能招入适任者为女婿，使之承"家"。此外，由于只有一人可以成为后继者，因此其他的孩子们会转以公司高级雇员的身份在"家"里面生活（日文称作"部屋住み"）。他们通常无法成为上述意义下的"家"的家长。当"家业"

---

[1] 关于日本和中国使用相同汉字但所指对象的实质内涵却存有很大差异的这个问题，参阅渡辺浩《宋学と近世日本社会——德川前期儒学史の一条件》，收入同氏《近世日本社会と宋学》，東京大學出版會，1985年。该书第116页以下对于"家"进行了讨论。此外，滋贺秀三前揭书第58页以下也以"中国的家与日本的家"为题做了比较。

第一章 人与家

非常幸运地获得扩大时，他们自己可能建立新的"家"（日文称作"分家"）而成为这个"家"的家长。但即使在此种情况中，这个"家"为原本"家"的子公司或分店，分家的任务乃在于扶助本家。

当然，在古代，此种突出而享有盛名的"家"只存在于国家的上层阶级。这一上层阶级的顶点是天皇的"家"，其下则是以侍奉天皇作为"家业"（"家职"）的贵族们的"家"。但是随着时代的发展，后来又增加了武士们的"家"，而且在武士的内部，还设立了大名及旗本以下阶层的"家"。到了江户时代，此种变化甚至扩及一般人民，连"本百姓"（受领主统制的一种农民阶层）的"家"也开始有了承继"田畑家督"（成为农地耕作责任者及纳租责任者的一种地位）的现象。在此，整个国家的体制，被理解为担负此种任务的许多"家"的积累（或者从顶点来看，是许多此种"家"的悬吊），而人们在某个"家"出生后，会守护这个由祖先传下来的"家"，各自钻研其技能（或专业），最终将这个"家"传给下个世代而死去。在此，社会的格局固定在一种理想的状态之下，只要人们能够各自守护自己的"家业"，基本的秩序就能够获得维持。

中国的家 不知不觉地，我们很容易做出这样的设想：由于日本是儒教国家，而儒教很重视家，因此中国的家也当然具有此种性质（或者日本的"家"具有的此种性质是学自中国）。但是，这样的设想完全错误。

诚然，在无法分割之物（典型的例子是政治支配者的地位）与家连结的情况下，不得已地，只能如同前述日本的情形般采取独子继承制，但在帝制中国里，政治支配者的地位（皇帝一家除外）原则上并非世袭。在此，职业不是由家所固定，而是由形成家且在其中生活的人们，为图自己的生存与富贵而选择。从人民生活的角度来看，甚至连官位、官职也只是如同此般的一种生计。这里，"家"这个汉字，显然指的是血缘相近的人们聚集后创设的、具有共产性质的生活共同体或生活团体自身，而当时机到来，这个生活团体会如同细胞分裂般，分割成几个较小的生活团体。因此，此处所谓家的兴盛，其浮现的意象并非如传统日本般的"家"此种企业体的壮大，而是继承自己血统的人们所形成的家这种生活共同体的增生，犹如蛙卵堆满池底般地满布于大地上。但是不待言地，并非所有的家都能够如愿以偿，实际上，社会乃是此种微小细胞彼此间的生存竞争，当然会发生激烈的变动状况，而社会秩序可以说是经由此种家与家之间反复动态性的重塑而形成的。

因此，虽然同样就"家"或家的问题进行讨论，但应该谈论的内容在中国和日本却有着相当大的差异。在日本的情形，"家"这种组织体、企业体的内部统制样貌及家长的更替样态等问题，会成为家族法理论的主要议题；与此相对，就中国的家而言，生活共同体的生活原理和该共同体的分裂形态会成为问题所在。本节中，笔者拟不加矫饰地介绍中国的家的实际形态，而在次节，将尝试说明其成因。

2. 同居共财

传统中国的家的生活方式，可以用"同居共财"这个史料上的概念进行总结。甚至应该反过来说，在中国，按照"同居共财"的生活原理（或者受其拘束）生活的近亲团体，称之为家（这是中国的家的定义）。所谓"同居共财"，简言之，乃是家的所有构成成员用一个钱袋生活，这进一步可以区分为以下三个面向。

共同收入 第一是共同收入。例如中华民国时期的人类社会学学者杨懋春氏曾经对于自己故乡山东省的农村生活，作了如下的描述：[1]

> 各人为了全家而劳动生产，无论他是农夫、石工、织工或商人皆同。在家的农场工作者是为了全家而工作，这自不待言，而由其他特殊工作获得的收入也仍旧归属于家。若有谁事先将他获得的工资保留了一部分，他会遭到家长斥责，可能也会被其他家族成员视为不能信赖的人，遭受他们以怀疑的眼光看待。例如，假设某家有个儿子于每年一定期间在青岛担任石工，虽然他不得不将部分工资花费在自己的用途，但是心中绝不认为这些钱是自己的东西，或他的花费完全随心所欲。他的态度和他在

---

[1] Martin C. Yang（杨懋春）, *A Chinese Village : Taitou, Shantung Province*, Columbia University Press, 1945. 转引自滋贺秀三前揭书第70页。

家里田地劳动时完全相同。

家族成员的收入，应该全部作为家的收入，放进全家唯一的钱袋中，他们不可以另外意识到仅仅属于自己的收入或仅仅属于自己的财产。

共同支出　第二是共同支出。既然没有自己独自的钱袋，生活上必要的全部支出只能仰赖全家唯一的钱袋。而支出之际，同居共财的生活原理要求，无论各个家族成员获得收入的多寡，都必须按照他们的需要，平等且公平地支出。特别是伙食的共同享用，被认为相当重要，因此，同居共财的家族生活也被称作"同烟"或"同爨"（两者都是同灶的意思）。

若仅仅说到"按照需要，平等且公平"，听起来非常困难，但如果我们想起中国农民的餐桌情景，会发现那并不需要特殊的技巧。中国的伙食形态是利用家族全部成员所赚取的收入制作大盘料理，而家族成员从大盘子里面分盛出自己的那一份食物食用。在这个意义上，大家皆系平等，不过，实际上并非每个人都吃了同等份量的相同食物。成长时期的孩子及从事体力劳动的人们，自然要食用大量营养价值高的东西，而其余的人们大概也会想要把这些东西让给他们。这是人们对于"按照需要，平等且公平"这个原理所意识到的

第一章　人与家

本来状况。[1]

共同财产 第三是共同财产。如果收入大于支出，渐渐地家里的那个钱袋会剩下一定数量的金钱。而传统中国的人们一旦那样存下了一定数额的金钱后，就会将它们变换为最安全的资产——土地。那么，在此情况下，该份土地财产是谁的所有物？第二次世界大战前日本的东亚研究所和满铁旧惯调查班共同在华北地区进行旧惯调查时所做的访谈记录中，记载着如下的问答。[2]

问：例如，假设弟弟去满洲，寄来二百元，以之购买土地，那笔土地是属于谁的东西？

答：属于家里的东西。

问：弟弟在分家时，可以说那笔土地是自己的东西而带走吗？

答：不可以那样说。

像这样，即使某个人赚的钱与财产取得的关系十分明确，但是在中国华北，人们认为购买的土地是用全家唯一钱袋里的金钱购得的财产，属于家里的东西，亦即属于利用那个钱袋生活的所有成员们的东西。

---

[1] 顺带一提，相对于此，在日本近代以前的"家"，食物是放在家族成员各自的小餐桌上的。家长、继承人的餐桌上盛放的食物和其他人餐桌上的食物有所差异，这个现象从一开始就被视为理所当然，有时候连吃饭的房间都是分开的。在日本的"家"里，甚至在直接攸关生存的情况中，与"家"的经营有关的职务关系都较家的一体性、亲密性居于优越的位置。

[2] 《中国農村慣行調查》第5卷，岩波书店，1952年，第65页。

只要人们是某个家的构成成员，就可以这样从收入、支出、财产等三个面向，要求全面性地以具有共产性质的方式生活。在此，家族成员成为一体，必须共享富裕，共体饥馁。

父亲的专权性　不过，所谓共产性与一体性，并非意味着全部家族成员具有平等的发言权。从同居共财生活的各个面向来看，在几种情况下，父亲几乎是以具有专权性质的主体而现身的。

第一，如上所述，钱袋里蓄有金钱则购买土地，如果金钱不足，则将该笔土地卖出，但若论及此种家产处分的立约人，则只要父亲还活着，就必定是父亲一人，不存在着所有家族成员联名立约的情形。虽曰共产，但绝非"共有"。此外，不仅仅是名义上，即使从实质来看，父亲处分土地时，在法律上也不必得到孩子们的同意；但相对地，孩子没有父亲的许可而擅自订立契约出卖家产，将单纯地被视为无效，不但如此，清代的核心法典《大清律例》户律户役"卑幼私擅用财"条规定："凡同居卑幼不由尊长，私擅用本家财物者，十两笞二十，每十两加一等……"擅自出卖的行为，甚至会被科以刑事处罚。[1]

第二，就借钱的问题，有所谓"父欠债子当还，子欠债父不知"的俗谚。其意思是，对于父亲所欠下的借款，即使父亲死后，孩子仍负有清偿的义务；相反地，对于孩子欠下

---

[1]　附带一提，中国的律中没有附加条文号码的传统，取而代之的是例如"卑幼私擅用财"这样的条文名称，并以此作为特定条文的方式。此外，加在其上方的"户律户役"乃是清律特有的章节名称。详参第六章。

的借款，父亲不负清偿的责任（与父亲无关）。如果是一般的借款，父亲考虑到孩子的面子（也是父亲的面子），通常大概会帮孩子支付，因此这里指的可能是赌博的欠款等情形。借款当事人——孩子——当然不会免除支付义务，但是在同居共财的生活之下，他没有属于自己的钱袋，又既然有上述的共同收入原则，那么也不可能从现在开始自己工作赚钱支付欠款（若是这么做，也会变成仅仅为了自己的利益而使用共同的收入）。换言之，一旦父亲表示"不知道"，一直到通过后述的家产分割手续而让孩子拥有属于自己的财产处分权之前，这项欠款都没有获得清偿的指望。上述俗谚意味着，不仅是出卖土地等当前的财产处分，即使是如同借款（清偿义务的设定）这样对于将来的家产增添负担的行为，也能够由父亲独自进行。

第三，即使是关于后述的家产分割，在父亲（就这个问题而言也包括母亲和祖父母）生存期间内，也不能由孩子们主动开口提出，又父母生前进行家产分割（后述）的情形，决定权在父亲的身上。

不过同时必须要注意，虽然是父亲，但并非因此对于家产的处分就能够完全自由。上揭"卑幼私擅用财"条的后段谓"若同居尊长应分家财不均平者，罪亦如之"，亦即如果进行家产分割，必须兄弟平等分配（后述），如果父亲依照自己的喜好而不平等分配家产，与孩子擅自处分家产的情形一样，将受到处罚。

此外，当时存在着这样的法意识，即父亲可以自由地出卖财产和借款，但原则上不允许有大规模的赠与行为。确实，前两者与后者之间存有差异之处。财产的处分不过是将土地财产转换成现金的行为，借款所得的金钱也会被放进全家唯一的钱袋中。而关于这些现金的使用，存在着与共同支出相关的根本制约，即"按照需要，平等且公平"。相对于此，赠与乃是基于父亲个人的选择，让大家钱袋里的东西单纯地减少，而在人们的法意识中，认为那是父亲为了一己之私而使用众人之物的行为，因此予以禁止。

综上而言，所谓同居共财的家，或许可以被定义为：父亲所统率、代表的近亲者成为一体而经营生活的生活共同体。

同居共财义务的原理性　将家族成员此种具有一体性的生活状态写成论文，显得有些小题大作，例如，只要想想所有家族成员一起到田地里工作的自耕农一家的生活，此种状态几乎就会自动呈现出来。此外，世界上大多数由年轻夫妻和婴儿构成的家庭生活，大概也很自然地会采用类似的形式，在一个钱袋之下，大家理所当然地形成一体而生活着。不过，我们之所以刻意说中国的家的生活原理为同居共财，是因为此种生活的状态，不只过渡性地出现在那么做极其自然的期间，而是经过此种自然的蜜月期后，仍作为原理而严格地强制实行。

第一，这项义务完全不会因为孩子成长、结婚或孙子出生而有所改变。当然，在中国，孩子长大后也会娶妻，若居住空间有余裕，新婚夫妻在家里会获得属于他们自己的房间。但即使如此，家的称呼仍属于原本就存在的大团体，而由新婚夫妻组成的这种小型的核心家庭则被称为房（家里的"房间"）。无论这个长大后的孩子是否有妻子和自己的孩子，以家为单位的同灶生活将持续进行，他获得的所有收入要放进原本就存在的那个钱袋中，他的全部支出也仰赖那一个钱袋。不久所有的孩子都结婚拥有了自己的核心家庭，但是，大团体的全部成员，之后仍有义务继续其共享一个钱袋和厨灶的生活。

第二，虽然在语言的表达上说是"同居共财"，但其实这项义务和现实中是否同居没有关系。最好的例子是，前面所提到"每年一定期间在青岛担任石工"的儿子，其本身在那段期间内就没有和家人同居。既然必须独自谋生，在青岛地区，"他不得不将部分工资花费在自己的用途"，但是，"心中绝不认为这些钱是自己的东西，或他的花费完全随心所欲"。既然人应该和家族成员一同共享富裕、共体饥馁而存活在世界上，那么即使分开生活，也不可以无视同居共财的伙伴，自己一人过着奢华的生活。不仅短期到邻近地方做活时应当如此，即使在更长期地移居到遥远的地方（例如自福建渡海到台湾），或者举房移居他处的情形，也不会有所改变。如果在移居的外地获得巨大成功而致富，人们会期待他寄钱给故乡的家人，让他们的生活水平变得和自己一样；相反地，如果不幸衰败，人们会认为故乡的家人寄钱支持他的生活，乃是理所当然的事情。

第三，令人惊讶的是，在某个意义上，即使作为家庭统率者的父亲死亡后，同居共财的义务仍然不会改变。在财产关系方面，父亲的死亡，单纯只是构成同居共财关系的其中一名成员的逝去，其余家族成员之间的同居共财状态，就像是什么事都不曾发生过似地、丝毫未改地持续下去。而既然此种生活继续维持，那么父亲的死亡并不会立即导致某人要"继承"某些东西的情况，而父亲的借款也会被当作同居共财之家的借款而继续存在。

但是如上所述，父亲在家产处分等事项上，担负着代表同居共财之家的任务。这项任务，在父亲死亡时，不经过任何程序即由全体男性兄弟概括承接。此后订立契约文书时，关于立约人，若"兄弟未分析，则合令兄弟同共成契"，如兄弟有五人，则"五人同时着押"（《名公书判清明集》"母在与兄有分"）。亦即，所有兄弟合而为一，接替死亡的父亲成为其家的代表人。此种处于兄弟共同代表状态之下的家，滋贺秀三称之为"兄弟同居之家"，与此相对，父亲尚存的家称作"父子同居之家"。而在兄弟同居之家，当兄弟那一代逐一死去，最终全部死亡后，会轮到孙辈的所有男性共同担负起代表那个同居共财团体的任务。由于存在着这样的一套结构，无论是谁死亡，由最高辈分的男性兄弟领导的同居共财生活形式，永远都得以维持。

3. 家产分割

截断同居共财义务的程序 如是，在传统中国的家中，即使孩子成长、结婚，或实际上分居，甚至父母死亡，都不会切断同居共财的羁绊。只要有此羁绊，人们就会被赋予义务,必须与家族成员成为一体而生活。那么,他们的同居共财生活究竟会持续到什么时候?

对此问题的第一个答案是:"如果什么都不做,同居共财的生活将会永远持续。"事实上,有时候会出现"累世同居大家族"的例子,由跨越数世代、人数逾百的人们在同居共财的规范下形成一家,度日过活,而这始终被视为一种理想。

然实际上,要实现此种生活方式相当困难。到了兄弟同居之家的阶段,无论理念上如何强调所有兄弟要"一心同体"地行动,兄弟各自的工作所得不同,家庭状况也有差异。无法避免的种种不合,成为现实的问题。因此,传统中国的家里面,存在着同居共财义务的同时,也有一套用来以人为方式切断同居共财羁绊的程序。在史料的用语中,此程序有"分析""析产""阄分""分爨""分家"等各种称谓,但学术研究上总称作"家产分割"。

当然,家产分割并非义务。然而人口史的研究显示,在旧中国里,普通之家的规模历代皆在五至六人之间,[1] 累世同居的大家庭,不如说是绝对例外的情况。父母死后,兄弟中的某个人在丧服期满时提议进行家产分割,乃是关于家的形态最常见的一种开展。

家产分割的程序 家产分割的具体程序,是邀请同族的人为见证人,在他们面前确认家里全部的财产,然后将这些

---

[1] 根据 Ping-ti Ho, *Studies on the Population of China, 1368-1953*, Harvard Uiversity Press, 1959, p. 10, p. 56, 1393 年全国每户的平均户口人数为 5.66 人,1812 年的每户平均户口人数为 5.33 人。

财产等价地平均分割，按照家产分割对象者的人数制作相应份数的财产目录，再以抽签决定由谁获得哪一份财产，并以契约文书（阄书）的形式将家产分割的原委记录流传下来。

图1是一份"阄书"的图版。最初的四行文字相当于序文的部分，其具体内容如下：

> 仝（同）立阄书字人林彩、林旌、林镇仝侄王〔去世的兄弟之子与伯叔共同参与家产分割。详见后述〕等。窃谓九世同居，古人之高风足尚。彩等非不欲效之而奉以为式也，但家事浩繁，难以独理，且人丁日盛，不久而必分。于是兄弟仝侄妥议分爨，邀请族长、公人，将父祖遗下产业、田厝、家器，踏明租谷界限分额（份额），就中除起踏作公业祭祀公司应用〔继续共有不分割的部分〕及长孙倒房之业〔家产分割的特例〕以外，其余作四分均分，即日当堂凭阄拈定，各管阄分内业，不得异言。自此一分永定，日后各房或侵或长，皆系造化〔上天的决定〕，不敢生端滋事。所愿子子孙孙勿替引之，庶公业永远而房分炽昌矣。口恐无凭，仝立阄书字四纸一样，各执一纸永为存照。谨将阄分款额开列于左。

在开头处写下累世同居虽是理想，但是如何如何等辩解理由，几乎是阄书格式的其中一个部分。如果顺带举出类似的例子，还有"窃惟同爨齐家，固昔人笃义之高风。分析遗

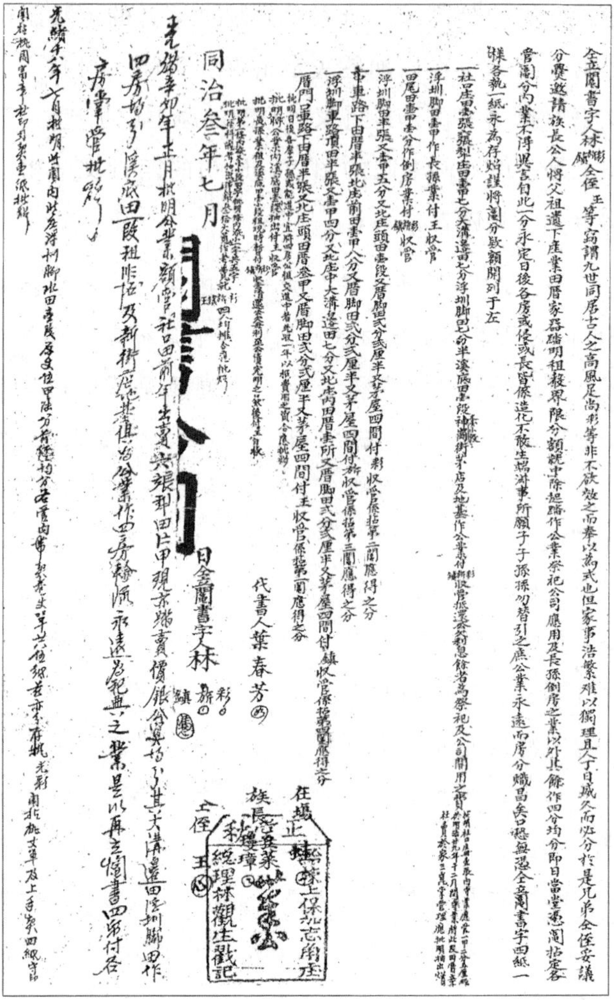

图 1　阄书

三田祐次藏、张炎宪编：《台湾古文书集》，南天书局有限公司，1988 年。

安，亦历来作父之恒情。虽曰兄弟同胞，难冀人心合一"（《乾隆六年徽州许姓阄书》自序）、"家务纷纭，难效田氏紫荆之义。虽欲勉强同居，尤恐反生嫌隙"（《康熙四年休宁胡姓阄书》余弘均序）等说法。[1] 无论从哪个史料来看，都可以窥见在兄弟同居之家，各个核心小家庭平稳地经营其同居共财生活的难度。

而在阄书序文的后面，首先载有三项继续共有不分割部分的清单，接着其后开列四项内容，记载谁抽到了什么签，以及该签包含了哪些主要财产。"同治三年七月"的日期旁边看到的不完整汉字，可能是"阄书合同"字串的右侧四分之一，这是为了确保四名关系人的四份阄书具有的同一性，而跨越折叠的四份阄书所写下的分割文字的一部分。

兄弟均分的原则　制作兄弟的数份财产目录后，让他们抽签选择，这个方法本身显示，在兄弟之间，家产乃是彻底地平均分割。[2] 不过，关于兄弟均分所具有的含意，必须进行几点补充说明。

第一个含意是，在兄弟之间，不会因为长子、幼子等出生顺序而有差等，也不问成为分割对象的财产形成时各人具

---

[1]　章有义：《明清及近代农业史论集》，中国农业出版社，1997年，第320页及第306页。转引自阿风《明清时代妇女的地位与权利——以明清契约文书、诉讼档案为中心》，社会科学文献出版社，2009年。

[2]　或许由于此种彻底均分的要求，分割家产必然以全体兄弟为对象同时（一次性地）进行，未有其中一名兄弟带着自己的份额离开的情形。因此，兄弟同居之家一旦发生不和，必然导致全体兄弟的家产分割。

有的贡献程度,甚至嫡子与庶子之间也没有差别。[1] 在此,仅仅着眼于他们是继承父亲血统的男子这一点,并将他们之间的绝对平等视为目标,而如前所述,这一点甚至连他们的父亲也不能打破。因此,传统中国里并不存在着传统日本中可见的"勘当"(断绝父子关系,使子丧失继承权)那样的制度。[2] 儿子虽然冒犯父亲被逐出家门,在分割家产时,仍会被叫回家中,和其他兄弟一起平等地参与家产的分割。

不过,我们可以看到在某些情况中,会基于某些理由,仅就兄弟中的某个人加计分割份额。一种情况是分割家产时,多分给未婚者相当于婚礼费用份额的习惯,这种习惯在许多地方都可以见到。如后所述,结婚之际,男家会付给女家相当金额的聘财。当结婚发生在家产分割前,其费用当然从全家唯一的钱袋中支出(此外别无其他钱袋),但若家产分割后才结婚,其费用乃是从自己的小家的钱袋里支出(此种情况下同样别无其他钱袋)。如此一来,会造成实质上的不公平。因此,分割家产时若有未婚男子,会扣除与其他兄弟相同程度的婚礼费用给他。在此意义上,与其说这是和兄弟均分原则相反的例外,不如说是对于均分原则的贯彻更为恰当。另一种情况是长男(或长孙所在之房)以祭祀祖先的主持费用

---

〔1〕 庶子乃"妾"生之子。妻只有一人,但妾的人数没有限制。不过,"妾"与日本的"妾=めかけ"不同,乃是一种公开的身份,娶妾时也会进行类似婚礼的仪式,且妾通常也和夫同居。

〔2〕 虽然可见父亲将品行不良的儿子暂时"赶出去"的制度,但是父亲死后,被赶走的儿子也会返回理所当然地参与分割家产。

34　清代传统法秩序

的名目，稍微获得较多分配的习惯。不过，由于传统中国的祭祖义务与独子继承的日本不同，乃是由所有兄弟同等承担（后述），因此也有许多地方不采取此种做法，且即使在提到这种做法的地区，长男多获得的分配，也不过是他担任祭祀召集人所负担的支出，数额方面并不是那么的多。在此意义上，也可以说这是为了弥补实际花费、确保实质公平所做的措施。

兄弟均分的第二个含意是，不论家产分割时有无妻子、儿女或其人数多寡，只针对父亲之下的兄弟本人讨论平均分配。

但是这样一来，麻烦的是，若家产分割时应该分予家产的兄弟本人业已死亡，要如何处理？首先，如果他有儿子，就由儿子提前和伯叔们一同参与家产的分割。儿子有数人时，则数人合起来共同补位到父亲那一份的位置上。要之，兄弟本人死亡由其数名儿子补位参与分割家产时，这个分割后的小家会从一开始就以兄弟同居之家的形式出发。如果没有儿子，则让寡妇收养继子，以其递补（在一切安排妥当前，寡妇自己可能过渡性地代替亡夫的地位）。而在寡妇也死亡的情形，甚至是兄弟本人成年未婚亡故的情形，则由其他兄弟为死去的兄弟招收养子，进行递补。总之，从死后祭祀的观点来说，既然不能没有儿子（后述），那么一旦无子，就有必要在事后设立儿子。但是，在过度年幼夭亡的情形，则认为自始就没有这个儿子。

兄弟均分的第三个含意（或反面的含意）是，参与家产分割的只有男子，女子不参与家产的分割。女子不具固有的家产分割份额（虽然结婚时给女子某种程度的嫁妆，但其数额与家产分割后的份额相较，相当的低），已经出嫁的女子始终被排除在家产分割的问题之外，又分割家产时若有未婚的女儿，则会让她在分割家产后的某个兄弟家中暂时寄食，于适当的时间由兄弟们置办婚事，许嫁他人。未婚的女儿不可能形成独自的"一家"。

父母生前的家产分割 家产分割通常在父母都死亡后进行。此外，法律上以刑罚禁止孩子们在父母生前提出家产分割。[1] 但是，出于担忧自己死后儿子们不和等动机，父母可能会提议于生前分割家产，而此种行为获得允许，实际案例也不在少数。

不过在此情形中，家产分割后父母的生活会成为问题，因此需要有过渡性的处理方式。首先就财产而言，父母可以保留"养老""养赡"等名义的财产，多采用"养老田"或"养老地"等形式（通常是该土地的租佃收入）。至于保留多少财产，全凭父母的自由裁量，从0到100%都有可能，剩余的则由兄弟均分（即使100%保留，也具有将孩子们从同居共财义务的束缚中解放的意义）。不过通常在名义上，会将住宅完全分割，然后将自己想要的房间指定为起居室。其次在衣食的方面，如果有养老地，则以其收入独立生活，若没有保

---

〔1〕 户律户役"别籍异财"条："凡祖父母父母在，子孙别立户籍、分异财产者，杖一百（须祖父母父母亲告乃坐）。"

留,则采取"轮流管饭"的方式,由兄弟们按照顺序照料父母的伙食。而在父母死后,兄弟们将重新均分父母的保留份。

家产分割后的生活　就这样,由父亲领导的同居共财的家,通常在父亲死后,会过渡性地经历"兄弟同居之家"的状态,不久之后通过家产分割的程序,分裂成以男性兄弟各自作为其新代表人的较小的家。

当然,由于兄弟的血缘羁绊并未因此消失,故而这样分割家产之后,兄弟各家之间在道德上仍有不严格的互助义务。但是,如同阄书上说,"自此一分永定,日后各房或侵或长,皆系造化",正式的同居共财义务因家产分割而断绝,生活上发生兴衰荣枯的单位就此完全改变。或许不如说,正是为了这个目的,才进行了家产分割,几乎没有可分家产的家也会在一定时期采取明确的家产分割程序,原因也在于此。

不过,分割后产生的较小的家,其生活方式仍然是同居共财。所谓家产分割,不是废弃同居共财这项生活原理的手续,而是经营同居共财生活的人群范围的改组。当然,分割家产时若有未婚的男子,他暂且是单身,因此不是不能说家产是他一人的财产。但是,即使家产是他一人的财产这件事本身具有价值,或者此种状态的持续是最理想的,也没有人会这么想。当时的人们会期待、预计他在不久之后结婚生子,和家人一起过同居共财的生活,并且认为这是理所当然的事情。在传统中国,人们经常必要这样和某些亲近的人一起以同居共财的形式生活在世上,而此种成为一体、共同度日的生活共同体,才是拥有财产的标准的"主体"。

第二节 人

1. 分形同气的血缘观

统一性说明的尝试 传统中国的家所呈现的形态，具有如上的风格，从我们的角度来看，以下三点令人感到特别不可思议。第一，所有家族成员共同生活的此种具有共产性质的生活方式，为何被彻底要求到这种程度（尤其是，以累世同居的大家族这样的大团体过日子，为何成为一种理想）？第二，在部分情形里可见到的父亲的专权性，其基础为何？又，其与上述对于家族成员之间的共产性质、平等性质的强调，具有什么样的关系？第三，父亲死后男子兄弟之间具有的平等性（以及与之相反的排除女性的现象），其根据何在？

虽然在不同文化的人们看来是如此不可思议的事情，但是对于当事人们而言，却似乎没有特别说明的必要，故而传统中国文献中，关于这几个问题反而看不到正式的说明。但既然汉民族的家在不同的时空下大致上都采用了这个形式，其中显然存在着某种一以贯之的道理。因此，近代的研究者们开始尝试探究存在实务运作背后的"原理"，将之建立体系，并予以复原呈现。现在具有代表性的说明，是滋贺秀三《中国家族法の原理》（1967年初版）的相关讨论。滋贺氏着眼于传统中国（汉民族）特有的血缘观、人类观，将见诸家族关系的各种特殊现象，视为此种血缘观的各种呈现，给予它们全面而彻底的定位，让围绕着这个问题长期以来进行的种种论争，几乎都获得了解决。在此意义上，该书在全世界的传统中国家族法研究历史上，取得了突破，即使在现在也可以说具有决定性的影响力。首先，就让我们跟随着滋贺氏来看看传统中国的血缘观。

分形同气 滋贺氏在说明传统中国的亲子观时，着眼于"分形同气"这个关键词。在史料上的典型事例为以下二者。

父子至亲，分形同气（唐，杜佑：《通典》）。

父子一气，子分父之身而为身（明，黄宗羲：《明夷待访录》"原臣"）。

两者共通之处在于"气"这个字。气是中国哲学的核心概念之一，一部思想史的小辞典有如下的解释：[1]

（1）气本指空气状之物，当时的人们将通过人的口鼻进出的气息，以及自然现象的风（大气）、雾、云之类，再加上热气、蒸气等，当成是气来加以认识。此外人们认为，气满布于天地之间而流动变化，同时充斥于人的身体之中，人的体内之气与外界之气乃是共通、相同的。

（2）当时的人们认为，气不仅充斥于天地之间

---

[1] 日原利国编：《中国思想辞典》，研文出版，1984年，"气（き）"前段的语义说明部分。此外，后段中就历史性的发展进行了说明。

及人体之内，也是形成天地和人体以及其他一切万物的元素，亦是生命力与活动力的根源。人的五官机能和感情、欲望、意志等身体、精神上的作用，全部都是由气而生。

（3）有论者认为，气有阴气与阳气（基本的性质上，即明亮、动态性的气与阴暗、静态性的气）或五行（木火土金水）之气等二种或五种的类别，并根据各种气的结合、分离、交替、循环等，说明事物的异同与生成、变化等各种情况。

（4）元气（根源之一气）是多样之气的根本，元气生成万物。

后两者是哲学史上的进展（前者是阴阳五行说，后者是阳明学），因此暂且搁置不再深论，而就前两者来说可以认为，所谓气，乃是含有构成万物能量的粒子，就人类而言，即如同生命的元素。就上文所引两条史料而言，父与子在物理上的形状相异，但是构成生命的元素相同，子分得父的生命元素而形成了自己。

父与子是同一生命的分支，如果所谓家是此种同气的伙伴及他们的配偶共同生活的状态，那么的确，仅仅这个说法就足以成为家的共产性质的基础。如果本来是一个生命体，那么理所当然地应该要共享富裕、共体饥馁地生活。在同居共财的生活中暗自考虑自己个人的利益，几乎是违背生命本质的事情，且若本属一个生命体，那么，不做家产分割而接连不断地形成一体，以大家族的形式生活，乃是比较自然的选择。

父亲的专权性的基础　那么，中国的家庭内部所见的父亲的专权性，与分形同气的血缘观之间，究竟具有什么样的关系呢？

就滋贺本人的论述而言，他着眼于土地出卖契约上父亲为出卖人身份的这个现象，认为家产的所有权在父亲手上（又关于兄弟同居之家，则认为处于兄弟们"共有"家产的状态），然后说明：即使父亲也可能无法变更家产分割的比例或赠与一定程度以上的财产，这是因为男子兄弟们的承继期待权（期待父亲死后自己对于现存财产当然能够获得数分之一的应得之份，以及期待不久之后分割家产时，自己当然能够获得应得份额的所有权）掣肘着父亲的所有权。

的确，妻子和女儿也享有同居共财的共产性质的生活，但是她们没有机会处分财产或参加家产的分割。共产未必就是共有，说明此种差别的理论有其必要，因此仅在男子的情形带进所有权的概念并非没有理由。但是笔者觉得，此种说明方法在多大的程度上符合当时的家的样态？是否真的符合分形同气这种想法？这些都还留有检讨的余地。

最重要的是，如同上一节末尾所触及的，传统中国人的生活基本形态乃是同居共财。即使家产处分的决定权握在父亲手中，买卖所得的价金也还是被放进为家而设的"一个钱袋"里，而那些钱会平等且公平地用于大家的所需。享有和家产有关利益的人，通常是同居共财的所有家族成员，而对于父亲权能的制约显示，一旦逾越了同居共财全体成员的代表人这个立场，在此情况下做出的判断都会遭到排除。即使是父亲，也不能存有个别性的利害关注，而孩子们对于自己特有的个别利害抱持关心，原本就同样遭到禁止。结果，同居共财生活中的所有人都不能暗自考虑和全体有别的事情。此处存在的所谓一体性，乃是所有成员皆能考虑全体的利害，众人之心合而为一（此称作"同心"）地生活的状态，甚至是所有成员的人格都一体化的状态。制约父亲权能的，与其说是孩子们的承继期待权，倒不如说是此种排除所有与家产相关的个别性意思的想法。如此一来，在一个设想个人意思不存在的地方，以个人为核心的权利理论当然没有建构发展的余地（没有意义和必要）。

在此笔者注意到，如果重新整理当时的人们如何思考有关父亲（父亲死后则为所有男性兄弟）专权性的问题，那么这些问题的实质内容，并非先设想个体分立的情况，然后探讨所有权的归属，以及来自承继期待权的掣肘。他们毋宁是以所有家族成员的一心同体化作为前提，进而追问谁具有"代表权"能够对外代表全体的意思或成为此一体性的生命体的"口"（喉舌），以及该代表权的"继承顺序"为何。

那么，在传统中国里究竟由谁先代表全体？按照分形同气的想法，家族成员分父亲之气而诞生人世，与父亲是原物和复制品的关系。只要原物还活着，复制品就没有出场的机会。像这样，在思考的起点处，设定了所有家族成员的意思由父亲代表的状态。即使说同居共财的家族是一个生命体，即一个细胞,但是根据分形同气的想法,父亲在那个细胞里面也是居于类似细胞核的位置。父亲死亡后,承受其气而生的所有兄弟们将站上细胞核的位置。在此情形下,人们最先设想的,是兄弟相互之间的同心状态。这些兄弟们会"合为一体",成为全体家族成员的"口"(喉舌)。但是现实中如果有两个以上的口,那么就会表达出不同的意见。[1] 在提议分割家产之后,每一个兄弟各自成为细胞核(口)的新细胞将会并立产生。所谓家产分割,其实就是细胞分裂,而分裂后的每一个细胞附随着均等的家产。

《大清律例》"卑幼私擅用财"条将尊长分配家产不公与卑幼擅自买卖家产的行为同列处罚,对此,《大清律辑注》批注谓:"家政统于尊长,家财则系公物,故尊长不均平,与卑幼私擅用之罪相同,不少加减也。"如果对应到上述说明,那么所有家族成员融为一体的状态就是"公",而无论任何人违反此种状态考虑自身的一己之利,或怀有自身的一己好恶(不公平地处事),这就成了"私"。家财是公物,亦即是此

---

[1] 如同刚才的陶书所说的"虽曰兄弟同胞,难冀人心合一"那样,家族成员全体同心的此种说法,一旦脱离了父子同居之家(必然由父亲代表全体发言,其他人无论同意或不同意,原本就没有被赋予表达自己意思的机会,只能将父亲之所言当作自己内心之所想)的状态,马上会遭遇各种困难。

种合为一体共营生活的所有家族成员所属之物。[1] 关于父亲的专权性，说明到此为止。至少，男性兄弟的承继期待权（将来的个人所有权）对抗着父亲个人所有权的论述方式，其实是没有必要的。[2]

2. 与祖先祭祀的关系

作为祖先祭祀基本财产的家产　那么，关于兄弟均分及将女子排除在外的原则，可能如何做出说明？滋贺秀三的论述的第二个巨大贡献是，他注意到分形同气此种以血缘为中心的想法同时强而有力地规定着祖先祭祀的形态，据此，他为有关家产分割的问题确立了一个新的梳理方向。亦即，滋贺氏着眼于以下的史料记载：

> 神不歆非类，民不祀非族（《春秋左氏传》僖公

---

[1] 这里所见到的"公、私"概念有两个特征。第一，如果进行家产分割，分割后的各份家产在各个家中被视为"公"。在此所谓"公"，是对应于各个时点中一定成员的"一体化状态"的词，并未与某个实体有固定的连结。第二，当"公"获得实现时，同居共财的家族成员自身也会融入其中，成为"公"的一部分。而所谓"私"，指的是全体成员应该要达成一体（"公"）时，却有人暗自在自己四周设立栅栏的行为及态度。有私则不能实现公，只要公获得了实现，私就不会存在。相对于此，在允许个体存续的状态下，认为公共的问题就是个体间的共通事务，由此产生了所谓"Public、Private"的对比。而上述两个特征，就是"公、私"对比和"Public、Private"对比的巨大区别所在。

[2] 如果放眼海外，这项指摘未必是笔者独自的创见。俞江在《论分家习惯与家的整体性——对滋贺秀三〈中国家族法原理〉的批评》（《政法论坛》第24卷1期，2006年1月）一文中，业已对滋贺的说法展开锐利的批判，指出家财并非父亲所有，而是家这个团体所有，而对于父亲权能的制约，来自家对于家产的所有。

十年)。

　　鬼神非其族类不歆其祀（《春秋左氏传》僖公三十一年)。

　　死后的祭祀，如果不是由同气之人——自己人格的继承者——进行，则做了也毫无意义。所谓祖先祭祀，乃是在连绵不断的气的连锁之中，由现存的最上位者带领自己以下的同气者，祭祀目前为止死去的祖先。活着的人有祭祀祖先的义务，而自己死后，则会转变成同气的子孙们祭祀的对象。父与子处在这种"祭祀与被祭祀的关系"里。

　　滋贺氏认为，随着血统而传承或分割的家产的第一个意义，乃在于它是为了祭祀祖先和确保以此作为目的家族生活之用的基本财产。确实，如此一来，即便是父亲，也不能够将家产花费于个人的用途。又父亲死后，既然改由兄弟们一同举行祭祀，那么家产乃由兄弟同居的家所持有。纵然之后兄弟们解除了同居共财，由于所有男子同样都是承继了父亲的气而出生，因此他们有同等的祭祀祖先义务。正因为兄弟们有同等的祭祀祖先义务，故而家产由兄弟们所均分。

　　男性的一生　男性会在如下的推移中度过一生。首先在父亲健在的最初阶段，他会扮演一个在同居共财家族中不具权能的儿子的角色。接着由于父亲的死亡，他会与其他男性兄弟们一同成为兄弟同居之家的代表人。若之后进行家产分割，他又会以父亲的角色，成为那个新的同居共财之家的代表人。如果一切顺利，那时在他之下会有男子担任无权能儿

第一章　人与家　　45

子的角色。就这样,从祖先那里绵延下来的气持续不停地流动着。

3. 女性的位置

气的流动论与女性 根据此种祖先祭祀理论,传统中国的女性在家内所处的地位(相当多面性),才可能获得充分的说明。

首先,如果只是讨论与父亲的关系,则男子和女子没有区别。女子也承继父亲的气,并且只能承继父亲的气而降临人世(此外别无其他出生方式)。其出生后之所以能够成为同居共财之家的正式成员,是因为她也具有此种"同气"的性质。

不过,若从相反的面向来表达此一理解,那么无论男女在出生之际,皆丝毫未曾承继母亲的气。事实上,关于女性(母亲)在生殖方面所扮演的角色,当时的人们常使用"种子与田地"的比喻,即父亲是种子,母亲是田地。田地对于孩子们的健全生育显然具有重要性,但并不是说种在不同的田地里,小黄瓜就会长成茄子。传统中国里即使有着关于子宫的想法,也缺乏卵子的观念,所有的人们都是由精子长成。

因此,承继自己的气出生的女子纵使长大后嫁人生子,生出来的孩子们(无论男女)皆只会承继丈夫的气。从娘家的角度来看,女子说起来是气的流动的尽头,对于自家之气在未来的延续(祭祀者的生产)无法做出贡献,她们在不久之后会嫁入别人家,在别人家的气的传承中发挥作用。由此,导出了女子无法参与家产分割的理由。

女性的一生　如此这般，若比照前述男性的情形，简单呈现女性法律地位的整体图像，会看到以下的样貌。

首先，女性从出生到结婚为止，会如同前述般，在以父亲（父亲死后为兄弟）为核心的同居共财之家内，以家族正式成员的身份继续其生活。不过，人们通常会一直意识到她早晚都必须嫁人的这件事。此外，若在她未婚时进行家产分割，如前所述，她会暂时在某个兄弟的家里寄食，到时候再由所有兄弟一起筹备将她出嫁。

根据滋贺秀三的看法，女子结婚以后（丈夫生前），就好像父子同居之家里面孩子的人格被父亲吸收，成为"父子一体"那样，其身为妻子的人格也会被丈夫吸收，成为"夫妻一体"。不过，虽说是一体，如同父亲在世时孩子实际上几乎没有发言权般，妻子的发言权最初会隐藏在公公的身后，接着会隐藏在丈夫的身后，没有跃上台面的机会。

妻子主要在丈夫死后，才以寡妇的身份出现在法的世界中。正如同律载"祖父母父母在"的限制那般，只要母亲还活着，孩子就不能提出分割家产的请求，甚至包括父母生前的家产分割在内，母亲都保有决定权。此外，前面已经反复说明，关于家产处分的代表权，系在父亲死亡的那个时点移转至所有男性兄弟的手中。但是在一般人的法意识里，男性兄弟处分家产时，实际上必须获得母亲的同意。只要母亲还活着，她会和孩子并列为卖方的代表人，或以"主盟"（主持契约之人）此种见证人的形式，出现于契约当中。不过最终

第一章　人与家　47

亦如上述般，在没有儿子的情形里，寡妇会被要求有收养继子的义务。倘使与其他男性再婚，则她对于前夫的家产就会丧失一切的权限。正确地说，寡妇拥有的地位，始终就是在她与继承丈夫的男子所共同形成的母子同居共财团体中，母亲此种尊长的身份所具有的地位。

最终，女性也会死去。当举行祭典之时，她会和丈夫一同（以丈夫配偶的身份），获得承继丈夫之气的所有孩子们（未必是她的亲生儿子）的祭祀。这就是"夫妻一体"的最终状态。

若与男性的一生对比，我们会非常清楚地看到，女性的一生甚至和她所生的女儿都不会发生连锁。她与父亲具有分形同气的关系，承继父亲的气降临此世，接着与丈夫之间产生夫妻一体的关系，但是却无法和任何人发生与后世有所连结的关系。

如上，同居共财之家的背后存在着此种血缘观（亲子观、夫妇观）。或者说，同居共财之家和男性的一生及女性的一生，以这样的方式交织在一起。不过，如果一切的基础都是"分形同气"的血缘观，问题的讨论绝对不会就此终结。

第三节　宗

1. 宗与姓

宗　根据分形同气的血缘观，亲子是同气，兄弟亦是同气。而且无论经过多少世代，倘若没有混杂其他的气，父亲和祖父也是同气，也就是说，祖父和自己也是同气。又如果父亲与他的兄弟同气，那么自己和伯父、叔父应该也是同气，进而伯叔所生的孩子和自己也是同气。既然世间纵有无子之人也绝不会有无父母之人，那么，人们可以朝向祖先的方向无限地进行回溯，而随着这样的回溯，共同祖先派下的同气子孙范围，也会无休止地横向延伸。既然采取了这种血缘观，就必定会想象一个出奇巨大的同气者集合体，而实际上，传统中国人意识到了这样的集合体。此种集合体，古代中文称之为"宗"。

姓　即使不知道"宗"这个字的日本人，应该也知道"姓"。中文里的"姓"，指的是同宗之人的共同自称。这样说来，中国的"姓"与日本的"名字（苗字）"，来源显然有别。

日本所谓"名字"，乃是本章开头处所见的"家"此种日式组织体或"家业"经营体的名称，用现代日本式的说法，即一种公司的名称。因此，只有具备世代家传职业的"家"

才有"名字"。此外，由于是公司的名字，因此随着婚姻的重点变成加入那间公司，遂形成了媳妇在婚后改称公婆家名字的情形。在江户时代，一般的商家没有自己的"名字"，但是规模较大的商家拥有像是纪伊国屋这样的"屋号"，犹如武家使用其名字的方式般使用着这些屋号。这之所以能够不让人感到不协调或不自然，正是因为名字本来就是一种屋号（公司名字）。相对于此，中国的姓乃是对应于气的名称。既然所有人都是承继父亲的气而诞生，那么不论是谁都会拥有姓，而且原则上终身不改其姓。

女性视角的宗与姓 不过，正如同分形同气的理论中女性处于一个微妙的位置般，关于"宗"与"姓"，女性也被安置于一个具有两种意义的位置上。首先，就其自然性的归属而言，她也承继了父亲的气而具有生命，在生物学上属于父宗的一员。实际上，她与父亲拥有相同的姓，而且结婚之后也不会舍弃父亲的姓。李姓女子嫁给姓张的男性后也仍被称作"李氏"，或者顶多冠夫姓称为"张李氏"。但从社会性的归属或祭祀方面来说，未婚女子自始即不参与本生之家的祭祀（不具有社会性归属的面向）。结婚以后，女性与丈夫一同祭祀丈夫的祖先，且自己死后也和丈夫一起接受子孙们的祭祀。换言之，女性成为丈夫宗族的成员后，才具有社会性的归属。同时，女性在结婚后与夫的宗族内部成员发生礼制上的新关系（参见后述），而且，其与父亲宗族的人们在礼制上的关系因此减轻。

2. 与他宗之人的关系

同宗与同姓 宗是一种血缘团体，但实际上，只有在系谱可考的极亲近的人们之间，才能确认彼此具有此种关系，因此事实上，整体的宗乃是基于气的想法而产生的观念性的集合体，同时也是通过同姓这个凭据才能论及彼此关联性的人际关系。据说张、李等姓各占总人口百分之十几的比例，因此即使以清代中期的中国人口数三亿人作为基准，理论上这些宗族的成员也有数千万人。如此一来，关于这些宗族作为社会团体实际上从事什么活动等问题，很难具有讨论的价值。

但是，宗虽然是此种观念性的集合体，却通过姓这个标签，对于人们的社会生活产生实际的影响。是否同宗（同姓），在日常生活中会发生影响的典型情况有以下两种。

同姓不婚 第一种情况是"同姓不婚"，即同姓的男女不能结婚的原则。对于具有浓厚血缘关系的人们之间的性交，亦即近亲相奸的禁忌，全世界随处可见。对于日本人而言，通过一代一代父母血液的混合，血缘关系会逐渐变得淡薄。然而在传统中国里，根据分形同气的理论，男系血统派下的男女，其气百分之百相同，无论彼此在系谱上如何疏远，气也不会因此转淡。同宗男性所生的女子，就同气这一点而言，和自己的姊妹处于相同的位置。因此，娶同姓的女子为妻，成为避讳的事情。

不过，就此常会有"同姓不同宗"这种辩解的余地。应该忌讳的是同气之人，虽然姓确实与气——宗——对应，但是姓的种类有限，因此必定也会有气——宗——不相同却偶然选择相同的姓或相同汉字作为标签的案例。而实际上，根据习惯调查，也可以看到许多同姓结婚的例子。

异姓不养　另外一种情况是"异姓不养"，亦即禁止收异姓之人作为养子的禁忌。如前所见，"神不歆非类，民不祀非族"（《春秋左氏传》僖公十年），祖先祭祀必须由同气的男性进行才具有意义。养子基本上是为了祭祀的目的而收养，因此绝对必须在同气且"昭穆相当"的孩子中挑选。但幸好基于分形同气的想法，此种同气之人数量众多。

收养继子的程序称为"过继""过房"，通常由有关系的族人会同制作名为"嗣据"或"继书"的文书。图2是其中一个例子。

　　……因长子端临早已逝世，本支乏人承嗣。今邀仝（同）亲族等议定昭穆相佐之辈，查有五服之外思枚公之孙……诚峻之子福保堪为长子端临嗣子。自嗣之后，任凭余昭管抚养，与本支无干。俟将来福保所生之长子，仍归本支……

男子一旦过继，将丧失他在本生之家作为承继人的一切地位，反过来说，他在养父母的家里，包含家产分割的情形在内，获得与亲生儿子完全相同的地位。

不过关于养子，传统中国里除了上述那样能够参与家产分割的正式养子（"嗣子"），另外还存在着基于增加劳动力

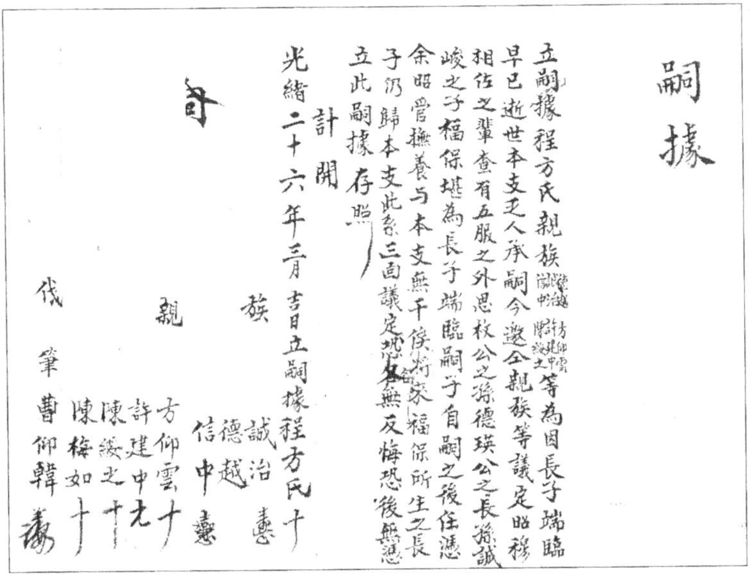

嗣據

立嗣據程方氏親族等為因長子端臨早已逝世本支乏人承嗣今邀仝親族等議定昭穆相佐之輩查有五服之外思枚公之孫德瑛公之長孫誠峻之子福保堪為長子端臨嗣子自嗣之後任憑余昭晉撫養与本支無干倘將來福保所生之長子仍歸本支此係三面議定各無反悔恐後無憑立此嗣據存照

計開

光緒二十六年三月　吉日立嗣據程方氏

族　誠治　德越　信中

親　方仰雲　許建中　陳綏之　陳梅如

代筆　曹仰韓

图 2　嗣据

“河南南汝光兵备道等文书” No. 26 “嗣据”（东京大学东洋文化研究所收藏）

或恩养等目的而进行收养的事实上养子制度。此种养子名为“义子”，而收养义子的程序被称作“乞养”。当然，乞养不涉及异姓不养原则的制约。义子的待遇及实际状况因每个案例不同而呈现出各种样貌，有些养子在和养父母的情感加深以后，最终获得与嗣子、亲生子同等的待遇（甚至连姓也改变了），当然也会有一些养子，遭受的对待始终如同家里的奴仆一般（后述）。

3. 同宗之间的关系

以上所述,是按照宗的异同所形成的内外之别,而关于同宗之内或同宗之人的相互关系,大致区分后,存在着两个层次的关系理论或规范原理。

尊卑长幼 第一个原理是尊卑长幼之分。宗是着重于气的团体,而气乃由上面的世代朝向下面的世代单向地承继。在自己之上的世代将气灌注给自己,而被当作"尊",在自己之下的世代则与此相反,乃是应该尊敬自己的"卑"。此外,同世代中也有出生的先后顺序,较自己早先出生的人是必须尊敬的"长",较自己晚出生的人则与此相反,是必须尊敬自己的"幼"。比自己处于上位的人合称为"尊长",处于自己下位的人总称作"卑幼"。在同气之人相互间,所有人必定都具有此种上下的关系。

此种上下关系不仅会反映在日常交际的礼仪中,而且也会以同宗者相互间犯伤害等罪时的加减刑罚方式,反映于国家刑事裁判制度与刑法典之中。亦即,刑法典针对伤害等犯罪,不但制定了被害人与加害人之间不具任何关系(称之为"凡人间")时的刑罚,同时也规定了被害人为加害人尊长亲属时加等处置的刑罚,以及被害人为加害人卑幼亲属时减等处理的刑罚。大体上,只要具有同气的关系,即使做了相同的事情,刑罚必然相互有异。

亲疏 第二个原理是"亲疏"之别。虽说是百分之百的同气,但传统中国的人们毕竟不认为自己与父亲的关系和自己与同气远亲的关系完全一样。他们将父母子女间及夫妻间的关系置于最亲密的一端，对于由此开始扩展到一定范围的同宗之人，分别程度论其关系之远近。他们的做法和西洋法上的亲等法类似，但有意思的是，不是用一亲等、二亲等那样的方式按顺序追溯系谱，以数值的形式表示远近的程度，而是以对方死亡时自己应该服的丧服形式来理解亲疏的概念。

服制 丧服的基本种类有五：①斩衰三年；②齐衰三年、齐衰杖期（一年）、齐衰不杖期（一年）、齐衰五月、齐衰三月；③大功九月；④小功五月；⑤缌麻三月（以上总称为"五服"）。此外，其外侧还有"袒免"此种最轻的服丧形式，再外则属"无服"。首先，斩衰、齐衰等，是丧服样式的称呼，程度愈重的服丧形式，其丧服的装饰就愈粗糙。此外，齐衰的内部因服丧期间不同而分成几个阶段。所谓期，意思是一年，所谓杖期，指执杖服丧一年（表示悲伤达到不执杖就无法站立程度的意思），而不杖期则指不执杖服丧一年。

自己对于他人立于何种丧服关系？关于这一点，一般而言，丧服关系会以自己为中心，像同心圆般地向外逐渐减轻，但是，丧服制度还附加了各式各样的考虑，绝对不是机械式的套用。实际上，丧服制度呈现的方式是画出以自己为中心的亲属关系图，将对象亲属死亡时自己应服的丧服种类，个别写入亲属关系图中对方所在的位置。此种图被称作"丧服图"，它以规范自己和自己本生宗族内部关系的"本族图"（参见图3"五服之图"）为基本内容。但由于女子婚后成为夫宗的准成员，且男性对于妻子及母方的一定范围内亲属也

第一章 人与家　55

负有某种程度的义务，因此对应于这些扩大的丧服关系，丧服制度中也设置了"妻为夫族服图"、"妾为家长族服之图"（与夫所服之丧服相同或降低一等）、"出嫁女为本宗降服之图"（女子出嫁后对于本宗大体上减一等）、"外亲服图"、"妻亲服图"（妻方或母方的族人死亡时的丧服一览表）、"三父八母服图"（嗣子与继父母的关系）等各种丧服图。

丧服图与客观性的家系图不同，它将自己置于"己身"这个中心的位置来进行观看。基本上包括未婚及离婚归宗的女性，每个人都是站在这个位置上使用这个图。如果观察服的程度，会发现直系系统中稍微有些杂乱，但基本上仍是以自己作为中心而同心圆式地向外逐渐降低（旁系亲属的情形特别显著）。此外，或许也应该要注意到，对于尊长的服丧程度和对于卑幼的服丧程度，几乎是上下对照（并非只单向地对尊长服较重的丧服）。[1]

加减刑罚的实际情形　前面所提到的刑罚加减，首先会因对方是尊长或卑幼，决定加重或减轻的方向，接着根据丧服图中的服制（亲疏程度）确定加减的程度。

此种加减刑罚的规定，可见于《大清律例》刑律人命中的"谋杀祖父母父母""谋杀故夫父母""夫殴死有罪妻妾"

---

[1] 在此顺道注意中国的亲属称谓与日本亲属称谓的不同。中国的"侄（姪）"指的是兄弟的全部子女（旧字的部首为"女"，但"姪"这个字倒不如说指的是男性，现在已改为侄），"伯母、叔母"指的是父亲兄弟的配偶，而父亲的姊妹称为"姑"。此外，基本称谓取决于年辈（排行）关系，例如，和自己同年辈的人皆为"兄弟"。

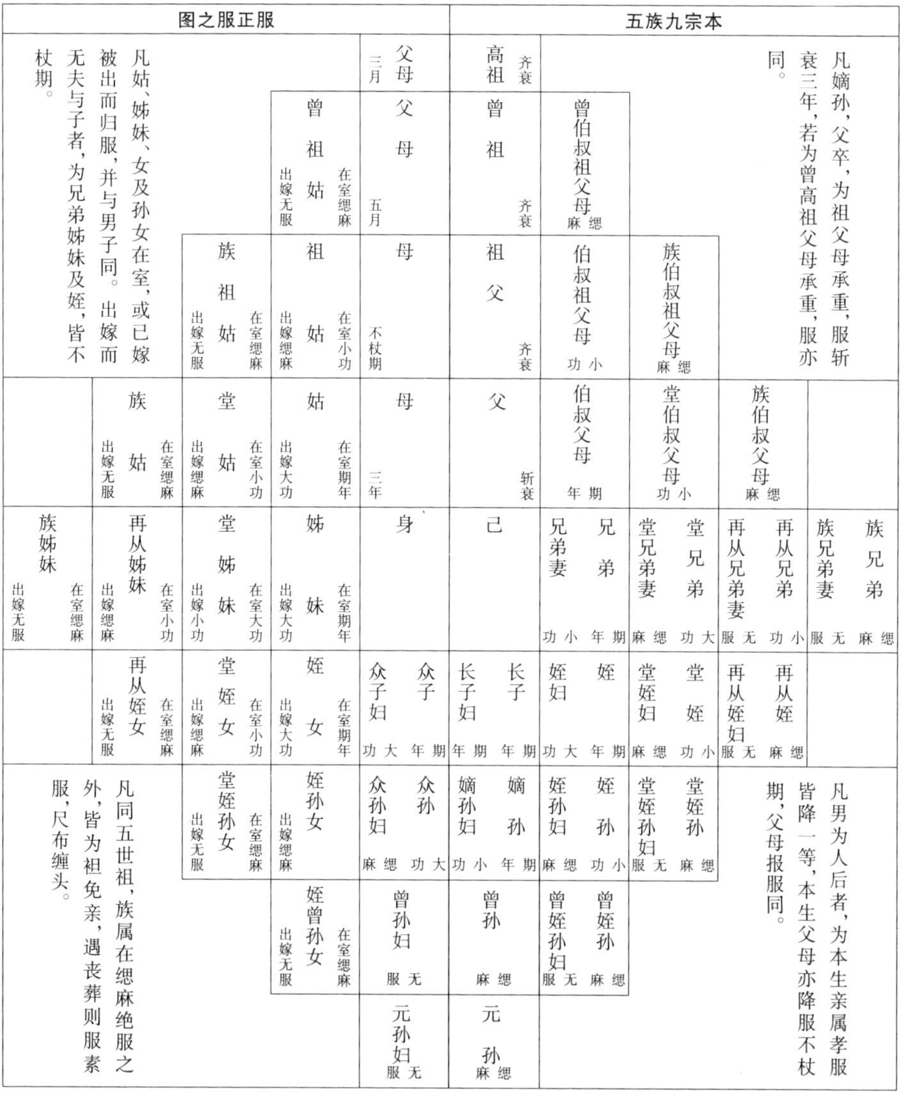

图3 五服之图

大清律例卷二·丧服图"本宗九族五服正服之图"

（《中国珍稀法律典籍集成》丙编第一册）

"杀子孙及卑幼图赖人"条,刑律斗殴中的"妻妾殴夫""同姓亲属相殴""殴大功以下尊长""殴期亲尊长""殴祖父母父母""妻妾与夫亲属相殴""殴妻前夫之子""妻妾殴故夫父母"条,以及刑律骂詈,刑律犯奸内。以下试举其中一、二例。律例引文中圆括号( )内所示的文字,乃被称为"小注"的原注,在原文中是以双行小字的形式插入律例本文中(以下引用的多处律文小注皆同)。

  刑律斗殴"同姓亲属相殴"条:"凡同姓亲属相殴,虽五服已尽,而尊卑名分犹存者,尊长(犯卑幼)减凡斗一等,卑幼(犯尊长)加一等(不加至死),至死者(无论尊卑长幼),并以凡人论(斗杀者,绞。故杀者,斩)。"

  刑律斗殴"殴大功以下尊长"条:"凡卑幼殴本宗及外姻缌麻兄姊(但殴即坐),杖一百。小功兄姊,杖六十、徒一年。大功兄姊,杖七十、徒一年半。尊属又各加一等。……若(本宗及外姻)尊长殴卑幼,非折伤,勿论。至折伤以上,缌麻(卑幼)减凡人一等,小功(卑幼)减二等,大功(卑幼)减三等。"

  有些规定如前者般,以一般人之间(凡人间)加害行为的一般性规定作为前提,用等数的形式,规定加减的程度,当然也有一些规定是如后者般,直接规定刑罚的轻重。

  与刑罚体系相关的基础知识 在完全未论述律例与裁判

时突然出现律文，或许会令读者们感到困惑，但是既然想要谈论已经存在且发挥着作用的整体秩序，那么无法避免会有一些跳跃。在此，先就刑罚的体系进行简单的说明。

刑罚以五刑作为基本形式。[1] 所谓五刑，指的是以下五种刑罚：①"笞"刑（分成一十、二十、三十、四十、五十这五等）；②"杖"刑（分成六十、七十、八十、九十、一百这五等）；③"徒"刑（分成一年、一年半、二年、二年半、三年这五等）；④"流"刑（分成二千里、二千五百里、三千里这三等）；⑤"死"刑（分成绞、斩二等）。五刑内部的等数总计有二十等，因此也称为五刑二十等的刑罚体系。笞刑、杖刑都是用笞（材质是木头）责打，而数字是名义上责打的次数（实际上的责打次数，执行时常会做出各种替换）。徒刑是将犯罪者在一定期间内流放到同省中其他州县的刑罚（在流放地所受的待遇各个时期有所变化），开始执行时也会并科杖刑。流刑是将犯罪者从本籍地遣送到规定的偏远省份，让他们在保护观察下生活的无期徒刑。每个省的流刑遣送地按照距离的分别而有个别的规定，并没有像西伯利亚那样的特定流放地。死刑的绞与斩是处刑方式的差异，当时的人们认为，断头的斩刑远远重于绞首而杀的绞刑。又，在

---

〔1〕 关于刑罚体系的历史变迁，参阅滋贺秀三《刑罰の歴史》（收入氏著《中国法制史論集——法典と刑罰》，創文社，2003年）及石岡浩、川村康、七野敏光、中村正人《史料からみる中国法史》，法律文化社，2012年，"第3讲 五刑の刑罰体系はどのように形成されてきたのか：周から隋へ""第4讲 五刑の刑罰体系はどのように変容していったのか：唐から清へ"。

五刑之外，杖刑与徒刑之间设有"枷号"（白天戴枷在城门前示众，夜晚关入监狱的刑罚。以月为单位附加在笞杖刑上），流刑和死刑之间设有"充军"、"发遣"（较严酷的流刑），而死刑之上更有"凌迟处死"（用于杀直系尊亲属等犯罪，是特别残酷的死刑方式）。在此应该注意的是，各种刑罚并非按照用途的不同而区别使用，只是单纯地按照轻重顺序排列。特别是主要的五刑部分，犹如一把有着二十个反映恶性程度刻度的量尺。

律例制定时，其构想是要细致地区分犯罪情节，事先对于各个犯罪恶行规定一种特定的刑罚，将各种恶行按其恶性程度定位在五刑二十等的刑罚刻度上。在此意义上，可以认为律例如同一张庞大的犯罪刑罚对象一览表（关于这一点，将在第六章详细说明）。而犯罪加害人与被害人之间的亲属关系，被当作犯情的一个重要构成要素来加以考虑。在此意义上，原本难以量化讨论的尊卑亲疏感觉，以量刑程度的形式具体显现于成文法上，这是一个有趣的开展。

刑罚加减程度的例示　在表1中，为了举例说明尊长与卑幼之间刑罚加减的态样，本书针对较轻微的"斗殴：殴不成伤"、中等程度的"斗殴：折伤"，以及较重的"故杀"三种类型，试着用表呈现律例根据加害人与被害人血缘关系加减刑罚的程度。在此清楚可见，律例区分尊长与卑幼进行刑罚的加减，其加减的程度则按照服制。即使是"殴不成伤"这种最轻微的暴行，被害人是兄姊时，处徒三年；被害人是祖父母父母时，则转为斩刑。相反地，若被害人为卑幼，即

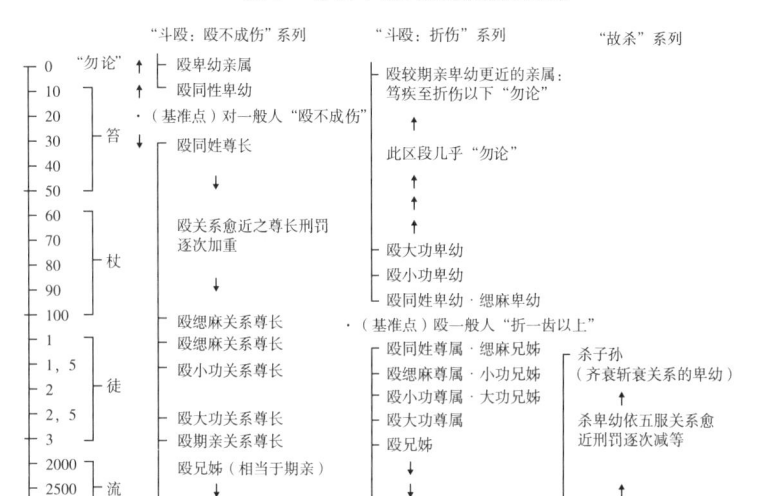

表1　尊长卑幼间加减刑罚之例

刑罚		"殴不成伤"系列	"殴：折伤"系列	"故杀"系列
0	"勿论"	↑ 殴卑幼亲属	殴较期亲卑幼更近的亲属：笃疾至折伤以下"勿论"	
10		↑ 殴同性卑幼		
20	笞	·（基准点）对一般人"殴不成伤"		
30			此区段几乎"勿论"	
40		↓ 殴同姓尊长	↑	
50			↑	
60			↑	
70	杖	殴关系愈近之尊长刑罚逐次加重	殴大功卑幼	
80			殴小功卑幼	
90			殴同姓卑幼·缌麻卑幼	
100			·（基准点）殴一般人"折一齿以上"	
1		殴缌麻关系尊长	殴同姓尊属·缌麻兄姊	杀子孙（齐衰斩衰关系的卑幼）
1,5		殴缌麻关系尊长	殴缌麻尊属·小功兄姊	
2	徒	殴小功关系尊长	殴小功尊属·大功兄姊	
2,5		殴大功关系尊长	殴大功尊属	杀卑幼依五服关系愈近刑罚逐次减等
3		殴期亲关系尊长	殴兄姊	
2000		殴兄姊（相当于期亲）	↓	
2500	流	↓	↓	杀弟妹等期亲卑幼
3000				杀缌麻小功大功关系的卑幼
绞	死		殴叔伯父母姑祖父母	·（基准点）"故杀"一般人
斩				↓ -故杀期亲以上尊长
凌迟处死		殴祖父母父母（齐衰斩衰关系的直系尊长）	殴祖父母父母	

"殴不成伤"系列：刑律斗殴"同姓亲属相殴""殴大功以下尊长""殴期亲尊长""殴祖父母父母"
"折伤"系列：刑律斗殴"殴大功以下尊长""殴期亲尊长""殴祖父母父母"
"故杀"系列：刑律人命"谋杀祖父母父母"

使是故杀（有意杀人），法定刑也会减等，尤其故杀自己的子孙时，虽是杀人行为，却只处徒一年了事。在后面的章节里会看到，如果是兄弟口角之类的冲突，实务上的解决方式其实大多是口头斥责，例如指斥当事人谓，"依律，二比均应责处，惟昆弟之间情可掩法，姑宽亦免深究"等，或者仅对当事人科处适当程度的笞杖刑，因此，无须认为相关的条文获得彻底的实行（这样思考反而会错误理解案件的实际情况）。但即使如此，传统中国的律例设想了如此极端的刑罚加减原

第一章　人与家　　61

则，令人感到的唯有惊讶。

身份具有的意义　而如前所述，若将长幼关系考量进来，那么同宗者之间不存在着任何平等、对等的情形。根据他们的上下关系，法律上设定了严密的差别（而且关系愈密切，差别愈巨大）。这是名副其实的身份社会。不过必须注意，此种"身份"与其他历史、社会中所见的"身份"，具有若干不同的性质。

第一，虽说是身份，但传统中国的身份指的不是组织内部的绝对地位，而是始终以"己"为中心、具有相对性质的许多关系的汇集。此外，针对亲属的系统关系进行家谱式的讨论时，虽然礼制上仍有嫡庶的观念，但其在明清时期几乎不发生作用；又在实际生活的层面中，分割家产时的兄弟均分原则显示，不存在着本支与分支的区别（因此，即使写家谱图，也没有人生来就是"边缘"，所有人说起来都是"直系"，只要想写，随时都可以将自己置于宗的圆心写出家谱图）。此外，虽然尊卑长幼的次序确实无法逆转，但随着时间推移（由于较自己年长的人逐渐死去），自己所处的位置将会相对提升，只要活得够久，最终任何人都可以站到最上位。

第二，传统中国的身份关系不是以家，乃是以宗作为基准而成立（服制上的位置在家产分割前与家产分割后基本上不会改变）。换言之，虽说是身份，但与日常生活的态样、具体组织内部的统制，以及秩序的维持未必一致。存在于身份差别背后的毋宁是分形同气的原理，亦即传统中国的人们自己对于人类存在的本质性理解。

第三，此种身份上的差别与宗族外部的人们没有任何关系。在国家制度上，人民之间的相互关系基本上是"凡人间"，而在政治上，这是一个一君万民的世界（在例外的情况下，存在着"良贱"此种具有阶层性与国家制度性质的身份制度上的对比，这一点留待后述）。

虽说是身份，但并没有固定的社会位置或社会角色。不过既然生而为人，每个人都只好以某人为父母诞生在这个世界上，而该父母也同样以某人之子的身份诞生，又在自己的孩子出生后成为那孩子的父母。所有的人都存在于此种"脉络"之中。传统中国关于身份的想法，乃是从这种血缘脉络里的相互关系中产生的理解。[1]

而且，围绕着血缘，同时存在着亲属间上下差别的要素，以及由同气所支持的亲属之间强烈的连带感。既然血缘中没有本支与旁支的区别，对于所有的男性而言，人生最根本的事情，乃是愉快地感觉到，自己在始祖传下的荡荡之气的旺盛流动中出生，并且有许多同气的伙伴们（兄弟），按照亲疏关系像同心圆似地出现在自己的周围。那里还附加着通过科举考试成为高级官员的机会，甚至是发动革命让自己成为皇帝的机会。虽然说这些是身份，但它们和社会性的身份制度所带有的固定性和闭塞感并无关联。

家与宗的关系　在本章的最后，对于在前一节为止所见

---

[1] 当然，即使在今天，人类的存在也具有脉络性，但是根据近代科学的想法，以血缘为中心而实际存在的，乃是经由遗传因子的结合而创造的无数网目。并非这种想法具有脉络性，就会立即变成中国式的理解。

第一章　人与家　63

到的家，以及本节中所见到的宗，笔者拟确认它们之间的相互关系。

首先，两者当然处于一种同心圆式的关系。甚至如果想到"有史以来从未进行家产分割的家"，那么此种家的范围应该会和"宗"完全相同。分形同气的意识形态所要求的，经常是此种一体性的生存，而家在暂且分割后，如果在某处停止细胞分裂，同居共财的范围将会再次逐渐扩大，不久之后可能会成为累世同居的大家族。

但是现实上，人们反复持续地进行着家产分割，真实的社会面貌经常是平均户口人数五六人的小型之家分立的状态。家产分割的直接动因终究是兄弟们的利己主义，而舍弃利己主义实际共同生活有其困难。不过相反地，虽说是利己主义，但它发展的方向不会通往以个人为单位的生活。在细分化的过程中，仍有着中国式的家此种坚实的界限。正确地说，存在于传统中国的是一个"个家利己主义"（以家作为单位的利己主义）的世界。

那么，这样的一个个的家，究竟在什么样的经济基础之上维持着生活？在下一章里，本书将探讨此种经济基础的主要形态。

第二章
生业与财产

第一节 管 业

1. 土地买卖的频率

土地买卖的背景 如果将耕地面积减少到一定数量时，一个家庭仅依靠小民营生便难以自活。因此，日本前近代的农民很忌讳因疼爱子孙而将田地均分的行为，并称其为"田分け"（日语"田分け"，与"戯け"读音相同，后者有愚蠢、胡闹之意，以此来表达这种做法的不可取——译者注），基本上都是采取将全部土地交给嗣子一人的做法，意在维持经营体的存续。[1] 但如上一章的理论所示，传统中国采取的是兄弟均分家产的做法。结果必然会导致既有因贫困而转让土地的家庭产生，也有把握机运兼并土地而崛起的家庭出现。这一过程中，土地买卖是十分频繁的。

关于中国土地买卖的频率，唐鹤征有广为流传的记述："细民兴替不时，田产转卖甚亟。谚云'千年田，八百主'，非虚语也。"（《天下郡国利病书》原编第七册"常镇"条）。即便谚语确实有所夸大，但有其他史料可以证明，土地买卖的频率的确出乎意料的高。详情可参照图4。

显示买卖频率的史料 关于图4的详细情况将在后文中展开论述，这里只想借此图展现清代台湾通过买卖将几处农田兼并为一块土地的过程。圈数字标示的各节点都存在土地买卖文书，卖家和买家的姓氏分列上下，买卖的年份则统一列于图的左端。例如，从契约文书⑤到其所连结的末端，可以看出从乾隆二十二年（1757）到同治三年（1864）的108年中，一共进行了8次交易。同样，沿着㉒向下梳理，可以看出从嘉庆三年（1798）到同治三年（1864）的67年中，存在7次交易；从⑫向下梳理，从乾隆四十六年（1781）到光绪三年（1877）的97年中，存在9次交易。由此可以估算

---

[1] 公平起见，需要附带说明的是，日本式的做法虽然确实能够维持经营体的稳定，但当大灾害来袭时，如果经营体破产或倒闭等，那么所有的血脉将就此断绝。与之相对，传统中国式的兄弟均分家产的做法，使得他们可以自由选择生业，个体经营的存续确实会比较艰难，但即使遇到自然灾害或者社会变动，其中的一脉存活下来的可能性也更高。从DNA的生存战略的角度来说，当生存环境严峻到一定程度的时候，相比集中资源，分散风险是更合理的选择。

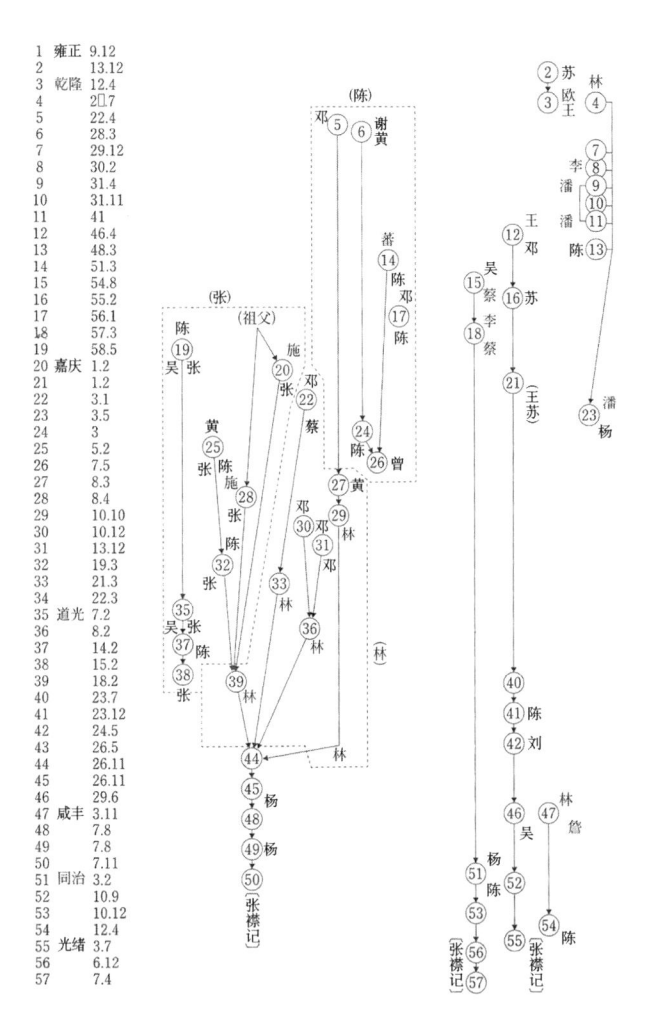

图 4　土地买卖的谱系图

高见泽磨:《臺湾鳳山張氏文書》(濱下武志編《東洋文化研究所所蔵中国土地文書目録解説(下)》,東京大学東洋文化研究所附属東洋学文献センター,1986年,第25頁)

出，平均来说，极普通的农田的流转频率大约为每10年一次。

这是一种什么程度的频率呢？如果根据实例做一个简单比较的话，现代日本的农用土地全部处于农地法的管理之下，因此所有农用土地的权利变动都需要提出申请。根据2014年的统计，日本全国耕地面积有447万公顷，而这一年中发生权利变动的耕地面积为11.1万公顷。单纯以除法计算所有土地都发生权利变动所需要的时间，则答案为40年以上。而这里所说的"权利变动"还包含了转让使用权的情况。如果只考虑"所有权转移"的话，大致有2.8万公顷，答案也变成了近160年。即便是资本主义经济下的现代社会，也只有如此程度。如果向前追溯，江户时代的日本在原则上是禁止农地买卖的。19世纪中国台湾农村每10年流转一次的频率已经完全超出了日本人的想象范围。中国农民便生活在这样的农村情景中。本节便拟勾勒出这种流动社会中的土地所有形态。[1]

---

〔1〕 本章关于土地所有、租佃关系的部分（第一、三、四节），包括所参考的史料，基本上是基于笔者的以下研究。寺田浩明：《田面田底慣行の法的性格——概念的検討を中心にして》，東京大学《東洋文化研究所紀要》第93册，1983年（中文版：郑民钦译《田面田底惯例的法律性质——以概念性的分析为中心》，寺田浩明著、王亚新等译《权利与冤抑：寺田浩明中国法史论集》，清华大学出版社，2012年。——译者注）；《『崇明县志』に見える「承価」「過投」「頂首」について——田面田底慣行形成過程の一研究》，東京大学《東洋文化研究所紀要》第98册，1985年。汇集其中精华内容的文章可参见《中国近世における自然の領有》，柴田三千雄等编《歴史における自然（シリーズ 世界史への問い1）》，岩波書店，1989年。（中文版：冯潇译《中国近世土地所有制研究》，前揭《权利与冤抑：寺田浩明中国法史论集》。——译者注）

2. 土地契约文书

契约文书　既然存在土地买卖，自然会与日本的私人土地所有权制度存在类似之处。正是因为可以预期权利会得到保障，人们才会出钱购买。那么，其中存在着怎样的结构呢？如果想要从国家制度中寻求答案的话，立刻会感到寸步难行。就发展过程而言，在中国并不是国家先建立了私人土地所有权制度，并在其调整下产生了土地买卖，毋宁说，是随着历史的推进，社会中的土地买卖逐渐变得普遍起来，国家则一直处在追赶的状态，并试图对此进行规制。按照顺序来说，百姓日常大量的土地买卖行为才是所有动向的基础。因此，当时人订立的并世代保管的契约文书自然也就成了最重要的研究线索。现存数量庞大的契约文书大部分都是清代后半期的产物，被保存于包括日本在内的世界各地的图书馆和资料馆中，还有各种各样的文书史料集被编辑整理。[1]

卖　土地契约文书中数量最多且最能代表整体面貌的是"卖"契。不妨一起来看一则内容。图5所示土地卖契的文字如下：

---

[1]　关于契约文书研究的概况，虽然是比较早期的文章，但可以参考岸本美绪《明清契约文书》，滋賀秀三编《中国法制史——基本资料の研究》，東京大學出版會，1993年。（中译版：王亚新译《明清契约文书》，王亚新、梁治平编，滋贺秀三等著《明清时期的民事审判与民间契约》，法律出版社，1998年。——译者注）

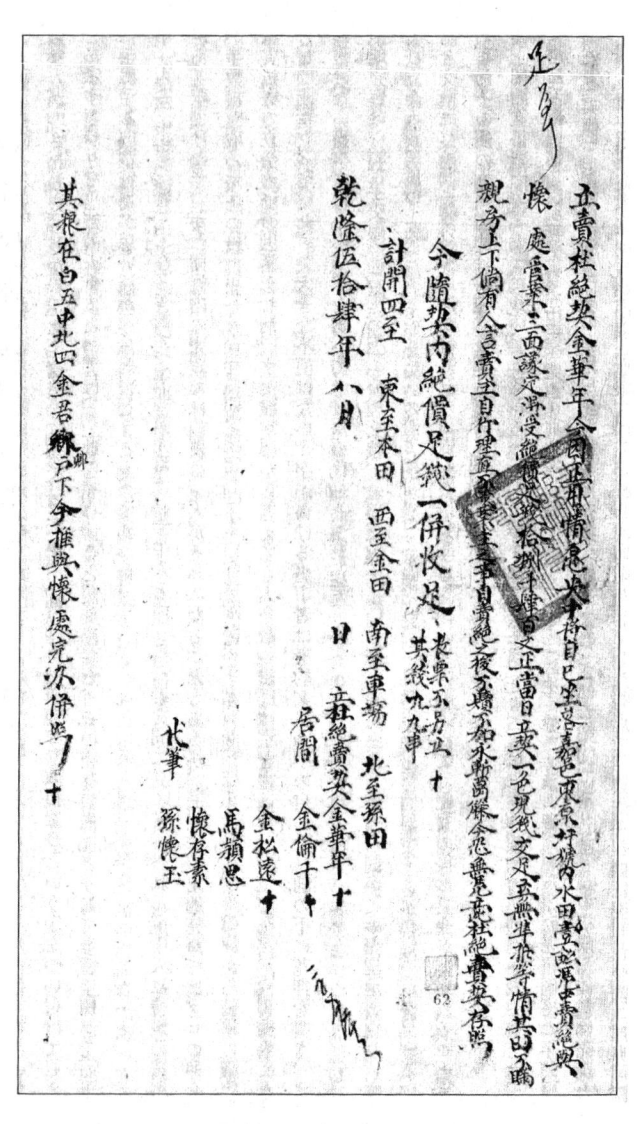

图 5　卖契之例

"嘉兴县怀氏文书" No.62（东京大学东洋文化研究所收藏）

立卖杜绝契金华年。今因正用，情愿央中将自己坐落嘉邑东原圩号内水田一亩〔6.67公亩〕，凭中〔证人〕卖绝与怀处管业。三面〔卖主、买主与中人〕议定，得受绝价足钱十八千四百文正〔整〕。当日立契一色现钱交足，并无准折〔借款折抵货款〕等情。其田不瞒亲房上下，倘有人言，卖主自行理直，不涉买主之事。自卖绝之后，不赎〔回赎〕不加〔加价〕，永斩葛藤。今恐无凭〔证据〕，立此杜绝卖契存照。

今随契内绝价足钱，一并收足。收票〔货款收条〕不另立。其钱九九串。[1]

计开〔列一览表时的固定用语〕四至。东至本田。西至金田。南至车场〔放置手水泵即龙骨车的场所〕。北至孙田。

……

其粮〔税粮、年贡〕，在白五中北四金君乡户下。今推与〔名义转移〕怀处完办。并照。

管业 虽然"管业"是较为代表性的用语，但在该处使用"为业"的例子也不少见。所谓"业"，此处是广泛指代

---

[1] 民众的日常交易多使用铜钱。但在大额交易的情况下，会使用钱串，每串是一千枚铜钱，由钱商提供品质保证。文中提到的价格为十八千文，以"千"为单位写立契约（有时千文还被写成"串文"），正是由于这个理由。而钱商在提供品质保证时，会收取十个铜钱的手续费，因此每串的实际铜钱数只有九百九十枚。文中的"九九串"即这样一束钱的名称。

土地财产的名词，田主也屡屡被称为"业主"。有时，这一处也会被写作"收租"或"耕种"，还有两者并列写作"收租管业"或"管业耕种"的情况。如各种语词的分布所示，这些表达的含义都指向，通过自己耕作或者租佃与人收取地租的方式取得土地的经营收益。此外，如单独使用"收租"或"耕种"等用法所示，"管业"或"为业"并非一旦缺失就丧失法律效果的文言，将其理解为单纯的修辞是更恰当的。但反过来，即使不写"管业"或"为业"，如附随的耕种或收租等词所示，对于当时的人来说，在说到卖售土地的时候，无论如何都会联想卖售之后买家从土地中所获得的收益行为。

中人　"中"指"中人"。进行土地买卖必须有中人作为第三方居间参与。中人无需特殊的资格条件，同族内的买卖可以由一名亲属作为中人，一般的土地买卖则由专业的居间行业者担任，如"三面议定"所示，他们收取一定的手续费，提供从与交易对象斡旋到议定价格及三方会面支付款项等服务。此外，虽然从识字率的角度考虑，大多数的农民应该都不会写字，但代书已经形成专门的职业，因此并不会带来很大的不便。会写字的当事人在契约文书中自己的名字下面留下花押，而不会写字的人则画"十"字来代替签名。

如"一手交银，一手交契""一边交钱，一边交约"等俗语所示，土地买卖的形式是，卖方写立卖契，在中人及立会人（见证人，为了证明不是骗了亲属的土地买卖，很多情况下卖方亲属也会到场）的见证下，将其交付给买方换得价款。买卖结束之后多会举办宴席，也含有感谢立会人的意思，因此，为了方便，在茶馆（后述）中缔结契约的情况是很普遍的。

典 在契约文书中，除了"卖"，最常见的契约类型是"典"（有时称为"当"）。所谓"典"，是指土地（房屋也是同样）的现管业者（田主、业主、典主＝出典者）收取大约是土地卖价半额的对价（"典价"），将土地房屋交付对方（钱主、银主＝承典者）管业（经营收益）的契约。文书的构成和体裁与卖契几乎没有区别。但"典"的特征在于，会在正文中写入"以三年为限（典限），年限届满，业主备价取赎。业主无力取赎者，听凭银主管业"等内容的回赎文字。

回赎是指支付原价取回土地（恢复自己的管业）。但上文已准确显示出，回赎并非义务。在典限届满之后可以什么都不做，这种情况下，直到实际回赎之前，承典者都将继续进行管业。这意味着约定的"典限"与其说是取回期限，毋宁说是为了保护承典者在一定期限内的用益权而设定的"回赎禁止期限"。实际上，对于农地来说，保证承典者享有一定的用益期限，具有促进施肥等积极的意义。

若说什么样的人会缔结这类典契，则出典人一定是一时需要资金度日但又不愿意完全放弃土地的小农家族。举例来说，农民遇到的临时花销中最具代表性的便是婚姻和葬礼。婚姻尚可以在准备好之后再进行，但葬礼却是突然降临的。举办盛大的葬礼需要现金，如果手头没有现金，便不得不动用最后的财产——土地。然而这些只是临时花销，如果预计今后能够筹措到资金，便没有将土地完全出卖的必要，因此可以选择可回赎的典卖。

与此相对，承典人有两种类型。一类是家运上升且家中有剩余劳动力，想要耕作新的土地，却又没有足够的资金来购买土地的小农家族。典这种形式除日后可能会被回赎这一点外，既能够对土地进行管业，又只需要花费购买土地一半的价格。同样的金额便可以对两倍面积的土地进行管业。另一类是大地主承典土地的情况，他们将其作为经营土地的一环或兼并土地的第一步。这种情况下，承典人原本并未打算自己耕种土地，而是用取得佃租的方式进行管业。出典人也可以成为他们的佃农（甚至可以说这样一来所有的事情都更为简便），这种情况下，出典人耕种的是一直以来劳作的同一块土地，只不过他们的身份从自耕农暂时变成了佃农（日本研究者将这种形态称为"典小作"）。

转典 如上所述，典限届满后出典人拥有回赎的权利，但也可以不进行回赎。意味深长的是，若说承典人是否可以催促对方回赎（提出返还土地并要求归还原典价），其答案是否定的。典是以卖价半额的负担取得整份管业的制度，从这个意义上说，承典人享有很大的经济利益，因此，一般而言不会去设想承典人主动放弃自己有利地位的情况。但承典人也可能产生新的融资需求，对贫穷人家而言，典买管业的土地可能是唯一的财产了。于是，在这种情况下，承典人可以采取的办法，不是回头去找出典人，而是将土地再"转典"给第三人以获得典价。当然，这种情况下如果最初的出典人提出回赎请求，承典人必须要直接兑现这一要求，因此，转典的典限不能超过原典的典限。另外，关于转典的方法，除了上述通过承典人进行两重回赎的形式，还可以采取从最初开始便由包括原出典人在内的三方进行商议，回赎时直接由原出典人向转典人进行回赎的形式（将承典人的地位转让他人的转典形式）。

与不动产质权的异同 典是出典人接受典银、在回赎前由承典人进行土地管业的制度。如果不从土地而是从金钱的角度来说，完全可以看作承典人（钱主）贷给出典人（业主）资金，并取得土地作为担保的情况。出典人则是接受了一时的贷款。出资者取得土地作为借贷的担保，并可以在借金返还之前自由用益土地，相对地，也不收取借贷的利息，这种形式在西洋近代法中，只有不动产质权。因此，中国在引入西洋近代法时，学者围绕中国传统的"典"与西洋法律制度中的"不动产质权"之异同展开了激烈的讨论。然而，关于典，出典人并没有回赎（返还原典价并取回土地）义务，换言之，承典人（贷出资金的一方）没有要求回赎（提出返还土地并要求偿还资金）的权利。没有贷款返还请求权的借贷·担保制度显然是不合逻辑的。毫无疑问，典的目的是融资并提供担保，但是很难认为，典从最初开始就是为了提供贷款担保而存在的制度。[1]

---

〔1〕 关于中华民国时期"典权本质"的争论，参见吴佩君《中華民國民法典における典権概念の推移——伝統的法慣習の近代法的理解》(《法学政治学論究》第8号，1991年)，以及笔者对该论文的书评(《法制史研究》第42卷，1993年)。

押 虽然大半契约文书的类型都是卖与典,但除此以外还是存在其他几种类型。如果选一种有趣的进行介绍,便是"押"(或者"胎")。所谓"押",是指在附利息的借款中订立附停止条件的卖契,并将自己所有的土地证书(前主订立、交给自己的卖契＝上手卖契)一起交付给钱主的交易。契约文书中会写明,即使在出押中,依旧可以进行管业,但如果期限届满却无法偿还本金和利息,则卖契生效,土地归属对方所有。只是在现实当中,所有的事情不可能自动进行(更何况为了使现管业者离开,也需要一定的程序),因此,实际上会加入第三人开始具体的交涉,对借金进行偿还和清算。在与对方进行这种交涉时,押契和上手卖契便作为迫使对方参与进来的强制手段而发挥作用。

3. 管业来历的证明秩序

广义的卖的概念 以上三种类型在近代法用语中分别以"卖＝所有权的转移、典＝用益权的设定、押＝抵当权的设定"来称呼,并没有太大的违和感。因为所有、用益和担保三种分类,作为关于土地这种财产的经济用法,并不是近代土地法所特有的内容,而是在人类历史中具有普遍性的用法。关于应对这三种社会要求的方法,在传统中国土地文书的世界中可以找到丰富的答案。

然而,因为这种称呼的缘故,便认为这三者之间只是"权利种类"的区别,则言之过早了。因为在同一时代,还存在着与此截然不同的理解。上文论述过,没有回赎文字的是卖，而有回赎文字的是典。但实际上，土地文书中存在着大量容易混淆的"有回赎文字的卖契"。其具有的效力与典契相比没有任何区别。而且，这种与典一样的卖被称为"活卖"，与此相对，通常的卖法被特别称为"绝卖"（或者"杜卖""死卖"）等。也就是说，存在着将典和卖被看作同种行为的看法，而"广义的卖"的概念将两者都包含其中。

活与绝 关于卖与典的共同点，如果从广义的卖的概念来考虑，则首先可以举出前述"管业"。无论是承典者还是买主，他们每天从事的事情都是对持有契据的土地进行管业，该契据由前主订立，是他们付出代价交换得来的。换言之，无论是卖还是典（甚至是逐次转移形式的转典），都是现经营者将自己迄今为止所有的土地经营收益＝管业的正当性交付给向自己支付金钱的某人的行为，具体而言，是取得对价写立以"交由某人管业"为内容的契约书的行为。这构成了广义上的卖的含义。在此基础上，显示出卖与典的区别的词是"活"与"绝"。也就是说，赋予管业正当性的方法有两种，一种是一旦交付便无法取消的、永远成立的"绝"（断绝与自己的关系），还有一种是通过后续返还原价便可以单方抹消前行为的"活"（尚与自己保持着关系）。

找 典与卖，或者说用益权和所有权的区别，在于是否具有回赎的可能性，甚至可以说只在于此，这从偶尔可见的从活卖变成绝卖的转换手续中可以充分得到观察。

在某些地区，卖土地的时候，如果对是否要直接绝卖感到犹豫，普遍的做法是先以半额的地价订立"卖契"，并在其中写入回赎条款。甚至作为不言自明的地域习惯，即便只写卖而不写回赎条款，依然可以随时以原价进行回赎。既能解一时之急，日后又能积蓄钱财赎回土地，实在是非常圆满的方法。

然而，在这个过程中如果又需要融资，而能够提供担保的土地只有这块在出卖（出典）中的土地，通常情况下，可以在土地依然存在的担保价值范围内，要求向之前的买主借钱，并以增补之前的卖价·典价（找价）的形式订立"找契"。卖家确实可能在回赎时一起全部回收，但反过来说也有可能发展到绝卖的地步，因此买主通常会答应卖家的请求。

此后，既有一并回赎的情况，反过来也有更进一步产生资金需求的情况。这种情况与之前一样，卖方可以要求获得找价，但如果借钱的总额达到与土地价值相当的程度，买主也很难再接受这种方式。因此，卖家会写下相当于最终差额的"找绝契"，放弃回赎权，土地也会彻底归属于买家所有。

换言之，这里发生了用益权向所有权的转化，因此并没有重新订立写明土地价格总额的绝卖契。毋宁说，是三份契约合在一起，构成了买家以后永远管业的凭据（如果这种实务操作逐渐确立为当地的标准，则会发生极端的事例——即使最初已经一次性绝卖，也要故意订立三份契据同时交付）典与卖便处于这种连续的形态之中，一旦明示"绝（卖）"，杜绝了回赎的可能性，则用益权就变成了与所有权相同的东西。

根据确保权利的方法进行的整理　这种人与人之间以管

业为基础建立交易秩序的情况，与当时主张权利和确保权利的方式有关。当时土地秩序形成的基础，是管业者（自己或者雇佣佃农）每天实际对土地进行管理。土地卖契虽然确定了作为买卖对象的土地，但只是简单地记载"四至"，而交易的对象是卖主到这一节点为止一直在进行的实际管业，买主对其原样继承并开始经营。此外，关于自己的土地与邻地的分界线，可以预料到日常生活中会发生逐渐模糊乃至改变分界线的所谓"换段移丘"等不正当行为，那么便需要每日留神警戒。在这样的管业中，某一天会有某个人威胁到这种地位。

当遭遇到某人质疑的时候，现管业者要通过某种方法向世人申诉自身管业的正当性。这是当时围绕土地主张权利的标准情景，这时的典型做法，就是展示自己取得管业正当性的经过（总称为"来历"）。大部分情况是展示从前管业者那里继承的经过，具体而言就是出示前管业者订立并交付给他的契据。

被质疑时是否具有可主张的来历，是决定性的关键条件。持有绝卖来历的人，因为理论上不存在能够抹消其权利的人，当然可以感到心安，即使是典，除了出典者在典限届满后以原典价赎回的场合，其来历也可以对抗其他一切情况。转典的承典者虽说立场更不稳定，但毫无疑问也是持有来历的管业者。在社会中的土地上存在的，就是这样一些具有活或者绝的来历的管业者。

私契的秩序 按照惯例，自身管业的正当性是通过前管业者写立的契据获得的。而前主管业的正当性基础同样继承自他的前主，即通过前前主交付给他的契据来呈现。整个土地所有秩序背后的本质，无非就是这种人们所订立的契据（"私契"）的链条。

　　当然，仅以私人文书为基础，原本就是不稳定的。任何人都可能在某个时候拿出伪造的文书来质疑，甚至订立并交付了契据的前主本人后来也可能会食言。但最棘手的情况，可能是下面这种，即三世代之前的前主的子孙在家中找到了四世代之前的前主写给他们祖辈的卖契（文书本身并不是伪造的），不知出于善意还是恶意，他们开始以此来宣称自己管业的正当性。在这一秩序中，前主既是能够为来历提供担保的存在，同时也是能够动摇这一来历的最危险的要素。因此，为了排除风险，不知从什么时候开始流行这样的做法，即在进行买卖时卖家不仅要写立卖契，同时还要将购买土地时从前主处取得的旧卖契（老契）一同交付。一旦交付老契的习惯固定下来，在土地买卖时恐怕会出现交付像小山一样多的先行卖契的情况。本节开篇作为展示清代台湾土地买卖频率证据的图4，实际上就是最下端最后一回出卖时交给买家保管的、数量庞大的、按照年代顺序以树状图排列的老契（这也是卖方与买方都在家里存放堆积如山的他姓契据的理由）。

　　其中存在着的，与其说是土地所有权、土地用益权和担保权三种制度，另一种看法是更恰当的，即运用"通过来历（前主写立并交付给他的契据）赋予管业基础"这一简单的（低成本的、分散性的、社会性的）结构，使占有收益者完全变更或者虽然不至于此但能满足各种生活上的需求（融资及其各种担保）的办法。这种办法之一是区分"绝"与"活"，此外还有以来历链为前提写立附停止条件的卖契，同时将老契作为担保交付给对方保存的"押"的方法。

当然，如果这样进行整理，那么反过来看，有时也可以见到脱离现实占有的土地归属意识（比如将出典中的、并未实际管业的人仍然称为业主），其基础便成为问题所在。只是即使在这种制度环境下，人们日常也会意识到成为目前权利关系基点的最新"绝业主"是谁，并且这一信息是邻近的人所共有的。那么，即便存在以此为基础（超越现实用益）的权利归属和转移观念，也不是不可思议的事情。就此而言，实体所有权的概念，并不是存在于制度之中，毋宁说是存在于人们普遍共识性的日常意识之中。

国家的地位　保障基于私人订立之契据的分散管业，土地秩序基本上是以这种形式来维持的。那么，对于这种土地所有及土地买卖秩序，国家处于怎样的地位呢？

典卖土地时，买主承典者有义务带着契据去州县衙门办理"税契"和"过割"两种手续。如果不履行，则面临刑罚。《大清律例》户律田宅"典买田宅"条：

> 凡典买田宅不税契者，笞五十，（仍追）契内田宅价钱一半入官。不过割者，一亩至五亩，笞四十。每五亩加一等，罪止杖一百。其（不过割之）田入官。

税契（"对契课税"）是为土地典卖契约缴纳税金（"契税"，土地价格的百分之三）的手续。缴纳了契税，便会在典卖契的各要点处（大多数情况下是在写有土地价格和日期的地方）加盖县的官印。加盖有红色县印的是"红契"，与没有盖印的"白契"相比，在日后发生纠纷时，当然具有更高的可信度。过割主要是与农地典卖相关的手续，农地的管业者要负担年贡（税粮，通常是收成的一成），过割即是对管业者的名义进行登记变更。

此外，后文将会看到，当有人围绕是否具有管业的正当性产生纠纷并诉至国家法庭的时候，国家首先会要求双方当事人提交作为证据的契约文书，并对其进行详细调查。毫无疑问，在制度正常运行的情况下，正当的证据必须是红契，农地的正当管业也必须反映于税粮台账之中。但无论是税契还是过割都需要费用，任由当事人自主申请，则脱漏是在所难免的。并且，如果官府表现出过度重视税粮台账的情形，则必然会出现虽然没有购买土地却勾结基层胥吏擅自变更纳税名义的人。他们或者仅止于变更登记，甚至还可能实际缴纳税金，为以后的土地诉讼埋下伏笔。结果，官府所能采取的方式是，在裁判时重新调查契据（当事人之间的实际关系）本身的真伪，在此基础上，对欠缴税契、过割费用的人严加申斥，责令其补足手续。并没有彻底发展到以国家登记完全取代私契正当性的地步。[1]

国有与私有 如上所示，国家对私契秩序并非全不关心。毋宁说是出于对税制的关心而收取契税，为了保障税粮而事后追踪管业者的变更，并为了解决纠纷而整理来历。只是很难说国家积极地创造了这种私契秩序本身（后文会详细论述）。更接近实态的说法是，在民间自生、自发性的管业者变更的前提下，国家正是用这些方法进行应对的。

但同时需要注意的是，民间的管业秩序在原理上也没有要求围绕土地进行"全面的支配"。民间允许自由买卖的农地（与官府所有的土地"官地"相对，被称为"民地"）上存在税粮负担，这是典卖土地的人都明白的事情。因此，民间交易的东西，就是负有缴纳税粮义务的土地经营权，即在缴纳国家规定的税粮之后可以取得剩余收益的地位，这同样是不言自明的。税粮如果加重，从理论上说，这种地位必然变得更接近于负担而非权益。但制约税粮多少的理论契机从始至终都不存在于私契秩序之中。

由谁来进行管业基本上由人们之间的市场交易和契约关

---

[1] 在国家法规之中，也存在着为了明确契据的绝与活而积极介入私契秩序之中的情况，它们既是以民间私契秩序的存在为前提的微调政策，也是最终屈服于民间私契秩序实态的一种表现。参见寺田浩明《清代中期の典規制にみえる期限の意味について》，《東洋法史の探究——島田正郎博士頌寿記念論集》，汲古書院，1987年（中文版：《论清代中期土地典卖规制中的期限》，《明清论丛》第18辑，故宫出版社，2019年。——译者注）；岸本美緒：《明清時代における「找価回贖」問題》，《中国——社会と文化》第12号，1997年。（中文版：《明清时代的"找价回赎"问题》，《中国法制史考证》丙编第四卷，中国社会科学出版社，2003年。——译者注）

系决定（民众可以自由地将这种地位变卖处分），从这一意义上说，可以说土地是"私有"的。但另一方面，无论现管业者是谁，国家都天经地义地可以向他收取税粮，从这一意义上说，即使说土地"国有"也并不奇怪。实际上，天下所有土地都归皇帝所有的所谓"普天率土"的理论到了清代也是众人皆知的。关于这种"私人土地所有权"的存在形式在历史中应该如何定位的问题（与此同时还有这一来历链的开端是什么的问题），在对其他内容进行考察的基础上，将在第四节重新进行讨论。

这种管业，是希望能够在"绝"的管业基础上建立起一家人同居共财的生活，也是农民家庭眼前期盼的小康状态，还是以一君万民的皇帝统治为前提的秩序。但显然并非所有的家族都能够过上这种自耕农一家平稳的生活。因此，下一节将首先展示另外的一极，即失去了自己的家庭被他人收容的各种契机，以及这些人的生活处境。

第二节　服　役

1. 提供劳动力的各种类型

雇佣　自家有能够进行管业的土地（资本），将其与自家的劳动力相结合，这便是自耕农一家的生活状态。但并非所有的家庭都有这样的家产。在这种情况下，维生的方法之一便是家族成员分别外出出卖劳动力（然后将各自所得的收入都放入家庭的小金库中，过着同居共财的生活）。如果具有足够的才能，如后文所述，可以以管理者的身份作为主体参与规划其他的经营（"合股"中的"人股"），也可以承包整个业务（"包"）。但若是没有特殊的才能，就只能在其他家庭的各种经营中充当单纯的劳动力，即"雇佣"。其从事的工作各种各样，包括土地耕作等生产劳动，以及手工业帮工、店铺小郎、车夫、厨役、水火夫、轿夫等劳役。

短工与长工 雇佣的种类中，首先是以日或月为单位进行劳动且按日或月计酬的"短工"。从不知道明天是否还能找到工作的意义上来说，短工是十分不稳定的，但从不与任何人结成固定关系的意义上来说，他们又是自由的。与之相对，以年为单位订立雇佣期限，立约后住在雇主家中接受衣食给养的劳动方式，是"长工"。大概是因为期限届满后对双方来说都归于无用，所以几乎找不到留存下来的雇佣契约文书，因此，只能依靠契约文书程式集来确认其内容。此处引用的是作为明清文书程式集源头的元刊《新编事文类要启札青钱》中的"雇小厮契式"（卷十一"公私必用"）：

> 某乡某里姓某。右某有亲生男子，名某，年几岁。今，因时年荒歉不能供赡，情愿投得某人保委，将本男雇与某里某人宅充为小厮三年。当三面言议断，每年得工雇钞若干贯文。其钞当已预先借讫几贯。所有余钞，候在年月满日，结算请领。自男某

> 计工之后，须用小心伏事，听候使令，不敢违慢、抗对、无礼，及与外人通同搬盗本宅财货什物将身闪走等事。如有此色，且保人并自知当甘伏倍还〔加倍返还价金〕不词。或男某在宅向后恐有一切不虞，并是天之命也。且某即无他说。今恐仁理难凭，故立此为用。谨契。

这是父亲声称因为凶作（"时年荒歉"），自家实在无法养赡，所以将亲生子雇佣给他人的契约书。雇佣期限为三年。双方约定事先收取了一部分雇银（也可能是事先借取了数量相当的金钱），剩余的部分待期满时支付。最后有"不虞"等文字，是为了预防雇佣中出现对方的儿子病故或因故身亡等情况，承诺即使发生了这样的事情也没有任何怨言。

人身的典卖契　比长工更进一步的是发誓永远服役的形态，有关这类契约文书的实物，反倒是大量留存了下来。例如"卖男婚书字"：[1]

> 立卖男婚书人王小法。今有自己亲生男一名年十六岁。今因缺用，自情愿央中，出卖与张名下为仆。三面议定，时值身价银六两五钱整。其身价银，是身得受。其男〔更〕名〔使〕唤，百孙听张名下变

---

[1] 引自今堀誠二《中国封建社会の構成》，勁草書房，1991年，第334頁。此外，关于明清时代中央和地方法对于人身典卖的规定的历史，以及各种契约文书的示例，参见仁井田陞《明清時代の人賣及人質文書の研究（一）（二）（三）》，《史学雑誌》46编4、5、6卷，1935年。该论文的（三）中还可见人身"抵押"契约的例子。

卖，身不得异说。今恐无凭，立此卖男婚书存照。

      雍正五年冬一月　日
     立卖男婚书人　王小法+
    中见房东　张楷臣（花押）
      张仔可（花押）

  这是父亲出卖十六岁亲生子的文书。契据整体的样式和文字都与土地卖契惊人的相似，只是土地卖契中"为业"的地方换成了"为仆"。所谓"〔更〕名"恐怕连姓都会改掉，所谓"〔使〕唤"是指"使唤服役"，即服从主人的命令从事任何工作。此外，如"百孙听张名下变卖"所示，其从属地位要被男性子孙所继承。只是，虽然说是买卖，但人不可能忽然变成"东西"，在主家的底层被任意驱使劳役的同时，也当然地要得到衣食给养，并且，反倒如"百孙"一词所暗示的那样，可以想见，如果主家有宽裕，甚至还能得到与婢女婚配繁衍子孙的待遇（这种待遇总称为"恩养婚配"）。

  在父亲因为贫穷无法养赡便将亲生子雇与他人的情况之上，还有这种将亲生子永远卖与他人的情况。而令人不可思议的是，无论哪个契据上写明的价款都是六两左右，所以每个家庭能够获得的利益并不多。[1] 毋宁说可以这样理解，事

---

[1] 但在卖女契约中，有时也可以见到身价银从数十两到高达数百两的情况（参见仁井田陞前注所揭论文）。例如当作取得妻妾的聘礼钱，或者是作为艺妓取得的报酬等，在卖身价格中便加入了这类其他的考虑要素。

情的背景是家族成员全都在温饱线上挣扎,在主人家听凭服役使唤活着总比在自己家中饿死要好。这样的话,虽说是人身买卖,但事情本身可能更接近于,在困苦生活的绝境中偷偷将一个孩子放到救命的小船上漂走。

此外,还存在着同样的卖女儿的契据。图6所示东京大学东洋文化研究所藏"卖次女文书"如下:

> 立卖次女文书韩天福,仝(同)妻陆氏。将亲生女,乳名阿酉,年十一岁,情愿央中,卖到陈府为使女。凭中保议得,身价银三两正,契日收足。自卖之后,任凭家主改名使唤服役。议定,至二十岁,备足身价赎身。倘有不测,皆由天命。自愿非逼。恐后无凭,立此卖女文书为照。
>
> 嘉庆十九年十月　日
> 　　　　　立卖次女文书
> 　　　　　　韩天福+
> 　　仝(同)妻　陆　氏+
> 　　　中　陆培德
> 　　代笔　钱接山

如果说前面的是绝卖契,那么这个便是附回赎文言的活卖契(典契)。虽然没有必要,价金却也大约是卖价半额的三两。女子之所以会被回赎是因为她在成年出嫁时可能从夫家获得更多的聘财(彩礼)的缘故。回赎后等待她们的并不是

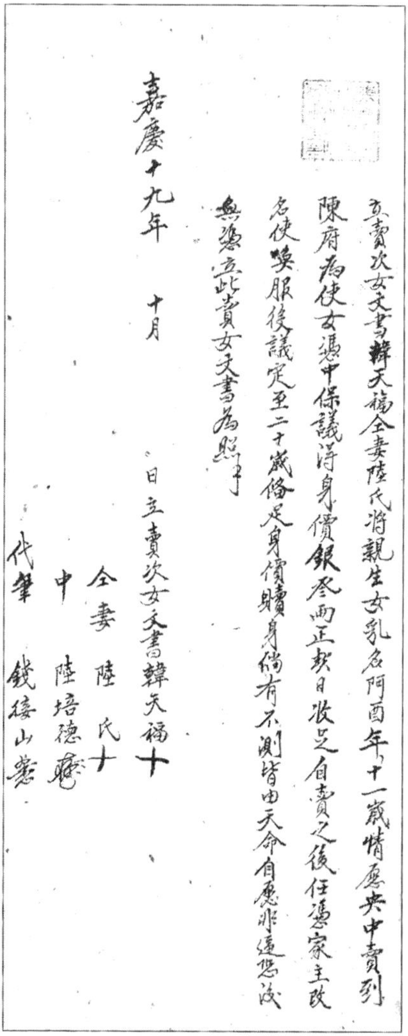

立賣次女文書韓天福仝妻陸氏將親生女乳名阿酉年十一歲情願央中賣到
陳府為使女憑中保議得身價銀叁兩正難日收足自賣之後任憑家主改
名使喚服後議定至二十歲俗足身價贖身倘有不測皆由天命自愿非逼怨悔
無憑立此賣女文書為照

嘉慶十九年 十月　　日立賣次女文書韓天福十

　　　　　　　　　　仝妻　陸氏十
　　　　　　　　　　中　　陸培德筆
　　　　　　　　代筆　錢砥山筆

图 6　卖次女文书

"金匱陈氏文书" No.50（东京大学东洋文化研究所收藏）

第二章　生业与财产　　89

与原来一样的为人子女的生活。

投献 翻阅这类契据，还可以看到自愿为仆、出卖自身的例子。这种自己投靠到势豪门下的情况称为"投献"。"顺治六年绩溪胡文高投主文书"如下：[1]

> 绩溪县十三都壹图，立文书人胡文高。元因年岁荒欠衣食无资，自愿浼亲人郎夏空身帮到汪名下，佣工生理。每月辛力工钱一并支足，无分厘欠缺。今因汪宅有仆妇，年二十二岁，名新喜。身又浼亲人郎夏说合，招到汪名下为仆，婚配新喜为妻。当日并未费厘毫聘礼及使用等项。此系自己情愿，无货折、逼抑等情。自招以后，妻系本主所讨之人，身系本主所衣食之身。听从使唤，毋得抵触。及将家主衣物花酒，并懒惰等情，如然，听家主理论无辞。倘若拐带逃归〔带妻逃走〕，尽是中人承管。如风水不虞，此系天命，与本主无干。今恐无凭、立此存照。

这个契约的大致内容是，一直是单身、按月取酬的男性雇工，因为想与雇主家的婢女结婚，约定自愿成为家仆，今后夫妇一同在主家服役。这里的背景之一同样是聘金（聘礼）。为了缔结婚姻，男方必须向女方家（这里的情况是婢女服役的汪家）交付相当数量的聘礼，但他并没有那么多的钱，

---

[1] 王钰欣、周绍泉主编：《徽州千年契约文书·清·民国编第一卷》，花山文艺出版社，1991年，HZS4010043。

因此，作为替代，他将自己无偿奉献给江家"为仆"。

2. 邻接的各种形态

如上所示，雇佣的结果之中体现了类似人身买卖的形态。而其中产生的法律关系，一方面与养子和婚姻等家族法上的关系有一些连接点，另一方面则与奴婢这种国家贱民制度有一些连接点。

与家族法关系的连接点　首先，与家族法最为接近的第一项存在就是"义子"。如上文所述，在传统中国中，与以继承为目的的养子（"嗣子"）制度并存的，还有以收容劳动力为目的进行的实际上的养子制度。其各种各样的待遇中，最极端的情况是供人使唤服役。乞养作为取得义子的手续，其内容未必很明确，例如战乱中流浪的父母把孩子托付给他人的情况下，最忌讳的，应该就是战后原来的父母仿佛什么都没有发生一样接回孩子吧。因此，必须明确关系的活与绝，而当时确认断"绝"关系的最普遍的做法，就是收取一定的金钱并写立绝卖契。在乞养时如果象征性地收取了一些金钱，其形式与上文中的人身绝卖便没有区别了。

其次，为生死存亡挣扎的家庭，接受金钱将家族成员出让（进入对方的家庭），在这一点上，有时离婚的情况也与这种买卖子女的情况类似。"道光十二年六月二十八日赖荣发休

婚文约"如下：[1]

> 立出休婚文约人赖荣发
>
> 情因去年凭媒得娶曹应福之长女，许配与荣发为室。不料荣发家寒，难以度日。无奈夫妇商议，自愿各逃生命。自行再三央请媒证张大兴、田世泰二人说合，曹氏另行改嫁与吴方吉（下文为"吴芳吉"，在原来的出典《清代乾嘉道巴县档案选编》中，"方"与"芳"字并不统一，疑似契约文书本身的笔误，此处保留原样）足下为室。彼即凭族亲、媒证人等议定财礼铜钱六千文正〔整〕。其钱人手现交，赖姓亲收领明，并无短少分文，亦无折扣。赖姓自休嫁之后，族内老幼已在未在人等，永远无得妄言异说生非。俟后倘有生非情弊，任凭吴姓执约甘究，赖荣发自甘坐罪无辞。此系心甘情愿，其中并无勉强勒约等情。恐口无凭，特立休婚文约一纸，付与吴芳吉永远存据。

文书的题目是休婚（离婚），进行的却是让自己的妻子再嫁他人并从中收取"财礼铜钱六千文正"的行为。这一内容

---

[1] 四川大学历史系、四川省档案馆编：《清代乾嘉道巴县档案选编》（下册），四川大学出版社，1996年，第487页。此外，关于这一问题的相关问题，参见岸本美绪《妻を売ってはいけないか？——明清時代の売妻・典妻慣行》，《中国史学》第8号，1998年。（中文版：李季桦译《妻可卖否？明清时代的卖妻、典妻习俗》，收入陈秋坤主编《契约文书与社会生活》，台北研究院台湾历史研究所等备处，2001年。——译者注）

也近似绝卖妻子。但其动机在于"各逃生命",是"夫妇商议"的结果。的确,通过这一交易,丈夫收受六千文铜钱得以苟延残喘,妻子也可以被更有势力的男子纳入羽翼之下免于饿死的命运。同样是在休婚文书中,甚至还有为给生病的母亲筹措药费而写立契约的情况。

其中,丈夫可以向再婚对象要求财礼的背景,在于他要收回自己娶亲时向女方家庭支付的聘财。反过来说,这意味着当初的婚礼本身在某种程度上包含着与人身买卖相通的要素。既然如此,最后,就不能不讨论婚姻本身与人身买卖的连接点了。

如果把收受聘财与人身买卖普遍等置,当然是错误地把握了整体情况。中等以上的家庭在缔结婚姻时,对应夫家支付给女方家庭的聘财,女方家会在准备的嫁妆中加入同等程度的金钱,让其带入夫家。而(上文关于家产的部分并未提及的是)妻子带来的嫁妆,并不会纳入夫家同居共财的财产之中,而是这一房夫妇独有财产,只供这一房使用。关于这种情况,相比将其看作夫家所支出的聘财在缔结婚姻的两个家庭之间的转移,将其理解为与嫁妆的处理方案相结合的夫家内部世代之间的财产转移,要接近实态得多。[1] 但是女方要带入多少嫁妆并没有定数。如果娘家的生活并不宽裕,为了避免出现卖女儿的风言风语,会以所接受的聘财作为嫁妆,

---

[1] 参考滋贺秀三《中国家族法の原理》,創文社,1967年,第511页以下"持参财产与家产"部分。

但很难再添加其他财物。更加贫穷的家庭，会说聘财是养育女儿的正当对价，心怀感激地收下。如果到了这个地步，便非常接近支付价格收留他姓了。之前关于男子的人身买卖文书，神奇地题名为"卖男婚书字"，其背景也在于此吧。

与奴婢的连接点 此外，通过人身买卖永远在他人家中服役生活的阶层，其日常的存在形态，与中国历代都存在的"奴婢"也有连接点。

所谓奴婢，《续文献通考》卷二十户口考奴婢条有"国朝军中俘获子女，及犯罪抄没人口，多分给功臣家为奴婢"的记述。"俘虏"及"犯罪没官"是一种特殊的国家身份，前者是一开始便处于一君万民的国家秩序之外的人，后者是国家明确剥夺了一君万民之民的地位（"良民"身份）的人。

如上文史料所言，奴婢被发配给"功臣家"为奴。反过来说，海瑞《海瑞集》中有"奴仆。率土之滨，皆天子之民也。律止功臣之家赐之以奴。其余庶人之家，止有雇工人，有乞养义男"的记述，也就是说庶民之家不能保有奴婢。

奴婢在功臣之家，从家内杂役到生产劳动的所有工作，要服从主人的任何命令进行服役。理所当然地，主人也可以（自然是指对其他功臣之家）卖掉奴婢。但主人不能自由地杀死奴婢，甚至还负有要好好存养奴婢并在适当的时候寻找配偶者为其婚配（所谓"恩养婚配"）的道德义务。

这种"奴婢"的身份差别有两方面的含义。一方面，作为从一君之下的万民序列中脱落出来的"贱民"，相对于全体良民都处于低一等的地位。《大清律例》刑律斗殴"良贱相殴"条中有："凡奴婢殴良人（或殴、或伤、或折伤）者，加凡人一等……"相反的场合，则"减一等"。另一方面，与服役的功臣之家的主家亲属之间具有个别性的差等，就内容而言，比前者要重得多。《大清律例》刑律斗殴"奴婢殴家长"条规定的是奴婢与主人本人及主人的五服亲属（不问尊卑）之间发生伤害事件时的刑罚加减，其程度类似亲属律中对于尊长的规定，是非常严厉的（后文将展开论述）。

良民的理念 在国家制度上，奴婢的来源限定于上述途径，无论哪种都是以国家做出的处分为基础。仿佛是为了证明这一点，当时广泛存在着各种禁止人民随意压他人为奴（再扩大是所有近似人身买卖的情况）的规定。《大清律例》刑律贼盗"略人略卖人"条：

> 凡设方略而诱取良人（为奴婢），及略卖良人（与人）为奴婢者，皆（不分首从、未卖）杖一百，流三千里。为妻妾子孙者，（造意）杖一百，徒三年……若假以乞养过房为名，买良家子女转卖者，罪亦如之……若和同相诱（取在己）及（两）相（情愿）卖良人为奴婢者，杖一百，徒三年……若略卖和诱他人奴婢者，各减略卖和诱良人罪一等。若略卖子孙为奴婢者，杖八十……〔下文是略卖、和卖其他亲属的刑罚规定〕……

此外，与保有主体的限制（功臣之家）理论相对应地，还存在着对庶民保有奴婢的惩罚规定。《大清律例》户律户役

第二章　生业与财产　　95

"立嫡子违法"条有"若庶民之家,存养(良家男女为)奴婢者,杖一百,即放从良"。关于其理由,律注《大明律解》户卷三提到"庶民下贱,本当服劳致力,不得存养奴婢。惟功臣家有之。庶人而存留蓄养,是僭分矣",又《王肯堂笺释》卷四户律有"庶人而畜奴婢,尤非分也"的记述。

总体来说,当时法制的基本便是,"奴婢,乃有罪缘坐之人,给付功臣之家者也。常人之家,不当有奴婢。按:祖父卖子孙为奴婢者问罪,给亲完聚。是无罪良人,虽祖父亦不得卖子孙为贱也"(《大清律辑注》刑律斗殴"良贱相殴"条)。

现实中的隶属实态　但是如上文所示,现实中存在着为数不少的人身买卖。其背景是大家都处于贫苦生活之中,活着总是要比饿死好的。不对此采取措施而只是提出禁令,是很难指望其产生效果的。现实中存在着通过各种方式进入家中服役的他姓人,不管律例如何规定,民间的人毫不客气地将其作为奴婢使役,且有时还把他们称呼为奴婢。

3. 服役者阶层的身份处理

服役者阶层身份问题的特征　如上所述,以在他人之家提供劳动力维生的人中,从以日或月为单位自由买卖的形式,到今后的全部生活都融入他人之家的形式,存在着各种各样的变化。其中最极端的形态,在实际中与家族法上的各种关系及国家制度上的奴婢是相连的。

日常生活越融入他人之家,就越会产生他们与雇主一家(主家)的身份关系究竟应该如何定位的问题。最能体现这一问题严迫性的典型局面，便是当他们与主家亲属之间发生斗殴或杀人等情况时，刑罚加减的处理问题。如上一章所示，传统中国关于同宗者之间的犯罪规定了严格的刑罚加减制度，这种加减在亲子间达到了顶峰。这是一个子女向父母举起手便会被判处死刑的世界。那么财买的、处于家庭最底层的、被使唤的生活着的人们（从某种意义上说是通过买卖被从死亡线上拯救出来，随后又通过恩养婚配获得像人一样的生活的人们），当他们侵害有恩惠的主家亲属时，该施加怎样的刑罚才好呢？

首先，从一个极端来说，无论私人恩惠如何，都是皇帝之下与他人一样的编户良民，因此两者间的关系应该是"凡人间"关系，这是一种原则性理论。此外，在日雇的情况下，虽说是雇佣，但主家与雇佣人之间并没有足够值得考虑的恩惠。即使单纯考虑实际问题，也存在着视为没有等级差别才合适的情况。但是，在另外一个极端，存在着通过人身买卖被主家使唤服役的同时接受恩养婚配的人，到了这个境地，他们的生活实态更接近奴婢甚至是子孙。当发生伤害事件时，考虑到与奴婢和同姓卑幼处理上的平衡，无论如何都无法认为将其作为凡人间的情况处理是合适的。但是究竟在什么情况下无法作为凡人间的关系处理呢？并且，无论如何相似，他们毕竟不是亲属也不是奴婢。如果要进行刑罚加减，其根据又是什么呢？传统中国的法学家们由此开始了辛勤探索之路。[1]

雇工人律 首先，当时的法学家们并不认为由于法律上没有关于这类人刑罚加减的规定，所以不应该（无法）进行任何刑罚加减。他们认为，即使放置不论，各个判断主体针对各个具体案件也会各自运用各种方法进行相适应的刑罚加减。毋宁说从制度上必须解决的问题，主要是如何将因其而产生的参差不齐的裁决加以控制（统一化）的问题。

因此，进行制度调整的首要之处在于，对于家内隶属者阶层中隶属程度比较低的、主要是通过有期雇佣契约而进入主人家的人，为了处理他们与主家亲属之间发生伤害事件时的刑罚加减问题，创设了"雇工人"这一中间性的（或者说中等程度的）法律范畴，订立了针对雇工人的刑罚加减的统一标准。这种规定在明律中已经出现。《大清律例》刑律斗殴"奴婢殴家长"条中雇工人的规定如下：

> 若雇工人殴家长及家长期亲，若外祖父母者，
> （无伤、亦）杖一百，徒三年……殴家长之缌麻亲杖

---

[1] 关于奴婢与雇工人的身份处理问题，可参见高橋芳郎《宋—清身分法の研究》（北海道大学図書刊行会，2001年），这本书是学术史上划时代性的研究。（中文版：李冰逆译《宋至清代身分法研究》，上海古籍出版社，2015年。——译者注）本讲下文中的讨论也多依据该书。还可参考笔者对该书的书评，发表于《東洋史研究》第60卷4号，2002年。此外，关于讨论的关键点，即"贱"的问题，可参考岸本美绪《明清時代の身分感覚》，森正夫等编《明清時代史の基本問題》，汲古書院，1997年。（中文版：森正夫等编《明清时代史的基本问题》，商务印书馆，2013年。——译者注）

八十，小功杖九十，大功杖一百……

关于该规定中雇工人与主家亲属间刑罚加减的方法，如果仅限于加重部分，将其与之前所见亲属间的刑罚加重及奴婢和主家亲属间的刑罚加重并列表示的话，则如表2所示。

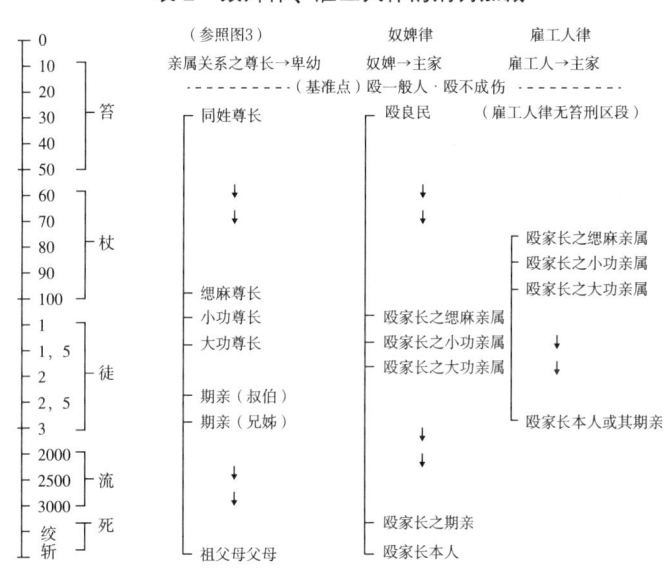

表2 奴婢律、雇工人律的刑罚加减

	（参照图3）	奴婢律	雇工人律
0–50 笞	亲属关系之尊长→卑幼 ------（基准点）殴一般人·殴不成伤------ 同姓尊长	奴婢→主家 殴良民	雇工人→主家 （雇工人律无笞刑区段）
60–100 杖	↓ 缌麻尊长 小功尊长 大功尊长	↓ 殴家长之缌麻亲属 殴家长之小功亲属 殴家长之大功亲属	殴家长之缌麻亲属 殴家长之小功亲属 殴家长之大功亲属 ↓
1–3 徒	期亲（叔伯） 期亲（兄姊）	↓	↓ 殴家长本人或其期亲
2000–3000 流	↓	↓	
绞斩 死	祖父母父母	殴家长之期亲 殴家长本人	

三者并列来看，除了刑罚加减程度的差别，还需要特别注意的是，亲属律针对同姓尊长、奴婢律针对全体良民都普遍性地设定了加减一等的一般等级，但雇工人律中却没有这一等级。亲属律上的同气、奴婢律上的良贱这种一般原理性的等级差别，构成了法律上差别设定的基础（因此，在这种原理所涉及的宽广的范围内，在理论上都必须设想存在着轻

微的差别）。与此相对，雇工人律进行法律差别设定的理论基础，在于雇工人与主人家在现实生活中存在的依存状态，因此导致了它与其他二者的不同。

与奴婢同样的隶属阶层的处境　但关于与奴婢同样的隶属阶层，如果只如雇工人律所规定的那样加减，总有一种不足够的感觉。但既然是他姓的良民，自然不能说是亲属或奴婢。那么，应该怎么处理呢？最初，实务上的折中做法，是将这类人作为"义子"处理。前揭《大清律辑注》刑律斗殴"良贱相殴"条在言明不适用奴婢律后，继续写道：

> 由此观之，常人服役者，但应有雇工，而不得有奴婢。故今之为卖身文契者，皆不书为奴为婢，而曰义男义女，亦犹不得为奴婢之意也。

在其他记述中，也可以发现同样旨趣的内容。萧雍《赤山会约》中有："民间，法不得蓄奴。供使令者，曰义男义妇。衣食胥给，配合以时。律载与子孙同科，恩义重矣。"法律明明禁止人身买卖（以良人为奴婢），但不知从什么时候开始，变成只要不称呼为奴婢便可以了。任谁看来，这都是很奇怪的事情，便姑且适用亲属律来加重了刑罚。

进入清朝以后，国家主导的良贱观念本身逐渐弱化。此外，在作为统治民族的满族的习俗中，存在家内奴隶并不是那么违和的事情。因此，终于开始对深度隶属者直接适用奴婢律了。

匹配的标准　但即使针对从属于他人之家的隶属者阶层

进行制度上的调整（或者越是用这种方法对每种类型的人都一律制定加重刑罚程度的方式进行调整），接下来也（越）会产生棘手的问题，即眼下实际案件中的人，应该匹配奴婢—义子型、雇工人型和凡人型这三种类型中的哪种呢？

实际上，隶属的实际形态多种多样，并且变化一般是连续的。为了维持与加重了加减等级的奴婢和家族成员间的平衡，对于通过人身买卖成为受"恩养婚配"的极端隶属者阶层，也根据其实际的依附形态，相应加重刑罚的加减，是理所当然的事情。但随之而来的问题是，要到什么程度才会进入那样的范畴呢？雇工人律的适用对象与奴婢律、亲属律的适用对象的分界线又在哪里呢？并且，与此相反，关于最初所见日雇，虽说是雇佣，但主人与雇佣人之间连可以被称为恩惠的关系都不存在。对此，如果不进行刑罚加减，单纯以凡人处理是恰当的做法，那么，凡人与雇工人的分界线又该如何划定呢？[1]

规定变迁的历史——从形式标准到生活实态　为了对实际发生的雇工人律调整范围的上限和下限问题的判断分歧进行规制，中央只能制定统一的标准来应对，但难以避免的烦恼是，判断标准划分得越细致反而越容易产生细节的问题。

---

[1] 从反方面来说，律中提到"雇工人"的时候，绝不会让人联想到社会经济学意义上的全部雇佣人。这里寻求和提供的是，既不像奴婢、义子程度那么重，反过来也难于当成凡人处理的，介于两者之间的，受到主人恩惠的家内服役者阶层的刑罚加减方法，所谓"雇工人"不过为了表示出全体适用对象而贴上的权宜标签。

此外，人们的价值判断本身是随着时间的推移而变化的，为了更好地将其展现出来也是需要下一番工夫的。因此，存在着一段漫长的试行错误的历史。虽然有些过于细致，但作为能够展现当时的立法是以怎样的形态进行展开的一个实例，在此还是对明末到清中期约两百年间的规定变迁过程做一介绍。

（1）《明律集解附例》刑律斗殴"奴婢殴家长"条所附万历十六年（1588）新题例：

①今后官民之家，凡倩工作之人

（a）立有文券议有年限者，以雇工人论。

（b）止是短雇月日，受值不多者，依凡论。

②其财买义男

（a）如恩养年久，配有室家者，照例同子孙论。

（b）如恩养未久，不曾配合者，士庶之家，依雇

工人论，缙绅之家，比照奴婢律论。

这一规定可以说是当时实务方面的集大成者。首先，关于下限的问题，选择了以有无文契这种形式上的方法，对雇工人与凡人机械地加以区分。关于上限的问题，先全部以财买（以金钱购买）义男的形式加以把握，再以恩养婚配的程度为标准加以分界。受恩义程度重的人毫无疑问地被作为子孙处理，适用亲属律，程度轻的人则根据主人家的类型分别

适用奴婢律和雇工人律。[1]

（2）雍正《大清会典》卷一百五十五"人户以籍为定"历年事例之雍正五年（1727）议准：

> 凡汉人家生奴仆，印契所买奴仆，并雍正五年以前白契所买，及投靠育养年久，或婢女招配生有子息者，俱系家奴。世世子孙，永远服役，婚配俱由家主。仍造册报官存案……

从这条开始是清代的规定，上限的依附阶层被称为"家奴"，在国家法层面也毫无障碍地作为奴婢处理。如上所述，家内奴隶在满洲社会原本就普遍存在，汉族民间的用词中，"奴婢"的称呼也一直很普遍，基于此，可以说这个阶段，民间感觉在国家法中得到了反映。

（3）乾隆二十四年（1759）山西按察使永泰条奏定例（《大清律例根原》刑律斗殴"奴婢殴家长"条乾隆二十六年[1761]续纂条例）。

> ①除典当家人及隶身长随，俱照例〔奴婢律〕定罪外
> ②其雇倩工作之人，若立有文契年限，及虽无文契而议有年限，或计工受值已阅五年以上者，于家长有犯，均依雇工人定拟。

---

[1] 关于"士庶之家""缙绅之家"指称的内容，以及为何这里会发生处理上的变化，前揭高桥芳郎著作第八章"明末清初期、奴婢・雇工人身分の再編と特質"中有详细的论述。

③其随时短雇受值无多者，仍同凡论。

这一条例对下限标准进行了细微的调整，即使没有满足议定文契和年限的形式要求，只要实际雇佣期间已经超过五年，便以雇工人论处。这大概是因为这类雇佣人与主人之间发生了案件，刑罚加等才是适当的声音占了上风，因此，相比形式标准，条例变得更关注隶属的实际形态。但为了统一处理，外在的形式标准依然是必须的，因此才绞尽脑汁规定了五年这一年限。

（4）乾隆三十二年（1767）例〔《大清律例根原》同上、乾隆三十二年（1767）修改条例〕。

①官民之家，除典当家人隶身长随及立有文契年限之雇工，仍照例〔前者照奴婢律，后者照雇工人律〕定拟外

②其余雇工，虽无文契而议有年限，或不立年限而有主仆名分者

（a）如受雇在一年以内有犯寻常干犯，照良贱加等律，再加一等治罪。

（b）若受雇在一年以上者，即依雇工人定拟。

（c）其犯奸杀诬告等项重情，即一年以内，亦照雇工人治罪。

③若只是农民雇倩亲族耕作，店铺小郎，以及随时短雇，并非服役之人，应同凡论。

这是上一条规定出台八年后的又一立法实例。毫无疑问，

立场微妙的雇佣人依然在持续引发各种微妙的案件。在围绕个别关系、个体行为探求适当的法定刑罚加减之余，对类型的细分化处理也在推进。但同时，官僚们也意识到通过外在的形式标准进行区分的方式是有限度的，于是在雇佣人中需要加重刑罚的阶层和凡人阶层的划分标准问题上，出现了不问文契、年限甚至雇佣期间的"主仆名分"一词。然而在这一阶段，关于"主仆名分"究竟是什么，以及如何判定其有无等问题尚没有明确的说法。

（5）乾隆五十一年（1786）军机大臣会同刑部上奏[《大清律例根原》同上、乾隆五十三年（1788）续纂条例]。

①凡官民之家，除典当家人隶身长随，仍照定例〔奴婢律〕治罪外。

②如系车夫、厨役、水火夫、轿夫及一切打杂受雇服役人等，平日起居不敢与共，饮食不敢与同，并不敢尔我相称，素有主仆名分者，无论其有无文契年限，均以雇工论。

③若农民佃户雇倩耕种工作之人，并店铺小郎之类，平日共坐同食，彼此平等相称，不为使唤服役，素无主仆名分者，亦无论其有无文契年限，俱依凡人科断。

这一条例最终放弃了制定着眼于有无契约文书及年限多寡等外在的、形式的标准，下限问题的判断标准变为有无"主仆名分"这单一条件。并且，虽然直接使用了"主仆名分"一词,却没有明确地加以定义。所要表达的内容不过是,对于日常生活中被他人任意使唤服役且在进食、称呼等方面甘于被差别对待的人,国家在既不阐述根据也不阐述背景的情况下,已经对他们进行差别对待了。换言之,这里"主仆名分"的定义完全由社会一方来决定。当然,为了使实务保持稳定,需要事先在社会中对两者进行充分的区分。谋求对等的佣工,为了不被看作主人可以任意使唤服役的奴仆之辈,会拒绝主人在业务之外的差遣,并且在进食时也要和主人同桌,称呼上也要相互称我和你。一旦停止了这种对抗,等待他们的就是存在"主仆名分"的世界。从这种意义上说,等级差别的最为根本之处,在于社会上对于不经国家剥夺良民身份的程序便甘于立身于他人之下的群体的蔑视和贱视本身。而国家在法律中对其进行追认和定位。

(6)乾隆五十三年(1788)修改条例(《大清律例根原》同上)。

> 白契所买并典当家人,如恩养在三年以上,及一年以外配有妻室者,即同奴仆论。倘甫经典买,及典买未及三年,并未配有妻室者,仍以雇工人定拟。故杀者,拟绞监候……

关于上限问题持续的细微调整,到了这一条例,发展成为最终形态。

第三节 租 佃

1. 租佃契约的基本内容

所谓佃户的生业 在一个极端上，上述发展过程和事例确实存在，但并不会发生无产之家全都忽然没落，家族成员经过人身买卖都进入他人之家最底层的情况。事实上，当时一个无产之家标准的生活方式，是一家老小在他人的土地上佃耕（当时的用语为"租""佃""租佃"）生活。史料中将这样生活的一家称为"佃户"。

这种类型能成为大多数无产家庭的生业方式，有其必然的基础。如第一节所示，当时土地可以自由买卖，结果造成土地所有明显不均。例如在江南地区，二成的家庭占有了八成的土地。到了这种地步，与其叫作自耕农的国家，不如叫作地主制的国家来得恰当。只是，虽说是大地主，但与领主以武力占领一片地区的情况不同，他们是在他人因某些情况个别出卖土地的时候一点点购买从而兼并土地的。买得的土地一般面积都比较小，并且在地理位置上也很分散。这种零散的土地，像自耕农那样，由某个小家族精心地进行小农经营才是最合理的。另一方面，幸好劳动力有剩余的无产农民家庭也有很多。因此，"兼并了很多土地仅靠自家的劳动力无

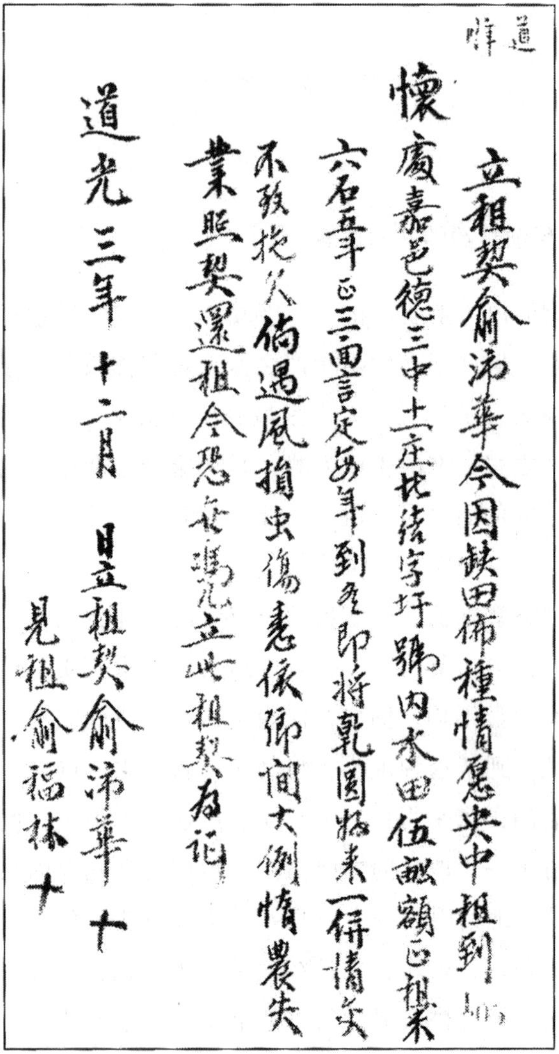
立租契俞沛華今因缺田佈種情愿央中租到
懷處嘉邑德三中十六庄北徐字圩號内水田伍畝額正租米
六石五斗正三面言定每年到冬即將乾圓好米一併情交
不致拖欠倘遇風損虫傷悉依鄉間大例情農失
業照契還租今恐無憑立此租契為証
道光三年十二月　日立租契俞沛華十
見租俞福林十

图 7　租佃契之例

“嘉兴县怀氏文书” No. 105（东京大学东洋文化研究所收藏）

法完全实现耕种管业的家庭"与"没有土地只空有劳动力的家庭"之间,产生了市场交易的空间。这就是所谓租佃关系(当然在两种极端的情况之间,还存在着土地不足而租佃部分土地作为补充的自耕农兼佃农这种复合型的中间形态)。

既然是市场关系,那么如果以佃户生活为目标的家庭很多,与之相比闲置的耕地较少的话,佃户间的相互竞争会导致租金行情的上涨,反之,如果闲置的土地比较多,田主之间就会为了招佃相互竞争,租金行情便会下降。与这些变化相应,贫民阶层也会选择移居到其他地区或者改变生业。

租佃契约 因为这样的缘故,虽然用词很容易产生误解,但所谓佃户显然不是世袭的身份,田主和佃户之间的关系也不是固定性的领主和农奴关系。是否作为佃户一家生活基本上取决于家庭的生业选择,此外,每个田主佃户的关系也是基于双方的利弊和打算而个别结成的、可以解除的市场契约性的关系。

具体而言,寻求耕作者的田主家与寻求耕作地的佃户家,多在十二月的农闲期里,与土地典卖的手续一样通过中人进行居间交涉,交涉成功的话便按照该内容写立租佃契约。图7中的租佃契约内容如下:

> 立租契俞沛华。今因缺田布种,情愿央中,租到怀处嘉邑德三中十一庄北结字圩号内水田五亩。额正租米六石五斗正〔整〕。三面言定,每年到冬,即将乾圆好米一并清交,不致拖欠。倘遇风损虫伤,

第二章 生业与财产　109

悉依乡间大例,惰农失业,照契还〔支付〕租。今恐无凭,立此租契为证。

写立契据交付给对方的主体(与典卖契的情况相反)通常是从此开始耕作的佃户,内容的大部分都是关于纳租的誓约。佃户提交纳租誓约书,作为代价,田主给予佃户耕作许可。这就是租佃关系的法律本质。

关于纳租的方法,有定额租和田主佃户按一定比例(五对五、六对四、四对六等)的分成租两种方式。上面的契约文书采取的是每年六石五斗的定额租形式。另外,关于定额租,虽然也有无论发生了什么都要缴足这一数额的绝对定额租("铁租"),但该契约规定的方式是,佃户个人的懒惰懈怠所造成的歉收与田主无关,但如因"风损虫伤"导致整个地区都收成恶化,则可根据"乡间大例",即召集当地田主共同决定当年的减免率的方式进行减免。采取这种方式的定额租的情况是很多的。

此外,如该文书所示,大部分的租佃契约都不会言明耕作期限。默认的大前提是,一旦谈妥了条件开始结成租佃关系,只要没有发生特殊情况,则翌年可以以同样的条件继续耕作。同时,既然耕作该土地关系到佃户一家的生计,便应控制无谓的更换(换佃),这也是社会的要求。此外,如果这家佃户也是同居共财之家,那么父亲去世后也依然会维持这种形态,同时父亲写立的租佃契约对于佃户一家依然具有约束力,会继续得到遵守。因此,有时会出现即使世代更替,但同一块田依然由同一户佃户继续耕种的情况。这种情况俗称"世佃"。

夺佃 那么，一旦田主允许佃户进行耕作就必须同意其永远耕作下去吗？世间到处都是世佃吗？事实并非如此。综合各种史料来看，在以下三种情况下，社会上容许田主无条件地收回佃户的土地（"夺佃"。从佃户的角度来说是"退佃"。从与招租的下一个佃户的关系的角度来说是"换佃"）。第一种是田主将土地作为空地皮卖给第三者（"外卖"）的情况。从第一节所见土地买卖的频率来看，仅此一点便使得租佃关系平均持续的时间不会很长。第二种是田主一家自行耕作该土地（"自耕"）的情况。第三种便是佃户滞纳、欠纳佃租的情况。原则上，田主一方首先拥有关于土地利用方法的选择权，如果他们选择以租佃即收租作为管业的方式，那么只有在佃户真正能对收租管业做出贡献的情况下，双方的租佃关系才能维持下去。

但无论是哪种情况，如果田主在春季佃户已经着手耕作后到秋季取得收获前的时间段进行夺佃，那么实务中标准的做法是，田主要对佃户在当年耕作开始后到发生夺佃时为止的时段里所投入的"工本"（种子和肥料等材料费及劳动报酬）进行补偿。

2. 田主佃户关系的各种形态

虽然说租佃关系是市场环境中形成的契约结合，但田主与佃户的社会地位并不是因此就可以说是完全对等或平等的

（后文将会论述这里的契约关系并不具有那么深层的含义）。与前述雇佣关系同样地，如果田主佃户之间在日常生活中也存在着相应的依存、恩惠关系，那么基于此，立刻可以论断他们之间具有身份上的上下关系。

佃仆 首先，田主佃户关系的一个极端，是佃户方的称呼中带有"仆"字的形态，比如"佃仆""田仆"等。在这种情况下，佃户在耕种田地之外，还要服从田主的指示做各种各样的事情（例如外出时的随从）。而如果持续地甘于这种被使唤服役的关系，最终便会以"主仆名分"论处。

例如因战乱或者天灾等原因，难民一家流浪寄居于地主家中。两者之间虽然在形式上是租佃关系，但既然佃户一家包括住所在内的一切都是由田主负担的，那么田主有所吩咐的时候他们是无法拒绝的。此外，如果佃户遇到"饥寒"（凶作）时受到地主生活上的援助，也很可能会导致同样的结果，或者佃户在滞纳佃租时，如果直到完纳前都要无偿服从地主的使唤服役等，都会使租佃关系中叠加上雇佣关系和人身出典关系。而与这种佃户没落为佃仆的方向相反，还存在着前述家奴通过"恩养婚配"组建家庭，向着稍微自立的方向发展，成为佃仆一家的情况。

关于田主与佃户之间的犯罪案件，宋代的史料中，出现了一般要加减刑罚论罪的法律规定。《续资治通鉴长编》卷四百四十五元祐五年（1090）七月乙亥条：

> 刑部言："佃客犯主，加凡人一等。主犯之，杖

以下勿论，徒以上减凡人一等，谋杀盗诈及有所规求避免而犯者，不减。因殴致死者不刺面，配邻州本城。情重者奏裁。"从之。

所谓佃客，是指从其他地域流入的人（客户）作为佃户定居下来的情况。只是与雇佣劳动的情况一样，并不能因为佃户耕作这一行为本身便将其置于隶属的地位上。正如不能将雇工人律的适用范围想定为所有具有法律上的雇佣关系的人，如果将这一规定的适用对象想定为当时所有的佃户恐怕也是错误的（当然这里也涉及实务中的认定问题）。但从这种不加掩饰的写法来说，至少可以明显地看出，宋代佃户的存在方式一般是从属于田主家的。并且反过来说，既然惯常存在着这种在生死线上挣扎除了依附他人便无法生存下去的家庭，则这种类型作为佃户存在形态的一个极端直到清末为止都持续存在。

分种 然而，到了清代，佃户阶层的重心逐渐转化为拥有自己的家庭住房并具有相应程度的自立性的农民家族，关于主佃关系的存在方式，将田主与佃户视为互通有无的存在、认为他们之间属于"相资相养"关系的看法也渐渐成为主流。[1]

在对这种思考方式进行归纳时，如下所示，出现了将租佃关系视为田主与佃户的共同经营体的看法。《中国经济年鉴》（1934年）"第二目物租Ⅰ分收的物租"的说明为：

> 合作佃种形式下之分股——田主提供佃地，佃户从事耕作，经营资本由双方分担，总收益则依据一定比率分配。名为佃种，实际上田主与佃农共同出资经营农事，颇与普通企业组合相似。所异者一则出土地，一则出劳力耳。

其中，佃租采取的是地主五、佃户五或者地主四、佃户六的分成租形式。该比例取决于土地生产力的高下、田主和佃户谁来提供耕作该土地的种子和肥料、使用谁的农具等要素。基本可以想见，田主也住在乡下并且时常会巡视田地，农事也基本上是在田主的指示下进行的。[2] 到了秋季收获后，将收获物堆在地主家的院子里，按照约定的比例进行分配。有时也会将田地本身从空间上约定比例进行划分，田主

---

〔1〕 当然，虽说是对等，但两者社会经济地位的强弱从最初便是很清楚的。即使佃户离田主而去，对田主来说，也不过是耕地浪费为休耕地而已，但如果田主驱逐了佃户，对佃户来说，首先便被剥夺了一家的生计基础。所谓"相资相养"的议论，其出处也来自富裕地主阶层的家训之中，这说明它只是告诫田主不要倚仗优越地位欺凌佃户的修辞而已。也许可以这样说，是为了创造出现实中的强者与弱者、富人与穷人间尽可能对等的关系，才选择了这种"各自出资·分配"型的理解方式。（参见第三章第二节）

〔2〕 关于这种租佃关系的存在方式，参见草野靖《中国の地主経済——分種制》，汲古書院，1985年。

一家和佃户一家各自收割。

总之，意味深长的是，这里所说的"租"与其说是佃户向田主进行"支付"，毋宁说是田主与佃户进行"分割"。进而言之，其中存在着田主以土地等实物、佃户以劳动力等实物各自出资构成的经营共同体，田主和佃户双方都收租作为其共同经营的"分红"。

商业性合股的构成 上述史料中提及了"普通企业组合"，这种出资和分红的方式是当时企业经营体最普遍的组织形式。一般将其称为"合股"。因为是难得的机会，所以这里稍微偏离租佃关系，来观察一下各种企业经营方式。例如东京大学东洋文化研究所所藏北京文书 No. 224 "合同字据"如下：

> ……赵、新、自宅、曹为政，与刘德泰商议，明确改开义兴木厂。刘德泰将此铺底连所存木料等，作为铺底一股。赵、新、自每位各出钱四百吊，作为一股，三位共入钱一千二百吊，作为三钱股。曹为政，承领成做，作为一人股。铺底、钱股、人股，共作为五股。一年一算，天赐得利，按五股均分。曹为政每年应支钱五十吊，准支三年。三年外，改应支钱三十六吊，作为每年辛金……

这是破产过一次的木材商刘德泰与四名新伙伴协力重建、重开木厂时缔结的合同。刘自身提供该店铺的经营权（铺底。后文展开论述）与卖剩的木料，赵、新、自三家为今后的运营提供资金，而新的经营者曹为政提供才智和劳动。虽然提供的内容不同，但同样都被作为"股"，并按照股份来分配利益（现实中进行经营劳动的曹为政，在每一期末的分红之外，开业前三年可以每年领取五十吊，此后可以每年领取三十六吊，作为应支钱即薪水和经营经费）。

接着再来看一个例子。同上北京文书 No. 227 "合同"的主要部分有：

> 立合同，隆泰当铺东人张凤岐、仝（同）姪晋九，领事人刘湛轩、李锦堂，公同议定，于七年三月初三日，在三家店村，开设隆泰当典生理，系由张宅交出本银六千两整，作为六百两一股，银股作为十分。其人力股，系刘湛轩一股二厘，李锦堂一股二厘，铺中用人作为六厘，共人力股三分。统合人银股十三分。天赐护利，按十三股均分……

这是新开设当铺时的合同。同样是精密估算了东人所出金钱、领事人甚至铺中用人等所出劳动力对经营的贡献程度后，按照股份分配利益。

传统中国产业经营的三种类型　中国经营史的研究者们将更为广泛的中国产业经营体之经营资本与劳动力的结合方式按照与风险分配的关系整理为以下三种类型。

第一类是"佣"。即生产手段的所有者负担经营责任，只是单独将其中的劳动力部分交给他人的形式。得益的机会和损失的风险都由资本家承担，劳动者可以获得稳定的收入，但相应地并不会得到赢利的机会。此外,这相当于所有事情都由资本家完成,劳动者只需要遵从他们的命令提供劳动力,因此,在有些情况下情势会变得类似"使唤服役"。

第二类是上述"合股"。即出资型共同经营。在这种类型中,与资本家并列的劳动者也积极地参与经营,并且其做出的贡献也以"股"的形式估值,赢利的机会和损失的风险都按照固定的股权份额进行分配。

第三类是劳动者以一定的金额从资本家处承包经营全体(得益的机会和损失的风险)的"包"的形态。对于资本家来说,有利之处在于,虽然只取得定额或者低额的收益,但是风险全部是由对方承担的。

租佃关系之"包"的形态 从这一视角出发再度回顾租佃关系的话,前述佃仆可以说是第一类"佣"的土地经营版,而前述分种可以说是第二类"合股"的土地经营版。围绕着土地经营,最终出现了第三类"包"的形态,即在定额租的基础上土地经营的收益和风险全部彻底归于佃户一方的形态。

清代中期以来,一部分地主为了追求生活的便利而离开农村进入城市居住(不在地主化。中文称为地主"城居"化)。因此出现了以下这样的田主,他们不再每天在田间徘徊指挥农事,佃租也交给代征收行业者("租栈")进行征收,最后连购买土地时也不会赴实地考察而是委托租栈进行,甚至不知道购买的土地到底在什么地方。

这种情况之所以成为可能,是因为其背后自然有能够经受得住一定的风险负担,即便没有田主的指示和支援也具有自立、自律地耕作土地的资力和才能的佃户一家的身影。他们在土地耕作方面所做的事情，除了在秋季支付佃租一项，与自耕农（绝业主或承典者）并无分别。此外，就有无负担这一点而言，绝业主或承典者也有向国家缴纳税粮的负担。结果，区别只是负担对象和负担金额的多少而已。

当然，并不会因为地主的城居化，以及佃户自律、自立地耕作和经营土地，地主与佃户的法律关系便因此立刻发生改变。地主如果要出卖或自耕土地，佃户就要退佃，此外如果佃户稍微拖欠了佃租，便处于被夺佃的危险之中。但是这种经营形态上的变化，最终还是带来了法律关系本身的变化。

3. 佃户耕作的管业化

预先交租的形式　　翻阅土地文书，虽然稀有，但发现了十二月订立的内容是"为期一年，不自动续约。预先支付全额地租，作为代价，佃户可以全权决定翌年的经营内容，且可以自由出佃"的契约文书。[1] 文书开头写着契约名称，有的是"租"，令人吃惊的是还有的写着"典"。虽然写明的内容只是单纯的"预付地租"，但佃户接下来一整年的地位，是拥有和土地买家或承典者同样的可完全支配的土地经营权。

---

　　[1]　参见寺田浩明《田面田底慣行の法的性格——概念的検討を中心にして》，東京大学《東洋文化研究所紀要》第93册，1983年，"〔補論〕「典租」の類型"部分。（中文版：郑民钦译《田面田底惯例的法律性质——以概念性的分析为中心》；寺田浩明著、王亚新等译《权利与冤抑：寺田浩明中国法史论集》，清华大学出版社，2012年。——译者注）

如果说土地绝卖是今后永远由对方进行管业，出典是在回赎之前由对方进行管业，这里便是出售了一年间的管业。在佃户耕作彻底实行定额租，且农业经营的机会和风险完全由佃户方承担的前提下，如果设想与之相应的法律外在形式，这种形态便是其中的一极，则其真正得到施行也不是不可思议的事情。只是，这种形式虽然有趣，但却并不常见。

佃户耕作的管业化 一般而言，伴随着地主城居化和佃户耕作自立经营化出现的是，"承担租负对土地进行自律、自立地耕作"这种佃户特有的生业方式本身成为"管业"的一种，具体而言，是围绕佃户耕作基础形成的模式，其与前述关于田主或承典者的内容中所见"管业来历的证明"的构成是相似的。

但承佃和退佃都只取决于田主单方的许可或取消许可的情况下，很难发展出这种程度的内容。而转变的重大契机，是与地主城居化同时开始的另一种租佃习惯——"押租"。

押租 所谓押租，是指缔结租佃契约时，田主从佃户那里取得的欠租抵押金、保证金。在分成租的情况下，佃户的负担金额与丰收或歉收自动挂钩。如果是前文分种的形式，因为其本身就不是田主从佃户处取得佃租的结构，所以理论上也不会发生欠租的情况。与此相对，在定额租的情况下，采取的是佃户向田主缴纳定额佃租的形式，伴随着地主城居化的进程，"铁租"成为受欢迎的形式，地主甚至无需基于"乡间大例"进行减免，佃户则负有缴纳绝对数额佃租的义务。如此一来，尤其是在歉收的时节，滞纳、欠纳佃租的可能性自然是很高的，因此，由于地主城居化，反而导致了佃租征收上的有形或无形的惩罚力的丧失。根据租佃契约的原则，欠租的情况下当然可以夺佃，但稍加思考便知，夺佃本身并不是征收滞纳额的方法（毋宁说如果进行夺佃，反而失去了与佃户之间的租佃关系，实际上等同于放弃征收滞纳额）。因此，创造出了押租制度。

缔结租佃契约时，收取押租作为担保金。在滞纳时，以押租抵偿其份额，如果担保用尽，则进行夺佃，反之，如果佃户一方并没有欠租行为，则退佃时要立刻返还全额押租。然而，在一定区域内，如果缔结契约时有些田主要求押租，有些不要求，佃户便都会选择不要求的田主。考虑到竞争的关系，收取押租的情况下，原则上要以押租的利息抵消相应数额的佃租。

押重租轻惯例 考虑到设立押租的最初目的是作为欠租保证金，则收取一年份的租额姑且已经足够。事实上，大部分的押租都是这种程度的金额。但是，因为存在着年年减除押租利息金额这种经济上合理的做法，因此，城市周边也有人选择"押重租轻"的形式，即缴纳相当于通常数年佃租额的押租以大幅减轻每年的纳租额。这种关系中的一方，是在保持对土地这一稳定财产的所有权的同时，想要将取得的大额押租进行商业投资的田主，另一方是希望以低额的租负获得佃户耕作经营权，且具有经济能力不惮于相应出资的佃户。

当然，无论是小额还是大额，押租本身只是附随于召佃的以金钱作为佃租担保的方法，并不能改变租佃关系的法律本质。一旦发生出卖、自耕和欠租等情况，田主可以宣告夺佃，佃户必须退佃。区别只在于退佃时田主必须核算押租。但如果以上述方法收取了高额的押租，事实上会引发一些新的情况。

高额押租意想不到的作用——抑制夺佃　押租开始具备一定的抑制夺佃的作用。例如民国政府司法部为了编纂民法典，在全国范围内进行习惯调查。在《中国民商事习惯调查报告录》（1930年，以下简称《民商事》）中，概略记载了湖南省湘乡县的物权习惯：[1]

> 例如，甲有田百亩，价值五千元。乙进佃规四千元，向甲承佃该田。由甲书"拨耕字"交乙，由乙书"佃字"交甲，遂成东佃之关系。若该田租谷年可收取二百石者，因有重佃之故，年可只纳三四十石。苟甲将此项田亩出卖与丙，未将乙之佃金偿清，仍不得解除契约。

这一报告是关于押重租轻的例子（但其中的数字过于缺乏经济上的合理性，恐怕是调查者架空的设定）。毫无疑问，田主既然要卖掉土地，便可以要求现佃户退佃，但为了使其实际离开，则必须要备好押租。

虽然只是返还承佃时受取的数额，但在押租数额很大又

---

[1] 关于《中国民商事习惯调查报告录》的性质与内容，参见滋贺秀三《中国民商事習慣調査報告録》，滋賀秀三编《中国法制史——基本资料の研究》，東京大学出版会，1993年。

拿去进行商业投资的情况下，很难做到手头时常有这么多金钱。那么，会发生什么事情呢？首先，可以在三方会谈的基础上，由甲和乙先行签订土地买卖契约，用所得价金的一部分来退还 A 的押租。但如果买主乙和甲一样是城居地主，在购入土地之后也打算同甲一样出租给他人收取高额押租，那么就存在着更简单的操作方法。即现佃户 A 继续保留四千元的押租返还请求权，甲附带此条件将五千元的土地以一千元的价格卖给乙。作为乙，眼下只需要花费千元即可，又省去了寻找佃户的麻烦。为了确认纳租对象的改变，佃户 A 要重新向乙写立和交付"佃字"，便可以继续在原来的土地上进行耕作。在这种情况下（实际中这种情况是非常多的），高额押租可以克服土地出卖这一妨碍佃户继续耕作的最大不利因素，发挥了使支付押租的佃户继续维持耕作权的功能。

高额押租意想不到的作用二——让渡佃权的发展　相反，在佃户提出退佃时，如果押租的数额很高，也会引发下面的情况。《民商事》债权习惯：湖北省钟祥县。

> （记述高额押租习惯）惟领钱过多，业主无力退领，则听佃户将赁贷借权任意让与他人，取回领价，仍照前约办理。

在一般的租佃关系中，佃户方可以自由提出退佃，如果有押租，则田主必须退还押租。但是如上所述田主的手头可能并没有那么多的现金。在这种情况下，首先可以想到的办法同样是，在三方会谈的基础上，由下一任佃户 B 履行承佃和先行支付高额押租的手续，田主再将受取的押租退还前任佃户 A 的押租。这时如果让 B 直接向 A 直接支付相当于押租金额的金钱，也是同样的效果。当然，如果不存在刚好出现的下一任佃户 B，这个垫付的策略就无法顺利进行。而从田主的立场来说，原本就是因为佃户突然提出退佃，才会发生这么麻烦的事情。因此，如果田主对佃户 A 说，想要迅速退佃，就要自行找到下任佃户 B，自己可以再与他结成租佃契约，这也不足为奇。但如果事情发展到这个程度，便近似于 A 将该土地的"耕作权"以相当于押租金额的对价让渡给 B（接着还要对田主写立更换纳租名义的文书）的行为了。

高额押租意想不到的作用三——租佃契约与出典的相似性　田土基本上是由佃户进行自立经营的，而即便是田主，在不实际退还押租的情况下，也不能夺走佃户耕作者的地位，就这一点而言，其性质与前述"典"的相似性，任谁都是一目了然的。因此，也引发了如下议论。《民商事》物权习惯：陕西省长安县。

> 以租赁之手续，含典当之性质。譬如有人以房屋租与他人居住，多收顶首（押租）少议房租。因其定有房租，不得纯谓之"当"。因其顶首甚重，亦不得纯谓之"租"。故名半租半当。

如前揭各例所示，若收取了高额押租，在召佃时，佃户通常要写立租佃书作为纳租誓约书交给田主，同时，田主要写立兼具受取押租凭证效力的契据"拨耕字"交付给佃户。

第二章　生业与财产

佃户持契据开始耕作，而这种佃户耕作，有时可以超越田主的更替而持续进行，此外，在田主的允许下，也可能在佃户间伴随金钱进行辗转和转移。当然，典也是同样的，一旦具备了夺佃事由且原田主以原纳押租额进行夺佃（相当于回赎？）的话，原则上是无法与之对抗的。但除此以外的情况下，佃户因承担租负所具有的经营土地的地位，是受到契据保护的。而且押租金额越高安心感就越强。

既然要承担租负，租佃关系的本质便持续存在，但在佃户耕作的世界中，也要通过逐一揭示来历的方式确保管业，到了这个地步，与专门的田主承典者的世界已经具有类似的法律结构了。

第四节　所有权秩序的特质

1. 田面田底习惯

佃户独特的金钱要求　如果停留在上述阶段，那么内容不过是退佃时必须退还收取的押租，其本身并不会产生深刻的纠纷。问题来自以这种实务上的定说为基础更进一步出现的佃户围绕着自身的耕作经营提出的独特的金钱要求。而以上所展现出的形态，是很容易产生这种要求的结构。

之所以这么说，是因为在押租制的租佃关系中，无论是城居地主间进行土地买卖而原佃户继续留下耕作的形态，还是在地主的容许下佃户之间进行佃户耕作转移的形态，在一定的时间点所结成的某种租佃条件（特别是租额）是长期保持不变的。但在此期间，佃户进行肥培管理等，会提高土地的生产力，如此一来佃户耕作便得到了比租额更有利的结果。即便没有发生任何这种实质性的变化，单纯只是由于田土供需的变化导致周边的租额行情有所上涨，那么按照旧租额执行耕作的佃户同样处于相对有利的位置上。仅仅由于高额押租导致契约持续期在事实上长期化，便会浮现这样的问题，即在此期间，在自律经营下发生的、目前由现佃户享受的佃户耕作经营的财产价值变动，最终应该由谁来受取？

对田主的请求 首先可能发生的事情是，佃户由于某种原因被要求退佃时，会请求田主偿还"肥培工本"（自己为了改良土地所投资的费用），田主不支付该款项便赖在土地上不走。但是，除了明确的开垦行为另当别论，仅仅是施肥的话，这是所有佃户都会做的事情，而且声称土地生产力提高也很难拿出实际的证据（决定收成的因素并非只有土质）。因此，佃户的这种主张很少得到认可。

转而向后佃提出要求 但在支付了高额押租的情况下，在因夺佃与田主对立之前，事态的发展还有一种可能，即佃户在换佃时向后佃收取自身支付的押租金额的同时，还趁机向其要求（与肥培工本）同样的金钱。还存在押租之外要求即时退佃金,甚至要求以"时价"收取押租金额的情况。[1]

尤其在前佃实际上可以决定后佃选任的情况下,其佃户耕作在经济上的内容越有利,希望承佃的佃户间的竞争就越激烈,即使放之任之,也会围绕继佃价格发生讨价还价。此外,即使在田主主导换佃的情况下,最后依然是旧佃户向新佃户交付土地的局面。前佃对于被选中的后佃进行言语威胁——比如不拿出索要的金额就不交付土地,或者即使勉强交出土地以后也会进行各种农事妨害等——的情况也时有发生(下文第四章将介绍这类的事例)。于是,与田主的立场不同,后佃如果认为索要的金额与继承的佃户耕作经济价值相比处在合理的范围内,那么就有了支付相应金额的动机。

支付立退金(退佃费用)的连锁反应 假如后佃支付了超过原纳租押的金额,前佃要写立相应的契据(称为"退契"或者"顶契"等。"顶"有继续的意思)交付后佃,承诺在收取了该金额后不再干扰农事。而通过这种方法继承了佃户耕作的佃户,在自己换佃的时候,没有理由不采取同样的方法从后佃处获得金钱补偿。而且在这一阶段,除了从前的依据,还有了使后佃屈服的新的理由,即自己也是支付了这类金钱才能平稳地继承佃户耕作,这就是继承这块土地时的惯例。一旦有佃户支付了一次立退金,就会形成无法停止的连锁反应。

---

〔1〕 关于这种局面下发生的事态,参见草野靖《中国近世の寄生地主制——田面慣行》,汲古书院,1989 年。另外,可参考笔者对于该书的长文书评(千葉大学《法学論集》第 4 卷 2 号,1990 年)。

在城居地主制下，佃户间在田主不知情的情况下持续进行这种金钱授受。另一方面，只关心收租的城居地主之间，也持续存在收取高额押租而低价买卖土地的情况，具体而言，持续转让的是从该土地上的佃户那里获取约定租额的地位。

佃户提供来历作为根据的例证　尽管如此，如果最后田主决定以某种理由夺佃，那么同最初的情况一样，又变成了主佃之争。但这个时候，佃户除了请求之前提到过的肥培成本，还有了新的论据。即自己的佃户耕作经营是在遵从了该土地上长期贯彻的习惯，向前佃户支付了与该经营体所具有的市场价值相当的补偿后才得以继承的。因此，田主无法按照与普通的租佃关系同样的方法随意进行夺佃，如果要夺佃至少也要补偿自己支付给前佃户的金额。

当然，田主会主张，佃户之间的继承只是基于垫付押租关系而产生的佃户耕作者地位的更替，即使存在超出原纳押租额的金钱授受，也只是佃户间私下的操作。因此，即使前佃说这是取得固有耕作权的方式，也不过是单纯的欺诈而已。

但是，佃户对此会提出相反的主张。田主从前主那里继承的，只是从土地上的佃户那里收取定额低额的地租的地位，与之并列存在的，是佃户们承担定额低额的租负取得土地耕作经营相关的继承关系，实际上，在地位继承的时候，即使从授受金额来看，佃户所承担的金额也是意外地比田主更高（在土地整体价值中负担更多金额，史料中将这种情况记述为这一方的"分有"更多），只将田主视为土地的主人是十分愚蠢可笑的，如果说被欺骗的话那么被欺骗的也是田主一方。

的确，仅从目前的状况来看，既有支付相应的价格继承从该土地上的佃户处收租以缴纳国家税粮的经营（管业）的家庭，也有支付相应的价格继承支付田主所定租额以耕作该土地的经营（管业）的家庭，他们各自以来历为基础经营自家的生业。如果要问原本的情况是怎样的，很多情况下也应该听取佃户的主张，但如果过程中进行了多次继承，则事实上很难确定原本的面貌。于是，佃户和田主各执一词，不知不觉间在关注事态的人的面前形成对抗。

田面田底习惯　当然，很多情况下，会因此产生纷争，而纷争的结果，因每个案件本身所具有的细微情节差别和地域社会整体的政治状况差异而有所分歧。其中的一个极端是田主一口拒绝佃户的主张并使用暴力将其赶走的情况，中间形态是以偿还肥培工本等名目多少给与补偿的情况，而另一个极端则是上述佃户的主张全部得到满足的情况。这些情况作为严肃的问题而发生，正是基于现实而主张生业正当性（向周围寻求对于主张的同情）的管业和来历秩序的特质。

如果佃户的主张能够成立，那么该土地上便并存着田主收租纳粮型管业相关的来历链与佃户耕种纳租型管业相关的来历链。当然，两者之间存在着收取租负的关系，因此他们各自进行转让的时候都需要纳租对象或者收租对象的确认，这时佃户所提出的纳租誓约书型的租佃契，其意义与逐次土地买卖中的税粮纳租名义的登记变更（过割）相类似，近似于纳租负担名义的事后变更登记手续，而其管业的基础，反而要从前主写立给他的契据（顶契）中寻求了。

而最终在田主间和佃户间继承转移的东西，分别被称为"田底·田面"、"骨业·皮业"与"大业·小业"等，田主和佃户是明确认识到自己的买卖或所有行为所继承的"东西"本身到底是"田底"等还是"田面"等的。或者说，在一块土地上，各个部分的"主人"是可以并存的，即可以理解为出现了"一田两主"的情况。

这种模式一旦出现，佃户的管业即田面也就随之定型，在这一前提下，其就成为一种大家可以估算出得失数目的稳定的财产形态。于是，既出现了地主方（例如以进行开垦作业为代价）预先明确约定分给田面的情况，更出现了意识到通常一田一主的田地所有其实是将田面和田底两者一手持有（因此，在买卖土地整体时，要同时写立两者的卖契）的情况。并且，在田面主将土地租佃出去，佃户要分别向田底主、田面主直接纳租的形态下，田面主就呈现出如同第二田主一般的形态。

其中尤其意味深长的是，以土地所有权和永佃权的形式来分别对存在的事态进行整理并非不可能（此外考虑到收租、纳粮等负担的关系链，至少将两者作为上下关系来理解是要直接得多的），但在日常概念的形成过程中，却表现出土地上有田面、田底两种权利并列存在，或者一田上有两个主人等将两者彻底并立的看法，并且普遍到不可思议的程度。这时脑海中浮现的，一定是在一块土地上谋生的两家人的形象，以及将其生业都定位为来历与管业形式的样子。确实，主张权利者各自关心的问题就在其中。而纳粮和纳租归根结底也正是伴随管业产生的损失金额。

第二章　生业与财产　　129

2. 各种各样的所有对象

在对这种形态进行观察的基础上来回顾，可以发现在土地经营之外的各种局面中，在一定范围内还实行着一定形态的经营，它们在人与人之间转移继承时通常会附带相关费用。

渔业权 《民商事》物权习惯：湖南省常德县习惯"渔业"中可见如下记述：

> 常德渔业习惯，由来已久。各渔业所有人，亦自名曰"标业"。其取鱼之法有三：（一）以钩，（二）（以）网，（三）以鸬鹚。钩于夜间取鱼，至晓则收。网与鸬鹚，于日间取鱼，至夜则止。若违反一定期间，致生损害于他人，被告人对于加害人，有求偿权……

湖水上的这三种捕鱼方法被视为彼此独立的权利。标业一词（进而言之渔业一词）本身与其说是指捕鱼的生业，不如说是与田底和田面习惯中的"大业—小业""骨业—皮业"同样用于指称财产的词。因此，人们"所有"上述各种"渔业"。

又《民商事》物权习惯之安徽省怀宁县及芜湖县中有如下记事：

> 查怀宁、芜湖两县境内湖地，当湖水泛涨之际，有水面权者乃能于一定范围内，网取鱼鲜。水退后，其水之柴场、草场、港漒、沟地，则归有水底权者分界管有。仅有水面权者，不能行使水底之权利，

仅有水底权者，不能行使水面之权利。此疆彼界，划然各别。

虽然说是面与底，但并非如田面和田底的关系那样存在着收租关系。事实上是，围绕着一湖的湖水，在涨潮时捕鱼和在退潮时割取芦苇是两种分别成立的权利，它们分别被独立地买卖所有。

铺底 在合股契约的部分提到过的"铺底"也在这一构图中。城市里的商业买卖多是租铺经营。商店主向地主与家主支付租金。但是，把租借的店铺进行装修后，在营业的过程中还会吸引到顾客。这时，如果有第三人继承这一营业，旧店主会以商店的门窗隔扇的费用、广告牌的费用等名目从新店主那里取得一定数量的金钱。而如果这样的继承方式反复操作，恰似田面是自发形成的权利那样，围绕商店营业本身的权利（日本称为"のれん""看板"）便成为与商店的地主所持的土地所有权（土地的管业）及店铺建筑所有者的建筑物所有权（建筑物的管业）并列的可以独立进行典卖租的"管业"。

胥吏的权益 州县衙门的底层行政事务是由在当地雇佣的吏员来承担的，他们被称为胥吏，后文将对其展开详细论述。虽然一县具有薪酬编制的胥吏应在百人以下，但实际上却存在着数百至上千名胥吏。编制外的胥吏如此之多，是因为百姓向官衙提交文书时按照惯例要向他们支付手续费（"陋规"），他们中的大多数人就依靠这些手续费来维持生计。这种地位成为一种人们之间买卖的权益。在留存至今的当时的卖契中，写着将该地位"卖与谁某管业"等。当然吏员中有编制的人是由长官任命的。但即便如此，恰如佃户继承佃田时的情形一样，继任者如果不向前任支付费用，就无法交接文书等，因而也无法真正开始工作。[1]

卖水营业的权益　在留存至今的北京的契约文书中，有将所谓"水钩担"卖与谁某管业或承租的文书。[2] 北京的井一般水质很差，饮用水只能向一些水质良好的井户购买。所谓"水钩担"，是指将从这一井户打出来（或者采购而来）的水放在手推车上，边走边向东西南北以胡同名划定的范围内的顾客贩卖的权利。虽说是关于空间的权利，却与国家无关。但无论是谁，如果随意开始卖水营业，毫无疑问会遭到"水钩担"生业者及其伙伴的群殴。

共通的结构　全体共通来看，可以发现围绕单位化经营收益结构的来历证明结构存在着社会稳定性。反言之，如果能够出示来历上的传承，则其经营者的地位暂时便是稳定的，地位的名称是"标业"、"水面"、"水底"、"铺底"或者"水钩担"等，内容则表现为买卖或者所有这些"物品"的表象。

---

[1]　加藤雄三:《清代の胥吏缺取引について（一）（二）》，《法学論叢》第147卷2号，2000年，及第149卷1号，2001年。

[2]　寺田浩明:《北京文书》，濱下武志、久保享、上田信、岸本美绪、臼井佐知子、寺田浩明共编:《東洋文化研究所所藏中国土地文書目録・解説（下）》，東京大学東洋文化研究所附属東洋学文献センター，1986年；熊遠報:《清代民国時期における北京の水売買業と『水道路』》，熊遠報:《清代徽州地域社会史研究——境界・集団・ネットワークと社会秩序》，汲古書院，2003年。

而且如胥吏的权益或卖水的权益等典型所示，某种收益行为想要取得管业的形式，并不需要国家的认可。毋宁说，如果经营某种定型化收益形态的主体可以提出某种程度的正当性主张，并得到周边社会中的人们的认可，那么其地位便可以以一定费用进行承续。并且，以一定费用将继承而来的地位再度转让时，之前的支付行为本身便构成了主张正当性的又一附加理由，从而形成了管业及其买卖的外在形态。并不是先具备了确定性的权利构成，随后开始进行买卖。而是有了转让继承的行为，权利构成才得以明确化。打一个比方，并不是基于所有而进行买卖，而是因为有了买卖，才产生了各种所有。

业的含义　这些所有对象中都含有一个共通的词——"业"。如将田主称为业主所示，第一节所见一田一主的土地买卖世界中所出现的土地也是业的一种。但其中买卖或所有的对象之所以看上去是一块地或者具有一定面积的物理形态的土地形式（或者说其中业一词看上去好像是指称物理形态的土地），是因为其中刚好只有一项管业。例如田底和田面习惯中，成立了两项稳定的管业，便立刻好像其中具有"骨业"和"皮业"两种业一样，业的用法就和物理性的实体分离开来了。结果，实际上存在并且得到保障的，始终只有收益行为。所谓业成了只有在这种收益行为便宜地投射到收益对象身上时才得以体现的词语。

那么，伴随这些多种多样的所有而来的私人土地所有秩序，在中国和世界的历史中占据了怎样的地位呢？最后将对历史发展的脉络做一简单的梳理。

3. 私人土地所有权的历史脉络

西洋法制史中所有权理论的脉络 如果在西洋史中对近代私人土地所有权的历史发展进行追溯，会发现在中世的时候是由武装自卫能力者统治着领地。其中，对一定空间范围内的土地领域的权利和对该领域内生活的人们的政治统治权力是合为一体、不可分割的。[1] 这一构造的最底层，是武装的家父长对家庭房屋之空间和这一空间内的家族与奴隶的支配，以及家父长统治之间的军事对抗状态。当然，这种状态也是家父长之间相互尊重和承认彼此对家的统治的既得权力而成立的原初秩序（作为整体既得权力的"古良法"）（所谓"古良法"，日语为"古き良き法"，德语为Altes Gutes Recht，是欧洲尤其是德国等国家中世纪法的基本概念之一。其主要思想是，由来越是古老的法就越是良法、正确的法，以此来打破新法。——译者注）。但是，由于各个团体成员本身的武力值有所差别，会产生扭曲边界线（侵占领地）的风险，此外，还有因外部的强大武力而颠覆整个相互尊重的秩序的风险。因此，为了克服这种不安定的情况，在上一层级中，以守护"古良法"为名目，产生了骑士阶层的权力，及其对该领域的政治统治结构。该骑士阶层被统称为"领主"，并聚集了更加强大的武力。只是领主的统治与家父长的情况同样，

---

〔1〕 参见村上淳一《近代法の形成》，岩波書店，1979年，第80頁以下。

在对一定空间进行支配的同时还对其中生活的人进行支配，因此，也将其称作土地所有。而这些领主之间也同样会发生家父长之间所发生的问题，为了克服这些问题，在领主之上确立了更为强大的骑士阶层即"贵族"的统治，于是贵族的统治也同样用土地所有这样的词来表现。这种政治统治的多重结构，就是西欧中世"多重土地所有权"秩序的内在本质。

近代土地所有权的内在本质 但近代国家权力终于成立后，此前所有的中间权力形态都被彻底排除，国家将所有保护正当权利的功能都垄断在自己手中。既然国家从武力等层面提供担保，那么与土地利用有关的，无论是自力保护的必要性，还是为其提供支持的武力的政治统治的契机，都杜绝了出现的可能性，人民全体都能成为土地的所有主体。但是，反过来说，因为全体人民都被解除了武装，如果没有国家的保护，大家都无法维持自己的土地所有，并且虽然说是土地所有，其实只限于对土地的经济使用权。从这个意义上说，现实中存在的，可以说是国家土地利用管理制度和其"碎片"的市场流通。直到近代国家成立，它们才得以出现，且属于失去支持就无法存续的制度性、国家性存在。此外，即便称为"土地"买卖或所有，但真正存在的，毋庸赘言只是通过制度创造出来的、承担特定内容的"土地所有权"的转移和归属而已。

但近代土地所有权的世界，同时也是社会契约论的世界。在这一理论中，几乎是全能化的国家权力重新被置于人民的管控之下，在自然状态（国家权力成立以前的原初状态）中，自由的个体已经自然地通过劳动获得了土地所有权，国家权力不过是人民为了保护这一权利而共同建立的产物。其结果使得近代私人土地所有权这一国家创造出来的人为制度，在意识形态层面被渲染成了在国家成立前既已存在的产物。当然，在自然状态下，除个体的人类和自然外并不存在其他的东西。因此，自然人所有和处分"土地实体"的形象便被重新建构了出来。

传统中国的所有权理论脉络　那么，关于中国的私人土地所有及其买卖，如果用和上文同样的方法，来简要描述其历史和社会发展脉络的话，会勾勒出怎样的图景呢？

在中国，在上述"确保管业来历"的形式之前或者与其同时存在的土地秩序观念，最为典型的便是均田制。所谓均田制，是国家基于对户籍的详细把握，按照各户户口数的增减，对应地向各户分配或者收回一定面积的土地经营权（与纳粮义务），以实现土地利用效率最大化（确保税收最大化），同时保障每家人民的生活基础的制度构想。

到了隋唐时代，均田制成为国家核心的土地制度，但到了唐代后期，由于高密度行政的崩坏，国家难以继续维持根据户口数的增减合理有效地配置耕地的构造。但并不能因为国家制度无法正常发挥作用，便认为根据户口数的增减进行耕作土地再分配，并以此达到家内劳动力和耕地面积间合理平衡的社会需求也完全丧失了。首先当时实行的是有富余劳动力的家庭暂时租借有闲置土地家庭的土地进行耕作的形态。耕作之家交纳土地使用金，有土地的家庭照旧负担税粮，因此，整体上说近似租佃的形态。但在户口数有增减的背景下，情势就变得非常持久。如果可能的话，将正当耕作土地的地位完全让渡给对方以换取一定的对价，同时变更税粮负担名义的方法要简洁得多。于是，最初是暗地里进行，后来人民之间已经开始公然地交易附有纳粮义务的土地耕作者的地位了。

行政分配与市场分配 其中所发生的变化是，曾经通过行政手段来实现的户口数与耕作土地间的最均衡、最合适的分配，如今由各户之间通过交涉和金钱交易即市场行为来实现，而无论变化前后，小家族承担纳粮义务进行这种土地耕作的结构本身都持续存在。这也是着眼于纳粮的普天率土、土地国有理论在此后依然得以维持的理由。而关于各户耕作的正当化依据，相对于均田制下的由国家进行分配（或者说对国家负担的税粮义务），在新体制下，对国家的纳粮负担反而成为进行管业的不言自明的内容，经营的正当性毋宁说是来自它是付出费用从前主处继承而来的事实（来历），此外，对国家的手续所具有的含义也变成了仅是纳粮负担名义的登记变更（过割）。

第一节所见关于土地的"来历管业"结构也可以通过这一理论而成立（或者说来历管业链的开始正是这种含混的偷换概念操作）。其转换的情况，与前述田面和田底习惯的形成过程中见到的田主与佃户间的情况相仿，田主由于城居化而对佃户的更替漠不关心且丧失实际掌控能力，佃户则因反复进行的现场交易最终将继承本身作为自己管业的正当性依据。田底和田面习惯的形成也可以被看作这种宋代民地体制成立过程的第二幕，反过来说，宋代民地体制的成立，也可以被看作清代以后各地以多种方式丛生的多样所有结构之社会的形成起源。

各种业的并立　实际上，正如追溯这种类型的发展轨迹一样，此后围绕着各种各样的经营收益结构，会依次出现各种买卖所有的形态。当然，无论表面看起来多么像是"物品"的所有和买卖，如果其对象物不是国家通过制度创造出来的客观权利，就更不会是土地之外的"实体"的所有了。其中的本质内容，是一家通过某种方式向世人证明其经营定型化收益行为（生业）的正当性，并且社会也对这种状态予以承认。并且，如渔业权等典型例证所示，出现的一个个管业的内容逐渐变得零散化。无论是谁都想取得绝业主（持有无论是谁也无法夺走的来历从而进行管业的主体）的地位，但如果资源是有限的，那么除了逐渐将利益机会细分化的方式，别无他法。因此其指向的正是生存竞争下家家户户的一种"分居共存生态"。中国史上的多重所有权就呈现于这样的历史脉络之中。

社会中，并列存在着各种各样的业，与之相应，存在着持业的一家。具有可以凭借自身的才智进行支配的自由空间，即所谓"主"的含义，取得与世间的家庭并列的地位，即自立的含义。并非所有的人和所有的家庭都具有这样的地位，但无论是谁都以这种地位为目标。这种以生业为中心的私人所有理念，与皇帝统治下万民各持生业生活的一君万民的世界形象，是十分相称的。

第三章

社会关系

第一节 空间构成

1. 对村落共同体论的质疑

在前两讲中，我们综观了一个个的家的形态和它的经济基础。那么接下来要阐明的问题就是，这些家是怎样互相结合、形成社会的呢？

村 在传统中国，将个体家庭联结起来的、最基本的社会组织，也是相邻各家组成的村落。在中文里，这一社会组织也被称作"村"。由于所处的地域不同，村的规模和外部形态有很大差异。在延绵着黄土的平原的华北地区，多见的是通常由数十至百数十个家庭组成的密集的大型聚落，即"集村"。其中一些村还在四周筑有土围。与此不同，在空间被山、水分割开来的中国的南方，多见的是由十几户人家在沿水各处组成的小型聚落，即"散村"——以这些自然村为基础，再渐渐整合为行政村。

村落共同体的模型　问题是由此形成的村的性质，以及组成它们的家庭是怎么联结的？在近代以前的日本和西欧，这样的村都是由相邻各家组成的最基础的地缘结合，无论是在生产中，还是在生活上，村都是强有力的家与家之间的互助组织。

按照学界前贤介绍的日本的情形，不仅种田、割稻这些农耕领域的合作，葬礼、婚礼等活动也是以村（或其下属的"组"）为单位进行的，屋顶修缮、更换这些大规模的营造工作，也是以全村的村民集体参加、每年轮流为各家修缮这样的形式展开。[1] 与此同时，也以村为单位进行宗教活动。每个村设有祀奉守护神的神社。作为神社的正式成员（日语中称为"氏子"），村民按季一起为村庄的安宁祈祷。在村中，有以入会地为代表的公共财产，所有的村民都可以随意使用这些财产。此外，金融、娱乐等必要的生活互助关系几乎全部基于村、组中家与家之间的关系而存在。所谓村，是涉及生活各个方面的，基于跨越世代的互惠关系结合在一起的，特定的家庭组成的集体。

但与村为各家提供必需的各项生活保障（safety net）相对应的是，一旦被从村中逐出，将很难维持安定的生活。而且，

---

〔1〕福武直：《日本村落の社会構造（福武直著作集第五卷）》，東京大學出版會，1976年。

由于这些涉及生活各个方面、乍看通常是无偿的互助是为极其长期的互惠关系所支撑的，基本无法设想能够擅自地退出或加入。进入其他的村亦非易事。关键在于，不管被从哪个村逐出，通常都很难活下去。所以，村是将对除名的恐惧作为最大的制裁力，以庄屋的家（其以领导村庄作为家传的行业）为中心的，牢固的统治秩序。

在国家行政管理领域中，这样的村被看作为了统治便利而存在的组织，国家授予庄屋一定的权威与权力，庄屋对年贡的缴纳乃至治安事件负有连带责任。但这也是一把双刃剑。有时，庄屋率领下的村会成为反抗统治的政治组织。

近代以前的西方社会的情形与此大体相似。在那里，位于农村社会最底层的也是农家父系家长（Bauer）们的联合体——村。作为各家互助关系的基础，村成为政治性的统治与反抗组织。在这些村中，也存在流放刑和由此形成的统治秩序。

日本和西方近代以前的农村秩序形态大体上是相同的。因此历史学家将这样的结构统称为村落共同体，认为它是近代化——个体基于自由意志与周围的人结合形成多种关系的状态，亦即转变为市民社会——以前的社会关系的普遍形态。

曾有的假说　因此，在关于传统中国社会的社会科学研究的初期阶段（19世纪后半叶至20世纪前半叶），最初假定的中国村落内部社会关系，也是这一村落共同体理论。

而且，当时通说认为在世界范围内，中国是最晚近代化的"封建"社会，因此当地的村落社会也被认为具有最强的共同体性。马克思主义从逻辑上进一步推溯了近代以前的西方村落共同体这一社会形态出现前的状况，设想那时的人是淹没在集体中的，个人的独立程度最低，社会发展也处于最原始的阶段，并称之为"亚细亚共同体"。当时日本另有一些"亚洲主义"者，基于同样的共同体假设，赋予这一概念以抵抗西方式的近代化、市场化、个人主义化的力量的价值，宣扬在日本、中国乃至印度都存在这样的共同体，因此亚洲各国应当联合起来的观点。

《中国农村惯行调查》的发现[1]　然而20世纪中叶，日本人在中国做的实证研究接二连三地打破了上述臆测。这些研究者的代表人物，是戒能通孝和旗田巍。[2]

这些研究者原本也追随当时社会科学研究者的通说，在当地开始调查时曾经设想那里存在着强力的村落共同体，并且为了获得相关证据而准备了提问的内容。然而随着研究的进展，他们发现这一假设中存在错误。

第一，在村落共同体这一假设中，村是一种领域性的政治团体，村与村之间存在对"领土"的争夺。然而，中国的农民并不能明确地说出其村的边界所在，倒不如说调查所得答案是"村所拥有的土地是村民所拥有的土地的总和，它会因为土地买卖而发生变动"。这样一来，与其说村是空间性的

---

〔1〕　日本侵华期间，满铁调查部收集了大量的口述数据、文献与统计数据，其中，部分资料被刊为《中国农村惯行调查》。
〔2〕　《戒能通孝著作集》第四卷《所有権》，日本評論社，1977年；旗田巍：《中国村落と共同体理論》，岩波書店，1973年。

领域，毋宁说是村民间的人际关系。第二，村落共同体理论认为，村的成员共同利用"村民共同利用的土地"（日语中称为"入会地"）这一现象具有象征性。然而，询问中国的村有没有入会地时发现，那里几乎不存在这种为村落固定拥有的物质基础。第三，因此村长不一定是村中最强的人，村长这一职务也不会代代相传。毋宁说，人们期待村长做的是担负联系官方、联络村民这些管理职能。由于中国的村长并不被认为拥有像日本的庄屋那么高的权威，所以其与村民之间也不存在像庄屋及其村民间那样稳固的领导、庇护与服从关系。第四，当然，就如在本书后面的内容里可以看到的那样，在中国的农民社会中，生产、生活的各个方面里也存在各家彼此互助的关系。然而，其结合的对象与范围并不一定只局限于本村，而是因其需要解决的问题不同，有着多种多样的形态。从中也看不到村落固有的合作、管理功能。

也就是说，虽然中国社会中确实也存在家与家的互助关系，当然，这种互助也大多发生在相邻居住的同村各家之间，但这样的互助关系并不限于在同村村民范围内发生。村落本身并不具有比通常的近邻性更强的内涵。

村落共同体缺失的背景原因　对已经通过前几讲掌握了中国的家和生业形式这一基础知识的我们而言，推知导致这一结果的背景因素是比较容易的事情：中国的家反复分割家产；分家后的哪家将延续下来，是偶然的事情。即使从家的角度来看，在这样的家与家之间设置跨越世代的、超长期的互惠关系并不现实。由于固定拥有某种家世是奢望，因此也没有形成像代代庄屋之家这样的东西。土地在反复形成、消失的各家之间激烈地转手,因此也很难从空间上固定集体的范围。从国家的角度来看的话,虽然国家希望就诸如税粮征收的连带责任等事项获得固定的基层组织与代理人,但因为在社会的层面上并不存在固定的庇护与服从结构,享有声誉的人们也不肯承担这一工作,于是就出现了一些将这些职责视作利益予以争夺、在短期内进行"请负"的人。结果,清代的税粮支付(缴纳年贡)制度采取的是,按照各家拥有的土地面积送达纳税通知书,农家自行将其应缴的税粮送到县衙,这样一种与生活在现代的我们相同的方式。[1]

随着这些基础知识的普及,"传统中国不存在村落共同体"逐渐成为学界的共识,延续至今。

应当阐明的问题 但应当注意的是,这一"村落共同体缺失"论并非"传统中国中完全不存在共同性"论和全盘否定近邻性的意义。中国的农民也为了生产和生活的目的互相帮助,他们形成互助关系时,也受到空间距离的远近所影响。毋宁说,正是因为有这种意义,才出现了聚居村落这种景象。本书至此位置指出和论证的,只是传统中国不存在近代以前的日本与西欧那样的村落共同体这种极端的东西而已,反过来说,为什么在日本和西欧存在这样极端的东西?毋须赘言

---

[1] 岩井茂樹:《公課負担団体としての里甲と村》,森正夫编:《明清時代史の基本問題》,汲古書院,1997年。(中文版:森正夫、野口铁郎、滨岛敦俊、岸本美绪、佐竹彦靖编,周绍泉、栾成显等译《明清时代史的基本问题》,商务印书馆,2013年。——译者注)

即可明白,确实有必要详加阐明的,不是有没有村落共同体这样极端的东西,并赋予其两极的性格,而是传统中国社会中的共同性的形态与性质。

那么,中国的村不是近代以前的日本和西欧那样的村落共同体、不存在农民之间的自足性社会关系范围的话,第一个问题就是,中国农民生活在怎样的空间中(应该如何描述他们的日常生活的空间范围)?第二个问题则是,在这一空间中存在着哪些种类的社会关系?在本节接下来的部分中,将首先尝试探讨第一个问题。

2. 标准市场圈

对市镇的关注　关于生活空间的构成,目前被中国史学界视为准绳的是美国历史人文地理学者施坚雅(G. William Skinner)氏的观点。其具有决定性的论文,是《中国农村的市场和社会结构》。文中认为:

> 研究中国的人类学著作,由于几乎完全把注意力集中于村庄,除了很少的例外,都歪曲了农村社会结构的实际。如果可以说农民是生活在一个自给自足的社会中,那么这个社会不是村庄而是标准市场社会。我要论证的是,农民实际生活的社会区域的边界不是由他所住村庄的狭窄的范围决定,而是由

第三章　社会关系　145

他的标准市场圈（Standard Market Area）的边界决定。[1]

施坚雅氏的论述的核心是"标准市场圈"概念。但除了用词不同，他揭示的事实本身，早已为他以前的日本学者指出。比如，战前研究上海周边农村的市场形态的福武直曾在《中国农村社会结构》一书中这样描述：

> 首先，关于销售圈，作物……被在附近的镇上卖掉。当然，也有从事居中贩卖的族人登门贩卖的方式卖掉的，但大多是农民自己将要贩卖的东西送去镇上的小型商行（中间商）。这样，除非销售地点位于两个市镇的中间位置，否则几乎所有的农家都集中在一个市镇贩卖其作物。副业性质的手工业产品也只在这个市镇上销售。相反，在村内销售产品的事情极为少见……这样做的结果是，农村的贩卖圈为附近的镇所独占。[2]

农民的生活在与特定市镇的日常联系中度过。几乎不用解释，福武直认识到的这一点，和施坚雅氏所谓"每个集镇

---

〔1〕G・W・スキナー著，今井清一訳：《中國農村の市場・社會構造》，法律文化社，1979年。原著为 G. William Skinner, "Marketing and Social Structure in Rural China," *Journal of Asian Studies*, vol. 24, no. 1-3, (1964-1965)。（此段中文译文据［美］施坚雅著，史建云、徐秀丽译，虞和平校《中国农村的市场和社会结构》，中国社会科学出版社，1998年，第40页修改——译者注）。

〔2〕"壳買圈"，福武直：《中國農村社會の構造（福武直著作集九卷）》，東京大學出版會，1976年，第221页以下。

都有一个清楚的、可以意识到的区域，并把某些村庄中的居民看作它的基本顾客；反过来，这些村民也把它看作他们的镇"揭示的是同一个事物的正、反两面。[1]

标准集镇与标准市场圈 毋宁说，施坚雅氏的贡献是将这样的见解精密地概念化了，并在此基础上，成体系地提出了关于全中国的空间构成理论。概述其理论的话，则，施坚雅氏的市场圈模型中位于最底层的是"村和聚落"，全中国共有60~100万个村和聚落。[2] 将它们联系在一起的是3~4万的标准集镇（Standard Market Town）和标准市场圈。施坚雅氏这样描述它们的形态：

> 大多数的标准市场圈的规模为直径3.4至6.1公里，即位于其最边缘处的村民能够不费力地走到集镇的距离。[3]

> 将位于中心的集镇视作心脏的话，这些主要道路便是其经济体系的动脉与静脉。在集日里，从早上

---

[1] G·W·スキナー著，今井清一訳：《中国農村の市場・社会構造》，法律文化社，1979年，第26頁。此段中文译文据［美］施坚雅著，史建云、徐秀丽译，虞和平校《中国农村的市场和社会结构》，中国社会科学出版社，1998年，第20页。——译者注

[2] 关于施坚雅氏的市场圈理论的全貌，参见斯波義信《社会と経済の環境》［橋本萬太郎編：《漢民族と中国社会（民族の世界史5）》，山川出版社，1983年］。

[3] G·W·スキナー著，今井清一訳：《中国農村の市場・社会構造》，法律文化社，1979年，第49頁。此段中文译文据［美］施坚雅著，史建云、徐秀丽译，虞和平校《中国农村的市场和社会结构》，中国社会科学出版社，1998年，第44页修改。——译者注

开始，生活在这些道路沿线的村庄中的成年村民中每5人中至少有1人（即每一两家有一个成年人）会沿着这些主要道路前往集镇。杨懋春称在山东省的台东，"几乎每家都有人在集日到镇上去"。[1]

标准市场圈是设有定期市的市镇和前往那里的人们所居住的村庄所组成的区域。按照施坚雅氏的模型，标准市场圈平均包括18个村，其面积为50平方公里，人口为8000人左右，一个标准集镇和其他标准集镇之间的距离约为8公里，各村到离其最近的标准集镇的最大步行距离大约为4.5公里。在施坚雅氏的设想中，由这样的标准集镇整合而成的标准市场圈像蜂巢一样分割了中国的全部空间。

标准集镇的功能　施坚雅氏强调这一标准市场圈正是普通农民的日常生活圈，而且，同属于一个标准市场圈的人们彼此是认识的。他认为标准集镇承担着以下三种功能。第一点无疑是在市场上进行的产品买卖与交换。在标准集镇上，定期开市。

> 集镇大多只有一条像样的道路，也没有确定一个广场充当市场。取而代之，是每种产物有一个狭小的交易场所。谷物市场在寺庙的院子里，猪市在镇

---

[1] G·W·スキナー著，今井清一訳：《中国農村の市場・社会構造》，法律文化社，1979年，第29页。此段中文译据 [美] 施坚雅著，史建云、徐秀丽译，虞和平校《中国农村的市场和社会结构》，中国社会科学出版社，1998年，第23页修改。——译者注

的边上,各种新鲜食品和地方工艺品则在沿着镇中央的道路的日用品市场区交易。在这些居民们彼此交易的同时,流动的商贩们也在集日从市场圈以外的地方前来贩卖。[1]

第二,集镇上有以市场圈的居民为对象的茶馆、酒馆、杂货店、匠人(铁匠、棺材铺、木匠)等常设设施。第三,向聚集在市场上的居民提供特定服务的磨刀人、阉割牲畜的人、医生、算命的、剃头的、演戏的、代书等人每逢集日,从市场圈外的地方来到集镇上。在这些设施和人中,施坚雅氏特别强调了茶馆的功能。

在农闲期,中农以上的农民几乎每天都会去茶馆。他们早上在镇上购买日用品后,坐着喝茶、休息到中午,下午再次出现,在此处打牌、赌钱。他们在这个茶馆里收听新闻,获知即时的谷价,也有经纪人在那里进行交易、缔结契约。此外,乡镇的保长会议多在茶馆召开,乡镇公所的公告也张贴在这里。[2]

茶馆里的农民几乎没人是独自喝茶的。我的意思

---

[1] G·W·スキナー著,今井清一訳:《中国農村の市場・社会構造》,法律文化社,1979年,第29頁。此段中文译文据[美]施坚雅著,史建云、徐秀丽译,虞和平校《中国农村的市场和社会结构》,中国社会科学出版社,1998年,第24—25页修改。——译者注

[2] 福武直:《中国農村社会の構造(福武直著作集九卷)》,東京大學出版會,1976年,第211頁。——译者注

是，高店子（施坚雅氏进行田野调查的标准集镇的名字）的茶馆谁都能进。很少有人来赶集而不在一两家茶馆里泡上至少个把小时的。出于殷勤与热情的风俗，凡是这一市场圈的成员，都会被茶馆的店主当作某人的客人招呼到桌前。只要在茶馆里呆上一个小时，这个人的社交范围就扩大了，还会获得有关这个社会更多的以前不知道的知识。[1]

这样的事情每逢集日就发生，在一年中会重复个百数十回，至死为止。由此形成的人与人之间的熟识关系，为农民们提供了形成后面提到的各种社会结合关系时所需要的人际关系空间，而且其他类型的各种社会关系圈（比如联姻圈），也因此自然而然地与这个标准市场圈重叠在一起。

确如施坚雅氏所说的，农民的生活圈"不止于村庄的狭窄范围"。[2]然而，反过来也可以说，农民的生活圈基本上是封闭在这一标准市场圈里的。他们基本没有必要前往位于这一市场圈以上的社会空间。那么，在标准市场圈之上，空间如何构成？施坚雅氏在此基础上，设定了三个阶段。

---

〔1〕G·W·スキナー著，今井清一訳：《中国農村の市場・社会構造》，法律文化社，1979年，第50页。此段中文译文据［美］施坚雅著，史建云、徐秀丽译，虞和平校《中国农村的市场和社会结构》，中国社会科学出版社，1998年，第45页修改。——译者注

〔2〕［美］施坚雅著，史建云、徐秀丽译，虞和平校：《中国农村的市场和社会结构》，中国社会科学出版社，1998年，第40页。——译者注

3. 空间整合的各个阶段

中间集镇和中间市场圈 首先，位于标准市场圈之上的是"中间集镇"（Intermediate Market Town）和它支配的"中间市场圈"。图8是标准集镇（市场圈）为中间集镇（市场圈）整合后，出现在真实地图和模型图上的样子。

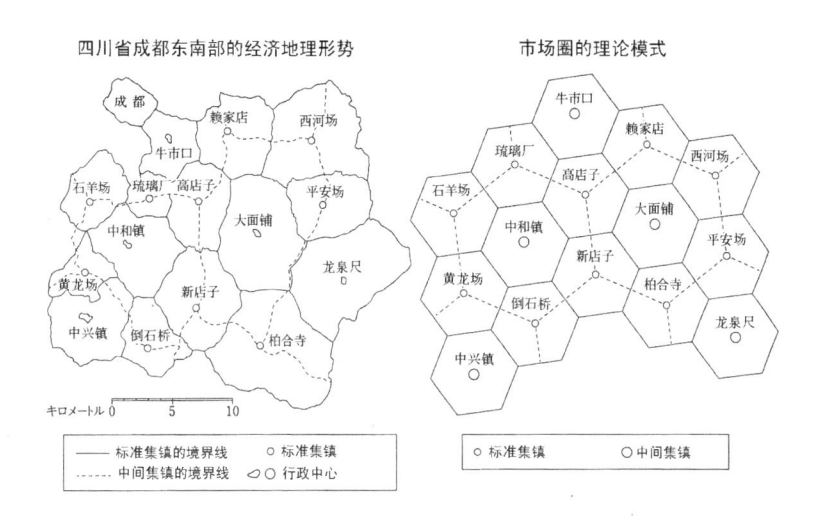

图8 中间集镇和中间市场圈：地理及模式图

以上图依施坚雅英文原著之图1 G. William Skinner, *Marketing and Social Structure in Rural China*, Journal of Asian Studies, vol. 24, no. 1. 并参照罗伊德·E. 伊斯特曼著、上田信·深尾叶子译《中国の社会》（平凡社，1994年）加工而成。

在施坚雅氏的模型中，中间集镇统领着它周围的六个标准集镇，与此同时，对它自己的居民而言，它也是一个标准集镇。施坚雅氏称，这一级别（rank size）的城市，在整个中国有大约8000个。他还说，中间集镇及其空间并非农民所必需的，而是应商人和绅士的需求形成的。

首先，关于商人。施坚雅氏认为，相邻的标准集镇的集日通常定在不同的日子。某个镇的集日是逢一、四、七日的话，邻镇就会逢二、五、八日或者三、六、九日。农民们只会去自己的标准集镇，他们并不关心邻镇的集日是怎样的情形。需要集日互不相同的居民不是农民，而是在标准集镇上游走、经营的行商们。这些行商们居住在哪里呢？上一级的市镇因此作为可以供他们建造居所、囤积、运出将在标准集镇贩卖的商品，运入、储藏已在标准集镇售尽的货物的据点而形成。那就是中间集镇。

其次，绅士们对于书籍和文具有着农民所没有的需求，他们还有彼此交换诗文这种农民所没有的兴趣。对于应这样的供求关系而形成的商业而言，标准市场圈显得过于狭窄。在那里，绅士们也无法找到交际对象。为了回应这样的期待，中间集镇上设有书店、文具店和高级的茶馆。绅士们自然而然地聚集在那里，与从其他方向来的绅士们深入交往，获取其他标准市场圈的信息，并谈论超越标准市场圈范围的议题。因此，中级绅士们恐怕更喜欢居住在中间集镇。

中心集镇与县城　施坚雅氏接着设想几个这样的中间市场圈组合在一起形成中心集镇（Central Market Town）这一级的城市，并推定全中国存在2000多个这类城市。到了这一级,就和国家这一新的行为主体发生了联系。

最基层的国家行政区划被称作州、县,在全中国,大概有1600个。州县官的办公地点(州县衙门)就设在中心集镇这一级的城市中。在这种情况中,整个城市会被城墙环绕起来。因此,县府的所在地被称作"县城"。在规模上,大的州、县和小的州、县约有三倍之差。在有些大的州、县,还存在包括两个中心集镇的情况。这样的时候,另一个中心集镇会得到像今日的城市副中心一样的对待——州、县的佐贰衙门被设在那里。

如此一来,中心集镇就是以上述形式在一个更高阶的位置,将自下而上各个阶层的商人、绅士组成的网络整合起来的地方,也是社会的最高阶层(上级绅士、大商人)居住的地方,还是北京任命的科举官僚作为地方长官赴任的地方。在那里,当然存在官民之间、中央地方之间的政治性交涉行为。汪辉祖在《学治臆说》"礼士"(礼遇士人)篇中这样描述此种交涉:

> 官与民疏,士与民近。民之信官,不若信士。朝廷之法纪,不能尽谕于民,而士易解析。谕之于士,使转谕于民,则道易明而教易行。境有良士,所以辅官宣化也。且各乡树艺异宜,旱潦异势,淳漓异习。某乡有无地匪,某乡有无盗贼,吏役之言,不足为据。博采周咨,惟士是赖。故礼士为行政要务。

所谓"乡",通常是指在一个州、县的东、南、西、北方

第三章 社会关系 *153*

向区分出的三四个空间。按上面讲的市场圈理论来说的话，其大致对应于中间市场圈。

宏观区域与国家官僚制度　整个国家由此形成。在此基础上进行的划分、整合空间的活动包括两个方面。其一为沿着既有的方向进一步整合市场，其二为通过作为国家官僚制度的基层组织的州、县进行的整合。

施坚雅氏讨论了市场整合这方面。在这一讨论中，城市按规模分为地方城市、大城市、区域城市和区域首府，市场圈则最终分为东北大区、西北大区、长江下游大区、长江中游大区、长江上游大区、东南沿海大区、岭南大区、云贵大区这八个大区（宏观区域）。各个大区经过大河到达海洋，通过港口连接海外市场，并通过大运河的漕运和首都北京（及其更北的地方）发生联系。

与此相对，通过国家行政官僚制度进行的整合是通过将每10个左右的基层州、县编为一个府级行政区划，在全国范围内设大约180个府，再将每10个左右的府整合为一个省级行政区划，最终形成18个省，从而组成一个国家的形式进行的。关于这方面的详细情形，在下文中还可以看到。

第二节　社会结合

1. 合作关系

那么在这样的空间环境中,不同的人、不同的家结成了怎样的社会关系呢？其实只是不存在一手承担全部互助活动的村落共同体而已,各家根据自己的需要,基本上就在自己生活的标准市场圈内,亲手建立各种社会关系。

通力合作　社会学家清水盛光在其《中国乡村社会论》（岩波书店,1951年）中,将相关的人按照不同的目的出力互助的状态概括为"通力合作"。他详细介绍了"出于互助目的而为的通力合作"（耕作,红白喜事,筹措资金）和"出于共同保护目的而为的通力合作"（灌溉,看青即守护作物,驱蝗即驱赶飞来的吃食谷物的蝗虫,共同防卫）这些各个领域中的各种合作形态。

会　此外,旗田巍注意到"会"这一名称,揭示了同样的认识:

> 华北的村庄中普遍存在基于农民的集体生活的必要而生的会（或者社）这一团体。除了看管农作物、庙会、各种仪式、金融、娱乐、基本的村庄行政处理行为之外,生活的各个方面有必要采取集体行动

时，就设一个会。会是华北农民的集体生活的普遍形式……虽然这些会的目的、组织、功能各不相同，但都形成于华北的村庄生活中。因此，研究一个会，就能大致明白其他会的性质。[1]

在这一叙述的基础上，他以自己曾经实地调查的北京郊外的顺义县沙井村为例，在他论文主题的"办五会"（村民一年五次集中在庙里烧香、聚餐）外，又列举了青苗会（以看青和征收村费，向县里上交税款等作为主要任务的村庄内的自治组织）、谢会（麦秋〔麦子的收获季节〕和大秋〔秋收〕之后召开的宴会）、请会（钱会，类似日本的"赖母子讲"）、猪会（几个人一起出钱购买一头小猪，一个人负责饲养，在年末分配猪肉和油）等几种会。

在这里，没有时间逐一介绍这些互助关系的详情，只是希望在印象上大概了解一下它们的形式，由此讨论社会关系的性质。

合作式结构　如其所示，举这么多例子的必要性在于结合关系大半拥有明确、单一的目的，并且表现为参加者们为了实现这一目的而凑集一定的财物，一旦最初的目的实现，关系就宣告结束的形式。具体的样子可以从父母会（白社、打老人会、孝帽子会）这个例子中看出。《澎湖厅志》卷九

---

[1] 旗田巍：《廟の祭礼を中心とする華北村落の会——河北省順義県沙井村の辦五会》，小林弘二編：《旧中国農村再考——変革の起点を問う》，アジア経済研究所，1986年。此文写于1945年。

中说:

> 澎人有所谓父母会。或数人或数十人,各从其类而立约。何人丁忧,则会中人助理丧事,各付以资。[1]

这是那些担心如何筹措父母的葬礼的人聚集在一起组成的会。一个人担任发起人,招募同志,最初大抵是召开成立大会、深化友谊、制定规约这些事情,并没有什么更紧迫的当务之急。但当会员中间有谁的父母去世、要办葬礼的时候,其他的会员就要赶来帮忙,并奉上规定金额的奠仪(家中只有单亲的会员为一口,父母二人俱在的会员则要交二口),父母去世的会员可以将这笔钱用于葬礼,并会因为来参加葬礼的人多、仪式盛大而感到欣慰。总之,收下这些奠仪没什么问题。反过来,当其他会员的父母去世时,这名会员也要送去规定金额的钱,并前往参加葬礼。这样,当全体会员的父母都办过丧事之后,这个会就解散了。其行为内涵与日本的村落共同体(构成其一部分的"葬礼会")中存在的,在各家相互间持续存在的红白喜事互助并无不同。[2] 然而,在传统中国社会中,人们无法期待家的稳定存续和以此为基础形成的固定的村落成员关系的存在,所以他们是以居住在同一标准市场圈中的人们为对象,从中招募正好与自己有相同境

---

[1] 林豪:《澎湖厅志》,大通书局,1987年,第324页。——译者注
[2] 为了红白喜事的互助而在村中设立的,由几户至十户左右的家庭组成的小规模组合。——译者注

遇的人，在较短时期内，结成一个循环一次即告终结的互助关系。也是因为这样，并不是一个标准市场圈里只能存在一个父母会。在彼此相投、互相信赖的人们中间，同时共存着许多相同的会。

各种手法 传统中国社会显然善于开发这类合作式的、短期性质的共同关系。比如广泛应用的金融组织"钱会"。假设10个人起10次会（从山东省的情况来看的话，最常见的名字是"七贤会"），10个人每人、每次出款100元，抽中签的人取走1000元。下次起会的时候，另外九个人抽签。等最后一个人拿到1000元后，这个会就解散了。这和上面说的父母会基本相同。与这种形式相对的是，因为钱是过段时间就会产生利息的东西，当人们认为上面那种做法意味着第一个拿到1000元的人（那1000元可以被用来增值）和最后一个拿到1000元的人之间存在很大的不公平的时候，认会、坐会这些形式就被创造了出来。这些会设置了从第一个拿到钱、每次出100元到最后一个拿到钱、每次出91元的10种立场。会员在最开始就选择自己希望的立场。每次起会所得的955元，由出资额最多的会员开始，按序取用，排在最后面的会员用上钱的时间比别人晚，但其总共只出资910元就可以获得955元。也有摇会这种形式。10个人每次都出100元，报出的利息最高的会员"拍得"这笔钱，并在约好的将来的某一天连本带利一起还清。

与合股的共同之处 之前看到的各种经营活动中的合股也是这样的。在相关者为了达成一定目的凑集一定财物这一点上,它和上面这些"会"并无不同。或者反过来说,即使是通力合作、会这些社会性的互助关系,其目的也是尽可能地实现私人的经济利益,不如说将其看作一种合伙经营更为容易理解。比如《金、汪、陈、宋四姓轮管租银议墨》这一文书的内容,是四家为了解决"祀神演剧之需"设立"卞王古会"、购入田山,并就此事建立关系的合同契约。[1] 其内容既包括互助关系,也包括合股行为,还涉及合资购入土地一事。

农业生产中的合作　正如上面出现的清水盛光在"出于共同保护目的而为的通力合作"的名目下概括的那样,涉及居住在一定的空间领域中的大多数人,并且因此在其他地区变成村的职责的活动,在传统中国也是以合作的形式共同处理的,因此参与这类共同关系的行为也不时以一种财产权的形式出现在土地文书里。

比如农业水利、治水灌溉这一问题,在存在村落共同体的地方,当然是由村来掌管。但在传统中国,将水引到水田里的权利以"镰"(关于水利的股份)的形式证券化。其权

---

[1] 安徽省博物馆编:《明清徽州社会经济资料丛编》第一辑,中国社会科学出版社,1988年,第569页。

利随着土地买卖而发生流转。[1] 为了维持和管理农业水利，持有该水路的"镰"权的人们因其股份多少而分担劳动与费用。当然，住在村里但不拥有土地的人和此事无关。如果获得这一水利"镰"权的话，即使是村外的人，也可以进入这一关系。

看管作物（看青、青苗会）也是一样，与其说它们是村的职责，其实是一定空间范围内的土地所有者们按其拥有的土地面积，共同提供劳力和金钱而运行的机制。他们最初是轮流担任的，但渐渐地就被雇用专人巡视的形式取代了。[2]

庙会 宗教活动中的共同行为也是如此。在传统中国，宗教活动与其说是村的活动，不如说是由希望者组织了一个叫作"庙会"的会。前文所引旗田巍的论文主题（"以寺庙祭礼为中心的华北村落的会"）正揭示了这一点。旗田巍对比了中国的寺庙祭礼与日本农村的村祭后，赋予了前者以下特征。

第一，日本的守护神是在每个村中，以其村民为氏子组成的，而中国的宗教圈并不必然与村重合。如果说也有宗教

---

[1] 宫坂宏：《華北における水利共同体の実態》，好並隆司：《水利共同体における「鎌」の歴史的意義——宮坂論文についての疑問》，森田明：《福建省における水利共同体について——莆田県の一例》，好並隆司：《農業水利における公権力と農民——森田明氏水利共同体論の陂田の解釈について》，前田勝太郎：《旧中国における水利団体の共同体的性格について——宮坂・好並両氏の論文への疑問》。以上各文分别载于《歷史学研究》240、241、244、261、271号，1960—1962年。

[2] 河地重造：《旧中国における農村経済体制と村落——中国封建制研究への一つの視角》，氏著《毛沢東と現代中国》，ミネルヴァ書房，1972年。

圈和市场圈重合的情形的话，反过来也有同一个村里同时存在几所寺庙的情形。第二，日本的祭祀守护神活动是庄屋率领村人进行的、为了全村的安宁而祈祷的仪式，但中国的庙会并非如此。

> 在中国，聚集在庙会上的人基本上都是为了祈祷自己家的安宁而来，而不是为了全村。不仅如此，即使是聚在一起的祈祷，也是因为这样做便于实现各人为各家的幸福祈祷这一个别目的而已。出席者通过集体行动意识到彼此之间的共同感情，其汇聚在一起后大概也有利于相互融合，但其本质终究不过是个人祈祷的总和……并不包含向集体的守护神祈祷集体的事情这一意蕴。[1]

此外关于庙会组织，特别是代表庙会的"香头"（数人）的形式，旗田巍也强调其与日本的情况不同。

> 富有是〔成为香头的〕主要条件。即使不是同族，父、祖并非香头，迁自他村或者年轻、不识字，只要富有，就可以成为香头……可以明白地看出，香头不是身份性关系，而是由经济优劣决定的、以实力为本位的关系……成为香头既不是为了村，也不是为了同族，只是为了自己家。因此可以认为，

---

[1] 前引旗田巍《廟の祭礼を中心とする華北村落の会——河北省順義県沙井村の辦五会》。——译者注

第三章 社会关系

香头们多出钱的行为源于"出越多的钱，得越多的保佑"这一自我中心的想法……所以香头多出资是和寺庙祭祀的神灵间的交易，并不被认为有减轻散户〔普通会员〕的负担的意思。只是在结果上减轻了散户的负担而已。但散户的负担虽少，与此相应，获得的保佑也少，所以他们并不感激香头的恩惠。[1]

从论证逻辑上来说，与其说是因为获得保佑的多少对应于出资额因此散户感觉不到恩惠（毕竟，谁能推测别人获得的保佑呢？），不如说是因为中国人有意识地寻求不在出资多的香头和出资少的散户之间建立上、下级关系这一逻辑更为合适。由于传统中国是竞争社会，现实的地方社会中存在巨大的贫富差异，可以说正是"以实力为本位的关系"。在世界上的其他地方，有坦率地承认社会中存在这种落差，从正面给予富有者社会荣誉，并相应地对富有者附加某种为社会做贡献的义务的社会组成方式。然而这样的支配——保护、施恩式的说法为传统中国社会厌恶，人们宁愿选择"即使如此，香头与散户也是平等的"这一辩解。或者说，即使是穷人，也咬紧牙关，不输给其他人地努力着。这样的举动是为"股份"这一机制支撑的。

小结 不管是好是坏，各家相互之间没有天经地义的结合关系。或者说，即使想要设定跨越世代的、天经地义的结

---

〔1〕 前引旗田巍《廟の祭礼を中心とする華北村落の会——河北省順義県沙井村の辦五会》。——译者注

合关系，由于各家一直都处在过于激烈的分裂过程中，也是不可能成功的。就像前文所引的那样，"虽然农民生活在家族这一细胞之中，但细胞彼此间并不存在强烈的牵绊"（费孝通）。[1]因此，各家各自根据自己的需要行事，有着同样需要的各家彼此通过契约结成目的单一、短期结束的关系。然而，如果说这就说尽了中国社会的全部社会关系的话，那也不尽然。

2. 一体性的集结

毕竟，符合经济理性的合作关系是那些有合作需求的人们基于对己有利的原则，建立的短期的互通有无关系。在传统中国，人们在拥有不被其他家庭的没落牵连这一自由的同时，也有当自己面临危机时，谁也不会施以援手的不安。因此出于这种不安，特定的家与人着眼于彼此的某一个共同点，引为同类并进行不在陌生人之间进行的互助。这样的社会关系，在传统中国社会里也有几种。

宗族　创制那种强力的共同关系时可以着眼的共同点，最具代表性的无疑是"同气"。各自生活的若干个同气（同姓）之家，出于相互扶助的目的，再次重新结合在一起，组成一个实体性的社会组织。它们一般被称为"宗族"。与前文所说的"宗"是全体"同气"者的观念集合相比，宗族这种

---

[1]　费孝通著、小島晋治他訳：《中国農村の細密画——ある村の記録 一九三六～八二》，研文出版，1985年。——译者注

东西，是拥有具体的成员并且有日常交往的互助团体。[1]

虽然宗族是以血缘为着眼点的结合关系，但其绝非古代的遗制。毋宁说是宋代以后一部分儒者感到随着竞争的激化，个体家庭的利己主义迅速流行起来的危机，而发起的社会运动。宋代，创设了被看作宗族的榜样的范氏义庄的范仲淹，对当时"一旦分家后，就对同姓亲属的穷困视若无睹"的风气感到忧虑，说"以吾祖宗视之，则均是子孙，固无戚疏也。吾安得不恤其饥寒哉"（出典：《范文正公年谱》），并亲自捐款设立基金，救济穷困的同族。援助穷困的同族，同时也被看作"报本"（向祖先报恩）之举。

此外，宋代科举兴盛也是儒者们鼓励同宗之家再次结合在一起的背景因素。绅士的选拔只有科举一途的话，若想维持绅士的门第，就只有在子弟当中一直出现科举合格者这一种方式。然而，擅长笔试这一才能并不一定会遗传，聘请家庭教师也好，为了参加科举考试而前往大城市也好，都需要相当数量的金钱。总之，最好的办法是将同族的家庭集结起来，把全部的教育资源用于族中最优秀的子弟。即使不可能以家庭为单位维持门第的不堕，但一个宗族内一直有科举合格者这种事却是有可能实现的。

---

[1] 关于宗族的研究，近年有井上徹《中国の宗族と国家の礼制——宗法主義の視点からの分析》，研文出版，2000年。（中文版：钱杭译《中国的宗族与国家礼制：从宗法主义角度所作的分析》，上海书店，2008年。——译者注）关于此书，另参寺田浩明《（書評）井上徹著〈中国の宗族と国家の礼制——宗法主義の視点からの分析〉》，《集刊東洋学》85号，第121—130頁，2001年5月。

地域性的分布　虽然分形同气的血缘观在全中国都存在，但这样的宗族结合并不是可以在中国的各个时代、各个地方都看到的。从时代来看，宗族兴盛于明末以后。就地区而言，主要常见于四川、福建、广东、台湾这些边疆地区或者明代以后汉民族大量迁入的移民社会中。[1] 在这些地方，国家权力通常较弱，治安不好。反过来说，常有倚仗人数众多进行的暴力事件，人们想方设法地要集结同类。而且最重要的是，一旦一部分同姓者组成这种强力的宗族结合并开始以之为基础在地方上发挥力量，与之对抗的其他姓氏的人也就不得不筹划以宗族为单位结合起来。相反，在经济发达、社会成熟、官府的管理程度也达到一定水准的江南地区，儒学虽然兴盛，却没有显著的宗族活动。[2] 因此，以全中国的全部家庭是否都属于某一宗族组织作为前提来思考宗族的社会地位，并由此建立整个社会的秩序理论的论证，无论怎样最后都会有所疏漏。

大规模宗族的标准配件　但反过来，轻视高度结合的宗族的力量也是错误的。活跃的宗族通常具有以下配件。

在试图形成宗族结合时，最初必须确定具体的结合范围。虽然同姓是一个着眼点，但也存在同姓不同宗的可能。分家的反复发生及各家在此期间的迁徙、没落，导致亲戚之间断

---

[1] 山田賢：《移住民の秩序——清代四川地域社会史研究》，名古屋大学出版会，1995年。
[2] 濱島敦俊：《明代江南社会は「宗族社会」なりしや》，山本英史編：《中国近世の規範と秩序》，研文出版，2014年。

绝往来。如果没有其他的保障措施，那么只要上溯几代，就不知道具体的系谱了。结果是，决定结合称为宗族时，要重新设定共同的祖先（大多是将同姓的历史名人选为"始迁祖"，即最初迁居这一地区的一族的共同祖先），有必要从气开始，逐一地追溯系谱关系。当然，越是追溯往昔，越难免有推测和人为选择（有意地编入和排除）的事情发生。但一旦作成从共同的祖先到现在各家的图系（族谱），也就明确了亲属之间的排行（辈分）。如果还赋予每一排行一个共同的字作为名字中的一个字的话，尊卑就变得清楚了，也增强了兄弟之间的连带感。

由于宗族连带和共同的源流均以"同气"为基础，祭祖一事为宗族所重视。若能凑集资金，宗族便建立宗祠（为了祭祀共同的祖先而建立的祠堂）。在宗祠里，排列着共同的祖先以下的先祖的牌位。宗族成员在春、秋两季举行祭祀仪式这一确认彼此之间存在结合关系的活动。

此外，以宗族为单位进行互助，也得有经济基础。通常是以宗族的名义设立共有财产（族产），让族内的贫困家庭耕种宗族的土地（这也是一种生活扶助），并将其田租充作宗族的活动资金。设立族产时既有来自立身出世者（多为官僚）的捐赠，也有如第一章中的阄书那样，在分家时将一部分财产留为共有的情形（在宗族形成以后这么做的，则保留部分仅为属于同一支系的族人共同使用）。拥有大量族产的大宗族也会将族产按照不同的目的，分别使用。清水盛光列举了三个代表性的名目。[1] 其一为"祭田"。从祭田获得的收益，将被作为全族成员一年两次集会祭祖的费用，族祠、宗祠和祠墓的清扫与维护费用，祭祀后举行族宴和演戏等活动的费用。其二为"义田"。从这种族产中获得的收益，用于支出全族的口粮、丧葬费用、补助结婚费用等同族互助行为。最后，是"学田"或者说"塾田"。由此获得的收益，除了为接受科举考试的子弟和跟随老师学习的子弟支出学费、旅费等项目，据说也会用于供全族子弟入学的学校的运营。

事实上，从最为盛行设立此类族产的广东的一个宗族的例子来看，族产收入用项包括学校、教育2000元、祖庙祭祀1300元、结婚补助（一人份）15元、生育补助（一人份）1元、养老补助（一人份）8~10元、葬礼补助（一人份）4元、修路100元、民团1000元、偿还同族的债务利息1400元。对于生活在卖身可得6元的环境中的普通人民而言，这样的生活援助无疑具有不小的意义。[2]

同乡团体和同业团体 判断彼此是否是陌生人的时候，同乡、同业这些机缘也经常被当作着眼的共同点。特别是在大城市中，即使放任自流，彼此之间可以自由地使用方言这一点也会令同乡间的交往变得密切，而且对在异乡工作、生活的人来说，自己死后如何归葬故乡可以说是最大的担忧。

---

[1] 清水盛光：《中国族产制度考》，岩波书店，1949年。
[2] 广东王氏太公田收入用途一览。（此段译文参见［匈牙利］马札亚尔著，陈代青、彭桂秋译《中国农村经济研究》，山西人民出版社，2015年，第227页。——译者注）

因此同乡出身的人们集资建造同乡会馆作为集会场所，平日在那里社交，约定身后事宜，自然而然地也就预备起棺木来。同业者为了确保职业上的共同利益，也聚集起来制定规约和建立同业会馆。由于人们移居都市时往往投靠同乡，并在后者指导下开始新生活，同乡团体常常和同业团体发生重合。[1]

秘密结社　虽然想强有力地结合在一起，但没有任何可以着眼的共同点，这种时候，存在饮下同一口血、结盟成为义兄弟这种便利手法。这种结合的代表，就是所谓秘密结社。虽然山田贤在《中国的秘密结社》将秘密结社作为与同族结合、同乡结合一样的互相扶助网络加以讨论，但在此书的导论部分中生动地介绍了史沫特莱《伟大的道路》书中关于中国人民解放军的朱德将军和当时的代表性的秘密结社（哥老会）的关系的逸闻。[2] 首先，是关于秘密结社的加入仪式的内容。

> 朱德首先找到他在川军步兵标当兵时结识的那三位朋友，他早就怀疑他们是哥老会会员了。他所采用的方式后来成了中国共产党经常采用的方式。这就是找个四顾无人的地方与他们促膝畅谈彼此的事情和经济问题，并且替他们写家信。从这里由浅入

---

〔1〕　仁井田陞：《中国の社会とギルド》，岩波書店，1951年。
〔2〕　山田賢：《中国の秘密結社》，講談社（講談社選書メチエ139），1998年。这部分内容在史沫特莱《伟大的道路》一书第8页及第12页以下均有涉及。

深，就顺便谈论起国家大事。

没有多久，他们就邀他参加哥老会了。他接受了，在山上的一座荒凉小庙里，当着许多士兵会员的面，正式入会。他经过了一场古老的仪式，磕了许多次头，并且歃血为盟。宣誓手续大致是这样的：首先，朱德和会员刺开手腕上的静脉，滴几滴血到一碗酒中。这碗酒传递一匝，仪式中的每一位主要人物各喝一口。喝完，朱德宣誓信守会规：友爱、平等和互助。他随后学会了暗号、暗话。有了这些暗记，会员们无论走到哪里都可以彼此认识，直到现在还是如此。

自此以后，在川军步兵标进行政治工作的危险性就大为减少了。士兵们常向他请教，他也得到他们的保护。[1]

其次，是作为秘密结社的成员获得帮助的逸闻。

这个地区已在大土匪头子禄国藩的控制之下，他这小王国从江岸一直伸到北边的会理，骑马也要五六天的路程。这批流亡者几乎立刻就和禄国藩的边防卫队相遇，他们说明自己正在逃难，想见见他们的头子……队伍靠近后，其中一个短小精悍、三十多岁的汉子，下马走了过来。朱德一行人内心里疑

---

[1] 此段中文译文据［美］艾格妮丝·史沫特莱著，梅念译，胡其安、李新校注《伟大的道路》，东方出版社，2005年，第107页。——译者注

惧和希望交织在一起。那汉子按照旧礼表示欢迎之意后，随即说明自己就是禄国藩，特来迎接远客。

朱将军猜测这汉子可能和自己一样，也是哥老会弟兄，在寒暄致意的时候，便按照无论什么地方都可以了解彼此是结盟兄弟的办法，说了几句话和做了几个手势。禄国藩的两眼一阵闪亮，也按照规矩回礼，经过这一瞬间，这批流亡者是更加安全了。[1]

无疑，歃血是分形同气的类推行为。即便没有共同点，也可以自己创造一个。这也是秘密结社被称为穷人的宗族的原因。

3. 两种关系形式

结合原理的两极性　在传统中国民间社会里，既有许多合作式的、符合经济理性的"冷淡的"结合，也有舍弃这一私心、以结为一体为目标的"温暖的"结合。这两者如何并立于世呢？

首先，仅就原理而言，对比两者是容易的。在前者中，基于各家生存竞争这一冷酷现实，个体家庭当然会有利己主义。为了生存而寻求其他家庭的恩惠，那样做的结果是自己将变成被其他家庭擅自使唤、服役的"贱民"。不依靠其他的家庭，仅靠自己的才能活下去——这才是自立。抱有这种想

---

[1] 此段中文译文据［美］艾格妮丝·史沫特莱著，梅念译，胡其安、李新校注《伟大的道路》，东方出版社，2005年，第162—163页。——译者注

法的各家根据自己的需要，以仅有利于自己的生存为原则，在尽可能对等的形式下，和其他家庭结成共同关系。这就是股份的世界。

与此相对，后者是以生活在其集体中的全体人和家庭的利益为目标的生存方式。在那里，只考虑自家利益的态度被看作"私心"、遭到否定，大家都舍弃私心的同心、齐心状态被当作目标。毋须赘言，这样的集结指向的是全体家族成员一心、同体地生活在一起，即同居共财之家的形态。

一体性的集结的内涵 但后一种结合在现实中，当然也是不可能形成同居共财之家那种状态的。即使是上述结合关系中与家庭最相似的宗族，其内部也不可能做到同居共财。正如援助贫困族人的行为得到传述一事反过来揭示的那样，即使是同族，各家也存在贫富差距。宗族中存在的，终究只是与合作式协同关系一样的，以个体家庭为单位的互助性结合。在同乡团体和同业团体中，这一特点益发明显。

延续坚强、永久的结合的难度 而且，这类浑然一体的结合关系不同于提出比较短期的目标、在成员间循环一次就告终的合作式结合，它们标榜结合关系的永远存续性质。然而就现实而言，结合关系不会那么长久的存在，而且结合关系存在与否的关键，基本上取决于各家的动向。

比如，即使是为"同气"这一最坚实的基础支撑着的，并且拥有族产这种经济基础的宗族，也是很难稳定地保持那么强力的结合状态的。虽然宗族的形式领导通常由年纪最大、地位最尊的人担任，但实际运营权是掌握在捐助族产、为宗族活动提供实质支持的出资者（多为官僚或前官僚）手中的。然而，如果其他的族人们对这些实权者在族内的支配行为的不满高涨的话，就会发生以告发这些人私自使用族产（盗卖）为形式的纠纷，最后，再次按照分家的原则对族产（共有部分）进行分割。而且，在拥有大量义田的大宗族中，族人的生活自然也更依赖于宗族组织，而与此相应，族长们管理族人的力度也更强。虽然如此，缺少这一宗族特有的经济基础的话，宗族的活动也就变成只是春、秋两季聚起来祭祖这种程度，渐渐地更像合作式的会。

其实，"即使都是宗族，实际形态也有很大不同"这一点，早为宗族研究的开拓者之一弗里德曼提出的类型 A 与类型 Z 这一两极模型所揭示。[1]

即，被描述为强极的类型 Z 的宗族拥有 2~3000 人的成员，其核心为退休官员、现任官员的家人和绅士们，农民大多耕种宗族和支系名下所属的土地。虽然半数以上的族人生活贫困，但宗族作为一个整体，拥有土地、祠堂和碾米机等财产，是一个富裕的团体。人们尽可能生活在宗族的活动区域内，即使因为做官和经商外出，也会留下家人。到了一定的年纪，就返回家乡，平时也会寄钱回来。虽然祠堂中也出

---

〔1〕 フリードマン著，末成道男訳：《東南中国の宗族組織》 （M. Freedman, *Lineage organization in southeastern China*, University of London, Athlone Press, 1958——译者注），弘文堂，1991年，第186頁以下部分。（此书中译参见［英］莫里斯·弗里德曼著，刘晓春译，王铭铭校《中国东南的宗族组织》，上海人民出版社，2000年。——译者注）

现了阶层（hierarchy），但那是对应于在宗族内的富裕和地位差异的。族谱在宗族组织中起着重要的作用：在将宗族与其他宗族联系起来并获取权威与有益的同盟关系时，族谱可以证明拥有财产的支系有权成为成员。为了祭祖而做的仪式，也在祠堂中定期地举行着。

与此相对，被描述为弱极的类型 A 是，拥有 2~300 人的成员，其中大部分为小农或者佃户的宗族。仅有始祖的墓所在土地属于族产。所谓祭祖，也只是带着相当简单的东西，去墓前进行家庭中的祭拜活动，和每年在宗族始祖墓前举行仪式的程度而已。族谱中也没有记录，关系亲近的各家间也没有经济性、礼仪性的合作倾向。很难想象它和类型 Z 的宗族属于同一种组织。

仁井田陞也指出，宗族中的族长的作用表现为两极状态。即，既有"不管是收养、结婚、分家，乃至析产，都不能在没有得到族长允许的情况下进行。族长甚至还与家长的选任和更迭有关。居中调停族人之间的纠纷也是常事"（河北省栾城县寺北柴村）这样的例子，也有"族长只是名义上的职务。虽然同族分家时请族长做中证可以说是获得了他对分家的许可，但就算他不允许，也可以找别的亲戚做中证"（河北、山东各县）这样的例子。[1]

即便是宗族，如果处在弱的结合关系中，也不是一定具

---

[1] 仁井田陞：《華北農村の同族の結合と同族規範》，同《中國の農村家族》，東京大學出版會，1952 年。

有特别的一体性质。或许，所谓宗族结合并非处在"有或者没有"这种两极状态中，而是意外地具有各种强、弱形态。

秘密结社的可疑之处　然后，细想的话，秘密结社里也有一些让人想不通的地方。比如前面的例子里提到的土匪头子禄国藩，如果在朱德到来之前，已经有同为哥老会成员的敌方将校来请求他的手下追讨朱德且双方意气相投的话，事态会怎样发展呢？

在以其记述的那种通过个人介绍、招募入会者的情况下，不可能保证"歃血为盟的兄弟"彼此的利害在一切的时候都是一致的。或者说，就像标题中所揭示的那样，基于前文说的那种处于个体家庭的利己主义的社会环境中的人们将慎重地决定自己的行动的前提，其实很难骤然相信互不相识的人们一旦成为歃血为盟的兄弟，彼此就会形成无限连带的社会结合这一状态能稳定存在于传统中国社会中。因为，虽然对没有任何可以失去的东西的最底层人民而言是没有什么的，但还有比他们所属阶层更高的人存在。

想到这里，就可以明白为什么秘密结社的成员确认彼此身份的方法不是在胸前公开佩戴徽章，而是"在寒暄致意的时候……说了几句话和做了几个手势"，或者从给在茶馆中遇到的人用茶壶倒茶时的茶碗摆放与倒茶顺序（回应的一方以正确的顺序、选出正确的茶碗喝茶）来判断。[1] 这样做的

――――――

〔1〕关于各种确认方式，参见前引山田贤《中国の秘密结社》第78页以下部分。

话,对方就有余地选择是否回应另一方的手势(提案?)。如果在朱德到来之前已经有敌方的哥老会成员来访并且兄弟尽欢的话,禄国藩只要不理睬朱将军的手势就可以了。然后,为了不让"歃血为盟的兄弟"们在自己的眼前、以自己不愿意看到的方式相遇,让他们分别前往不同的方向,就更完美了。虽然毕竟应该不能适用于一同参加过最初的入会仪式的人们,但这些人之外的人们,只是在彼此都方便的时候才"发现"大家是"歃血为盟的兄弟",并且只向后人传述美化后的记忆。这无疑是秘密结社中的人际关系的常态。然而,只在彼此都方便的时候才结合在一起的关系,与合作式的结合又有什么不同呢?这样的质疑大概也是成立的。

作为集结基础的关系 结果,即使是一体性的集结,也有强、弱之分。即使其中的最强者,也达不到同居共财的地步。而且,越是标榜强力的结合,在实际执行中越受到取舍、选择这些因素的影响。关于这一点,下述这一《齐心合同文书》就非常有趣。[1]

> (今因王姓侵犯兹土,皆因人心不一,以致外人相欺。今合门人等)齐心约束,歃血定盟。自立以后,俱要同心。毋得结外害内。

这一文书记录了同族的人在遇到危机时重新结为血盟这种奇怪的事例。虽然读到这一文书后也会觉得真正的"同气"

---

[1]《胡宗朝等保护风水文约》,安徽省博物馆编:《明清徽州社会经济资料丛编》第一辑,中国社会科学出版社,1988年,第567页。

者彼此重新歃血（恐怕是猪血）这种事情可如何是好，但如果已经存在的宗族结合不够齐心的话，那和这种方法相比，大概也没有其他的路走吧。

即使是同一宗族的"同气"者，也只到这种程度而已。但反过来看，也可以说，正是存在日常的宗族交往，才让人们有可能在这样的时候结成这样的齐心盟约。由此来看前面的设问，秘密结社中的"血盟兄弟"关系的结构也是一样的。正因为平时已经存在某种"关系"，所以可以在必要的时候变成更强的结合关系。即使是较弱的关系，也有这样的意义。或者说，更积极的，随着外部状况的紧张程度而随意变化其结合强度这种形态（宗族便是其典型），其实也许是长期存在的。

小结——集体的利益和分散的利益　本书在各种场景中，反复地提起许多人聚在一起、集体生活和分成一个个的小团体、分别承担风险这两种生活方式的利益孰高孰低这一比较、衡量的问题。这么一想，"兄弟同居之家"正是最开始进行选择的地方。至少在理论上，兄弟间（进而，其子孙间）是有可能就那么一直同居共财地生活下去的。然而如果从一开始就是这样的话，那就没有必要重新谋划宗族的结合了。在大多数的情况里，人们选择分家，以小规模的个体家庭为单位生活。现实中的社会是由这样分散开来，为了生存而互相竞争的家家户户组成的。

这样的社会的基本结合方式，当然是各家之间的合作式。但也有因为需要更为强有力的互助关系而寻求设立一体性集体的情况，进展顺利的话，也会达成"一时的齐心"这一状态。但即使这一共同状态的最高程度，也不及同居共财之家。而且，那一程度的结合关系也很难得以持续。一旦出现问题，就会变回合作式的结合。

这样的状况当然可能被认为是缺乏社会连带性的"散沙"。而且在传统中国，只有排斥私心的全面的一体化和全是私心的分散状态这两种极端的秩序模型。指责其缺少保持个体家庭的彼此独立，从而能以适当的方式结成公共秩序的中间状态，恐怕也是正确的。凭借一体性这一古老、优良的理念来抵抗个体化这一糟糕现实的企图，从一开始就是不可能实现的。这个道理也是显而易见的。

但尽管如此，中国社会仍然持续运转着。不仅如此，直到十八世纪，中国的经济都极为繁荣。从这点来看，和上面说的相反，那种结合程度（或者说结合与分裂的组合方式）可能正适合于中国社会。的确，不管在什么时代，结为一体这种话都是让人讨厌的。人们根据自己的需要分开或者聚集。上面说的各种社会结合方式总体上满足了他们的需求。

第四章

秩序、纷争和诉讼

第一节 社会秩序的思考方式

1. 生存权益主张的泛滥

着眼于规则性 以上概括介绍了传统中国中"家"的存在形态和经济基础，以及家与家之间的基本社会关系形态。本章在此基础上讨论其中的秩序形成和纷争解决问题。那么，一般情况下，我们怎么来描述秩序呢。

最常见的描述前近代法秩序，特别是民事法秩序的方式大概就是，总结各史料中共通的带有一定规范性的规则性称其为"法"，把与其相对应的一个个赋予个体的地位称为"权利"，然后概观其中的秩序形态。在中国采用这样方法的也是十分可行的。

例如，中国的"家"是进行"同居共财"生活的近亲者的集合。家的意志是父在时由父、父亡后由继受了其父之气的所有男性共同表明的。家庭成员均负有同居共财的义务，但该义务可以由分家的手续解除。分家时，家产由男性兄弟均分。这样，一个大的同居共财集团就被分割成数个以兄弟为核心的小型同居共财集团。

此外，对土地权益关系以"管业（经营收益行为）"为基轴进行了梳理。土地权益的正当性，通常通过出示从前管业者承继管业的经过（"来历"）的方式来主张。承继的形式（契据的类型）有两种，一种是收取代价卖给对方管业正当性的"绝卖"，另一种是"典（活卖）"，即在以原价赎回之前，交由对方管业的方式。通过这些使用私契的简单且低成本的方式，传统中国人巧妙地处理了土地财产所有和使用中的各种关系。

传统中国民事法研究　以上都是笔者在前面的章节中详细论述过的。中国社会中充满了这种值得探讨的富有独特个性的规则性与行动方式。当然上述哪一种规则性都并非国家立法，因此在国家法中也并未有体系化的规定。但这些已经成为人们订立契约时的基本共识，审判时也会如理所当然般地认可这些原则。而且前者有分形同气的血缘观这种更加本源性的共识为背景，人们（至少汉民族）理所当然地把这些看作自明之理；而后者有市场竞争社会基础中所包含的平等交换精神（对流泪、流汗得到的东西的相互尊重）为后盾，所以称其为"法"和"权利"也未尝不可，甚至有时回避这些名称反倒更不自然。而且实际上，迄今为止的传统中国民事法研究，也常以在契约文书、实定法、现地调查和审判案例中发现某些规则性、然后对其进行体系性再编为课题，并非常自然地称相关成果为传统中国的"家族法""土地法"。

生存权益主张 但通过阅读史料，我们可以发现无论在社会生活中，还是在法庭上，都公然地存在着与这种"权利"主张相对抗的生存权益主张。例如，某佃户擅自以自己租佃的土地作保借钱，在被田主发现并责备后双方起了争执，最后杀了田主。他在法庭上这样为自己辩解：[1]

> 问：这田既是罗扶元的，你们不过佃种，为什么就当银使用，又不许扶元犁田自种呢。
>
> 供：小的们庄人种了这田，历来只换田主，不换佃户。就算世业一般，也不过是暂当认租，田仍是小的们种。若田主自己种了，就没有饭吃，故此去拦阻的。

还有某佃户夫妇因欠租被告官后，被勒令在春天耕种后退租。结果他们在秋天稻熟后擅自收割，田主阻止后双方发生冲突。在该案中，该夫妇是这样说的（下面称为"佃户之妻被杀案"）。[2]

> 问谢进仲供：林氏是小的妻子。小的佃种唐孟香

---

〔1〕 中国第一历史档案馆、中国社会科学院历史研究所合编：《清代地租剥削形态——乾隆刑科题本租佃关系史料之一》，中华书局，1982年，案件编号246。

〔2〕 同上书，案件编号250。

田二亩，上年欠他租谷一石五斗，原想到今年收冬还他。今年三月里，唐孟香就告小的欠租，蒙断田还唐孟香自种。小的虽然递有遵依，但小的心里想，今年我已插有禾苗在田，就让我收割，将本年的租谷、并上年托欠的租谷一总还清，然后退田，也使得的。所以九月初九日田稻成熟，小的到田里去收割。不料唐孟香走来阻夺，把割的田稻搬了回去。小的妻子见稻已被夺，将来没得饭吃，就到河沟里投水。

此案中，佃户之妻当场被地主亲属救起。之后为夺回稻捆，又与其夫谢进仲一起去地主家，在那里与地主之子发生冲突，结果被地主之子踢伤至死。

只看史料所述，地主一方完全有权利夺佃，佃户一方没有任何能与之抗衡的权利。但佃户一方马上采取了反抗行动，而且在法庭上被责问时，也理直气壮地辩解：他们那样做就是让我们死，所以我们就这么做了（我们哪里有错）。

耍赖获利的余地　看起来毫无权利的佃户敢于采取反抗行动的最主要原因大概是，实施这些行为的难度并不高，而且这样做他们的要求常常会得到满足。例如，某地方官曾写下如下文字，描述田主虽想赶走欠租的佃户另觅新佃户，但旧佃户赖着不走并重重阻挠,最终难以如愿的情形。[1]

> 亦有田主不甘,将田另召别人耕种。而旧佃虎踞鸠占,刁恶多端,或将老病之父母放死图赖,或将撒泼之妇女骂詈上门,或称价顶之世业横索陋规,或称肘腋之良田,谁敢接种。于是新佃畏不敢撄,情愿裹足而退。此田竟为佃户之世业,永无还租之日矣。

无论田主一方如何主张"权利",但就居住在田旁的佃户总有各种各样的对策。当然与其说这些行为是堂堂正正的"捍卫权利的斗争",不如说只是单纯的捣乱。比如最后的"肘腋之良田,谁敢接种",即为威胁你即使召来新佃,我也会在夜里切断水源,践踏禾苗等。确实这种程度的事谁都能做,但要彻底阻止其发生则要付出非常高昂的代价。对田主和新佃来说,很大可能会认为与其今后麻烦不断,不如最开始就花钱摆平、和平解决,这样代价更小。而且阅读其他史料,也可以发现实际中这种花钱免灾的例子非常多。这样,耍赖就充满了获利的余地。

图赖及其背景 这种捣乱行为中最为极端的就是上面史

---

[1]《湖南省例成案》工律河防,卷一"失时不修堤防"。这是其中所引的岳州府同知陈九昌的详文的一节(见寺田浩明《田面田底慣行の法の性格——概念の検討を中心にして》《東洋文化研究所紀要》第93册,1983年,第99頁所引)。

料中提到的"(放死)图赖"。[1] "图赖"是"图谋赖人"之意。即,牺牲一个亲人自杀(或者假装自杀),表明对方的"威逼",使其陷入困境(或者借此讹诈金钱)的手法。这种方式在明清时期频繁可见,甚至可以说到了流行的程度,可以说是弱者一方最后的自杀式袭击。自杀的方法除上吊、投河(前文所见"佃户之妻被杀案"中佃户之妻"到河沟里投水"即为其中一例)外,还有服毒。地方志类中对毒草"断肠草"进行图鉴说明时,竟意外地提到了图赖,从中就可以看出当时这种方式的流行程度。

> 毒人立死,每有因愤食以死者。亦有愚民争斗,食之死,以恣图赖者(乾隆《永定县志》卷一、土产、"断肠草")。

> 山谷中在在有之。民间斗不能胜,服之,令妻子扶而之怨家死焉。其妻子利之,亦不甚禁也。怨家富而畏事,厚偿之去(王世懋《闽部疏》"断肠草")。

为何自杀会成为一种对抗对手的手段呢,从以下的刑罚规定中可以找到原因。《大清律例》刑律人命"威逼人致死"条。

---

[1] 请参照三木聰《死骸の恐喝——中国近世の図頼》,泥棒研究会编著《盗みの文化史》,青弓社,1995年;同氏《軽生図頼考——特に"威逼"との関連について》,《史朋》第 27 号,1995 年;同氏《伝統中国における図頼の構図——明清時代の福建の事例について》,歴史学研究会編《紛争と訴訟の文化史(シリーズ・歴史学の現在 2)》,青木書店,2000 年。

> 凡因事（户婚田土钱债之类）威逼人致死（自尽）者，（审犯人必有可畏之威）杖一百……并追埋葬银一十两（给付死者之家）……

文中的"户婚田土钱债之类"指的是婚姻、土地、金钱案件。总结一下，这是对过度主张民事权利，结果把对方逼到自杀的人进行刑事惩罚并令其支付赔偿金的规定。当然，正如律文中所记载的那样，判其有罪是因为犯人有"可畏之威"，即"威逼"的事实，并不是随便自杀就算的。但是如本文后章所述，在当时的刑事审判制度下，一旦成为嫌疑犯就会付出极其高昂的成本。所以，当自杀者的亲属威胁要告发其"威逼人致死"讹诈钱财时，只要还有宽裕，或者还有一点儿歉疚之心的话，一开始就默默地交付十两银子可能是更聪明的做法。由此可见，虽然地方官们频繁感叹并禁止百姓的"轻生图赖"，但图赖的流行却可能正是国家制定了这样的刑罚规定所导致的。

2. 权利和事实之间

保护弱者的理念　如果再进一步思考为什么国家会制定这样的规定，在其背景中可以发现如下理念：任何人都不是独立存在的，不能单单为了实现自己的经济利益而压垮他人。"户婚田土钱债之类"的权利实现并没有到达这种程度的正义。

如前所述，当时构成社会的基本单位是各个谋求生存的个体家庭（同居共财家庭），而且所有个体家庭都处于由分家导致的长期性的下降压力中。如果强者只强调财产法的原则，对弱者进行过度的利益主张，则眼前的贫困家庭的悲惨景象很可能明天就发生在自己子孙一家身上。为了缓解这种方式中可能带来的问题点，就制定了惩罚做得过分的人的机制。[1]

但是一旦国家断言强者一方必须有所顾虑，则贫弱者一方高举生存大旗所做的事实上的权益主张也就被赋予了一定的社会正当性。相应地，财产法上的"权利"在此部分就必须让步。

权利形式的问题 并且，这里的"权利"本身也存在很大的问题。大部分情况下，基于来历主张的管业权利、基于兄弟均分原则的继承权利等正式的权利与耍赖获利型的权益主张之间的差异是很明显的。而且，佃户们耍赖要求的也通常是少许的退佃补偿或勾销欠租等，并不会提出让自己管业这种程度的要求。但如果进一步探究两者的"形式"究竟如何不同，讨论可能就会逐渐陷入难境。

可以说，这里的"权利"并未拥有自己独特的"形式"和"实现空间"。例如，以土地法为例，无论是管业者出示或活或绝的来历表明其管业正当性得到周围人的认可和尊重，

---

[1] 但是，当然"威逼人致死"条的意义和作用并不仅限于此。关于该条文（包括省略部分）的整体像及历史渊源等，请参照中村茂夫《自杀诱起者の罪责》，同氏《清代刑法研究》，東京大學出版會，1973年；高桥芳郎《明律"威逼人致死"条の渊源》，同氏《宋代中国の法制と社会》，汲古書院，2002年。

还是交了押租的佃户在押租未退还时不肯退佃的例子,其中存在的都是、而且也仅仅是一家拿出某些论据确保自家生业的尝试和整个社会对之的理解和同情这一构造。仅论其形式,其和本章开头声称"若田主自己种了,就没有饭吃"耍赖不走的佃户的行为之间并未存在着根本性的差异。尽管其有时也表现出类似客观财物的所有(或权利)的形态,但那只限于人们的认识处于稳定状态的情况下。一旦出现权益主张争议,就会忽然转回到管业和其正当性这个程度的话题上。

转化关系　而且两者之间有时甚至会存在着一种成长转化关系。这里可以与第二章中提到的田面田底惯行对照来看。在承继有特殊经济价值的佃户耕作经营时,有时前佃户会要求后佃户支付退佃补偿金。如果这只是偶发性行为,我们可以把其看作一种单纯的以取得金钱为目的的事实性要求。但有时这种伴随着金钱支付的承继关系会不断继续下去。直到最后,佃户认为这种承继关系成为其进行佃户耕作经营的基础之一,而且这种看法也得到周围社会公认的话,这就也成为管业的一个来历基础,即与业主的管业并列的土地法上的正式权利的一种——田面。

然后,在前文"耍赖获利的余地"一节引用的史料中,有一句"或称价顶之世业横索陋规"。所谓"价顶之世业",就是支付对价从前佃户承继世袭财产之意。所引史料中片面地把其描述为不正当的耍赖,但其实际内容很可能意外地就是上述田面(或其形成过程)。

即,可以说这里并不存在着将管业等正式"权利"主张和半事实上的"生存权"主张严格隔离开的制度。现在看起来只是赤裸裸的生存权主张,经过一定时间后,很可能成长为与另一方并列的具有相同形态、相同资格的权利。

所有事情的论据化 就这样,各种各样的主张并存着。确实,如果取其两极的话,可以清楚看到权利和事实的对比。但实际中的情况是,更多的主张处于两者之间,随着其作为论据安定程度的高低、对人们说服力的强弱,呈现出连续变化的各种形态。无论多么强有力的存在都不是绝对的。无论怎样的弱者都有个人主张的余地,并且也有实现的可能性。

3. 秩序形成的路径

日常生活的形态 如上所述,日常生活中交织存在着持有各种强强弱弱"主张"(还有轻暴力和些许同情心)的主体。共存理念中的弱者保护同时也是伦理上的要求,特别是毫不顾忌的话,对方很可能进行"自杀式袭击",所以对方推过来(哪怕是无理的要求)时暂且退让一下的互让型行为就成为第一行动原理。但是,事实和权利的区分是如此暧昧,如果一直被推压而不反抗的话,那么不知不觉中自己的东西很可能真得变成对方的了。既然存在着这种可怕的可能性,被推压时反推回去,即反互让的行为无疑也非常必要。这时最聪明的做法,大概就是在被推压前先稍稍(为今后的让步预先留下适当的余地)推对方一下吧。结果造成了所有人都比自己的预算稍微多要求一点儿的局面。最后在所有的情况下,"推来推去"成为常态。[1]

秩序形成的论理 那么,这种情况下,人们是怎么构想正当的秩序、适当的社会关系呢?在这个问题上,中国哲学研究者沟口雄三的中国公私论给了我们很大的启迪。[2]

沟口氏认为,传统中国社会论基底中的逻辑一直是公私概念的对比。正如我们之前在家族法论中所看到的,中国的"公"是指全体成为一体共存的状态,"私"是指在其中只顾自己的自私。但是,两者的内容有着很大的历史性变化,这变化以另一对对比概念——"理"和"欲"的关系来解说更容易理解。

即,到宋代为止,人们的观念中都认为理想的秩序是静态的、安定的,所以"公"和"理","私"和"欲"基本上是对等的。在共存秩序中,每人应得的东西由"理"而定,而"理"是通过思索可以悟得的。如果遵从"理",则"公"自然可以达成。而抱有欲望本身就是反理的"私",祛除欲望则是实现秩序的道路。与之相对,明末清初期后,社会上的欲望(物质欲、所有欲。换成本书中的话则是个家的生存欲)开始被肯定,"理"开始被理解为"社会欲望间的互动

---

〔1〕 寺田浩明:《満員電車のモデル——明清期の社会理解と秩序形成》,今井弘道、森際康友、井上達夫編:《変容するアジアの法と哲学》,有斐閣,1999年。(中文版:阮云星译《"拥挤列车"模型——明清时期的社会认识和秩序建构》,寺田浩明著、王亚新等译《权利与冤抑:寺田浩明中国法史论集》,清华大学出版社,2012年。——译者注)

〔2〕 沟口雄三:《中国の公と私》,研文出版,1995年。特别是第一节《中国における公・私概念の展開》。(中文版:郑静译《中国的公与私》(沟口雄三著作集),生活・读书・新知三联书店,2011年。——译者注)

规则"。

这种理欲观是由清代中叶的哲学家戴震建立的。戴震认为，应将"己"和"私"，"私"和"欲"区分开。他一方面肯定"己"和"欲"为正面的概念，另一方面再次明确了"私"为负面的概念。即，他认为自然之欲是应该肯定的。而"欲之失"，即从自然中偏离的私，则是私，是非自然的、不正当的、偏邪的。这样，"私"概念被再生为相对于天理自然的偏私、或者相对于公正的私（egoism）、相对于普遍、中正的特殊、不正。而天下众生都是相互充足的，这种相互充足的状态则为仁（公）。"公"在不偏私任何一方当事人的意义上为"公平"，而在超越个体代表全体的意义上则为"公共"。

"欲之失"指的是欲的失禁状态。欲望本身并不坏，可以说正是这种不断膨胀的、令同居共财的家族生存下去的努力才使整个社会充满活力。但即使如此，如果每个人都毫不限制自己欲望，共存秩序就会被破坏。重要的是满足自己欲望的同时，也不断地考虑到邻家也处于同样的情况中，怀着共感和同情、克制自己的欲望，最后达成共存共荣。

具体的秩序形成方式 按照这样的理论，在"推来推去"的状态下也有形成秩序的途径。人们确实会为了实现自己的利益而提出一些理由推压对方。但是，如果理解对方也有欲望、而自己的欲望也必然有一定的限度，就会同时也观察对方的情况和周围的反应，然后，再看推过来的对方，如果认为对方的要求在自己所能容忍的限度之内，就会应允对方的要求。如果认为那是过分的，就会用各种强弱不同的方式进行反驳。这样，全体人员不断推压试探着自己周围，谨慎地确认着此次可以平稳实现的范围，事情实现后如果感到满足，就会出现一定的"相互充足关系"。转换一下观察角度，这也可以说成各个行为主体主观上的"欲"，在与周围的交涉过程中不断自行地、相互地进行微调，最后达到一定平衡的过程。

这里提示给我们的是不同大小的"欲望气球"不断互相推压，不断形成动态平衡的印象。如果一切按照理想进行，那么确实按照各人所持主张的社会性考量个人利益会得到适当分配，最后，全员得到"应分之物"、达成和平实现共存的状态。

走向纷争 但这是在谈判过程中双方互相让步的情况下才会实现的。如果双方固执己见（或是对其"正确性"有信心的话），就无法顺利进展下去了。自己这样让步，为什么对方不肯让步呢？于是沉默地互相推挤，就发展成为公开的争吵，最后演变为暴力冲突。这就是当时社会中的纷争。

在传统中国社会中，纷争就是以这种形式产生的。或者更准确地说，双方之间一旦发生纷争，人们理解的就是发生了上述情形。而这种特定的纷争观也决定了当时社会中特定的纷争解决方式和审判制度形态。

第二节 纷争和解决

1. 争执和仲裁

纷争的频度 即使在现代社会，也几乎无法确切地论证社会中发生的纷争件数。仅能通过律师们直观的见闻，所谓"二成司法"（社会中所发生的纷争，通过司法途径解决的不过二成左右），进行茫然地想象。

但是，熊远报氏使用詹元相的《畏斋日记》，对传统中国的纷争频度提出了非常有益的见解。[1] 詹元相是清代居住在安徽省庆源村（人口五百到八百人）的下等知识分子。《畏斋日记》是他从康熙三十九年（1700）到四十五年（1706）六年间的日记。詹元相喜欢看吵架，听说村子里有争执的话就会去看热闹，然后把相关情形写在日记里。根据熊氏的分析，整个日记中记载有四十七件纷争（年平均八件左右），其中告官的有八件（其中"命盗重案"有两件），剩下的三十九件则是由附近的民间主体解决的（其中有十一件提到"族"）。

虽不知道该数据有多大的代表性，但这里值得我们留意的是，这里有了一个民间解决的案子五倍于告官的数据。

---

[1] 熊遠報：《村の紛争・訴訟とその解決——清代における婺源県慶源村を中心として》，同氏：《清代徽州地域社会史研究——境界・集団・ネットワークと社会秩序》，汲古書院，2003 年。

争吵和仲裁 那么民间是用什么方式来解决纠纷的呢？这从调停和解时两方当事人订立的合约中可以看出一些端倪。嘉庆十年（1805）四月初九日《文天齐弟兄孝义合约》。[1]

> 文天齐弟兄一直分别耕种父母分给各人的土地，在水利上共用一个水路。但同月七日弟兄间因水堰发生争吵，弟天齐用扁担将其兄的左手击伤。当即"族约邻亲"介入进来对二人进行了"理剖"。弟受到众人斥责后醒悟到自己的错误，于是对大家作出保证，今后不再妨害兄长的水利。"自合约之后，弟兄永敦和睦，不得以大欺小，以小〔下？〕犯上。若堰水有阻，不安本分，罚银五两。"结尾则表明以上内容均为天齐自己情愿，并无威逼强加等情，特立此文书为据，云云。

作为见证人被提及的"族约邻亲"是同族、乡约（地方的管事人）、邻居、公亲（公平且近亲的第三方）的缩写，是附近的仲裁主体的总称。

这里进行的与其说是审判（告诉和裁决），不如说是双方当事人发生了争执，周围人发现后参与进来并进行了仲裁，这种说法更贴近实际情况。或者说这里的争执很可能从一开始就是邀请仲裁者的方式。看到大声争吵的当事人，周围自然会聚集很多人。当事人互相指责对方的过失，大概很大一

---

[1] 四川大学历史系、四川省档案馆主编：《清代乾嘉道巴县档案选编》上，四川大学出版社，1989年，第2页。

部分就是为了说给旁观者听的。接着,已经了解情况的旁观者就会开始评价,没有道理的一方渐渐理屈词穷。最后,在某一阶段旁观者中的某人代表现场舆论进行了劝解,双方当事人如果接受的话,就当场将该内容写下来作成上述合约。

这里存在的是,一方(或者双方)做了不恰当的事发生争执,周围人对其恶行进行谴责后其痛改前非这一构图。实际上,有一方诉诸于暴力的话,解决反而会更加简单。

2. **投向有力者**

各种"投"的对象　但是附近人们的仲裁努力不一定总是奏效,而且实际中也不存在可以强制双方接受结论的强大地缘结合。特别是,既然所有的事情在某种意义上都可以成为"理由",那么如果不是那种任谁都可以一眼看出善恶是非的单纯案例,根据裁定人重视什么及重视到何种程度结论也会截然不同。裁定者只有在充分听取了双方当事人的全部意见后进行公平判断,才能保证结论的公正。可证明这一点更加困难。对仲裁内容不满的当事人无论何时都可以说"劝解不公",即认为仲裁内容、或是仲裁裁定者本人不公平。而且哪怕周围所有人都表达了同样的意见,也依然可以主张他们"徇情不公",即周围所有人都碍于和一方当事人的关系、或是恐惧其淫威而不公平。

因此,不满的当事人会寻求更公平的裁定者,把这个问题带到更广阔的地域中、更高的权威下。这样的行为在当时被称为"投"。"投"的对象有契约的中间人、村落的管理者、宗族的族长、同业团体的耆老、下级绅士、地方长官等各种各样的存在。

宗族的"审判"　在宗族活动活跃的地区，经常会发现特别强调宗族所持有的纷争解决功能的史料记载。例如《中华全国风俗志》第四册下编安徽省合肥。

> 族中规例极严，颇具自治雏型。举凡族人争吵沟洫等事，均取决于族中之贤者长者。必重大案件为族人调解不开者，始诉之于官。官之判断，仍须参合族绅之意见。族中有不法而败坏一族之名誉者，族人得召集会议，于宗祠中处分之。或罚之以金钱酒席，或责以杖、重且至于绞死。

整体上看这是一篇描述同族集团所持有的各种纷争解决功能的文章，最后甚至提到了"绞死"，即由同族集团执行死刑。到了这种程度就很难说是民间的任意调停了。

而且，在清代的刑事审判判例集中，也可以发现现实中宗族执行死刑的例子。《例案续增全集》卷二二，乾隆五年（1740），福建省。[1]

---

〔1〕滋贺秀三：《刑案に現れた宗族の私的制裁としての殺害——国法のそれへの対処》，同氏：《清代中国の法と裁判》，創文社，1984年，第112頁所引。（中文版：郑民钦译《刑案所见宗族私刑审判造成的命案——兼论国家法律的对策》，杨一凡主编《中国法制史考证》丙编第四卷，中国社会科学出版社，2003年。——译者注）上揭滋贺论文中，除该案外，也介绍了许多类似的判例，同时详细分析了国家在立法上的历史变迁（基本上是以杀人论处，但有时在一定范围内有减轻措施）。

缘刘彩文素行不端，为伊母陈氏逐出另居。讵刘彩文于乾隆五年十一月二十四日夜起意，伙同李什行窃刘大嘴之父刘章耕牛一只。刘章于十二月初四日访知原牛在李什家中，遂往□原牛，并将李什拉回欲行投官。李什吐出刘彩文伙窃情由。初五日，刘章寻□刘彩文与李什对质，刘彩文不肯承认。刘章掌批其颊，又被李什指证明□，刘彩文自认无辞。刘章遂将刘彩文拉投族众。时有族长刘宾，以刘彩文做贼有犯族禁，倡言罚银八十两、置酒谢族，免其送官究治。将刘彩文交与刘公允，领交伊母陈氏收管。刘彩文欲卖陈氏膳田备酒，陈氏不允。刘彩文辄肆嚷闹，并将陈氏推跌倒地。迨初六日，刘宾、刘章、刘大嘴、刘汉三、刘文登等，赴刘公允家问信。刘公允同众即往陈氏家中，向刘彩文催索罚银。陈氏告知刘彩文逼卖膳田推母情由，求其帮同送官究治。刘宾声言：刘彩文既系做贼不孝，不如埋死，以免族人后累。陈氏始犹不允。刘宾又言，如不埋死，定将膳田卖银办酒示罚。比刘汉三在旁亦言，刘彩文不肖，留之无用，应行活埋。陈氏允从。刘宾随令刘大嘴取出吊狗细链，将刘彩文链住，拉牵前走。刘彩文不行，刘宾又令刘文登在后帮推。陈氏携带稻草，唤刘彩文之弟刘相、刘牙跟随同行。行至中途，刘相先即逃避，刘牙随至哀哭求饶，刘宾不允，令刘文登挖坑。陈氏将稻草铺垫。刘宾令刘大嘴将链解放，即同刘大嘴将刘彩文推落下坑。

刘文登与陈氏推土掩埋而散。

由上文中可以看出，在该地区，族人间发生争执时首先"投族众"，经族长裁断后有时会对族人恶行施以死刑，如有中途逃跑者则会强行死刑。毋庸置疑，该地区存在着具有强大统制力的宗族结合，这样的事情时有发生。这是我们必须承认的事实。

国家对宗族私刑的态度　但问题是这样的宗族活动在国家审判制度中具有怎样的定位呢。

一般在西洋中世的封建制下，只有团体之长才基于其支配权拥有对团体成员的"审判权"（根据"臣之臣下，非我臣下"原则，上位权力不可超越团体之长干涉其支配），这是国制认可的权利，因此这种审判也成为庞大的国家审判制度中正式的一部分（一定的审判管辖）。而迄今为止的传统中国研究中，如同一度出现过套用西洋史模式的"村落共同体论"一样，也曾有学说认为传统中国的宗族制裁相当于西洋中世的中间团体进行的"审判"，有些学说甚至认为，传统中国几乎所有争端都是在宗族内解决的，宗族裁决取代了国家审判。[1]

但是这种学说，如同曾盛行一时的村落共同体论一样，是无法进展下去的。第一，如上所述，这种强大的宗族组合

---

〔1〕代表作品有 Sybille van der Sprenkel, *Legal Institutions in Manchu China: A Sociological Analysis*, University of London, Athlone Press, 1962。

在中国也仅限于部分区域。不管怎么试图延伸其范围，这景象也无法覆盖全中国的司法制度。第二，上面所引史料，其实就是将参与处刑的族人中的一人作为私刑杀人犯进行处罚的判决文中的一节（被发现时族长已经病死）。而且，文中刘彩文推倒其母亲之行为，按照律例正式立案也应处于死刑（《大清律例》刑律斗殴"殴祖父母父母"条，"凡子孙殴祖父母父母，及妻妾殴夫之祖父母父母者，皆斩"）。但即使宗族团体按照一定程序公开处刑的是这种人，国家也是将其作为私刑杀人事件处置，而不认为是宗族预先代替国家进行了应行的处罚。可见绝不能认为国家公认了其审判权。

国家虽然欢迎宗族对民事纠纷进行调停使其顺利平息，但一旦涉及刑罚，却完全否定宗族、族长以自己的判断对族人（从皇帝看来，是自己的人民，自己的"赤子"）实施真正刑罚的行为，当然更是从未希望在容许民间私的支配权力的基础上建构自己的政权。

族规中的刑罚种类　国家既然摆明了这样的态度，那么宗族方面的态度通常也是比较自抑的。例如，统制族人行为的"族规"中出现的制裁种类通常是①"叱""斥"（"众叱""呵斥"，即口头批评）。②"罚"（罚款。具体是"罚席""罚杯"等，即强令设宴赔罪）。③"责"（"掌责"＝耳光等轻微体罚）。④"停胙"（不许入祠；暂时性的禁止社交）。⑤"出族"（永不许入祠；永久追放＝除名）这种程度。一旦超过了这些，就要⑥"送官究治"。即"小则祠堂治以家法，大则送公庭治以官刑"。

这样即使告到宗族，重大事件一般从最开始也会送官。而对于轻微的案件、民事纠纷，上述制裁措施的上限"出族"究竟有多大威慑力，则还是要看留在宗族内对当事人本人来说有多大意义。那些原本就宗族活动贫乏的人，如果抗争会获得比留在族内更大的利益，可能就会冒着不服从族长裁决被勒令出族的风险，另觅其他的"投"的对象。

打官司 可见，无论哪种事案类型，都不存在着将其封锁在民间社会中（包括宗族）不允许其上告这样的制度阶段。当事人满意（或者放弃）的话另当别论，但只要还有争论的欲望，不满足于周围人仲裁的人就会"投"向其他权威。仍然不满意时，还会继续寻找拥有更高权威的人，如此不断重复。

这样，问题就会逐渐流向更广阔的领域、更高的权威下，从空间上说即是标准市场城市、中间市场城市。到了中心市场层次，那里除了民众，还有皇帝从北京派来的地方官。确实，他们作为通过科举考试的知识分子，应该熟谙人类社会应有的姿态，并且通过后述的"本籍回避"制度，他们应该与当地人也没有私人关系。因此，怀揣问题的民众，或者在经过上述民间的不断调解后，或者有时直接越过一切过程径自投到了官员的衙门下。这就是传统中国的诉讼（"打官司"）。本节开头提到的《畏斋日记》中所记载的四十七件纠纷中，就有八件（每六件中约有一件）到了这个阶段。

官员对打官司的态度 那么官宪一方，对人民到衙门提起诉讼是怎么看的呢？

第一，最常见的是对诉讼持否定的态度，即抑讼论。确实，根据互谦互让、寻求最佳平衡点实现共存的秩序理念，提起诉讼本身就是自发生成秩序失败的体现。可能是对方提出了过分的要求，也可能是如此说来你自己不够谦让。这样，诉讼本身就是"欲之失"的一部分。

然而，第二，"民生有欲不能无争，则物我相刑而讼兴焉"（《皇明条法事类纂》卷三八《在外问刑衙门官员务要亲理词讼，不许辄委里老等保勘例》)，对诉讼的同情之理解也随处可见。无法做出（或者正因为不能）适当判断的才是民众。那么，由懂得道理的人进行"听讼"就最合适不过了。而且这有时也被积极地论述为官的作用。例如何士祁"词讼"（《牧令书辑要》）中称，"官之所取于民者甚多。民之所望于官者，惟讼案为最急"，另汪辉祖"听讼宜静"（《学治臆说》）中称，"长民者，衣税食租，何事不取给于民。所以答民之劳者，惟平争息竞导民于义耳"。

上述的第一和第二，分别为理想状态和实际情况，组合在一起并不矛盾。例如，《论语》"颜渊"中称"听讼，吾犹人也。必也使无讼乎"。汪辉祖《学治臆说》"亲民在听讼"中称，"使两造皆明义理，安得有讼。讼之起，必有一暗于事者持之，不得不受成于官。官为明白剖析，是非判，意气平矣"。

那么打官司实际是怎么进行的呢？

第四章　秩序、纷争和诉讼　199

3. 打官司的具体像

呈交诉状　打官司，原则上应该向地方官呈交诉状。

诉状的格式采用人民向官请愿、上申时通常使用的公文"呈"的形式。官府事先准备好带有固定格式的"状式纸"，上面印刷有文字格，并注明写诉状的注意事项。状式纸由各县自行印制，在不同的地域和时代，格式各不相同。图9是十九世纪后半台湾北部的淡水厅新竹县的公文中（《淡新档案》）所保存的状式纸样式。而且，绅士等也可以使用"禀"（私信形式的上行文）的形式（法律效果相同）。

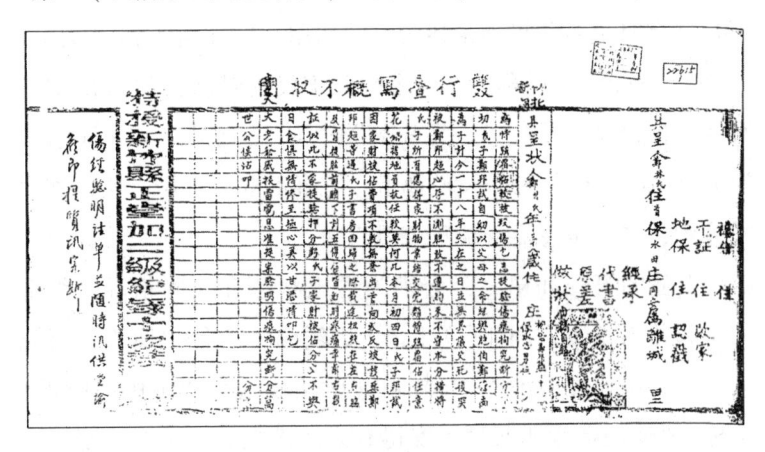

图9　诉状之例

《淡新档案》22615-1

诉状的呈交有几种方法。首先，原则上规定了一个月六天左右的"放告日期"，在"三"之日和"八"之日向衙门呈交（"期呈"）。此外，为避免耽误农耕，从四月到七月这四个月的农忙期内并未设定放告日期。所以计算年内天数的话，一个月六天乘剩下的八个月，一年为四十八天。诉状的呈交方式，除此之外还有通过官员的随身仆人长随呈递的"传呈"、在官员外出时拦轿呈交的"舆呈"、被传唤到官府大堂时当堂呈递的"堂递"等。[1]

打官司的频度 关于打官司的频度，先行研究中撷取了若干史料记载。例如中村茂夫氏列举了十个月内"断结"1360件［高廷瑶《宦游纪略》中记载他在嘉庆十年（1805）担任安徽省六安州代理知州期间十个月内断结了1360件案件］、每个诉状受理日受理十几件到二十件诉状（据清末游幕各地的陈天锡回忆，月"三"和"八"之日受理，各地多寡不同，多的地方一天受理十几件到二十件），一月"断结"56件［收集了清代知县何恩煌从光绪二十九年（1903）闰五月二十六日到六月三十日一个月间的判决（谕）的《宛陵判事日记》中记载了案件56件］等数字；[2] 此外，夫马进氏列举了每个放告日期收到诉状150件（汪辉祖《病榻梦痕录》中记载他在乾隆末年湖南省宁远县的经历。顺便提一下，嘉庆年间宁远县的户数是二万三千余户）、每次收到三四百件（《湖南省例成案》刑律诉讼；告状不受理，"代书每词给钱

―――――

[1] 关于诉状的呈交方式，请参照滋贺秀三《淡新档案の初步の知识——訴訟案件に現われる文書の類型》，同氏《続・清代中国の法と裁判》，創文社，2009年。

[2] 中村茂夫：《伝統中国法＝雛形説に対する一試論》，新潟大学《法政理論》12卷1号，1979年。

十文"中记载的乾隆年间湖南省湘乡县的情况。顺便说一下，嘉庆年间湘乡县的户数是七万七千余户）等数字。[1]

这里只看容易比较的定例诉状受理日，所记载的受理诉状件数也从十几件到四百件，偏差巨大。从夫马氏所提示的各县户数不同，我们可以明确知道产生偏差的一个重要原因是各县规模大小不同。但数字相差之悬殊单用此点是无法解释的。为了便于理解，笔者再添加两点说明。第一，在我们的常识中诉状只在诉讼之初提交一张（反诉时对方也会提交一张），但在传统中国，围绕着一个案件双方当事人可能会反复呈交相当数量的诉状。以一案平均十件来计算，那么根据按照诉状数量还是案件数量（或者是数所有诉状、还是只数新诉讼案件的诉状数量）计算，数字上就会有约十倍的差异。第二，已受理的诉讼中最后走到判决的只有大约三分之一（后述）。其余有的在中途就明确撤案了，有的则不知不觉消失了。案件数和判决数（断结数）之间也有三倍左右的差距。

在明确数字有这三个阶段后，我们假设在人口二十万（四万户）处于平均水平的县，大胆地进行猜测，诉状的所有受理数量大约是每个受理日二百件（诉讼受理期间的每月数量为其六倍一千几百件，年间为其四十八倍约一万件），新受理案件数是上述诉状数量的十分之一，每个诉状受理日大约

---

〔1〕 夫馬進：《明清時代の訟師と訴訟制度》，梅原郁編：《中国近世の法制と社会》，京都大学人文科学研究所，1993年。（中文版：范愉、王亚新译《明清时代的讼师与诉讼制度》，王亚新、梁治平编《明清时期的民事审判与民间契约》，法律出版社，1998年。——译者注）

二十件（同样每月计算一百几十件，年间一千件左右），判决件数是其三分之一，大概每个月四十件，一年三百件。

诉状的内容　那么诉状都写了些什么呢？这个最好举例说明。图9是《淡新档案》22615-1，光绪十九年（1893）七月四日，郑林氏（38岁的寡妇）的诉状。

为恃强霸占，较被殴伤，乞恩提验伤痕，拘究断分事。

切氏子郑邦试，自幼以父母之命继与胞伯郑瞻南为子，计今一十八年，父〔义父郑瞻南〕在之日，并无异议。父死后，突被郑邦超〔郑瞻南之亲子〕心存不测，胆敢不遵约束、不守本分，横将氏子所有应得家财物业结交党类，恃强霸占，任意花销，据地负抗，任较莫何。此本月初四日，氏子邦试因家财被占，费项不敷，无奈出首向较，反被该恶郑邦起等，遇氏子书房回归之际，截途扭殴，在左右肋及背后胸前脐下，计五伤，具皆红肿疼痛，幸邻右救证。似此，不蒙提验押分，亏氏子家财被占，分文不与，日食俱无，情惨至极，心奚以甘。沥情叩乞青天大老爷，威振（震）雷电，恩准提案，验明伤痕，拘究断分。万世公侯，沾叩。

内容大致是年轻的寡妇郑氏，其子在幼年时即被伯父收作养子。但养父死后，郑氏之子在养父处受养父亲生子迫害，直至此次被打伤。恳请县官传唤其子验伤并与养父亲子公平

第四章　秩序、纷争和诉讼　203

分家。这样的诉状有一天突然被呈递到了不了解任何背景情况的地方官手里。

基底中的诉讼模式 那么究竟当时的人们是怎么看待诉讼或者审判的呢？

这个问题在20世纪90年代一度成为世界中国法制史学界的热门话题。引起争论的是加利福尼亚州立大学洛杉矶分校的黄宗智氏。黄氏在其著作《清代的法律、社会与文化：民法的表达与实践》中，一反美国学界认为中国清代审判是官员以恩情劝说当事者之间进行妥协性和解的通说，而主张先不论其如何表达，而只看实践的话，清代的审判是当事人进行权利诉求、而审判官员基于法律对其诉求"分辨黑白"，即总体上类似近代西洋审判的行为。[1] 而且黄氏认为，日本学术界也执调停和解说，或许美国学界的通说是来源于日本，由此对同持此说的日本学术界也进行了挑战。这次争论的正面交锋是1996年秋天在日本镰仓召开的"后期帝制中国中的法、社会、文化——美国和日本研究者之间的对话"会议。笔者向此会议提交了《权利和冤抑——清代听讼世界的整体

---

[1] Philip C. C. Huang, *Civil Justice in China；Representation and Practice in the Qing*, Stanford University Press, 1996. （中文版：《清代的法律、社会与文化：民法的表达与实践》，上海书店出版社，2001年。——译者注）

像》论文。[1]

欺压、冤抑、申冤 在该论文中，笔者尝试以复原诉状"话语方式"的方法解答了该问题。笔者在整理后发现，当时大部分的诉状都采取了以下构造：

> 被告仗恃自己的富有或暴力，视贫弱的我如俎上鱼肉，不顾道理，毫无顾忌地侵入我的领域。如容忍这样的事，是无法无天。请公平至极的县老爷为身为弱者的我做主，惩治此辈，使知有天理昭昭。

对方的这种行为、态度被统称为"欺压"。这里的"欺"不是指"欺骗"，而是指"欺负"，指对方毫无顾忌、毫不谦让地践踏他人的领地。当然，这种行为也被形容为"霸""强""横"，诉状中称毫不羞愧、屡行此种行为的人"刁悍"，连其"顽劣"的心性也成了非难的对象。

而对方之所以这么强硬，则是因为有所"恃"（或"倚""挟"）。因此，诉状中也会描述相关的背景情况。所"恃"的内容，或是他自身的"强横""财势""威势""武勇"；或是"恃众暴寡"，有人数的优势；或是"以长凌幼""以尊凌

---

[1] 寺田浩明：《権利と冤抑——清代聴訟世界の全体像》，《法学》61卷5号，1997年。(中文版：王亚新译《权利与冤抑——清代听讼和民众的民事法秩序》；寺田浩明著、王亚新等译《权利与冤抑：寺田浩明中国法史论集》，清华大学出版社，2012年。——译者注）关于镰仓会议的整体情况，请参照寺田浩明《後期帝制中国における法・社会・文化——アメリカと日本の研究者の対話》，《中国図書》1997-1号。而且会议提交论文的大部分发表于《中国——社会と文化》第12号（1997年），第13号（1998年）。

卑"，具有身份上的优势；更有"交结衙门""浓交吏皂"者，依仗官府或他人权势作为"护身符"。

而因对方这样的行为造成的己方窘境被统称为"冤抑"。这里的"冤"，与其说是狭义的冤罪，不如说指的是被不当压迫的整体状态。而且如果对方倚仗个人之威对周围也施压的话，受害者就陷入了"无处诉冤"的状态。这时，就要请"至公无私"的"青天大老爷"出场了。

这里向官所求的即是"申冤"，即不偏向任何一方、从公平的立场惩治欺压之辈为含冤之人申冤，使所有人都知道天理昭昭，最后沉冤得雪，社会中再无"向隅之人"。

前面的郑林氏诉状可以说兼具了上述所有属性。

框架的存在　以下讨论笔者的结论与黄氏的审判论之间的关系。第一，尽管清代诉状采用了由弱者进行请愿的外在形式，但所行之事仍是要求官府履行其职责，这里切实存在着诉讼和裁决位于同一框架的官民共有图式。黄氏想要表达的观点的一部分就是如此，这部分是正确的。确实，如果无法表示出当事人和官员之间的这种要求和应答的位置关系，那就不值得称为诉讼制度论。

权利实现和申冤的区别　但是第二，这里包含的是"受欺压者向官员陈诉冤抑，官员替天惩治欺压之辈，为其申冤"这样的剧本。这与现代社会的（黄氏想象中的）"权利（法）的主张和实现"的剧本并不相同。后者以绝对、客观地存在"基于法律的权利"为前提，以论证和实现这种权利为主题。而前者则时时考虑双方当事人间的"最适互让线"，重点是告发和惩戒对方的"欲之失"（违反互让义务）。并且这条最适互让线的位置，明显依存于双方的情况，所以根据双方当事人关系的变化也在不断地调整。从追求自己正当权益的实现这一意义上讲，将前者称为一种权利主张也没有什么问题，但并不能因此说其与后者完全相同。

形式性的问题　第三，与第二条互为表里。"法和权利"型中，诉讼和审判都是依照法条选出应考虑的要素，并使用该要素重构纷争，之后以此为蓝本寻求问题的解决。这是"法和权利"型审判中特有的"形式性"（而这种制度上的对考量项目的限制，正是裁决可能并必须采取"非黑即白"型判断形式的原因）。与此相对，"欺压和冤抑"型中，与日常生活中看到的互相推压一样，无论是诉状中还是法庭上，所有的事情，从对方的性格到交友关系，都可能被当事人作为论据列举出来，也会成为审判官进行裁决的考量要素。所以即使是法庭上的争论，也并未特别地成为"法律"式的。法庭并未成为划定区分于日常言语的特殊言语空间。

此处再特别补充一句，即使不存在形式上的抽象化制度，也并不是说诉状中写的就是缺乏一切形式化的"具体事实"。传统中国的诉状具有自己独特的，即为符合"受欺蒙冤的可怜的我"这一套路而对现实进行重构（角色化）的剧本模式。在这个意义上，完全可以认为"欺压·冤抑·申冤"这种剧本构成即是传统中国审判的"形式"。而且如前所述，这种话语方式、秩序和纷争的理解方式，从民间交往的阶段已经开始了。从这个意义上讲，或者可以认为日常生活世界的所有都在法庭（或剧场）上的原因也正在此处。

以上，关于传统中国审判的比较史上的性格，可以说是论点分歧，复杂交错。这里只预告一下笔者的论点，详细留待第五章之后再作讨论。[1]

诉状的起草者　那么，具有这种性格的诉状究竟是谁写的呢？按照律中设定，原则上应是代书。《大清律例》刑律诉讼"教唆词讼"条。

> 内外刑名衙门，务择里民中之诚实识字者，考取代书。凡有呈状，皆令其照本人情词，据实誊写。呈后登记代书姓名，该衙门验明，方许收受。如无代书姓名，即严行查究，其有教唆增减者，照律治罪。

衙门四周拿到官方许可的"官代书"林立。诉状必须通过官代书呈交。如图9所示，现存的清代状式纸型的诉状，右下方一定会盖有很大的由地方官发放的梯形形状的官代书戳记。制度的设想是，人民对官代书口诉要告诉的事情，官代书将其整理为文章。代书费用也并不很贵。这样，民众识字率低，但诉讼原则上必须用书面形式呈交的问题点，基本

---

[1] 笔者对黄氏理论的详细意见发表于寺田浩明《清代聴訟に見える"逆説"の現象の理解について——ホアン氏の"表象と実務"論に寄せて》，《中国——社会と文化》第13号，1998年。（中文版：郑芙蓉译《关于清代听讼制度所见"自相矛盾"现象的理解——对黄宗智教授的"表达与实践"理论的批判》，《私法》第4辑第2卷（总第8卷）北京大学出版社，2004年。——译者注）有兴趣者可以阅读此文。

就被解决了。

但是，状式纸上有"做状"一栏，从中可以看出诉状的起草经过。唐泽靖彦氏对此栏的记载内容进行分析后认为，官代书自己亲自聆听并起草原稿的诉状数量实际不过一成以下，[1] 其余的仅是由其对当事人带来的草稿进行抄写。如上所述，诉状是向地方官宣传蛮横无理的对方如何狠辣且蒙冤受害的自己多么可怜的一种"作文"，后文中会讲到，诉状写得如何，对其后的结果也会大有影响。人们大概也会觉得将这么重要的文书交给一个代书（或者说无关的他人）书写是很不放心的。那么，那些带来的草稿是谁写的呢？

讼师 当然也可能是诉讼者本人。但从当时的史料来看，民间好像还有其他的代写者。官府的史料中，把他们描写为煽风点火、混淆黑白的恶党，认为他们是应该被揭发和处罚的对象。《大清律例》刑律诉讼"教唆词讼"条。

> 凡教唆词讼，及为人作词状，增减情罪，诬告人者，与犯人同罪（至死者减一等）。若受雇诬告人者，与自诬告同（至死者不减等）。受财者，计赃以枉法从重论。其见人愚而不能申冤，教令得实，及为人书写词状，罪无增减者，勿论。

如条文后段所说，其中当然有善意地为目不识丁者代作

---

[1] 唐澤靖彦：《清代における訴状とその作成者》，《中国——社会と文化》第13号，1998年。（中文版：《清代的诉状及其制作者》，《北大法律评论》10（1），2009年。——译者注）

诉状之人，对此国家也是认可的。但是，为求手续费而唆使本无诉讼之意的当事人去告状，或者为在诉讼中获得胜利、甚至只求诉状被受理而大肆夸张、捏造事实的也大有人在。因此，官方史料中一概称这样的人为"讼师""讼棍"，并把民间流传的诉讼指南书类称为"讼师秘本"，积极地进行取缔。

对于这种被官府称为"讼师"的群体的存在实态及如何评价他们在诉讼制度中的作用，日本学界有两种不同的学说。[1]夫马进氏从当时诉讼事件的频发及社会对诉讼援助功能的需求说起，将讼师定位为顺应社会需求帮助蒙冤的无助百姓、竭尽个人才智为百姓申冤的正义存在，并认为讼师秘本是他们教育弟子们的教科书。与之相反，唐泽靖彦氏则着眼于大部分诉状与其说是行文充满才智，不如说是明显的"固定格式"化的事实，认为他们中的大部分与契约文书的代书相同，只具有初步的书写能力，并将讼师秘本定位为只是与契约文书的格式集同样的东西。

---

〔1〕 夫馬進：《明清時代の訟師と訴訟制度》，梅原郁編：《中国近世の法制と社会》，京都大学人文科学研究所，1993年。同：《訟師秘本〈蕭曹遺筆〉の出現》，《史林》77-2，1994年。（中文版：郑民钦译《讼师秘本〈萧曹遗笔〉的出现》，《日本学者考证中国法制史重要成果选译》，中国社会科学出版社，2003年。——译者注）同氏：《訟師秘本の世界》，小野和子編：《明末清初の社会と文化》，京都大学人文科学研究所，1996年。唐澤靖彦：《清代における訴状とその作成者》，《中国——社会と文化》第13号，1998年。同氏：《清代告訴状のナラティヴ——歴史学におけるテクスト分析》，《中国——社会と文化》第16号，2001年。而且讼师除本文中提到的代作诉状外，还有对诉讼的整体进展提出建议的职能。关于这点，请参照夫马进上揭第一篇论文。

以上的两种说法大概都只揭示了事实的一部分。"讼师"这个词语本身不过是官府为了取缔他们而造出来的头衔。其中有高端的职业诉状代书者,收取高额的费用,以其优秀的写作能力巧妙地构筑故事,为客户的胜利做出贡献(对官方来说是妨碍"查明真相")。也有一些低端的业余讼师,只具有初步的书写能力,不过是被亲友所托,模仿格式集写下幼稚拙劣的故事。前者是讼师秘本的作者,后者只是秘本的读者。夫马氏主要着眼于前者,而唐泽氏则着眼于后者。

但即使如夫马氏那样着眼于讼师的诉讼支援功能和其社会必要性,也必须将其与现代的律师严格区分开。在现代社会,律师最重要的职能是将日常言语争论转换为法言法语、将纷争形式化。这对法官来说也是很难得的。因此律师作为法律专业人士受到法院的欢迎。与此相对,在传统中国的审判中,在法庭上进行的也无非使用日常语言的相互推压。质朴人民的质朴主张才是最重要的,讼师担当的是无用的角色。所以对官方来讲讼师有百害而无一利。

第三节 国家审判机构的概要

1. 国家审判机构的整体构成

国家行政机构 那么，受理这种诉讼的审判机关是怎样构成的呢?[1] 传统中国中，受理诉讼、定分止争是国家统治的极其自然的一部分。因此，并没有审判和行政、审判官员和行政官员的区分。基本可以认为国家行政机关就是国家审判机关。

清代国家行政制度的整体情况如表 3 所示。最基层的行政区划是县或州（其行政长官分别称为知县·知州）。如前所述，清代约有一千六百个州县。

每十州县左右会上设一府。府的行政长官知府最重要的工作就是监督其治下知县知州的工作。知府负责将上级的命令传达给知县知州。同样，收到知县知州的上申时，能自己决定的事自己决定。如果认为是很好的提案，则会命令治下的其他州县实施。如果认为需要上级官员的决断，则会给上级官员写上申书。

---

〔1〕 请参照坂野正高《近代中国政治外交史》，東京大學出版會，1973 年，第二章《清代中国の政治機構》，及滋賀秀三《清朝時代の刑事裁判——その行政的性格。若干の沿革的考察を含めて》，同氏《清代中国の法と裁判》，創文社，1984 年，第一节《裁判機構》。

表3　国家行政机构

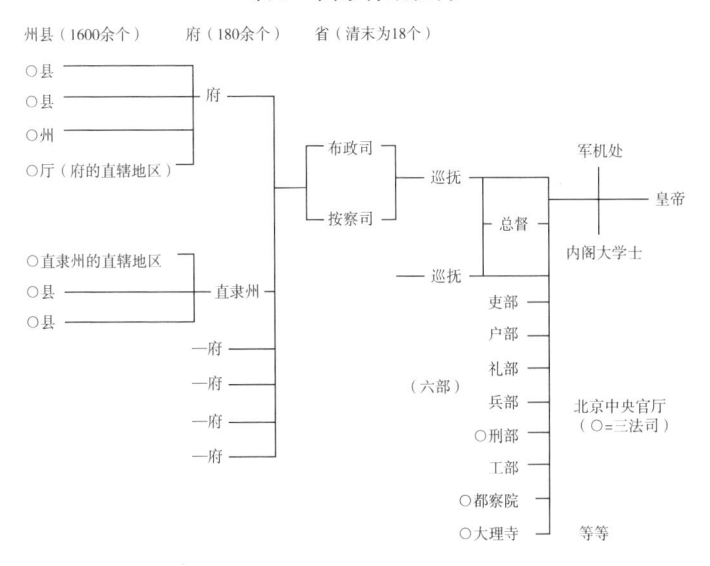

```
州县（1600余个）    府（180余个）    省（清末为18个）
○县 ┐
○县 ┤
○州 ┼─ 府 ┐
○厅（府的直辖地区）┘      │
                          ├─ 布政司 ┐
                          │          ├─ 巡抚 ┐           ┌─ 军机处
                          └─ 按察司 ┘         │           │
                                              ├─ 总督 ────┼─ 皇帝
○直隶州的直辖地区                              │           │
○县 ┐                                         │           └─ 内阁大学士
○县 ┴─ 直隶州 ──┐              ─ 巡抚 ────────┘
                │                              
         ─ 府 ┐ │                              吏部
         ─ 府 ┤ │                              户部
         ─ 府 ┤ │                              礼部
         ─ 府 ┘ │           （六部）            兵部     北京中央官厅
                                              ○刑部    （○=三法司）
                                               工部

                                              ○都察院
                                              ○大理寺   等等
```

　　每十府左右则会成立一省。从面积来看，小省（例如江苏省和浙江省）也有十万平方公里以上（顺便说一下，日本北海道约为八万三千平方公里，葡萄牙约为九万二千平方公里，韩国约为十万平方公里），大省（例如四川省和黑龙江省）则将近五十万平方公里（日本国土约为三十七万八千平方公里，法国本土约为五十五万四千平方公里）。省的长官是巡抚，他直接听命于皇帝。省会内除巡抚衙门外，还有负责财政的布政司和负责司法的按察司两大衙门（其行政长官分别称为布政使、按察使）。各府送来的上申书首先根据主题会送到两司中的一个，根据其讨论结果再向巡抚上申。

　　在清代，跨几省设立一名总督。总督也直接听命于皇帝。

第四章　秩序、纷争和诉讼　　213

总督最重要的职责是监督巡抚。但是巡抚的职务之一也是监督总督。皇帝用这种形式令地方大员之间互相监督。因此，省内的重要事务实际上是由巡抚和总督共同决断的。布政使、按察使在向巡抚上申时，也会向总督提出相同内容的上申书。而总督和巡抚在各自做出决断时，也都会说请参照另一方的意见，在全部获得两者的批准后布政使、按察使才能继续进行下一步。因此在手续层面，总督和巡抚常被一体化称为"督抚"。

然后是首都的机关。行政机关的顶点是君临天下的皇帝，总督、巡抚分别直接听命于他。内阁为辅佐皇帝的机关（乾隆时期以后为军机处）。中央设六部，分别为吏部（文官人事）、户部（财政）、礼部（教育和外交）、兵部（军事）、刑部（司法）、工部（土木）。除此之外也设置了许多具有特殊职能的政府机关。司法部门中，最重要的是都察院（行政监察）和大理寺（承担死刑案件复查职责的小衙门），他们与刑部合称"三法司"。通常情况下，督抚直接上奏给皇帝，皇帝简单批示后将奏折转给六部中的一个，六部经讨论后再对奏折进行最终的决策。

一个审判机关 审判基本是管区内的行政长官的职责。确实，各省设有按察司，中央也设有刑部等专门的司法机构，但最终作出裁决的在各省是督抚、在中央是皇帝。按察司和刑部履行的不过是起草草案、辅助督抚或皇帝裁决的职能。

全国国土根据地方行政区划被水平地划分，并形成了层级官僚体制对其进行垂直地统合。但在帝制中国，无论行政区划还是官制都是皇帝决定的，被分配到各地的所有官员都是由皇帝任命并限定一定任期后转任。无论从哪个层面来讲都绝非地方自治。

而且,这里虽存在着官僚制的上下关系,但并没有审级制的观念,即并不是每个层次都具有独立、完结的审判机关,从下级审到上级审必须通过上诉这一阶梯推进。当然,根据官僚制的分工原则,轻微案件也被期待尽量在基层处理。如果当事人满意的话,确实案件在基层就会了结,但如果当事人对审判结果或审判程序感到不满,哪怕是在审案的中途,也可以随时将案件拿到上级机关(统称为"上控")处理。而对于正式的刑罚案件,从一开始就只允许下级行政机关进行基本调查和起草草案,裁决是根据案件的重要程度,由督抚或皇帝进行的。

因此,说到审判机关,毋如说这里只有皇帝主宰的一个审判机关,其余的不过是这一机关内的事务性分工和内部监督而已。明确此点才是理解清代审判制度正确的出发点。

官僚制内的时间距离 在此基础上继续讨论审判事务的实态。再怎么说只有一个审判机关,但中国很大,官府和官府之间是以往来文书互相联系的。而文书的制作和交换都需要花费时间和劳力,所以一体化的官僚制中,事实上也出现了几个大的区分点。第一大区分点是受理人民诉讼后州县官是自己一个人处理(这种情况下不需要制作上申文书),还是向上司上申。第二大区分点在督抚和刑部之间,即州县上申的案件是在省内处理,还是要向遥远的国家中央问询。在各省内决定的称为"外结",提交中央处理的则称为"内结"。

这种现实的区分点该怎样规定正是制定制度时最需要下功夫的部分。

2. 州县衙门的人员构成

行政机关的中心人物是行政长官。特别在清代的审判制度中，作为裁决主体出现在制度表面的只有行政长官。但是，他们一个人当然是无法完成业务的。衙门中有几种不同身份的人。因为衙门的基本构成是相同的，所以这里以与本书最密切相关的州县衙门为例，解说一下衙门的人员构成。[1]州县衙门有以下四种人。

官 州县衙门中分配有几名科举合格者，与后述的无功名的"吏"相对，他们被称为"官"。拥有举人以上功名的人可以求官。希望任官者要去吏部登记，吏部基本抽签选择任官者。地方官因"本籍回避"制度，不能赴任到自己的出生地，而且任期也不能超过三年。这是为了防止地方官与任地人民建立私人关系。

州县衙门设一名最高长官，因其掌州县公印也被称为"正印官"，而因其直接接触人民也被称为"亲民官"（与此相对的是，府以上的官被称为"治官之官"）。史料中也称其为"州县官""地方官"。州县官居住在任地的州县衙门里（图10中标注为二堂、三堂的部分）。

---

〔1〕以下，也请参照前注所揭的坂野著、滋贺著，此外还有滋贺秀三《汪辉祖——人とその时代》，《日本学士院纪要》64卷1号，2009年。

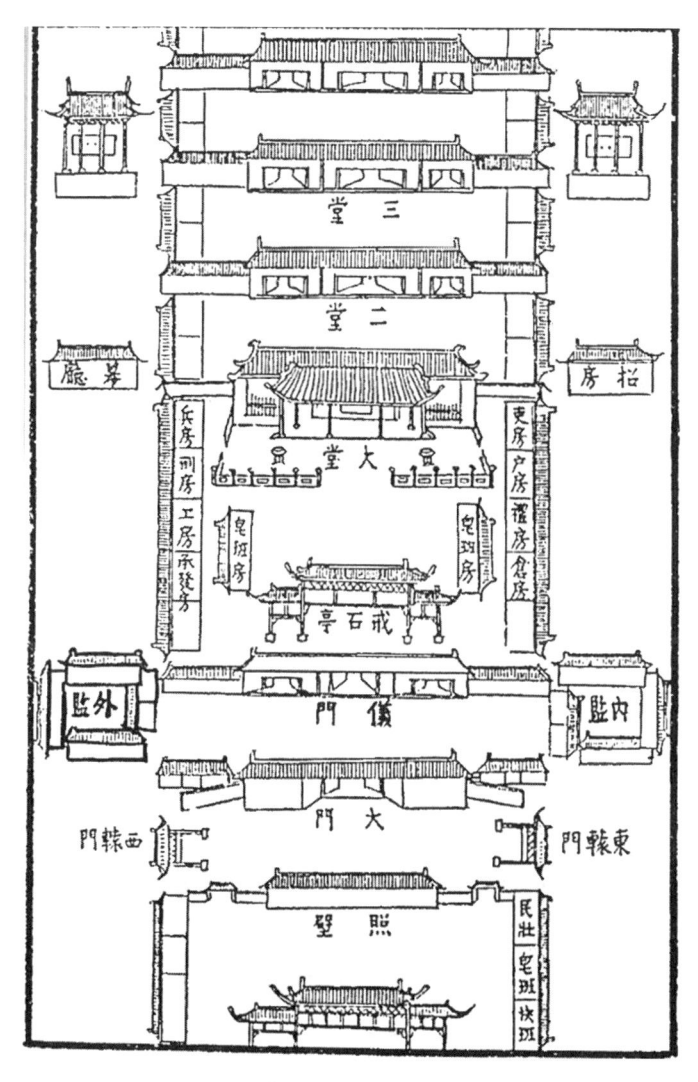

图 10　清代州县衙门建筑示意图

张伟仁:《清季地方司法——陈天锡先生访问记》(《食货(复刊)》第一卷第六、七期,1971 年,第 49 页)

为了对地方官员有更全面的了解，这里再简要介绍一下他们的经济情况。比如知县的正俸只不过是四十五两，除此之外，根据任地的繁闲程度，每个官员还有五百到一千二百两不等的被称为"养廉银"的特别津贴。除审判外，地方官也承担征收税粮的职责。而其从民间实际征收的税额通常会高于按规定应该上缴的数目。因为国家规定的地方经费中并没有包含州县行政经费项目预算，所以从衙门、学校等的修理到州县内的各种土木工程，地方行政所需的费用都是由上述差额部分（再加上民间的捐款）供给的，其余部分则进了地方官员的腰包。但相应地，如果征收税粮不力，实际征收额数不敷时，其也不能免除上缴税粮的义务，这部分亏空则要由地方官员自己负担。可以说是一种承包制。但当然，通常情况下税收都是有盈余的。有一句谚语"三年清知府，十万雪花银"，说的就是这种情况。

州县中除州县官以外，通常还有分担征税、捕盗、水利等特定事务的次官一、二名（州中是"州同""州判"、县中是"县丞""主簿"）。他们有自己的衙门。有的与州县衙门在同一城市（县城）内（"同城"），有的在州县管辖内的其他副中心级别城市另建州县衙门的分所（"分防"）。此外，大的州县也有"巡检""仓大使""税课大使""驿丞"等承担专门业务的助理官员。在法制史史料中几乎看不到他们，所以我们也不再详细介绍。

吏 在现代社会中，官和吏几乎是同义词，但在古代两者几乎是天壤之别的存在。吏与科举资格无关，指的是在当地雇佣的为了讨生活在衙门内外工作的职员。由州县官任免、国家发给工食的定员是一州县百名以下。但现实中有数百名甚至千名以上的吏出入在衙门内外，以此谋生。

吏以职务来划分的话，分为胥吏和衙役两种。前者是执笔的事务员，在衙门大堂前的广场两旁设置的各房（参照图10）工作，主要从事起草文件、发行令状（"票"：逮捕令状、征税令状等）、制作征税记录（账簿和收据）等工作。后者也被称为"皂役"，从事逮捕犯人、传唤诉讼关系人与欠租者、看守囚犯、执行体罚等体力劳动。被派遣到各地的衙役被称为"差役"。

吏的收入由"工食"和"陋规"组成。前者是国家支付的工资，后者则是吏从人民处私自收取的。在执行职务接触人民时，吏通常都会收取一些钱。收取的金额有一定的行情，而且数目并不那么大。大多数吏靠陋规生活，衙门没有他们也无法正常运转。所以，从由受益者支付维持行政运营的必要经费这个意义来讲，称其为手续费比较合适。但是当然也可能有人会支付比行情更多的费用，多交费用的话，也就相应地得到了更多的服务。从这个意义上来讲，这些钱也很容易转化为贿赂。

这些可以获得陋规的地位作为一种"特权"（或者说"业"）可以在亲子间继承。或者如前所述，也可以收取一定费用转让给他人。定员内的吏虽有正式的任期，也可能被官员所任免，但实际上他们开始工作时，都需要缴纳一定的费用给前任者以承继这个职位，这和定员外的吏的交替并无实质上的区别。

长随 为了压制这些当地雇佣的、与官员交替毫不相关的、已在当地衙门扎根的吏役们，新任长官通常会自己雇佣助手——长随和幕友赴任。

长随是也参与公务的家仆。根据地方事务的繁闲程度，官员一般会雇佣五名到三十名左右的长随，分配他们到衙门的各重要部门去监督胥吏、衙役的工作。其职名有门上（看门）、值堂（廷吏）、管监（看守）、签押（盖官印）、用印（保管官印）、钱粮（征税）、司仓（看管谷仓）、跟班（身边使唤）等。

已在别处做过官的官员有原来就跟随他们的家仆，而新科登用的官员在得知补官的消息后周围会忽然聚集一批自荐愿作长随之辈。有些官箴书（面向官僚或幕友的实务指南手册）中就写道为免今后受其掣肘，绝不能向长随借用赴任费用。这如实地反应了这些人未必是经济困窘被迫为奴，他们愿作长随是为了背靠官府的威风敛财的事实。长随的主要收入来源也是从人民和吏等处收取的陋规。而且，这陋规的一部分也会被敬献给官员。

幕友 长随虽是自己人，但归根结底只是被官员使唤的仆人，无法与之商议公务。而且州县官的主要业务征税和审判，无论哪个都需要专业知识。但这些知识既不会出现在科举考试中，做官前也未被专门训练过。因此，为了补充专业知识辅助处理公务，地方官通常要私费聘请两名到五名的私人助手，这就是幕友。幕友中"刑名"（审判）和"钱谷"

（财政）是最大的两个领域，也最有人气。其余还有"征比"（税金征收）、"挂号"（文书管理）、"书启"（书信代笔）等。幕友的薪水很高（年薪为一百到二百五十两），在衙门内被称为"师爷"，其地位相当于老师，他的薪俸也准同于家庭教师的谢礼（"束修"）。以州县官名义写就的文书很多是出于师爷之手。当然，（就像诉状中很难分辨哪些是当事人说的哪些是讼师说的那样）外人很难区分哪些是州县官写的哪些是幕友写的。

幕友多是正在准备科举考试、或者放弃应试的读书人，基本上和地方官处于同一教养世界。但自他们把幕友作为职业时起，就开始独立钻研积累各自的业务，以其专业见解游幕在各官员门下，可以说他们是独立自尊的自由从业者。

汪辉祖是清代最知名的幕友之一。他出生于雍正八年（1731，汪辉祖的生日是雍正八年农历十二月十四日，其对应的公历日期为1731年1月21日），乾隆十一年（1746，17岁）考取生员。之后在正式的科举考试、乡试中屡试不中。最后，终于在乾隆三十三年（1768，39岁）考中举人，在乾隆四十年（1775，45岁）考中进士。因父亲早逝他不得不自谋生计。在乾隆十七年（1752，23岁）到乾隆五十年（1785，56岁）间，他在各地做幕友，特别是刑名幕友。之后，在乾隆五十一年受命知县，乾隆五十二年至五十六年（1787至1791，58至62岁）间就任知县，在嘉庆十二年

（1807，78岁）去世。[1] 结束幕友的职业生涯后，他以自己的职业经验为基础著成面向幕友的官箴《佐治药言》；在退任知县后，又著成面向知县的官箴书《学治臆说》。在《学治臆说》"得贤友不易"条目下，他以自己遍历幕友和知县的亲身体验为基础，写下了如下的幕友论：

> 嗟乎，幕道难言矣。往余年二十二三，初习幕学。其时司刑名钱谷者，俨然以宾师自处。自晓至暮，常据几案治文书。无博奕之娱，无应酬之费。遇公事援引律义、反复辨论，闲遇上官驳饬，亦能自申其说。为之主者，敬事惟命。礼貌衰论议忤，辄辞去。偶有一二不自重之人，群焉指目而讪笑之，未有唯阿从事者。
>
> 至余年三十七八时，犹然己而稍稍委蛇，又数年以守正为迂阔矣。江河日下砥柱为难。甚至苞苴关说，狼狈党援，端方之操什无二三。初入仕途，往往坐受其误而不自知。于此欲得贤友，宜向老成同官虚心延访，庶几遇之。

受理人民诉讼的就是这样的由官、吏与幕友组成的衙门。

3. 审判的种类

作为入口的州县　如上所述，直接与民接触的州县是清

---

[1] 滋贺秀三：《汪辉祖——人とその时代》，《日本学士院纪要》64卷1号，2009年。

代庞大审判机关的入口。《大清律例》诉讼"越诉"条。

> 凡军民词讼,皆须自下而上陈告。若越本管官司,辄赴上司称诉者,(即实亦)笞五十(须本管官司不受理,或受理而亏枉者,方赴上司陈告)。

"本管官司"不是指原告,而是指被告居住地的州县官。那么,州县受理案件后怎么处理呢?

民刑事区分的欠缺 首先,必须指出清代的国家审判制度,并不是我们熟悉的民事诉讼(第三方对私权争议的判定)和刑事诉讼(围绕国家对犯罪者施加刑罚的司法判断)并存的模式。

其次,如前所述,这里的诉讼本身就是在告发对方的违反互让义务行为,请求官员处置的框架下进行的。整体构图本来就更接近我们的刑事诉讼。而且,人民对官员的处置要求通常是恢复经济侵害的同时惩戒对方,这两种要求在观念上和事实中都混为一体。而在实际的审判中两者也是同时解决的。以解决财产争端为主要内容的审判中,如有需要也会加入轻微的体罚;在对杀人犯判处死刑的审判中,如果有成为其原因的财产争端的话,也会在判决中同时指示解决方法。

自理和上申——手续上的区分 但如果认为诉讼制度中大概没有任何手续上的分类,事实也并非如此。这里的手续上的区分是由州县官开始、经过知府、按察使、督抚、刑部,直到皇帝这一垂直路径的审判制度应该强制提交到哪个级别这一方法进行的。关于这点,嘉庆《钦定大清会典》卷四二中这样说。

> 户婚田土之案，皆令正印官理焉。罪至徒者，则达于上司以听复。若命案若盗案，得报即通详，狱成则解上司以审转，总督若巡抚审勘乃具题焉。

即，人民的诉讼首先全部提交到州县官处。"户婚田土之案"，即户籍、婚姻、财产关系之类的案件，由"正印官"，即受理案件的州县官本人裁决。但即使是"户婚田土之案"，如果案件处理后需要处徒刑以上刑罚时，也必须报给上司复审。此外，关于"命案"（有人死亡的案件）、"盗案"（主要是强盗案件），在受理该案件的阶段，就先要"通详"（对省内的各级上司一齐报告），然后由州县官进行调查，"狱成"（确定罪状）后，押送犯人至省内上司处进行复审，如果总督或巡抚也认为妥当的话，则向皇帝具题。

但是，案件的种类并非只有这里列举的"户婚田土之案"和"命案""盗案"三种。也有不属于上述任何一种的案件（典型的有暴力伤害事件、诬告事件、赌博案件等）。这些案件在实务中与"户婚田土案"一样，如是徒刑未满的案件则由州县官自行处理。处以徒刑以上刑罚的案件则有上申的义务。实务上的区分多是与是否需要上申相对应的。因此，围绕案件分类，通常使用"户婚田土斗殴赌博等细事"和"命盗重案"，这种更简便的二分法。

前者是命盗重案以外的、解决纠纷时无需使用徒刑以上刑罚的案件。这些案件完全交由州县官处理。但即使这种情况下，如果对州县官的处理不满，当事人仍可前往知府及以上的上司衙门去控告（上控）。如果有必要，上司会参与纠纷解决。但如果没有发生这种情况，案件就在受理案件的州县官手中结束。史料中称这种处理方法为"州县自理"。

而对于后者命盗重案（命案和盗案，以及其他徒刑以上处罚的案件），州县官审理（认定事实和制作刑罚草案书）后进行上申，经上司复审后，请求决断权者（督抚以上。死刑是皇帝本人）的认可。这些手续在史料中没有适当的概括性词语来表示，讲学时称其为"必要的复审制"（滋贺秀三）等。

听讼和断罪——审判性格的差异　有趣的是，根据有无上申的义务，审判的性格也呈现出较大的差异。前者中，州县官的审判形式比较自由，可以自由地使用一并授予给他的体罚权限，并可以不受拘于实定法、随机应变地提出解决方案。而后者中，起草上申文书（刑罚草案书）之时，必须援引《大清律例》，其量刑是否适当也要严格受到上司的监督。可以说，从州县的调查阶段开始，案件的处理方式就很不同。

当然，不进行审判的话，有时根本无从判断案件属于上述哪种情况。而是否需要上申，实际上也并不是仅凭案件的客观性格决定的（这一点第六章第一节将再次论述）。仔细考虑的话，其中也存在着复杂的问题。但如果从最初就只选择可以明白看清的案例的话，就没有太大问题了。这时我们可以发现，根据案件的种类不同，这里也呈现出从入口到出口完全不同的（结果和民事、刑事的区分差不多）两种审判手

第四章　秩序、纷争和诉讼

续并列的局面。抓住基本差异才是最初该做的工作。

因此，本书中暂将前者这样的裁决方式称为"听讼"，后者这样的裁决方式称为"断罪"，[1]首先在第五章中，论述听讼从提交诉讼到最终判决之间的详细情况，重点考虑当时的审判的社会性基础问题，然后在第六章中介绍断罪的详细情况，重点论述当时的审判中实定法和判例的作用。

这样首先是听讼。如上文中所讲，户婚田土案件的诉状提交到州县官衙门后，会发生什么呢？我们将焦点聚集到州县衙门，尽可能详细地描述其中的情况。

---

[1] 本书中，关于"听讼"，主要采用了《论语·颜渊》"听讼，吾犹人也"说法，关于"断罪"则着眼于《大清律例》刑律断狱"断罪引律令"这一条文，将这两个词语用作裁决的两种方式的总称，但"听讼""断罪"这两个史料用语在史料中未必都是此意。

第五章
听讼——审判与判决的社会基础

第一节　听讼流程1——标准流程

1. 州县档案

史料现存状况　审判是作为行政的一个环节进行的。由于一些清代州县的行政文书（档案）保留至今，通过它们，我们可以相当详细地了解当时的审判情形。

目前利用起来比较方便的州县档案，除了《淡新档案》（台湾淡水厅，后改设新竹县）、《太湖厅档案》（江苏省）、《宝坻县档案》（直隶顺天府宝坻县）、《巴县档案》（四川省重庆府巴县）这四部早已为人所知的，还有《黄岩诉讼档案》（浙江省）、《冕宁县档案》（四川省）、《南部县档案》（四川省）、《龙泉司法档案》（浙江省）等地方档案也陆续得到发掘、整理。

不过，现存州县档案绝大部分是清代后期的卷宗。即使是在可追溯时间最早的《南部县档案》中，乾隆朝（18世纪中期）以前的卷宗数量也不足其全部数量的百分之一。关于清代前期以前的情形，不如说通常是通过包含在私人文书（比如，徽州文书这种可以追溯至明代的私人文书集）中的档案抄件来间接窥测。[1]

文书内容的一例　诉讼档案开始于当事人提交的诉状，在它后面，当事人提交的和官府制作的与这一案件有关的文书被一份接一份地黏贴起来、归放在一处，官府决定将这个案件作为一个案件予以立案的时候，它们就被折叠起来，用写了全案名称的大幅包装纸包起来，然后保存起来。

一份档案究竟是由一份份怎样的文书组成的，我们可以看一下实际中的例子。[2]表4以《淡新档案》中的一份文书的内容为例。此案也可以作为一个关于听讼型审判的流程的

---

〔1〕高橋芳郎：《明代徽州府休寧県の一訴訟——『著存文卷集』の紹介》，同氏：《宋代中国の法制と社会》，汲古書院，2002年。中島楽章：《明代郷村の紛争と秩序——徽州文書を史料として》，汲古書院，2002年。熊遠報：《清代徽州地域社会史研究——境界・集団・ネットワークと社会秩序》，汲古書院，2003年。阿风：《明清徽州诉讼文书研究》，上海古籍出版社，2016年。

〔2〕关于组成州县档案的各种文书的格式和内容，参见滋賀秀三《淡新檔案の初歩的知識——訴訟案件に現われる文書の類型》，同氏《続・清代中国の法と裁判》，創文社，2009年。

最初的、概括性的示例。我们在这里先简单看一下它的构成文书。[1]

表4 州县档案之一例

(1) 光绪19年7月4日　　【呈状】郑林氏

(2) 光绪19年7月4日　　【验伤名单】郑邦试·郑林氏

(3) 光绪19年7月4日　　【供状】郑邦试·郑林氏

(4) 光绪19年7月8日　　【票稿】对三人传唤状的原件

(5) 光绪19年7月18日　【呈状】郑邦超

(6) 光绪19年7月22日　【禀】差役的复命书

(7) 光绪19年7月22日　【提讯名单】该提讯名单上写有"堂谕"

(8) 光绪19年7月22日　【供状】郑邦超·郑林氏·郑邦试

(9) 　　　　　　　　　【郑氏家系图】

(10) 光绪19年7月22日　【遵依甘结状】郑林氏

(11) 光绪19年7月22日　【遵依甘结状】郑邦超

(12) 光绪19年7月22日　【遵依甘结状】郑邦试

---------- 知县换人（叶知县卸任，刘某临时代理知县）----------

(13) 光绪20年2月28日　【催呈状】郑邦试

(14) 光绪20年3月8日　　【呈状】郑邦试

(15) 光绪20年3月18日　【呈状】郑邦试

---

[1] 关于此案，在寺田浩明《中国清代民事訴訟と「法の構築」——『淡新檔案』の一事例を素材にして》（日本法社会学会编《法の構築》，《法社会学》第58号，有斐閣，2003年）中做了详细分析。（中译本：李力译《清代的民事诉讼与"法的构筑"——以《淡新档案》的一个案例为素材》，载寺田浩明《权利与冤抑：寺田浩明中国法史论集》，王亚新等译，清华大学出版社，2012年。——译者注）

第五章　听讼——审判与判决的社会基础　229

---------- 知县换人（刘某结束代理，范知县上任）----------

（16）光绪 20 年 4 月 5 日　　【谕】命族长调查：此后族长等着手以"婚娶日食之需"为由调整 50 石粮的分配；郑邦试一方借重该调解方案挟制郑邦超的佃户扣押了其所交租子

（17）光绪 20 年 6 月 28 日　　【呈状】郑邦超

（18）光绪 20 年 7 月 7 日　　【谕】再次命族长调查

（19）光绪 20 年 7 月 23 日　　【呈状】郑邦试

（20）光绪 20 年 7 月 23 日　　【禀】族长郑如兰等三人的报告

（21）光绪 20 年 8 月 4 日　　【谕】正式命令族长立契收执

（22）光绪 20 年 8 月 4 日　　【单】命令差役督促交租履行

（23）光绪 20 年 8 月 28 日　　【呈状】郑林氏

（24）光绪 20 年 8 月 29 日　　【禀】差役的复命书

（25）光绪 20 年 9 月 7 日　　【呈状】郑林氏

（26）光绪 20 年 9 月 13 日　　【谕】命族长进行仲裁

（27）光绪 20 年 9 月 28 日　　【禀】差役的复命书

（28）光绪 20 年 10 月 3 日　　【呈状】郑邦超

（29）光绪 20 年 10 月 4 日　　【单】命令差役将郑邦试予以拘押并强制其纳租

（30）光绪 20 年 10 月 18 日　【呈状】郑林氏

（31）光绪 20 年 10 月 24 日　【禀】差役的复命书

（32）光绪 20 年 11 月　日　　【禀】差役的复命书

（33）光绪 20 年 11 月 8 日　　【呈状】郑邦超

（34）光绪 20 年 11 月 13 日　【呈状】郑林氏

（35）光绪 20 年 11 月 18 日　【呈状】郑林氏

（36）光绪 20 年 11 月 19 日　【单】再次命令差役强制纳租

---------- 经过一段时间之后 ----------

(37) 光绪 20 年 12 月 12 日【和息禀】郑如兰等三人报告"二比听劝，悦从公允……"

(38) 光绪 20 年 12 月　日【甘结状】郑林氏

(39) 光绪 20 年 12 月　日【甘结状】郑邦试

(40) 光绪 20 年 11？月　日【甘结状】郑邦超

(41) 光绪 20 年 12 月　日【永不翻异合约字】郑邦超・郑邦试

《淡新档案》22615

这是前一章中作为诉状书写的例子被列举过内容的郑林氏案的全部档案文书的列表。我们重新来看这个案件的话，会看到，最开始是寡妇郑林氏控告说年幼时出继为养子的她的儿子郑邦试在其养父死后，一直受到他养父的亲生儿子郑邦超的迫害，直至此次负伤。她请求地方官传唤相关的人、验伤，并在开庭审理后为她的儿子郑邦试和郑邦超公平地分割家产。文书（1）在光绪十九年（1893）7 月 4 日提交给地方官。从文书（2）和（3）可以看到，同一天，地方官将被殴打的郑邦试和原告郑林氏传至法庭验伤、取供，立刻制成了用于传唤相关人的传票的稿本［文书（4）］，差役据此前往当地传唤相关人。

然而，被指责为恶毒的死者的亲生儿子郑邦超一方提出了反诉状［文书（5）］来回应郑林氏的控告。他在那份文书里说，其实去年已经在郑林氏在场的情况下进行了分家，郑林氏这时提起诉讼缘于她企图推翻之前的分家结果。7 月 22

日进行了庭审。死者的亲生儿子（郑邦超）说的情形被认为属实，知县下达判决命令按照之前的分家契约对家产进行分割。出庭的三个人也都提交了《遵依甘结状》[承诺接受判决的誓约书，文书（10）至（12）]。

但这之后过了半年左右的时间，下达判决的地方官调走了。郑邦试趁机向临时代理的知县提交了《催呈状》（以催促诉讼进程为形式的诉状）。他希望的其实是获得重审，而这一企图成功了。地方官再一次进行了庭审。翌年四月到任的新任知县基于案件交接的记载，向族长们发出了调查此案情形的命令［文书（16）］。

这之后，族长们就以有利于不断抱怨的郑林氏一方的再次分家方案为基础，开始了独立的和解活动。郑林氏一方仗着族长的调解方案，胁迫死者亲生儿子郑邦超的土地上的佃户，扣押他们的田租。当然，郑邦超一方对此做了强烈反抗。结果是7月23日，族长们向地方官提交了报告书［文书（20）］，述说了上述自发调解活动的经过，称他们因为调解失败而决定放弃。然而，地方官对这一报告的批示是："察阅所处，尚属妥洽。该职员等迅令邦超立拨租约字付邦试收执，以垂永久……如果抗不遵纳，候饬差押纳可也"，他公开认可了族长们的调解方案，并强力推动使其获得执行。族长们的方案由此变成了新的官方解决方案。但之前胜诉的郑邦超并不会轻易就服从这个结果。在这之后，双方当事人仍继续以提交诉状的形式交锋，地方官也因此形成了自己的立场并做出了种种的应对。

然而，当语气略为严厉的地方官的强制执行命令［文书（36）］于11月19日发出之后，双方当事人暂时停止了诉状的提交。12月12日，族长禀称已经以新的方案促成和解，"二比听劝，悦从公允，甘愿息讼，免费天心"，提出申请撤诉的《和息禀》［文书（37）］。在这一禀文后附有相关人的甘结状（承诺接受和解方案的誓约书）和双方当事人间签订的合约字［文书（38）至（41）］。知县接受了这一申请，命令结案并将合约字与甘结状作为一份文书归档。此案至此结束。从最初的起诉开始，至此一共用了1年5个月的时间。

当时的诉讼就是这样一种千头万绪的状态。正如全部13份呈状生动反映出的，双方的讼争行为不仅发生在法庭上，也以诉状提交战这一形式展开着。而且，即使已经下达判决、当事人提交甘结状以后，诉讼仍可再次开始。不过，民间也可以在审判开始以后继续进行调解。如果通过调解解决了纠纷，就可以撤诉。

下面以州县档案为素材，试着从几个方面对这类听讼型审判的流程做比较细致的观察。首先在第一节，将径直追溯自起诉开始、至判决为止的标准诉讼流程。接着，第二节将讨论附属流程（在标准流程的过程中出现的各种支线）的情形。

2. 开庭之前

批 地方官收到诉状后，第一项文书类工作是阅读诉状并在其末尾写下自己的意见。这被称为"批"。在状式纸中，原本就为地方官写"批"留出了空间（参见前引图9）。

在前面展示过的郑林氏诉状的照片中，可以看到写有"伤经验明注单，并随时讯供堂谕，候即提质讯究断"这样的"批"。在此案中，地方官收下诉状后当即命令将郑林氏和负伤的郑邦试传至法庭，已经进行了验伤和询问，但即便如此，也要在事后将其经过写入诉状的"批"一栏中，并以此为基础传唤全体相关人并重新宣布开庭。

然后这样的"批"被写在诉状上并被抄录到州县衙门的照壁上，予以公告。[1] 当事人读了后，获知自己的诉讼得到了怎样的处理。而且由于是公开的告示，对方当事人和当地社会中的人们也可以在同一时间看到它。

准与不准　但就算提交了诉状，也不是一切时候都能这样径直获得开庭的。我们来看另一个关于"批"的例子，即《淡新档案》22213-1号的黄四吉等人的诉状。虽然后来查明真相是黄四吉等人提起的是虚假诉讼——杨文成兄弟及其婶娘从以前就因未分割的家产发生过诉讼，这次他们希望通过谎称买卖而将该家产据为己有，于是委托伪装成买方的黄四吉等人以杨文成兄弟拒绝交付土地为由提起控告，希望靠地方官的命令转移占有——但该诉状是这一案件最初的文书。

---

〔1〕 目前尚不清楚被告能在多大程度上获知批语以外的诉状信息。由于存在禁止被告一方为了推敲对策而贿赂胥吏、打听诉状内容的史料（在黄六鸿《福惠全书》"立状式"条中，作为副状的说明的一部分，讲过这样的事情），所以无法想象官府会积极地公开展示诉状本身。但如果什么都不开示的话，也不利于查明案情。而且传唤时交给被告的传票中，相当详细地概括了诉讼的内容。没有必要一概认为诉状的内容是完全保密的。

反过来说，这样一份含有上述隐情的可疑的诉讼突然被提交到对其背景一无所知的地方官面前。这份诉状中只有一句话提到了杨家内部的纠纷和佃户田阿恐主张先买权。对此，台北府知府林达泉批示道：

> 杨文成与其婶，究因何事争控。尔等所买是否控争未定之业。田阿恐系向何人议买。呈内均未明晰声叙。碍难核办。不准。

如果没有注意到这一点，地方官就将成为虚假诉讼的帮凶。如此看来，只能说其慧眼如炬到令人生畏的地步。如果地方官看过诉状后认为其中存在疑点，就会在"批"中严厉地指出来。批语结尾的"不准"是作为诉讼案件不予受理的意思。地方官也可以像这样，在读过诉状后将其拒之门外。

开庭前的沟通　那么，在知县"不准"诉状的情况下，事态会有怎样的发展呢？当然，也有当事人就此放弃的例子。而如后文中将提到的那样，也有根据"批"开始民间调解活动的例子。但与此同时，其中也混杂着很多诸如不肯放弃的当事人针对地方官在"批"中指出的不足、疑点进行补充后，再次撰写、提交诉状这样的事情。

作为一个这样的例子，在这里介绍一下胡学醇撰《问心一隅》（咸丰元年序）中收录的一件事。胡学醇是清末山东省博平县的知县。《问心一隅》是他的私人文集，收录了他以审判故事的文风撰写的，关于自己在任期中处理过的印象深刻（或者说，他对自己的解决方式相当自信和满意）的案件的回忆文章。下面是以"当地找价"为题的一起案件的全文(在下文中,称为"寡妇请求找价的案件")。

> 高家庄民妇高姜氏,有地三亩,当给伊夫胞弟高书行并胞侄高东岱、高东山,得价四十五千。族人高梓从中说合者也。嗣后高姜氏乏钱使用,向找田价,易典契为卖契。高书行不允。高姜氏来县具控。余以田价细故,自向原中理处。至当主不肯加增地价,尽可另卖。毋庸涉讼。挥之使去。

这是第二章中讲到过的"典的找绝"的实例。虽然仅看这篇文章的话,或许会觉得知县是在口头上拒绝了审判,但其实他是在"批"里写下这些内容并将其贴到州县衙门的照壁上,让高姜氏看到的。虽然知县没有明确写下"不准"一语,但这就是"不准"的处理方式。

> 翌日状词又来。历诉原中,向高书行加增地价,高书行等不但自己不买,不许业主典卖。种种把持,应请法断。余谓〔寺田注:下面也是"批"的内容〕,不买尔地是真,不许尔卖地是尔捏饰,以图准耳。且高书行亦非真心不买。想必因尔价太昂,而不肯买耶。姑为提讯量予区处。

从"翌日状词又来"的叙述中可以看出,地方官接到最初的诉状后当即写了批语并进行了公告,而当事人在第二天就再次回应。由此可知,虽然不同的地方官对于不同的诉讼有着不同的处理效率，但也有这种快速处理的情形。当事人在新的诉状中针对之前的"批"指出的问题做了补充说明。地方官虽然明确指出其中存在问题，但还是决定开庭。由此可知，诉讼应该是获"准"了。

阅读档案可以发现，地方官和原告之间像这样通过诉状和"批"进行数次交锋，其实是通常的做法。而且，由于"不准"的可能总是存在的，当事人为了尽可能获得"准"，就产生了无论如何都要在诉状中夸大其词的倾向，也会因此想向讼师求助。

审判内容的一例　那么，该案受理后的走向又如何呢？在增多关于当时的审判案例的知识的同时，继续介绍其案情进展。

> 及提到高书行一问，委系高姜氏故昂其值，每亩定须作价五十千。高书行无力加增。且言，山左荒歉之田，老爷明鉴，那里值得许多，以故决绝。回复听凭另卖外人，听见如许价值，竟无一顾而问者。高姜氏亦明知外人断无售理，硬在小人们身上找价是实。余想。高书行所供言语，却在情理。但查高姜氏年逾七十。或竟恃老迈，抵死向高书行硬找田价若干。高书行恃其理直，丝毫不拔。官司打到何时才了。

所谓"竟恃老迈"，大概是指高姜氏抱怨说："如果这样处理，那和让我去死有什么区别。要是这么判的话，我就真的去死。"但高书行一方也认为在土地法的层面上绝对是自己有理,所以不肯相让。像这样彼此都有可"恃"之处,就使得纠纷很难解决。

余便开导高书行曰,"骨肉为重,钱财为轻"。高姜氏即无三亩田典给于尔。向尔通缓急,尔们亦不能不应。倘伊无力自存,尔等将弃之不养乎。本县今有公断。高姜氏之地,既已当给于尔,自应向尔找价。所言一亩五十千之数,原不可凭。但〔寺田注:恐怕是在初次出典、决定典价的时候〕值十当五,俗有定例。高姜氏已用过当价四十五千,高书行再找给卖价四十五千,至平至允,两毋异议。高书行,力难独任,有高东岱高东山着作三分均摊,更轻易举也。遂如断各具结罢讼。

正如稍加思考就可以明白的,因为高姜氏提出的"一亩五十千"这一金额缺乏依据,所以知县根据典价为地价一半这一"定例"算出来的四十五千这一金额极可能也是没有根据的。如高书行所言,最正确的做法是去问问市面上的价格是怎样的。而能使高姜氏满意的四十五千这个金额恐怕是高于市价的。所谓道理,只不过是照顾到所有人的面子而已。

不如说应当注意的问题是,原告是就财产法上的问题提起诉讼,而被告也将之视为财产法上的问题进行对抗。与这样的诉讼主张相反,地方官认为问题的本质并不在这种表面现象上,而是将生活困苦的老年寡妇向亡夫的兄弟们请求生活援助视为纠纷的本质所在,提出"骨肉为重,钱财为轻"和对该老年寡妇的生活进行帮助的妥协方案,从而一举结束审判。正如特意将其收入文集这一行为所示的,胡学醇本人对这一判决感到满意,而这样的判决在当时其实通常会得到人们的赞赏。下面从具体的审判程序来看看这种随机应变地提出妥协方案及其接受的过程——传统中国的审判世界的内涵及其成立方式。

反诉状 对我们这些生活在近现代民事诉讼法环境中的人而言,民事审判是在法庭这个拳击场中,面对充当裁判的法官,通过展开辩论的方式和对方当事人相互攻击的事情。提起诉讼是向对方当事人宣战。判决是法官举起胜利者的手。双方当事人是主角。法院理所当然地将提交给自己的诉状视作当事人针对对方当事人提出的东西,并不假思索地依据职权将之送达对方。

然而,传统中国的诉讼是诉说自己因为对方的欺压行为而蒙受的冤抑之情,将这种行为被放任的情形称作"无法无天",请求地方官立即采取适当措施惩罚对方、为自己申冤的行为。这里所谓"诉",就是"告",是指向官府告发对方的恶行(如果是秘密进行的,就是"密告")。没有必要向对方当事人送达诉状,实际上也不存在这样的程序。

不过,"批"会在州县衙门的照壁上公告。如果列名其中的话,消息不久也会传到被告一方的耳朵里。如果诉状获"准",负责传唤的人或早或晚,总会来到被告的面前。如果对方当事人认为原告的控告不当,也会主动向地方官提交诉说己方理由的反诉状。

如前所述,在郑林氏的案件中,被指责为恶毒的郑邦超提交了反诉状。据他说,郑家的父辈中除了自己的亲生父亲郑赡南(维岩)和郑林氏的亡夫郑云梯,还有郑维叶和郑维岳兄弟二人,这两个人都已经夭折。而且郑林氏除郑邦试外,还有一个儿子叫郑邦涂。郑林氏所谓郑邦试是郑赡南养子的说法并非事实。相反,郑家已于去年分家,并有正式阄书。阄书写明郑邦试承继其父云梯,郑邦涂按照以前的约定承继夭折伯叔中的维岳,而自己(郑邦超)在承继父亲郑赡南同时的,兼祧夭折伯叔中的另一人(郑维叶)。由于全部财产为四百石(的收租权),他们按照需要承继的父辈的人数,决定以郑林氏为尊长的母子同居共财之家分得二百石,以自己为家长的一家也分得二百石。这份诉状描述的案情与郑林氏说的有着天差地别般的不同。

派遣差役 如果地方官批"准"诉状,接下来的事情就是派遣差役前往当地。尤其如果"批"的内容是传唤相关人开庭的话,地方官无须另行专门指示,胥吏自然就会草拟"票稿"(传票的底稿)并提交给地方官。地方官对这一底稿加以增删之后,胥吏据之拟成正式的"票"(传票),再次提交给地方官,由其进行检查和增删。然后,差役拿着这张传票前往当地执行命令。差役返回后,以"禀"(报告书)的形式向地方官报告执行命令的结果,同时将"票"交回。由于"票"通常将在差役交回后被注销,所以原则上其原件不会留存在档案中。《淡新档案》中,郑林氏案的票稿内容如下：

> 特授新竹县正堂加二级记录十次叶，为饬提讯究事……据此，当经验讯注单，堂谕，并呈批示外，合行饬提。为此，票仰值对役（注：当值的差役），迅往该地协保（注：地保），立即分别提传后开有名被原（注：被告和原告）各正身，限三日内禀带赴县，以凭质讯究断。该役毋得违延干咎。速速。

命令的内容是传唤相关人。[1] 一旦差役报告说已经将相关的人传到，地方官接下来就会宣布开庭的日期。

在开庭前的这段时间里，被传唤的无论是原告、被告还是证人，他们都会被置于地方官的监管之下。这是因为不仅被告被看作被控案件的嫌疑人，原告也被看作诬告的嫌疑人，证人则被看作他们的共犯嫌疑人。在听讼的案件中，大多数人由县城中的"歇家"（与衙役有关系的人开设的，面向诉讼

---

[1] 此外，据滋贺秀三《清代州县衙門における訴訟をめぐる若干の所見——『淡新檔案』を史料として》，同氏《続·清代中国の法と裁判》，創文社，2009年（中文版：姚荣涛译《清代州县衙门诉讼的若干研究心得——以淡新档案为史料》，刘俊文主编《日本学者研究中国史论著选译》第8卷法律制度，中华书局，1992年——译者注）中所说，在这一阶段，差役奉命从事的工作中除了"传讯，禀带赴县"（传唤）和"查缉，锁带赴县"（逮捕），还有"查明，查复"（调查事实后提交报告），"吊契"（要求当事人提交契据），"理谕，押令"（劝说，督促当事人执行处断），"理息，妥为理处息事"（命令差役前往调停），"谕止"（命令差役阻止暴力行为），"封贮，查封"（扣押争议标的物）。如下一节中将看到的那样，地方官如果认为已经了解案件的大致情形，甚至可以不待开庭就向当事人下达如同判决一般的结论。如果地方官认为那样处理对于纠纷的解决是有必要的话，那他会毫不顾虑地在这个阶段就下达指示。

第五章 听讼——审判与判决的社会基础　241

当事人的旅店）的主人提供"保状"后，投宿在"歇家"中，等候提传。[1]

3. 审判的实际情形

法庭 终于开庭了。不过，说是法庭，并不是说有专门为此而建的建筑与房间。举行审判的地方通常是州县官的办公室（大堂。参见图10）。不过，从汪辉祖《学治臆说》中"亲民在听讼"一则中可以看出，也有地方官觉得在大堂举行审判的话必须正襟危坐这件事很麻烦，所以选择在内衙（州县官的私人住宅区域。二堂、三堂）进行审判的。汪辉祖这样批评这些人：

> ……不知，内衙听讼，止能平两造〔两当事人之间〕之争，无以耸旁观之听。大堂则堂以下伫立而观者不下数百人，止判一事，而事之相类者，为是为非，皆可引申而旁达焉。未讼者可戒，已讼者可息。故挞〔笞打〕一人，须反复开导，令晓然于受挞之故，则未受挞者潜感默化，纵所断之狱未必事事适惬，人隐亦既共见共闻，可无贝锦蝇玷之虞。且讼之为事，大概不离乎伦常日用。即断讼以申孝友睦姻之义，其为言易入，其为教易周……

---

〔1〕 太田出：《訴訟と歇家》，同氏：《中国近世の罪と罰——犯罪・警察・監獄の社会史》，名古屋大学出版会，2015年。（中文版：《明清时代"歇家"考——从诉讼的脉络进行解析》，中国政法大学法律史学研究院编《日本学者中国法论著选译》，中国政法大学出版社，2012年。——译者注）

从这段史料反推可知，虽然当时并无公开审判义务的规定，但审判其实通常是以半公开的状态进行的。在衙门里，有事前来的人们大多待在大堂前面的广场上。他们与其说是在旁听审判，不如说是在看热闹。地方官也好——甚至诉讼当事人恐怕也是一样——他们在说话的时候，是意识到这些观众的存在的。

提讯名单 那么，法庭审理具体是怎样进行的呢？只要开过庭，档案中就一定会留有官府制成的提讯名单和供状这两种文书。

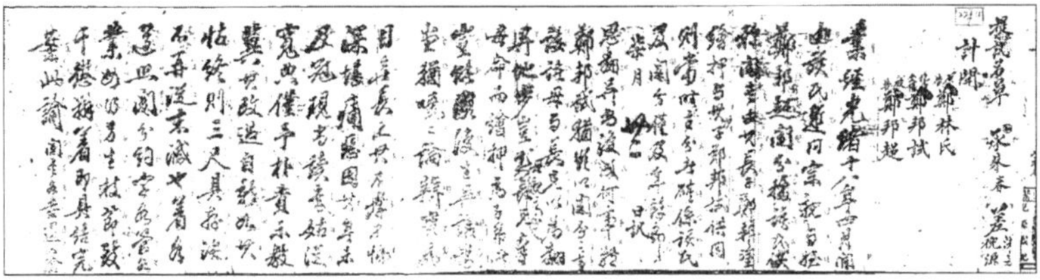

图11 提讯名单

《淡新档案》22615-7

首先，提讯名单是提传至法庭者的名单。在图11中。

提讯名单　承〔经承=负责文书〕朱春　差〔差役〕倪源

计开　原告 郑林氏／抱告受伤 郑邦试／被告 郑邦超

柒〔七〕月　　日讯

第五章　听讼——审判与判决的社会基础　*243*

这一部分内容是墨笔书写的。估计是胥吏在开庭前把这些基本信息填好，然后预先把这张纸放在大堂上地方官的案头。其余部分是朱笔写的，是地方官在开庭期间随时写就的。有时可以看到一些姓名的下面写有"不到"这样的朱笔字。从这些事例来看，审判时首先做的事情是核实身份，在出庭者的姓名上用朱笔做一个标记，在缺席者的名字下面则写上缺席原因。此外，也有像后面提到的那样，用朱笔堂谕的草稿潦草地写在提讯名单的空白部分的情形。

供状 与此相对，供状是供述的记录。图12的内容抄录如下：

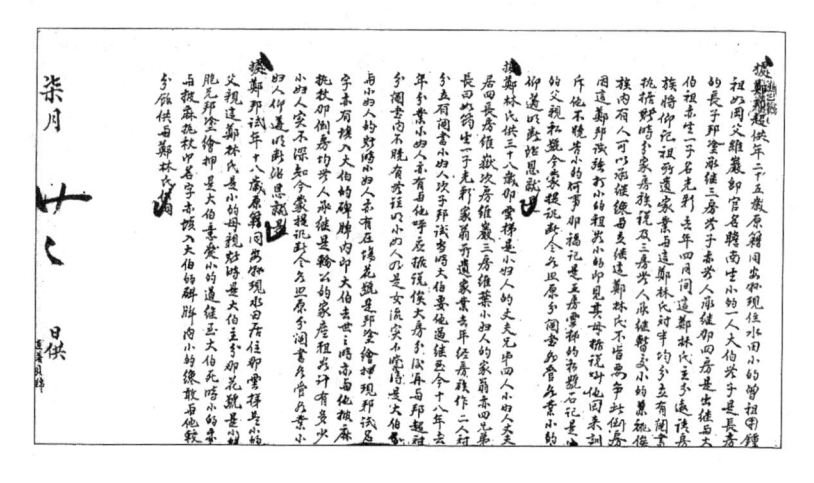

图12　供状

《淡新档案》22615-8

据郑邦超供，年二十五岁，原籍同安县，现住水田。小的曾祖用钟……今蒙提讯，断令各照原分阄书，各管各业。小的仰遵明断。沾恩就是〔"就是"的意思是"如上所述"〕。

据郑林氏供，年三十八岁……今蒙提讯，断令各照原分阄书，各管各业。小妇人仰遵明断，沾恩就是。

据郑邦试供，年十八岁。余供与郑林氏供同。

这段文字全文为墨书，但段落开始和结束的地方做的标记、日期和视必要而做的修改、润色的部分是用朱笔写的。此外，也可以看到潦草地写在提讯名单上的堂谕被用墨笔工整地誊写在供状末尾的例子。从文书形态来看，可知这是经承（负责记录的胥吏）基于在法庭上做的记录在休庭后写成，并经地方官检查、增删后的内容。

供状在原则上采取将出庭者的供述分为每人一段的方式，供述的内容并非一问一答式，而是汇总全部供述内容后加以概括的形式，但有时也有以"供……诘问……供……"这样的形式生动再现问答的过程的做法。虽然供状记载的内容以梳理各当事人见到的案件经过为主，但当纠纷在法庭上获得解决的时候，也会如前述事例那样，将当事人通过此次开庭从地方官那里获得如此这般的处断并高兴地接受其这样的内容作为供述记录下来。虽然其表面形式是各当事人自主表达对事实的认知（其中自然也包括其对各个事实赋予的意义和所做的评价），但文书本身是由胥吏写成的，可以说类似现代日本由警察、检察官制作的笔录（日语中称为"調書"）。

在法庭上做的事 从这一文书逆推，可以认为在法庭上进行的活动是以地方官的讯问为中心的。在这一审问阶段，地方官可以自由地使用"朴责"（杖责、笞刑）和"掌责"（打耳光）等体罚措施。既有地方官以这些手段逼供的（在这种情形中，进行体罚可能等同于拷问），也有地方官以此逼迫当事人接受处断的（威吓），甚至有以在审判中体罚某一方的方式来安抚另一方的，或者以体罚的方式完成案件的部分内容的审判的（在这种情形中，体罚变成了关于这部分案情的刑罚）。此外，在多次开庭的情形中，地方官也可以随其心意将其欲对之施压的当事人"押"（强行羁押于监狱或替代性设施中）至下次开庭以前。

可以说，使用强制手段基本上是为了确定事实（查明真相）。关键在于，诉状中呈现的是当事人各自随意描绘的对自己有利的案情（自己因对方的欺压行为而蒙受冤抑的可怜形象）。在大部分情况中，双方当事人叙述的事实本身就存在着许多彼此矛盾的地方。对此进行梳理，以"实际上发生的事情是这样的"这一形式复原出一个双方认可、首尾一致的案情（统一关于事实的认识）是最重要的、第一位的工作。此外，整个审判过程是由"一旦确定了事实，应该如何进行评价和处理都是自明的"这样的想法支配着的。

堂谕 地方官形成这样的案情认识并予以宣布后，见诉讼的所有参加者对此没有大的异议，就发话说"本县公断"，给出这天的审判结论并退庭。这一"公断"就是堂谕。[1] 郑林氏一案的堂谕如下（以朱笔写在上述22615-7号文书的提讯名单上）：

业经光绪十八年四月间，由该氏邀同宗亲，与姪郑邦超阄分。据该氏供称，阄书由其长子郑邦涂绘押〔以花押的形式签字〕，与其次子郑邦试供同。则当时立分者，确系该氏。

及阄分仅及年余，即思翻异，尚复成何事体。郑邦试犹欲以阄分之事诿诸母与长兄，以为翻异地步。岂知母亲立分，长兄奉母命绘押。为子弟者，岂能后生异议。当堂〔在法庭的讯问中〕犹晓晓论辩。实属目无长上。

〔然而〕其不孝不悌，深堪痛恶。因其年未及冠，现尚读书。姑从宽典，仅予朴责示教，冀其改过自新。如其怙终〔不加反省而再犯〕，则三尺〔刑具〕具存。决不再从末减也。著各遵照阄分约字，各管各业。勿得另生枝节，致干惩办。著即具结完案。此谕。阄书各发还。又谕。

其中确认了去年已经正式立下阄书这一事实，并认定这

---

〔1〕但也有在卷宗中任何地方都找不到写有堂谕内容的文书的档案。堂谕原则上是口头做出的，虽然一些官箴书建议将其落实在文字上，但在制度上并没有这样做的义务。关于堂谕撰写的详细情形及其背景原因，参见滋贺秀三《判决の確定力観念の不存在——とくに民事裁判の実態》，同氏《清代中国の法と裁判》，創文社，1984年。

第五章　听讼——审判与判决的社会基础　*247*

次诉讼缘于郑林氏企图推翻自己曾经同意的分家方案。做了这样的正面认定后，得出的结论只能是维持和尊重之前订立的阄书的内容了。虽然郑林氏接受了这一决定，郑邦试仍在法庭上进行了反抗。但在一家之中，如果母亲和长兄同意了的话，孰胜孰负就已成定局了。

不过，并不是总能像这样通过一次法庭审理就获得最终的解决。如果双方坚持最初的主张的话，连案件事实本身都无法获得确认。于是如果地方官认为今天无法取得进展，就会下达"候复讯究断"的堂谕。这天的审判就结束了。而且，虽然地方官在这么做的时候当然有日后再次开庭，继续争取达成共识的意思，但多数情况下，官府并不会积极地推动开庭。也有就这么搁置着审判，诉讼自己就结束了的事情（通常的推测是，这缘于民间调解获得成功）。但在当事人仍希望在法庭上获得解决的情况中，其中一方当事人中会再次提交诉状。与之相对的反诉状也会被对方当事人提出。和之前相同的"批"与诉状的交锋再次开始。等到时机成熟，就会再次开庭。

遵依甘结状　　如果在法庭上达成一致意见的话，休庭后，全体出庭者将分别提交《遵依甘结状》。我们还是看一下郑林氏提交《遵依甘结状》的实例。图13内容如下：

> 具遵依甘结状郑林氏。今当大老爷台前结得。林氏具告郑邦超霸占家业等情一案，兹蒙提讯察悉，此案业经光绪十八年四月间，由林氏邀同宗亲，与

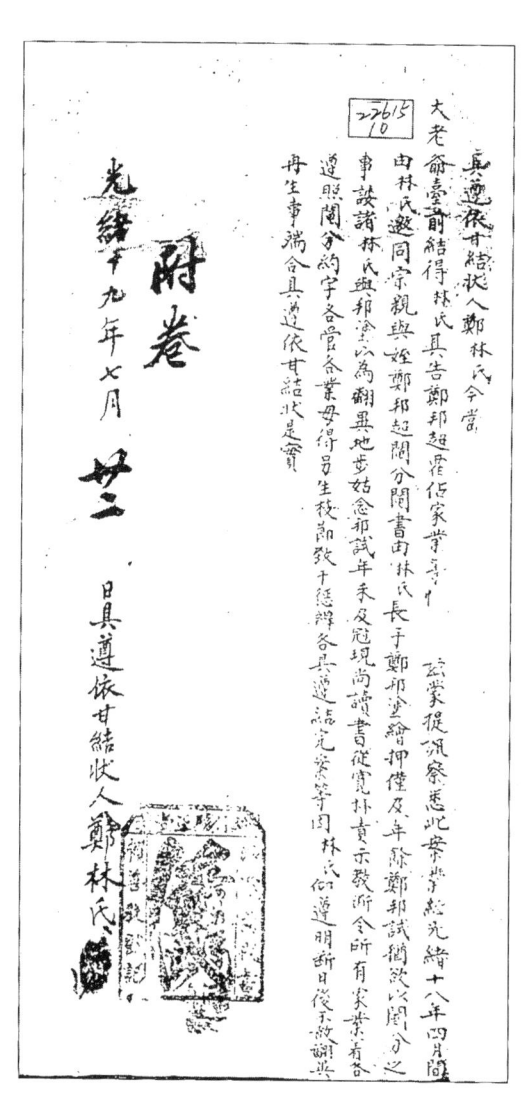

图13 遵依甘结状

《淡新档案》22615-10

第五章 听讼——审判与判决的社会基础

侄郑邦超阄分。阄书由林氏长子郑邦涂绘押。仅及年余，郑邦试犹欲以阄分之事诬诸林氏与邦涂，以为翻异地步。姑念邦试年未及冠，现尚读书，从宽朴责示教。断令所有家业，著各遵照阄分约字，各管各业。勿得另生枝节致干惩办。各具遵结完案等因。林氏仰遵明断，日后不敢翻异，再生事端。合具遵依甘结状。是实。

　　　　　　　年　月　日　署名　拇印
　　【批】　　附卷〔收入卷宗中〕

《淡新档案》中收录的《遵依甘结状》通常像图13这样盖有代书戳记。取得其的经过恐怕是这样的：当事人退庭后向胥吏支付若干陋规，取得堂谕的记录，拿着它去衙门旁边的代书那里，让后者写成《遵依甘结状》，然后将之提交给衙门，终于获得自被传唤以来失去的人身自由。不过，在其他档案中也存在没有代书戳记的案件。在这种情形中，大概是退庭后，由胥吏在衙门内制成《遵依甘结状》，再由当事人在上面按上手印。

《遵依甘结状》的内容大部分是抄写堂谕的内容。让全体出庭者各自亲口复述同一堂谕的内容，就是这一文书的意义所在。将《遵依甘结状》收齐起来，得到的就是堂谕中宣示的案件事实成为共同认识的证明。而且，如果全员到齐并表示他们"甘愿"接受堂谕指示的处理方案，就意味着争议本身消失了，纠纷也因而获得了解决。

履行 在这种"甘愿"的前提下，判决原则上是由当事人主动履行的。但在拖延履行（比如，债务清偿）的情形中，也会有对方当事人再次提交诉状、在获得履行之前将负债的一方"押"起来的事情。另外，地方官较为积极的话，也会将实现履行一事置于自己的控制之下，在法庭上完成履行。在交付金钱的履行活动中，由双方当事人向法庭提交"缴状"（已交钱）和"领状"（已领钱）等文书。而在契约纠纷等案件的履行中，地方官在法庭上将被认定无效的契据涂抹，并当庭订立新的契据取而代之。

第二节 听讼流程 2——附随的各种展开

1. 和解与撤诉

这种"诉状——批——派遣差役的文书——法庭记录——遵依甘结状"文书展开方式，是档案中的典型形态。也有虽然如此开始了诉讼程序，后来却进入了散布主线四周的其他支线的情形。

首先，存在当事人因为种种机缘而在法庭上形成最终结果前达成和解的事例（就单份档案而言，这表现为文书中断于上述诉讼展开途中的任意一个地方）。而就事例的数量而言，其实这样的诉讼展开远比下达堂谕的例子要多。

赞赏、鼓励以"批"的形式解决案件 首先，在诉讼刚开始、当事人和地方官以诉状和"批"进行交锋的阶段中，就有一些案件被解决了。毋宁说，在当时，对诉状做出妥当的"批"来解决案件是一种极获赞赏与鼓励的诉讼处理方式。汪辉祖著《续佐治药言》"批驳勿率易"条云：

> 夫人命奸盗，及棍徒肆横，原非常有之事。一切口角争斗，类皆户婚细故。两造〔诉讼双方当事人〕非亲则故，非族则邻。情〔人际关系〕深累世，衅〔流血事件、纠纷〕起一时。本无不解之仇。第摘其词中要害，酌理准情，剀切谕导，使弱者心平，强者气沮，自有亲邻调处。与其息于准理之后，费入差房，何如晓于具状之初，谊全姻睦。

"批"被贴了出去。如果地方官在其中能明确指出是非曲直，并暗示出妥当的解决方法的话，那么，希望斥责对方的当事人多少也能得到满足，而仗着某种势力企图压倒对方的当事人也会稍稍注意到这样下去的话事情不会结束得那么顺利。而且，当地的第三方人士（亲戚、邻居）也会看到这一批示。他们会见缝插针地劝说当事人"即使继续诉讼，得到的也不过是这样的解决，不如就此和解，对大家都好"，从而促成调解。

临时判决式的"批" 在档案中也会看到地方官不是仅仅期待民间继续调解并且简单暗示解决方向，而是撰写篇幅很长的批语并在其中亲自做出详细的实质性判决的例子。比如，可以看一下《淡新档案》22703号文书这个例子。

蔡国卿、蔡曾氏、蔡国品等五房同族。虽然已经分过家，但有一间留作公产的店铺，其契据现在由三儿子的寡妇蔡曾氏保管。蔡氏兄弟之间好像曾经因为店铺财产的使用发生纠纷。蔡曾氏控告长兄蔡国卿强夺契据并企图卖掉店铺。五儿子蔡国品等人也提交诉状，支持此说。与此相对，长兄蔡国卿反诉称"蔡曾氏私自使用该契据，在暗地里借钱，自己前去抗议，却被兄弟们殴打""其他人不支付自己垫付的祖坟修缮费用"。下面是蔡国卿的反诉状（档案中的第六份文书）内所附长篇批语。

蔡曾氏果将公契借银，则业系蔡国品等五房公共，何以蔡国品等不向较论，转报尔图卖公业，连名合呈。有是理乎。提验又无伤痕。明系尔无赖生事。各房既属信，详将公契交与蔡曾氏收存，历年既久，其无他虞可知。应著曾氏照旧收存，不许尔独违众议，以遂阴私。至……〔不支付祖坟修缮费用的控告内容〕……其为支饰，又属可知，亦毋庸议……〔兄弟间确曾发生互殴〕……依律二比均应责处，惟昆弟之间，情可掩法。姑宽亦免深究。

二比〔双方当事人〕将来倘无别滋谬葛，毋庸集讯。其各遵照完结此案。本府特念讼则终凶〔将诉讼坚持到底也得不到好结果。留待后述〕，为二比息事安生起见，而恐惮对簿〔双方在法庭上对抗〕。务各仰体婆心，息事修好，毋稍误会缠讼〔纠缠、

第五章 听讼——审判与判决的社会基础　253

反复地进行诉讼〕。有干严究不贷。慎之,慎之。

地方官读了双方当事人反复提交的诉状后,在大致了解事态的同时也想出了解决的办法。因此,地方官若认为无须开庭,就会在"批"中表明自己的意见。即使在"批"中只做到这一步,也是不错的。或者说,即便是"不准"的"批",也并非什么判断都没做就将诉讼驳回。

但当事人是否接受这一决定,是另外一个问题。在此案中,蔡国卿就在接到这样的"批"之后继续抗争,并最终获得开庭审理,而他也因此赢得了比之前更有利的解决结果。由此可知,当事人也有坚持主张的空间。

派遣差役所致和解 虽然上文所引汪辉祖的文章是地方官以"批"促成调解的例子,但也有很多例子是因为地方官派来了差役而达成和解的。在民间的调停合同契约文书中,有很多这样叙述原委的例子。比如,乾隆五十七年(1792)"姚思忠等人合约"的梗概如下:

> 姚思忠、姚思维兄弟曾将田地卖给唐正伦。当时,双方约定保留田中的坟地。但后来由于唐正伦没有对这一保留部分加以确认,就试图将地转卖给蒋姓某人。姚思忠具控唐正伦,知县已经派遣了差役前往传唤。因此形成了这样的契据:"约邻人等,不忍二家参商。从中剖明,二家悦服。和息之后,其祖坟园内,任思忠人等迁葬,思维弟兄同蒋姓人等,不得异言阻滞。此系三家心甘悦服,中间人等

并无押逼等之情。今恐人心不一，立此合约各执一纸，永远存据。"[1]

农民的家人去世时，除非同族共用的墓地就在附近的山上，各家只能将死者葬在自己的田地里。然而从第一章和第二章可以知道，时间流逝，土地总会被卖掉。所以人们会在卖地时约定此次交易与已经存在的墓地无关。但所谓墓地，毕竟只是一个土堆罢了，因此只要一不留神，它随时都会被夷为耕地。这次的诉讼恐怕就是因为姚氏兄弟发现转卖者和买主正企图强行夷平坟墓，于是向世间控诉这一不当行为而发生的。虽然提交诉状的"战争"只是发生在当事人之间的争斗，但一旦获"准"而差役前来传唤，周围的人们未来也会作为证人卷入案件。差役突然现身于当地，邻人们对调解也就更加投入。有了这样的热情，便会有相当数量的纠纷获得解决。只要这次的毁坟危机为众人所知，自然而然就决定了应当采取怎样的解决方案。

和息呈 如果纠纷像这样在民间获得了解决，提交诉状的"战争"得到了"停战"的话，即使放着不管，官府通常也会进行"注销"、"销案"（从案件簿中删去）这些手续。不过，正式的做法是，当事人因为纠纷已经获得解决而正式提交"和息呈"，明确提出撤诉请求。也是为了介绍身份法上的纠纷，我们来看一个"和息呈"的例子。即已在第二章中

---

[1] 四川大学历史系、四川省档案馆主编：《清代乾嘉道巴县档案选编》（上册），四川大学出版社，1989年，第95页。

看过的女性被人身出典和成年后被赎回、出嫁过程中发生纠纷的那个事例——《道光十六年四月二十五日窦祥盛息状》。

情有张芳吉，以乘外霸娶具控张灏在案差唤。蚁等系属街邻不忍坐视，邀集理剖，各吐真情。实因梁陈氏，将女梁姑卖与张芳吉为婢，陈氏远嫁去讫〔恐怕是同族的人为了获得聘礼，而强行将其改嫁的〕。去年六月，有梁姑堂叔梁光沛，因见梁姑年已及笄，将梁姑赎回。芳吉出有约据，注明任凭光沛出嫁梁姑，伊不异言。冬月有幸福连为媒说合，光沛将梁姑嫁与张灏为妾。迨后芳吉云称"梁姑带有些微家具出嫁"等语，致生口角，故芳吉控准在案，扰烦宪心。经蚁等逐细查剖，梁姑并无带物出嫁情事。张灏本系凭酌说娶，亦无串霸各由。芳吉赎嫁之婢〔梁姑〕，不愿复转。任凭张灏配成，再不滋非。不敢扰烦宪心审讯，情甘请息，具结备案。为此恳恩赏准息销免讯，均沾。

县正堂批：既据理明。准息销案。各结附。[1]

如前所述，这一史料也反映了被出典的女性回赎后的命运。而这一调解的形成，其契机也在于差役的到来。虽然张芳吉的目的恐怕是借控告提高回赎价格，但如上所载，在街坊四邻对事态做了解释之后，他也就没有可能实现这一企图

---

〔1〕四川大学历史系、四川省档案馆主编：《清代乾嘉道巴县档案选编》（下册），四川大学出版社，1996年，第377页。

了。他只能偃旗息鼓，并由邻居们基于调解的结果提出撤诉请求。地方官接受了他们的请求，批准"销案"。

宁人之道　但在这则材料的最后，出现了"准"的语句。反过来，这说明地方官理论上也可以拒绝这种请求。在汪辉祖著《佐治药言》的"息讼"条中，有这样的章句：

> 间有准理后，亲邻调处，吁请息销者。两造既归辑睦，官府当予矜全。可息便息，亦宁人之道。断不可执持成见，必使终讼〔将诉讼活动推进到最终为止。留待后述〕，伤闾党之和，以饱差房之欲。

汪辉祖给地方官的建议当然是接受"和息呈"。但反过来说，地方官中应该也有人是即使当事人请求撤诉，却因为和解内容和自己考虑的解决方案不同，于是"执持成见"（固执于自己的判断）的。正如当事人中也有不听地方官的命令的人一样，地方官中也有不倾听当事人的愿望的人。事态就在这样的互相调整过程中向前发展着。

诉讼费用　在汪辉祖的这类文章中，反复以与"闾党之和"对立的方式谈到"差房之欲"（差役们收取的费用）。事实上，虽然提交诉状这件事本身并花不了那么多钱，但似乎一旦诉状获"准"之后就会有各种的花销。汪辉祖在《佐治药言》"息讼"条中这样说：

> 谚云：衙门六扇〔正面的六扇门〕开，有理无钱莫进来。非谓官之必贪，吏之必墨也。一词准理，差役到家，则有馈赠之资，探信〔收集信息〕入城

〔县城〕，则有舟车之费。及示审有期〔开庭日期被公示之后〕，而讼师词证以及关切之亲朋，相率而前，无不取给〔支取必要的费用〕于具呈之人。或审期更换，则费将重出。其他差房陋规，名目不一，谚云：在山靠山，在水靠水。有官法之所不能禁者。索诈之赃〔索贿〕，又无论已。

余尝谓，作幕者，于斩绞流徒重罪，无不加意检点。其累人造孽，多在词讼。如乡民有田十亩，夫耕妇织，可给数口。一讼之累，费钱三千文，便须假〔借〕子钱〔附利息的借款〕以济。不二年，必至鬻田。鬻一亩则少一亩之入。辗转借售，不七八年而无以为生。其贫在七八年之后，而致贫之故，实在准词之初。

故事非急切，宜批示开导，不宜传讯差提〔派遣差役、传唤赴审〕。人非紧要，宜随时省释，不宜信手〔随手〕牵连。被告多人，何妨摘唤〔只选择一部分人，将其传唤至法庭〕。干证分列，自可摘芟〔免除对一部分人的传唤〕。少唤一人即少累一人。谚云：堂上一点朱，民间千点血。下笔时多费一刻之心，涉讼者已受无穷之惠。故幕中之存心以省事为上。

考虑到出庭导致的费用和经济负担的话，最好的办法是用"批"解决案件而不是开庭。即使开庭，也不按原告要求的那样传唤许多人,而是无论被告还是证人,都尽可能少地选择一些人传唤。所谓"堂上一点朱",是指地方官看了胥吏制成的传票中的名单后在应传唤的人的名字上用朱笔打一个点。对地方官而言,只是用朱笔打个点罢了。但对应到民间,产生的却是流血一般的艰辛。

诉讼中止的数量统计 因为上述这样、那样的原因,就有了对档案进行了统计、分析的研究者所说的那种结果:在被受理的案件中,以开庭并下达堂谕的方式结束的案件不过实际数量的三分之一。[1] 与此相反,档案中最多见的情况是卷宗在传唤的票稿那里结束。作"批"和派遣差役促成了民间的调解。它就像滤网一样,从全部案件中筛出了那些应当由地方官断结的案件。

2. 上控、翻案和转为重案

结案的诉讼甚至不待开庭就纷纷以自己的方式结束。与此相反,不结案的诉讼,总也结不了案。

上控 也有当事人在诉讼期间针对该案向州县官的上级提交诉状的事情。这被称为"上控"。在诉讼的任何阶段(提交诉状后被"不准"的阶段、受理后正在进行审判的阶段、

---

[1] 基于档案史料进行的量化研究,参见 Philip C. C. Huang, "Between Informal Mediation and Formal Adjudication —— The Third Relm of Qing Civil Justice", *Modern China*, 19-3, 1993。此外, 滋賀秀三:《清代州県衙門における訴訟をめぐる若干の所見——『淡新檔案』を史料として》(《法制史研究》37号,1988年)也根据《淡新档案》,得出了几乎相同的结论。

第五章 听讼——审判与判决的社会基础 *259*

下达堂谕并出具遵依甘结状以后的阶段），都可以上控。而且，接受上控的官员可以是知府，也可以是按察使或者督、抚。甚至经常有在省一级官僚机构无法获得满足的当事人上控至中央政府的事情。[1] 当事人只是在请求上级官员行使其针对下级各项工作的监督权罢了。当然，如果毫无限制地容许上控的话，必然会导致混乱。但上级官员为了全面地监督基层官员而积极奖励民众告发不好的官员，是中国官僚制度中的惯用手段。也可以说，发生在审判制度中的不过是同样的事情。上级官僚机构受理上控后，根据上控的内容将应对、处理方式区分为以下三种模式。

第一种形式是上司只使用文书询问原审州县官并指示其处理，审判本身仍由该州县官继续进行。当上司认为上控内容与催促审判有关的时候，案件得到的就是这种程度的处理。

第二种形式是派遣下属官员或相邻州县的官员，让其作为"委员"与该州县官一同审理，或者将案件移交相邻州县，命令那里的州县官处理（"委审""批审"）。当告发的内容是诉讼审理过程中有"滥刑"等不当行为的时候，就必须以这种形式处理。

第三种是上司亲自传唤全体相关人并进行审理（"提审""亲提"）。当上级官员认为下级无法处理案件的时候，会这样做。

---

[1] 向中央政府（由都察院和步军统领衙门受理）上控的，被特指为"京控"。进而，也有跪在宫门前或拦在行幸的路上，直接向皇帝控告的事例，即"叩阍"。

无论在上述哪种情况下，上级官员都以某种方式参与到案件的审理中。即使是在第一、二种情形中，州县官也必须向有关上级报告处理的结果。不过，包括上级亲自审理的情形在内，以当事人提出遵依甘结状的方式停止诉讼这一审判性质本身，并不会因为处理方式的不同而发生变化。

翻案 甚至也有下达堂断、出具遵依甘结状之后，当事人一方再翻案的事例。[1] 既有向同一地方官再次提起诉讼的例子，也有向新任地方官提起诉讼的例子。当事人承诺接受堂谕后以对其感到不满为由向上司提起上控的案件，也可以认为是这类翻案行为的一种。当然，如果允许这样做的话，诉讼就没完没了了。此外，虽然以当事人已经提交了遵依甘结状这一事实为由，而在第一次的上控中加以拒绝是常见的处理方式，但如果当事人在被拒绝后仍然执着于陈述其不满的话，地方官就表态称既然当事人把话说到这个份儿上了，那么估计是有什么"未尽之情"吧，然后受理并再次审理诉讼的做法，才是世人眼中的好的地方官的本分。

在郑林氏案中，发生的正是这种翻案行为。这是一个难得的例子，让我们来看一下它的翻案手法吧（《淡新档案》22615号文书）。在之前的审判结束七个月之后，下达判决的

---

[1] 滋贺秀三：《清代の司法における判决の性格——判决の确定という观念の不存在》（同氏：《清代中国の法と裁判》，创文社，1984年）一文尖锐地指出了这一问题。滋贺指出，不仅州县官的审判如此，包括由皇帝本人进行的审判在内，传统中国"确定"，"一事不再理"这样的观念在传统中国的理念层面上是阙如的；换句话说，由于存在这种观念，因此（从严密的意义上来说的）判决确定性这一概念本身就不存在；传统中国的审判具有的就是那样一种性质。

前任知县叶意深离任了。趁着代理知县刘威上任之际，郑林氏一方的郑邦试突然提交诉状。诉状的内容梗概和批语全文如下。

(13) 光绪二十年二月二十八日【催呈状】：

那份阄书是关于父辈家产分割的文书，我与郑邦超这一辈的家产分割的问题还没有解决。（依然以自己为继子作为前提提出）这个问题现在处理得怎么样了？

批："案已断结。何得翻控。不准。并斥。"

(14) 光绪二十年三月八日"呈状"：

（接上述情形）现在，郑邦超突然尽毁、更换（能够证明我是郑赡南继子的）郑赡南的墓碑和牌位。请向族亲打听一下，就不难了解虚实。

批："查阅卷附系图，尔系云梯之子，并无继与赡南之事。核与现呈情节大不相同。究竟当时何人继与何房，必立继书为据。著即检带来案，呈候查核。毋延。"

(15) 光绪二十年三月十八日"呈状"：

虽然接到了检带继书的命令，但我不清楚继书的情况。而且即使有继书，也应该是云梯立下之后交给赡南（如果是这种情形，那它在亲生儿子郑邦超手中），因此我无法检带。不管怎么说，我是郑赡南的儿子。请就此事问一问族亲们。

批："复呈是否实在,候谕郑姓族房明白查复,察核究断。"

当初以"上次的审判已经指明了解决办法,而且当事人提交了遵依甘结状"为由,在形式上驳回了诉状的代理知县,还是在通过诉状与"批"进行的若干次交锋中被带入了郑邦试的步调之中(或许他自己对此也有所怀疑),结果是走向了再次审理。四月五日,正式赴任的新任知县范克下达"谕",命令族长调查事实,案件正式重开。

诉讼重开后的各种展开　但即便这样得到了翻案,也不要期待会有什么特别的事态展开发生。可以期待的内容,不是再次重复和之前相同的提交诉状之战、获"批"得"准"、派遣差役、传唤、堂谕、提交遵依甘结状这样的循环(与因审理不顺利无法形成结论导致的多次开庭这一展开,并没有实质的不同),就是在此期间当事人所处社会的调解努力取得成果、诉讼中止(正式提交和息呈或和息禀)这样的事情。

郑林氏案的结局　如前所见,郑林氏案的结局是,最终以民间调解的方式解决了纠纷,族长递交了和息禀。其内容如下述(37)道光二十年(1840)十二月十二日"和息禀"所示。

具和息禀职员郑如兰……等,为事经处息,恳准销案事。缘据郑林氏及其子邦试,与郑邦超互控家业一案,经蒙叶前宪断结,遵照前立阄书管业,并蒙仁宪饬差押纳,又谕饬兰等调处复夺等因。兰等

第五章　听讼——审判与判决的社会基础　263

奉谕，立即邀同公亲，婉劝息事，各管各业。另再劝超抽出自己阄分内……合共五十石零八斗并契，交与邦试承管，以贴邦试婚娶日食之资〔前述的兄弟均分中的未婚者特例情形〕。立约各执，日后试与超俱照所立合约而行，不得翻异。二比听劝，悦从公允，甘愿息讼，免费天心。但事控公庭，未敢擅便，理合取具两造遵甘结状，并合约字稿粘连存案，仰乞公祖大老爷一笔阳春，爱民无讼，恩准将案注销，以免缠讼。甘棠载咏。切叩。

正堂范批：此案既经该职员等调处。准如所请，候饬承销案，并吊销差票。甘结三纸，合约稿一纸均附。

当初写在阄书中的郑邦超一方和郑林氏一方各得 200 石的分割方案，经过再移出 50 石作为郑邦试"婚娶日食之资"这一调整之后，实际上变成了 150 石对 250 石的分割方案。结果是郑林氏一方顽强取胜。鉴于最初的 200 石对 200 石的分家方案本身其实也是在族长们的见证下决定的，或者可以说族长们在郑林氏的吵闹下改变了主意。

事件展开的背后　从传统中国家庭的形态来看，也不是不能理解郑林氏这一坚持的背景原因。这是因为长期以来延续的家族生活方式是由四兄弟中唯一在世的父亲（郑赡南）掌握全权的同居共财状态。郑林氏、郑邦超、郑邦涂和郑邦试（此外可能还有郑赡南和他的孩子们的配偶）是同一个同居共财家庭的成员。无论郑邦超有没有成为养子，这一点都是一样的。在家长郑赡南之下，所有人都是平等的，所有人也都是无能力的。但几年前郑赡南死了，因此变成了由孩子一代的男性郑邦超、郑邦涂和郑邦试三人组成的兄弟同居之家。这个家的运营形式实际上是以郑林氏为尊长的母子同居共财家庭。

然而这个时候分家被提上议程，谁来继承父辈兄弟四人的家业成为正式议题。某人写就了郑邦超的反诉状中所说的继承方案，郑林氏被迫接受了这一结论。然而无论这一方案看上去多有道理，之前的"三人平等（包括郑林氏自己在内的话，就是四个人）"的同居共财家族生活状态与"郑邦超一人200石对郑林氏一家三人200石，均分家产"这一分家时做出的决定间的落差都是郑林氏无论如何不能接受的。或者说，就算郑邦超继承其生父郑赡南、郑邦试继承其生父郑云梯，而郑邦涂如以前决定的那样，继承其叔父郑维岳——这些都没问题，凭什么郑邦超独占另一位夭折的叔父郑维叶的财产呢？把那100石中的一半变成我们的财产，不是更好吗？于是，她和郑邦试就编出了郑邦试做过继子这样的故事并提起了诉讼。但谎言瞬间就被戳穿。在法庭上，郑林氏也被迫接受了"因为已经在阄书上签了字，所以应按阄书分家"这样的正确意见，正式出具了遵依甘结状。

但即使如此，郑林氏到底还是不能服气。尤其这次的案件是关于夭折的二人的继承方式这样的多少能找出些其他理由的事情。见她如此牢骚不断，这回是族长们觉得当初的分配方案果然有悖于情理。于是，他们在新加进"婚娶日食之资"之说后形成了150石对250石的再分配方案，并向当事人提出。这一方案提出后，连地方官都觉得它良好地平衡了双方的利益而表示赞同。于是大家一起促使郑邦超接受这一方案。最后，就连对此抗拒的郑邦超也被劝说的大潮吞没。这起案件就结束了。

转为重案　不过，无论是怎样的争执、怎样的翻案，以及提出了怎样不可思议的结论，如果最后能达成某一种妥协，那就是幸事。这是因为也有和以上所有内容相反，在这样的持续争执的过程中双方当事人之间爆发了人命案件，户婚田土案件因此陡变为命盗重案的事例。

比如前一章中作为图赖案件介绍过的"佃户之妻被杀案"，佃户之家的丈夫谢进仲在供述中这样说（再录）：

> 小的佃种唐孟香田二亩，上年欠他租谷一石五斗，原想到今年收冬还他。今年三月里，唐孟香就告小的欠租，蒙断田还唐孟香自种。小的虽然递有遵依，但小的心里想，今年我已插有禾苗在田，就让我收割，将本年的租谷，并上年拖欠的租谷，一总还清，然后退田，也使得的。

此案也是先围绕欠租发生了户婚田土诉讼而且佃户写了遵依结状后才发生的事情。佃户没有去翻案，而是直接将自己的想法付诸实行。在此过程中，偶然发生了杀人案。

再举一个土地争界的例子。[1] 事态的展开大致如下：

> 吴家和张家因为土地边界发生争议，地方官已经下达了处断。然而张家之后并不遵守判决，越界并非法占据了吴家的土地。当时经由保邻调解，划定了（对张家有利的）新边界。谢某从吴家购买了这块土地。虽然买卖契约上的边界是按照县里的处断那样写的，但谢某在现实中惧怕张某的强横，于是按照保邻仲裁时划定的地界管业，避免与张某发生争端。但这次张某得寸进尺，越界建造茅屋。谢某听说后，赶到现场。在互殴过程中，张某死亡。

在此案中，张某在最初的判决下达后直接付诸行动、表示反对，在周遭社会也获得了公认。然而因为他得意忘形，这一次，一直忍耐的对方终于爆发了。

小事变大 事态这样发展下去的话，就不是听讼可以解决的了。用当时的话说，就是"小事变大"。由于在理论上所有的纠纷都可能发展成这样，所以为了不变成"大事"，在任何案件的处理中都有必要在还是"小事"的时候就控制住事态。比如在"佃户之妻被杀案"中也是，如果最初判决的时候就命令地主如数偿还佃户一家自年初开始耕作至发生诉讼的三月为止投入的施肥、培育成本的话，就不会发生到秋天

---

[1] 中国第一历史档案馆、中国社会科学院历史研究所编：《清代土地占有关系与佃农抗租斗争（乾隆刑科题本租佃关系史料之二）》，中华书局，1989年，第028号案件。

时佃户一家将作物称为"自家之苗"并收割的事情。在第二个土地争界的案件中也是，张家的主张能在仲裁中被认可，估计是因为张家有相应的证据。那么，地方官要是在最初的审判阶段就对土地的权属予以正面认可、限定其权属范围并讲清楚的话，应该就不会有擅自反击、食髓知味和得寸进尺的事情了。估计当时也会有人指责是最初的"拙劣"判决和审判者的"不通世故"导致了这种事的发生。

地方官的判决要能洞察到那种程度。不过，"如此下去，恐或有不测"这种说辞也是当事人为了诉状获"准"而惯用的套话。地方官也不可以随便就屈从于这种威胁。

3. 听讼的多重性质

"终凶"的诉讼观　就这样，在这种审判程序中，当事人只要想坚持下去，多少总是有一些地方可供其坚持。但这种坚持导致的并不是另一种事态展开，而且当事人若是做得拙劣，事态还可能转为暴力事件。在无论怎样都找到一些坚持之处的另一面，重要的是只要坚持就可以由自己中途提议结束争执这一点。

当时的人们将这种诉讼观称为"终凶"（终为凶）。其出典于《易经》"讼"卦所附的说明："讼：有信，闭塞，警惕，中为吉，终为凶。见大人有利。渡大河不利。"（"讼有孚室,惕中吉,终凶。利见大人,不利涉大川。")[1] 所谓"中",是指中途停止。所谓"终",则像电影结尾时出现这个字的意思一样,又比如"终日"一词意味着"从早到晚"的意思那样,是指将一系列活动坚持到最后为止。"讼"卦本身并不一定是消极的。诉讼也是如果"中"就"吉"的事情。将诉讼贯彻到最后("终讼")才是"凶"的。

从这一立场来看,法庭外(由地方官以外的"大人"进行)的调解也是这里说的"中"的方式之一,是一种正确的结束"讼"的方式。此外,考虑到当事人不接受处断的话就不能结束审判这一点,即便是地方官下达的堂谕,其实也可以定位为当事人选择"中"的机会。这一起诉与判决的关系,与我们的常识略有不同。

听讼中的各种两面性　这样思考并环顾这一诉讼制度的话,会发现除此之外还存在另一些不可思议的两面性。

从本章开头的部分回顾来看会发现,首先在这种审判制度中,无论是传唤还是法庭上的审问,制度的大体框架都形成于官员主导下的职权主义式调查活动。但就像翻案的各事例反映出的,官员的裁断并不具有结束纠纷的绝对权力。仿佛与此相应,当事人在诉讼的进行过程中被赋予了很大的选择余地。如果当事人提出撤诉的话,官员在大多数时候并不会穷追不舍。在诉讼的进行过程中,官方所持提议权和当事

---

[1] 此句译文参考周振甫译注《周易译注》,中华书局,1991年,第31页翻译。——译者注

人所持提议权之间是怎样的关系呢？

我们之前在第四章中还看到，当时的中国人将诉讼理解为受到横暴者欺压的人向官诉说"冤抑"之情，而官应这一请求惩罚欺压他人的人、为被害人申冤的活动（此种理念的提出与正义实现的过程）。然而说到审判中实际下达的判决的内容的话，就如我们从已介绍过的仅有的几个例子中也可以明白的那样，在"诉讼的结果中确实存在基于查明的事实、明确指出曲直的判决"的反面，也有许多判决是审判者在争执双方的主张间取其中点，为了解决纠纷而做出的妥协。实际上，在"寡妇要求找价案"和郑林氏案中，我们甚至直到最后都不是很清楚到底谁是欺压者，而又是谁蒙了冤。到底应该怎样理解那样（高尚的）审判理念和这一（散漫的）审判实态之间的关系呢？

最后，从审判活动的整体构造来看，称其为要求强者做善意让步、谋求全体共存的活动是比较合适的。然而就审判的实际情形而言，不仅婢女回赎的纠纷当然如此，包括郑林氏案在内，诉讼基本是以梳理、确认事实关系的形式被处理的。从这个角度来看，似乎也可以将这种审判定性为基于查明的事实区分黑白、予以适当处置的活动。存在于这种审判中的达成妥协与查明真相这两个侧面，彼此究竟是怎样的关系呢？

如上所述，看似相互矛盾的要素从一开始就在审判中混杂一处。但当然，只拎出其中任意一个侧面来论述说这里与西方近代的审判（毋宁说，近代的调解制度）相似或者不相似，并没有多大意义。我们要做的是，全方位地解明这一制造出这样各个侧面的审判活动的形态，并找出将看似互不相容的各个要素联结在一起的脉络。在下一节中，将通过解明这种审判追求的正确性的内涵和由此形成的制度构造，来探讨上述各要素所处位置及其彼此关系。

第三节　听讼的规范构造

不管有多少诉讼是不待宣判就可以中途结束的，也不管官箴书的作者们怎样劝说地方官"勿执成见"，在这种审判中确实也有让官员从公平的立场出发来彰示社会正义的机会。那正是促使当事人决意向官府控告的最重要的因素，而且从背后支撑着审判由官方主导这一制度侧面。前文指出的若干问题恰恰肇因于这一社会正义的构成及内涵本身。

1. 情理的教谕

探求最妥当的共存底线　诉讼的目的是申冤。但这经常可能只是因为那主张自己蒙受冤抑、已经无法再忍的原告忍得不够。是谁在欺压别人，又是谁蒙受了冤抑——这只能根据最终的、最妥当的共存底线来判断。那么，这一最妥当的共存底线是怎样确定的呢？或者说，这条线有着怎样的特质呢？

法、情、理　关于正确的裁断应当具有的属性这一问题，几乎所有的官箴书都基于天理、人情、国法三者，用诸如"揆之天理而安，推之人情而准，比之国家律法而无毫厘之出入"这样的话进行解释。滋贺秀三通过对审判事例（判语）的研究，从以下几点阐明了这三者在实际审判中具体指的是什么。[1]

首先，虽然官箴书关于国法说了上面那些话，但仅就判语中看到的情形而言，绝大多数的案件是没有提及国法就得出结论的。即使是在难得的引用律文的事例中，援引的国法也仅限于一部《大清律例》，且其处断不一定与律文完全相符。

文章在最初的部分围绕判语中看到的许多使用"情理"表达两者联系的例子探讨了天理与人情，将其称为"社会生活中健全的价值判断，特别是一种衡平的感觉"。接着，文章

---

[1] 滋贺秀三:《民事的法源の概括的检讨——情·理·法》，同氏:《清代中国の法と裁判》，创文社，1984年。（中译本：范愉译《清代诉讼制度之民事法源的概括性考察——情，理，法》，王亚新、梁治平编，滋贺秀三等著《明清时期的民事审判与民间契约》，法律出版社，1998年。——译者注）此论文原题为《清代诉讼制度における民事の法源の概括的检讨》，初次发表于1981年。此外，在同氏《传统中国における法源としての惯习——ジャン·ボダン协会への报告》（同氏:《続·清代中国の法と裁判》，创文社，2009年）中，也就同一问题做了简要梳理。另一方面，虽然到前一节为止主要是利用州县档案对审判程序这一面进行考察，但仅就审判内容而论的话，可以利用地方官将自己在任期间下达的审判的结论部分（堂谕和有裁定内容的批语）汇编成册的个人文集这一数量庞大的史料种类（文献学将其统称为"判语"或"判牍"）。关于判语的概况，参见森田成满《清代の判语》，滋贺秀三编《中国法制史——基本资料の研究》，东京大学出版会，1993年。此外，三木聪、山本英史、高桥芳郎编《传统中国判牍资料目录》（汲古书院，2010年）对几乎全部的目前可以利用的明清时期判语（判牍）做了详细的文献讲解。

将两字拆开，分别予以讨论。首先，关于"理"，文章举出了"有借必还，一定之理""父在子不得自专，理也"等例，认为其是普遍适用于同种事物的道理。与此相对，"情"则被认为大致囊括了三种宽泛的领域。第一种是情节、情况的"情"，即具体的事实关系，指"要求（判断者）在判断之际，不能将作为直接对象的事实和现象孤立起来，而必须将其置于与作为背景的各种事实和现象的具体关联中，加以同情的理解和评价"。第二种是在指责道学先生的说教"不近人情"时的人情，即活生生的、普通的人们的想法，指"对一般人而言是正常的、并非不合理的要求"。第三种的含义如同富人的善意让步被称作"情让"一样，是指人与人之间的友好关系，"要求（审判）尽可能向着维持、修复人与人之间友好关系的方向进行"。

基于这样的讨论，文章再次指出这种"理与情既是对立的概念，同时又相互联结、相互补充，形成'情理'，即中国式的理智（良知）"，而且情理与法不是对立的，恰如当事人所说的"律例者，本乎天理人情而定"，认为律例部分地实定化了情理，情理通常作为审判的线索发挥作用，即"法律是由情理之水的一部分凝聚而成的冰山"。

如上所述，滋贺对法、情、理（尤其是后两者的含义）做了细致的分析性介绍，但就如官箴书在记载时偏好连用"天理人情"二者，而滋贺自己最终也采用了"情理"这一连用方式进行表达所示的，最重要的一点恐怕是天理和人情这两种要素同时得到满足——反过来说，只有理或者只有情，

第五章 听讼——审判与判决的社会基础　273

都是不行的。[1]虽然确如在第四章中看到的那样，在传统中国也存在家族法和土地法的道理，但其会被贯彻到何种程度，要视案件与对手的情况决定。就如清律"威逼人致死"条规定的那样，关于"户婚田土钱债之类"的权利主张并不是在所有的情形下都会得到尊重。无论是怎样的道理，也要根据对方的具体情况加以调整。秩序正是在这样的考虑到对方的处境并互相谦让的过程中形成的。如此看来，构成民间日常交往关系的基础的，最终也只是与此相同的情理判断罢了。正如滋贺所说的，情理是"社会生活中健全的价值判断，特别是一种衡平的感觉"。它不仅是审判中的判断标准，也广泛适用于日常的社会生活。

说理与心服　但与此同时，民众也有"私欲"。有时会犯下"欲之失"的错误并因此迷失正途。其结果是导致被侵害的一方主张"对方欺人太甚"，引发诉讼。那么，怎样做是合适的呢？关于解决诉讼的方法，当时的人们认为，如果当事人的一方甚至双方都不明白什么是合乎情理的行为的话，就应该由明白的人教导他们。对此，高见泽磨以"说理与心服"

---

〔1〕　因为理和情通常一起出现，实际上无法将什么是理，什么是情区分得那么清楚。而且，即使区分得开，也没有什么好处。比如，在老寡妇请求找价的案件中，地方官所说的"骨肉为重，钱财为轻"和"恃其理直"的高书行所说的理的关系相对，应该属于情。但将与"父在子不得自专，理也"的理并提的话，则也可以在同一意义下看作"理"。在第七章第二节中，将再次讨论理的自明度问题。

一语做了如下界定。[1]

所谓说理，是指明白世间的道理并对双方当事人所抱的问题有足够同情心的公平、有德的长者（大人），对彼此争执的当事人施以恳切的教导，晓谕他们什么是合乎情理的行为（及在此基础上形成的最合适的分配标准），从而实现人与人共存、共荣（公）的活动。在这对面，是对说理感到心服的民众。聆听教谕之后，即使是无德（因此一时迷失于私欲而参与争执）的民众也会懂得互让精神（舍私而立公的必要性），由此渐渐悔悟，达成和解。

相争的双方当事人全体从心里接受长者、大人所教谕的唯一、正确的结论（成为他们自己的思想，他们舍弃各自的私心，实现了公），纠纷由此平息。高见泽磨说，这是传统中国的纠纷解决、秩序形成过程的模型（或者说神话），反过来说，纠纷获得解决时，相关人是在各自扮演着其在这一图式中被分配扮演的角色。

劝说的困难　没有必要否认这一纠纷解决图式在当时的社会中具有一定程度的现实性。有时，也存在像前文所见的用秤杆殴打哥哥的弟弟那样的谁都看得出来个中曲直，所以一旦犯人一方受到斥责，其也没有除反省自己外的其他选择的事例。此外，如果裁断的人对当事人双方拥有压倒性的日

---

[1] 高見澤磨：《罪観念と制裁——中国におけるもめごとと裁きから》，柴田三千雄編：《規範と統合（シリーズ・世界史への問い5）》，岩波書店，1990年。

常声望的话，也可能产生"既然那个人都那么说了，那事情可能就应该那么办吧""不管怎样，就按那个人说的去做吧"的效果。

但毋庸赘言，这一断言存在的问题是：事情总是这么顺利吗？清末曾任苏州府知府的何刚德对在新任地方官之际前来求教听讼秘诀的侄子，给了如下忠告：

> 殊不知，词讼一判曲直，便有一德一怨。汝断百案，便有百个怨家。怨家那肯说汝好话。吾此言，非教汝不断案。真正刑事之案，却宜迅速断结。如果处当其罪，而又出以哀矜，则民亦何怨。所最宜慎者，民事之案耳。户婚田土，头绪纷繁，情伪百出，人各绘一图，各持一据，目迷五色〔欲望〕，从何处说起。是非使之调处不可。……但少断案，总少怨家。吾生平听讼颇不让人，今为此言，岂尽滑稽。[1]

虽然因为是清末的史料而出现了"刑事""民事"这样的近代法用语，但其指的分别是"户婚田土细事"和"命盗重案"。的确，在个别主义和不限制论据的情况下，几乎不可能有逻辑地从根本上揭示什么是合乎情理的利益分配。只要当事人固执己见，其就不可能坦率地接受教谕内容并感到心服。而且最后就会变成逼迫某人让步的状态。不管怎么说，结果

---

〔1〕 何刚德：《客座偶談》（清代历史资料丛刊），上海古籍书店，1983年，卷三，第11页。

其实只是招致某方当事人（弄得不好的话，是双方当事人）的"怨恨"罢了。[1]

何刚德在此得出的结论是将这样的案件交给民间调解比较好。但不必多说，毕竟不能以为那么做就会一帆风顺。正如前面说的，说服力不足的问题在民间调解中，也以与审判中相同的方式存在着。相反在很多情况中是曾经在民间试着进行说服但却失败了的纠纷，被寻求更高权威的当事人提交给官府。就算将它推回民间处理，也不会有什么途径解决。实际上，不服地方官裁断的当事人，会向拥有更高权威的人即地方官的上司诉说其不满。那便是前文看到过的"上控"。然而，虽然增大了一层权威，由于上司的裁断在本质上与地方官的裁断是相同的，其实不管告到哪里，这一无法论证的问题都是无法从逻辑上予以解决的。于是，现实中不时有一起诉讼持续了数十年仍不告终的事情发生。

事实的另一面　但同时也必须指出事实的另一面。即，尽管存在这种结构上的无尽性，绝大多数的案件还是在诉讼进行过程中的某一个阶段迎来了某种解决（为什么在传统中国，大半的"讼"都正确地获得了"中"？）。我们要做的是阐明这个秘密。而其答案——虽然是个悖论——是，这一结

---

[1] 关于这一史料更为详细的论述，参见寺田浩明《清代聴訟に見える「逆説」の現象の理解について——ホアン氏の「表象と実務」論に寄せて》，《中国——社会と文化》第13号，1998年。（中译版：海丹译《对清代审判中"自相矛盾"现象的理解——评黄宗智"表达与实践"理论》，邓建鹏主编《清帝国司法的时间、空间和参与者》，法律出版社，2018年——译者注）

构上的无尽性正源于对裁断感到不满的当事人纷纷将其问题提交到更广的层面中的行动上。

2. 说服与信服的平衡点

裁断方 首先就裁断方而言，如果自己的判断会被对裁断中的某方面内容感到不满的当事人暴露在大庭广众之下，连裁断者的人品都会由于这一曝光活动而遭到毫不留情的评头论足的话，其就必须一直致力于做出无论是谁都会认为公平的判断、无论拿到哪里去都不会丢人的判断、天下只要是正常人（天下所有持健全常识的人）都会认同的判断。但除了上述"自明之理"型的简单案件（easy case），"什么是合乎情理的"这点是完全无法自明的。虽然裁断方致力于给出天下所有的正常人都一致认同的判断，但既然现在发生了纠纷，那么首先双方当事人在判断上就存在分歧。而纠纷越严重，其背后的社会判断就越分裂。只要当事人认为有人支持自己的主张，纠纷就不会停止。

结果，裁断者被要求的不是从哪里找出一个谁都会认同的判断来，而是在当下通过自己的发言将当事人所处社会的大幅分裂、分散的判断在现实上整合起来，在目之所及范围内的人们之间形成共识。为了超越、克服现实中的对立，有必要超越某些理念。但如果理念过于高远，超出了人们可以理解的范围的话，等在后面的就是"不近人情"的指责。裁断者被要求完成的，是洞察人们的判断的趋势，通过率先发现解决点、整合点的方式促成大多数人的共识，并以此为依据逼迫对抗的当事人表示赞同,这样一种复杂的活动。

向上告、向上告 然而,无论小范围内的人们的意见如何一致,天下是广阔的,仍然存在一些可以努力的空间,让不满的当事人反对这一结论和提出它的人们,让他们可以宣称"此地的人全都畏惧对方的威势,所以不敢说出正确的意见,或者因为与对方当事人的人际关系而行事不公,另有真正公平的意见,正常的人们听了之后应该就会立刻明白我的困境"。见诸实践,就是上面说的"向上告、向上告"这一控告的过程,打官司也是其中的一个环节。尽管行为的实质不过是围绕随处可见的小利进行的交锋,但随着争议渐渐公开化,其变得仿佛那背后是关于大义的争论似的。

但反过来说,这也意味着对当前答案表示不满的当事人同样毫不怀疑存在着能够说出天下所有人都不得不认同的唯一答案(关于这个问题的"天下共论")的公平的人这一点。因为其本人也是天下的正常人的一员,所以一旦有人真的给出那样一个答案,当事人也不得不接受它。

争执方 这样一来,彼此争执的当事人也渐渐被迫做出艰难的决断。确实,存在无限的空间去质问"现在放在面前的答案真的是那个天下的正常人都会认同的答案吗"。这为将问题提到更广的层面和更高的权威下,提供了动机与正当性。而且,如郑林氏案所示,如果当事人持续表达强烈的不满,也可能导致裁断方对此作出回应、重新调整答案。但在只要坚持就多少有一些可争之处的反面,当事人也不见得真的有能支持其彻底对抗的坚实基础。如果恰恰是"大家都这样想"

这一点变成正义的最大的根据,天下公论的趋势其实就越来越明朗了,当事人也越来越难以与之对抗了。就像陷入包围圈的郑邦超最后那样,一旦看到目之所及的范围内的人们谁也不敢为了自己说话,当事人就产生了孤身反抗的话会被看作固执于"一己私见"的"顽固"之辈而遭到孤立的恐惧。向弱者让步以提升自己的社会评价这种长期利益也是存在的。此外,还有诉讼费用的问题。当事人的诉讼意欲因为这样、那样的原因而消减、衰退。通常就在诉讼的某个"盈亏平衡点"上,当事人明白了前面说的"中讼"的意思。

天下公论的内涵 于是,一旦彼此争执的当事人最终全体接受同一解决方案,那一结论就姑且成为(解决这次的案件所必需的、充足的)天下公论、天下的人都认可的答案,提出这一结论的人也将因率先提出这一公论而被誉为至公无私、公平有德的大人。

这是唯一可能的解决方式。在这里,只有达成上述状态,或者不达成上述状态两种选项。虽然不能保证一定能成功解决,但如果无法达成上述状态,则只有"终凶"一途。

事态的主宰者 在这一意义上,这里主宰事态的既不是审判官本人,也不是当事人本人。也许应该说,是人们觉得确实存在"天下凡是正常人都认同的唯一的答案"这一想象在主宰事态。关于裁断内容和审判者权威的判断,也是根据这种想象进行的。而最终挫败当事人的抵抗的,也是对"所有人都这么想、只有自己一个人持不同意见(这样继续下去,自己最后就会被踢出'正常人'的范围)"的恐惧。而且非常有趣的是，那个"唯一的答案"并非以某种客观的形态预先存在于某处，而是因为每一起个案都是不同的，所以只能在个案处理中根据个案的情形得出的。或许，审判的过程就是人们通过上面那样的博弈共同得出那个（自缚的）答案的事。

3. 情理与真相

此外恐怕还要指出另一个独立的论点。即，上述冲突与整合的过程，是以关于事实的不同叙述彼此冲突并由裁断者进行梳理（所谓"查明真相"）的方式进行的。

案情叙述的冲突 这里最重要的问题其实是，双方当事人以对自己有利（但彼此完全不同的）形式诉说着自己主张的正当性。即使诉状中描述了可怜的原告受到阴险毒辣的被告的单方面欺压、被"轻易噬为鱼肉"的情形，接着读了对方提出的反诉状就会发现，其中会说原告的行动其实才是引发纠纷的最主要的原因。而且就像我们在前两节中看到的那样，当事人的叙述不仅缘于从自己的立场看事件而产生的偏见（bias），而是或幸（有才能的地方官可以轻易地发现并指出谎言，由此断定对错、善恶）或不幸（增加了审判的难度）的，其中还混杂着大量的谎言。从史料中可以看到，结果是在听讼的事例中，通过收集证据、调查事实来揭穿一方当事人的谎言好像就是完成了全部工作的案件占了多数。比如前一节所见围绕婢女回赎发生的张芳吉的讼案，地方官仅确认了婢女没有带走财产、回赎是根据当初的契据进行的这两点事实就做出了全面判决，不如说其在审判中甚至都没有提到"情理"一词。

运作复杂事实的例子 即便是在可以看出情理判断在实际上主导了诉讼事态展开的案件中，在法庭上实际做的事情，大多也表现为梳理事实这一形式。

比如在郑林氏案中，地方官基本上直接将郑林氏最初的控告中说的"事实"与"郑邦试并非养子，去年郑林氏已经接受了分家方案并分了家，这次的控告是翻案"这一"事实"对立了起来。而在老寡妇请求找价的案件中，则是将寡妇描述的"事实"与"老寡妇固执地要求亲戚以比市价高的价格进行找价"这一事实加以对立。但是，单纯的查明事实活动并不能推导出解决纠纷的办法。不过有趣的是，虽然最终的解决方式指向其他地方，审判仍是以梳理事实、发现其他"真相"的形式进行的。

在郑林氏案中，首先，最开始已经在同族的见证下，写了按200石对200石的比例分家的阄书。而且在第一次的审判中地方官（就以此为事件的真相）下达堂谕，要求当事人执行阄书的决定。然而在郑林氏的持续努力下，对其的同情渐渐在同族中蔓延开。最终，以已经确定了继承人的财产按100石对200石分配这一基础方案为前提，形成了将尚未确定继承人的100石予以均分的分配方案（150石对250石）。恐怕人们是先形成了这一直观的、平衡的判断，不过最后出现了聪明的人，其设法讲述了一个完满的包含了从最初的分家开始，到这次修改提案为止的全部情形在内的新故事。即，

"虽然最初分家时的想法和做法都是正确的，但不知道为什么所有人都没想到郑邦试的'婚娶日食之需'。所以这次对此加以纠正"。即使在那之前谁都没有想到这件事（甚至郑林氏一方也对此未发一言），而这个问题没被考虑到也确属事实，那么，也许引发此次纠纷的间接原因正是同族的人们对于寡妇之家顾虑不周、缺乏同情。以这个故事为基础，官、民协力形成了新的包围网。最终，郑邦超也接受了这个故事。如果以为这个故事说的就是事件的真相，那直接的结论就是这次应该再转移50石的收租权以补充、纠正之前没有想到的那一点。

而在老寡妇请求找价的案件中，针对双方当事人均就土地法提出问题这一点，地方官单方面认定事件的本质是生活困难的老寡妇向侄子们寻求帮助，并质问他们："骨肉为重，钱财为轻。高姜氏即无三亩田典给于尔。向尔通缓急，尔们亦不能不应。"这么说了之后，事情就朝着侄子们良心发现、乐于帮助老寡妇的方向发展了。也许高姜氏所控之事的"真相"就是这样的吧。

查明真相的内涵　当然，这些确实也可以看作某种"查明真相"。然而实际做的事情并不仅是单纯的发现与梳理事实。毋宁说是在认定了最终结论的基础上，以从结论反推的方式，斟酌处理、重新组织应当着眼的事实。在摸索出一个全体相关人可以（作为其后的行为和事态处理的前提）而共有的案情（附带价值判断的事实认知）的同时，也推导出了与之配套的解决方案。只要是正常人，一看到这样的事实就会这么做。而幸运的是，全体相关人员都是正常人。于是，纠纷解决了。

情理与真相的关系　合乎情理的结论不是以抽象的说教的形式提出，而是面向结论并以重组事实、形成案情的方式进行的。或者反过来也可以说，事实的查明实际上也是以与情理判断不可分割的方式进行的。即使所谓查明事实确实只是单纯发现和指出未经加工的事实，其背后也隐藏着"那个事实是好的"这一情理判断（在上面说的婢女回赎案的背后，也存在着"张芳吉这次的主张完全不值得同情"这一情理判断。如果他有值得同情的地方，那地方官一定会立即从现实中找到必要的事实并对之加以重组）。

但因为是这样的情形，如果从事实入手仍然没有找到适当的妥协方案的话，最后就会陷入僵局。在现实中，第一节中说的那种没有形成结论的审判就在当事人的事实认知彼此对立的状况下结束了。

以事实梳理为中心的原因　纠纷及其解决的方式之所以像这样以指出、梳理事实的方式进行，其深层原因应在于我们自第四章以来就看到的、要求将所有的事实都加以论据化这一点。在近代西方法的审判中，制度预先区别了可以在审判中用作论据的"具有法律意义的事实"和此外的"单纯事实"。只有"法律事实（日语中称为"要件事实"）是否存在"这一点会在法庭上成为争议点。但在传统中国的审判中，并没有这样的限制。因此，毋宁说"事实"是无限的、大量存在的。"目迷五色"的人们选取自己看重的事实，以之作为各自的"一据",并各自据此描述实施欺压的对方和蒙受冤抑的自己这样的"一图"。在全无谎言与夸张的同时,当事人基于各自的事实描述出的案情的内容可以是完全不同的。

因此,法庭审理以梳理当事人主张的事实为中心进行,最后由地方官口中说出一个案情来。当事人们也各自在遵依甘结状中亲口复述这一事实认识,并表明自己希望执行地方官给出的事后处理方案。争议点不再存在。而且,因为全体相关人都愿意按照地方官给出的今后的处理方案来执行,所以也没有必要由地方官强制执行。地方官扮演的角色,是在当事人之间导出上述状态的媒介。

共识的形成 情理教谕和查明真相就是这样互为表里的。在前面引用的滋贺秀三的论文中,讲了情理的重要性。但在其他的地方,滋贺先生也说民事审判的目标是"围绕事情真相的各当事人的主张、认识之间的沟壑被填平,达致各方当事人共有基本相同的认识的状态",及"不是形成自己的内心心证,而是在自己、当事人、相关人等众人间形成共识,这正是听讼程序的核心目标,审判官应该不计手段地实现这一目标"。[1]"共识"——这一跨越了主体与客体、主观与客观的词,确实适合用来宽泛地涵盖传统中国的审判中的一切展开形态。

---

〔1〕 滋贺秀三:《清代の民事裁判について》,同氏:《続・清代中国の法と裁判》,創文社,2009年,第161—202頁。

4. 正义的内涵

表里逆转 上述这种逻辑，将"官员进行教谕"和"当事人承诺接受裁断"这两个阶段，及"形成妥协"和"查明事实"这两种活动连接了起来。

虽然"裁断在何时成立"在很大程度上是由当事人决定的，但就裁断成立时的局面而言，给出答案的是审判官。正是因为当事人受到了那样的教谕，这次纠纷才得到了解决。虽然这里面也掺杂了选择与评价的因素，但原则上，地方官是在指出事实。无论是"说理与心服"之说还是"查明真相"之说，说的都是事实。

不过，也不应该隐瞒这么获得的正义判断的内容的客观性非常薄弱。虽然纠纷解决模式表现为由懂得大家都应该认同的正义（情理）或真相的大人将它讲给不明白的民众听这一形式，但在这后面起控制作用的，是"所有人在现实层面上认同、接受的内容是正义（或者真相），因为大家在现实层面上接受了它，那么第一个讲出它的人就是大人"这样一种机制。在围绕听讼的官方提议权与当事人提议权的关系的背后，也存在这一解决规范具有的上述两面性。

所得"正确性"的特征 正因为此，即使在最顺利的情形下，听讼能得到的解决方案的内涵（或者说在审判中得出的"正确性"）也具有特殊性。

第一，当事人关心的主要是利益分配结果的总体平衡是良好的这一点。在审判中要实现的，也是关于"这次发生的事情（就）是这样的（吧）"这一个案事实的个别认识的一致。在此过程中，个别的家族法、土地法的道理毋宁说处在为"情"的要素所相对化的那一方。虽然它们也经常被当作正当的解决方案，但正如谁也不敢指出寡妇要求找价案的"典价通常是售价的一半"这一说法存在的逻辑错误所揭示的，那是为了照顾当事人的面子，使其接受妥协方案而提出来的一种权宜之策。又如谁也说不出计算"婚娶日食之需"的金额的依据所揭示的，人们也基本没有让这些道理成为可以重复适用其内容的通常法则的想法。无论从哪个角度看，"正确性"都是与个案配套的，其难以超越个案而具有一般性。

第二，关于"这是否确实是所有人都认可的'正确性'"这一点，也准备好了"目之所及的范围内，所有人都这么想"这样一种"实证基础"。然而，其实连当事人都参与了这一认定游戏（不管在任何时候，他/她都可以说"我其实是不服的"。只要他/她想这么做，就可以把问题提到更广的层面去）。正如在郑林氏案中看到的，答案最终落到哪里，在很大程度上取决于当事人的努力程度。在这一过程中被确认为事实的那些东西，被人们看作这次的案件的"正确性"、情理内涵和事件真相。

这样一来，尽管"情理"是一个价值术语，其内涵也具有相当程度的事实性。或者说，由于"情"一词不仅包含案件本身的客观情况，还包含、混杂着所有与纠纷解决过程有关的事情，因此无法从一起起案件中完整地分割出理念性要素。这看来就是为什么本应亲自开始讨论"情理"一词内涵的滋贺秀三,最后却就民事审判得出了"所谓情理,不待人为提出命题。源自天良的(中国式的)正义感、衡平感才是其根本的引领者。(民事审判是)审判官和双方当事人在个案中以问答的形式进行讨价还价,决定何为情理的机制"这一(令最初的设问变得毫无意义的)答案的原因。[1]

民事审判的地位　的确,传统中国的审判在某种意义上也指向正义的实现。但这种正义的内容是不可靠的,而它又是通过这样不可靠的方式来实现的。审判既是查明真相,也是达成妥协。其解决方式既体现了互让精神,也是软磨硬泡和忍气吞声的混合物(amalgam)。这一解决结果既是合乎摸索双方当事人的苦衷度和从容度后得到的情理的,也是单纯息事、敷衍一时的。这两者与其说是理想和现实的关系,毋宁说几乎是同一事物的两个侧面。

即使从制度结构来看,既然裁定者的正当性取决于当事人是否接受裁定,那么显然存在结构上的不稳定。而且,由于审判是个别主义的,不论什么样的结论都是一次性的。传统中国的审判就是无止境地继续做着这样的事情。但反过来,

---

〔1〕 这段话引自前引滋贺秀三《清代の民事裁判について》,第231页。此外,在《民事的法源の概括的検討》一文的结论部分(第292页)也论述了同一主旨的内容。虽然滋贺本人好像完全没有注意到这一点,但这不过是他在其他地方频繁否定法在传统中国的存在(比如"统治者和被统治者形成同一个法律共同体关系的形态表现为:审判官讲述什么是共有的法,民众倾听并确认审判官所说的是不是与自己的法意识相符"。引自滋贺秀三《清代中国の法と裁判》,創文社,1984年,第80页)中的一个例子而已。东西方的差异并不是有没有这种官民之间的共同关系,而在于获得确认的"法"的内涵不同。

正是"不满的当事人无论什么时候都可以将问题提到更广的层面"这一制度中的不稳定性,在这里保证着审判的公正性。在这个人们议论说案件有无限的个别性,将与之相符的个别主义的解决标榜为理念的环境中,甚至无法想象究竟还能有什么在此之上、之外的处理方式。

于是,人们一边互相推搡着,一边找出当下的解决办法,将社会生活维续下去。而回过头来看,生活在社会中的当事人之间的日常交往本身,正是这样彼此推搡、试探底线、就眼前的利益实现"双赢"的事情。当社会生活的水流停滞不前的时候,第三者就介入其中,疏开缠绕在一起的地方,恢复水流的流动。这正是民事审判在传统中国承担的社会功能。

比较的视角 这是中国这一在历史上早熟的大规模官僚制国家向生活在高度市场经济化、契约化社会中的人民提供的民事审判。当然,接着就会出现"为什么在传统中国,国家进行的审判必须采取这样的形式"(或者说"可以采取这样的形式吗")的问题。在提出这种问题时,被当作比较对象而意识到的,当然是西方式的审判。我们熟悉的西方式审判的形态和上面看到的中国式审判的形态,两者间的决定性区别是什么?那又是因何所致?或者反过来说,尽管两者如此不同,如果要探寻它们之间的共同点的话,那又是什么呢?我们不能仅停留在单纯从西方法视角出发的阙如论上。为了让两者在比较中保持良好的平衡,我们有必要探索什么东西,又探索到什么程度呢?

第四节　规则型法与公论型法

1. 法的形态的不同

法治与人治　时至今日，学界已经反复讨论过"应该怎样看待西方与传统中国的审判方式间的区别"这一问题。其中最常见的恐怕就是对比西方的"法治"与中国的"人治"了。[1] 滋贺秀三也论述说，西方的审判是当事人围绕特定论点争讼和第三方对此做的胜负"判定"，与此相反，中国的审判是由父母官对争斗的当事人的无微不至的"呵护"。[2] 但因为论点的特定和规则的存在互为表里，这一"判定"与"呵护"的对比，最终不过仍是重复"客观的规则"与"主观的人"这一构图罢了。

当然，这个结论本身并不偏颇（不但如此，本讲的结论

---

〔1〕此外，由于"人治"和"法治"均以汉字书写，所以它们看起来像是汉语中原有的词。但甚至包括这一对比在内，都是中国进入近代以后才形成的。在传统时代，几乎没有"人治"这种说法，而"法治"一词中也不包含 rule of law 的意思。参见寺田浩明《"法治"と"人治"——伝統中国を素材にして》，《京都大学大学院法学研究科二十一世紀 COE プログラム：二十一世紀型法秩序形成プログラム　オケージョナル・ペーパー》第 3 号，2005 年。

〔2〕滋贺秀三：《中国法文化の考察——訴訟のあり方を通じて》，日本法哲学会編《東西法文化——法哲学年報一九八六》，有斐閣，1987 年。此文收录于同氏《続・清代中国の法と裁判》，創文社，2009 年。（中译版：王亚新译《中国法文化的考察——以诉讼的形态为素材》，王亚新、梁治平编，滋贺秀三等著《明清时期的民事审判与民间契约》，法律出版社，1998 年。——译者注）

和这也没有多大不同）。然而这里的头一个问题是，比较对象显然是不一致的。即使从中能看出两者的性质不同，也看不到两者间的关系。如果不做任何说明，讨论就会流于只是将人治的任意性对立于法治的普遍性和一般性（事实上，大部分的法治、人治对比论的主要目的也是指出这一点，所以它们也止步于此）。然而如上文所见，传统中国的审判实态远不是"审判官个人随心所欲地下达判决"这样的事。"传统中国的审判是任性、恣意的"这一设想本身，就已经包含了一些问题。

此外，那种被设想为西方的、居于万物之上的"法"是怎样成立的（面对这个问题，比较研究就会请出特定的神祇来，然后草草结束）？而被设想为中国的、了不起的"人"又来自哪里（面对这个问题，比较研究就会请出"天命"来，然后草草结束）？如果停止请出神或者天，就会发现在前者的"法"的背后存在着认可法的权威的人，而在后者的"人"的背后也有着赋予人权威的法这一当然事实。

结果（虽然是再自然不过的事情），无论东方还是西方，都存在法；无论东方还是西方，也都存在人。为了恢复比较的平衡，简便的办法是在统一标准后再做对比。首先，我们按法的形态，来重新梳理一下两者的异同。

听讼中的法的特性　如果将通过审判得到的正确性和整个社会正义称作"法"的话，我们会注意到"法的形式"是有趣的。[1]

即，如果质疑上文所说的听讼中实现的"法"是什么，将会有"情理这种价值（或者其他内容不确定的说法）"和"无数个有着具体内容（也依托于具体情境）的，符合情理的，成功解决纠纷的事例"这样两种答案。也只会有这样两极的回答方式。而且，那个具体的、在审判中发现的法，是由包括当事人在内的全体诉讼参加人在每起案件的审判中当场形成，并在同时付诸实现的。可以说，法庭是就争议问题，一揽子进行全部立法、审判、执行活动的地方。这种"法"依据的原则是个别主义的，其仅一次性地适用于个案。因此，传统中国的"法"无法成为在个案裁断外部进行支撑与控制的、客观的、一般性的制度结构。毋宁说，这种"法"在内容和程序上都彻底同化于个案裁断。

西方审判中的法——规则　与听讼中的法对比来看的话，会发现西方式的审判中称为"法"的东西有以下显著特征。即，虽然在这种审判中被称作"法"的东西从一开始就比个别的事例更加抽象，但与情理这样的原则相比，其却有着更为具体的内容。或者说，虽然西方式的审判中也有抽象的正义与个别的判决这样的两极，但在它们的中间，明显还存在

---

[1]　以下论述参见寺田浩明《「非ルール的な法」というコンセプト——清代中国法を素材にして》，《法学論叢》160卷3・4号，2007年。（中译版：魏敏译《"非规则型法"之概念——以清代中国法为素材》，寺田浩明著，王亚新等译《权利与冤抑：寺田浩明中国法史论集》，清华大学出版社，2012年。——译者注）

另外一种东西——那就是法。一边是涵盖一定范围的行为类型，另一边是处于其涵盖范围内的个别行为产生的影响。法，就是具有这种涵盖力的抽象命题（规则）。作为这样一种规则，法独立于个案而客观存在，审判是将它"适用"于个案、强制付诸实现的过程。而且，西方式审判中非常有趣的一点是，在具有明确内涵的规则尚未被制定为法律之前，人们就秉持着"法以规则之形存在"这样的看法。

法哲学的例子　比如，即使在现代也有要下达判决的时候却没有支撑判决的法律的事情发生。在这种情形中，西方法系是以"无实定法从习惯（法），无习惯（法）从道理"这一方式追溯法源的。就像瑞士民法第一条明文规定的那样，最后溯及的"道理"是"自己作为立法人所提出的规则"，审判者以此为依据进行审判。[1]虽然一眼看上去是自然而然的事，但在字面上与此有点相似的中国式的"情理"中，事态的展开绝非如此。后者设想的是"理"与"情"发生混淆后，存在无数的个别答案。[2]"甚至在法律毫无实定性的地方也存在具有一般性的法规、规则"这一设想，绝不是当然和自明的。

法制史学的例子　在历史学的讨论中，同样存在经常将法作为规则讨论，无论怎么向前追溯都不知为何已经预设了

---

[1] 野田良之：《明治八年太政官布告第百三号第三条の「条理」についての雑観》，《法学協会百周年記念論文集》第1卷，有斐閣，1983年。（此段译文参见殷生根译《瑞士民法典》，法律出版社，1987年，第1页。——译者注）

[2] 前引滋贺秀三《民事法源の概括的検討》一文早已指出这一差异。

法已经以规则形式存在这一问题。比如，我们可以看一下西方法制史研究中的法的历史类型论，即埃贝尔（W. Ebel）著《德国立法史》的例子。[1]

《德国立法史》一书探讨了现代立法（尤其是以民主议会立法的形式制定、以多数表决制在议会获得表决的国家法）的历史渊源后，得出了下述三种德国立法史上的法的历史类型。第一种是基于个案，以神判、决斗的形式发现其中存在的法（神意）的"发现法"（德语为 Weistum）形式。第二种是中世纪城市法这种，一定范围的人们形成合意后，彼此自发制定的具体规约，即"制定法"（德语为 Satzung、Einung、Willküre）形式。第三种是近代国家法这种，维持全面秩序的主权权力制定一定规范、命令国民服从的"法令"（德语为 Ordnung）形式。毋庸赘言，现代立法的国家法性质直接来源于第三种"法令"。然而，现代立法由民主议会制定这一点来自法作为成员的共同意志及以其进行自我约束这一"制定法"源流。不过，民主议会是以多数表决制作出决定的。换句话说，不赞成那个立法的人也受到了约束。不仅如此，议会是以代表制的形式组建起来的。凭什么议会的立法可以约束全体国民呢？因此，埃贝尔将之归因于议会进行的其实是"发现法"的活动——通过多数表决投票，发现"约束全体国民的法是什么"这一问题的答案。现代立法从一开始就建立在

---

[1] W・エーベル著，西川洋一訳：《ドイツ立法史》，東京大學出版會，1985 年。（W. Ebel, *Geschichte der Gesetzgebung in Deutschland*, Göttingen, 1958.）

上述三种历史基础之上。这一观点非常有趣。

即使在西方，法的形式也绝非一成不变的。立法也只有这样一种历史变迁。在现实状况中，法的诸项起因甚至是彼此重叠的。但反过来，从这里回头来看也会注意到，历史性地存在于西方并被研究者探究的对象是规则的存在形态（虽然其最开始以不成文自然法的形式存在，但终究还是采取了个别的实定法这一形式，最后配置了体系化的法典形式）和规则的正当性依据（在"发现法"的阶段，存在于法里的只有神的意志。但到了中世纪城市法的阶段，存在于法里的是成员本身的自发意志，而到近代国家这一阶段，法里面存在的就是主权权力的命令了）这一历史变迁，"法是规则"这件事本身反而没有成为质疑的对象。

而且，在最开始的"发现法"阶段，本来就没有任何将规则作为具有客观内容的东西加以叙述的材料。如果质疑说"什么是令裁断有意义并通行的力量"的话，恐怕和传统中国一样，只能说是判断者在个别主义下做出的、符合实质理性的判断和社会对此的接受。但在西方，没有像中国那样用"至公无私的，有德的大人做的判断"这种形式将审判与审判者联系在一起。倒不如说"发现法"这一理论就是试图将法定位为存在于裁断背后的某种客观规则。

如上，在西方处于绝对优先位置的是"法采取规则的形式"（拥有足以决定个别事态的权威的普遍性规则并未同化于案件，而是预先客观存在于案件之外）这一思维方式。毋宁说，西方法的逻辑是，用根据上述设想所积累的审判实践来填充规则内容。

人扮演的角色的差异　这样，在谈论法的内涵之前，东西方连"法的形式"都是完全不同的。或者说，法这种东西，看来显然是有各种形式的。

于是，人（审判官）被期待扮演的角色也因法的形式不同而不同。在西方式的审判中，"为社会所认同的正确性"被设定为"概括于普遍性规则之中的东西"，个案判决是基于事件与规则间的关系推导所得的东西。审判官扮演的角色是将那一普遍性规则"适用"于个案的人。这一法的形式的当然的结果是要求审判官依据规则。与此相反，在传统中国，与案件的个别性、一次性相对应，答案也是个别与一次性的。审判官针对该案件，在审判当场，亲口下达符合情理的判决这一点，受到强烈的要求。判决是否合乎情理、审判官是否正确，不如说取决于那一判决是否为当事人们接受、纠纷是否得到了很好的解决这一结果。在那里，不管（某种东西以另一种东西）"为依据"这一固定结构是好是坏，都不应期待它存在于裁断中。实际上，在那里也不存在强制审判官"基于"什么东西进行审判的制度，也没有采取审判是"基于"什么东西做出的，所以其结论（在内容或程序上）是正当的，这一解释方法。

存在于东西方之间的，是这种法的形态与人的作用两者组合后产生的整体性不同。让我们首先从这一观点出发，尽可能在形式上将两种审判方式并列起来吧。

2. 法与审判的两种类型

最广义的法与审判　在西方的审判中，判决的正当化是以"事先客观存在某些通行于全体社会成员（有时是全人类）的规则"这一点为前提，以宣称"这次的个案是那种普遍性规则的一种个别体现，我在此给出的解决方案（不是我个人的价值判断）是这一普遍性规则的个案适用"的方式进行的。

与此相对，传统中国的审判是以"确实存在天下的正经人都认可的解决个案的答案"为前提，以由大人宣布"我在此给出的解决方案（不是我个人的价值判断）是那个天下万人共有的公论"的方式，将判决正当化的。

抽出两者的共同点，自然就得出了跨越东西方的、最广义的关于审判与法的实证性定义。即，审判是在发生纠纷的时候依据该社会（不是谁一个人的心血来潮和偏爱）关于"什么是妥当的解决"的全体共识（社会正义），将个别的纠纷导向一定的解决方案，将个别的当事人的行动推向某一方向的机制。另外，法是具有强制力并最终获得实现的社会共识的总称。总的来看，可以说不论传统中国的审判还是西方式的审判，都是一种社会强制要求个体保持一致的机制。无论在东方还是西方，哪个国家都有这种机制。

东西方的不同在于得出那个答案的方式。在传统中国（公论型法与审判）中，是通过审判官与当事人社会对话的方式，在审判中逐一直接推导而得。与此相反，西方（规则型法与审判）设想存在规则这种以普遍的形式汇总了社会成员的共同判断的中间环节（媒介），判决是通过规则间接推导而得的。这一差异导致两种审判各有得失。

规则型法的制度优势　　首先，谁都看得出在西方式审判中，法采取规则形式所具有的制度优势。在这种审判中，规则的基础构建与个案判决的基础构建并不是一回事。如果已经完成了规则的普遍正当化（就如上面埃贝尔所说的那样，是以各种各样的方式进行的），也就没有必要在审判时向每个当事人确认其是否承诺接受规则的逻辑推论结果（个别的判决）。审判官的立脚点是坚固的，这反过来导致人们每天都在监督审判官的行为是否符合规则。而且，如果在每次审判中都努力以规则作为判决的依据，以此将每个判决中的正义要素予以外在化与客观化的话，也就开辟出了缜密地检查正义的整体内涵的途径，审判结果的可预知性也跟着变高了。

规则型法的基础与局限　　但规则本身是抽象的。也就是说，它不过是从构成案件的诸项要素中抽出几个普遍存在的要素后重组而成的产物。为了保证审判活动是围绕规则建立起来的，有必要确信存在拥有"只要按照规则，就可以决定案件的整个走向"这种程度的强有力权威的规则性。或者说，必须相信除规则外没有别的办法可以决定整个事态。既然西方按照规则进行审判，大概那里是存在着什么东西令之成为可能吧（比如，只要抱有"人类和社会是按照那个规则创造的"这种"造物主及其造物"式的想法，事情就变得非常简单了）。然而不必多说，不管在哪里，这种确信与相信都是无法自明的。

非规则型法的产生环境　比如，按照"不管提出的是什么样的事情，也要倾听那微小的声音"这一中国式思维方式，西方那种从一开始就全面肯定可以成为论据的事实，并全面否定除此之外的其他事实，然后下达裁断的审判，显然只是偏听强者一方的主张罢了。因此毋宁说中国的法是积极地选择了"在听取所有的情节的基础上，将纠纷的全面解决作为目标"这一方式。然而，如果将所有的事实都纳入视野的话，我们会发现没有任何一个案件是彼此相同的，不能从判决内容的一般性（其与其他判例之间的共通性）推导出判决的正当化（普遍化）。

所以才有了"个别主义的判断是所有正常人共有的"这种"天下公论"式的设想吧。在传统中国的法中，被视为目标的是判断主体的普遍化而不是判断对象的普遍化。以此为前提展开了逻辑：我在这里给出的答案是天下所有人都认同的关于此次案件的答案，如果你认为自己也是天下正常人中的一员，那就遵从这个答案。

公论型法的固有问题　这样一来，审判官的工作就变成了在审判中，面对当事人，一次次地"扮演"这种"天下公论"的代言人。但让人接受其为"天下公论"当然不是容易的事情。接下来的事态展开就变得像我们在前一节中看到的那样了。因为存在全体人民和代表他们的皇帝，以及皇帝任命的官僚这种"一君万民"的政治结构，在个案审判中，官与民这一大局通常不会发生动摇。但该审判官是否能够很好地体现"天下的公论"（他是大人还是假大人）这一点，是以当事人有没有承诺接受判决和提起上控这样的形式，一次次地为人民所检验的。或者从制度整体来看的话，毋宁说是法以敢于给予人民行动的空间这一方式来牵制官僚的行为，并以此证明获得当事人承诺接受的判决的公论性。这样达成的一个个的纠纷解决活动（的成功事例）构成了传统中国的法的内容。

在"权力给出的答案在当下就变成法"这层意义下，传统中国的法是存在于权力中的。然而，从"如果审判者给出的答案没有为当事人一方所欣然接受，其权威很容易就被动摇"这一层来看，也可以说权力存在于法当中。

3. 怎样理解社会

功能论梳理与历史论梳理　如果从现代人的视角出发梳理法的功能的话，东西方的不同在于：一个是姑且以普遍性规则的形式将社会成员的共识汇总于一处，然后将审判构想为在个案中适用那个普遍性规则的规则型法；而另一个与此相反，是在审判现场汇总、调整社会成员关于每一个案的共识的公论型法。最容易理解的说明方式或许是：这两种法的区别在于间接与直接，以及是否存在中间阶段的汇总工作与媒介物。其实，在由人制定规则的"制定法"（德语，Satzung）之后的时代中，前面这种"社会共识的事前汇总"的解释也是完全可以适用的。而在当代中国刑事审判中存在的个案的详细信息经由媒体为人们所共知后引发"民愤"（后述）、影响审判的事情中，后面那种公论型法的解释也很有现实意义。

然而从历史发展的逻辑来看，显然无论哪种解释都是事后找的借口。在规则型法最初的"发现法"阶段，并没有任何人对意见进行中间阶段的汇总（也就是立法）。不但如此，实际上是在规则的内容还没有被确定的时候，就开始了以之为基础的实践。与此相对，在公论型法中，至少确实由大人在每起案件的审判中做了汇总并阐述了公论。然而，姑且不论小集体的内部是怎样的情形，要是把话说到"天下"这一层，那在近代以前的社会中，也不可能进行那样的意见汇总。归根结底，那不过是浮现在现实中已经达成的一部分的意见一致状态前方的幻景罢了。无论是东方还是西方，在最初的阶段都不存在将全体社会成员和法具体地连接在一起的制度。毋宁说，在最初的时候，人们凭直觉选择了各自的法的形式。

差异最终产生于存在于审判的定义中的"全社会的共识"这一想象的形式。在其背后，当然是不同的"社会"形式构想。

公论型法背后的大前提　就如我们反复看到的，在中国，法的逻辑展开基础是"关于个案，存在所有人都认可的、唯一的答案，即'天下公论'"这一设想。但就如西方的宗教战争及其后登场的宽容思想揭示的那样，世间多少总会关于一些问题存在意见分歧（如果强行要求一致，反而会激化纠纷）。当然，如果将这里存在的问题当作彼此"让步的程度"这种"量的问题"的话，那无疑是存在答案的（说到底，问题是连接两点的线中间在哪里断开）。正因为这样，也可以说听讼是将所有的问题在最后变成"量的平衡"的问题。但如果让事情这样变成程度的问题的话，就没有办法有逻辑地推导出所有人一致认可的"本案的均衡点在哪里"这一答案。"查明真相""真相只有一个"这些说法也被随心所欲地使用着。但如上所述，事实其实是无穷无尽的。

从我们的常识来看，这一设想中显然充满了难解之处。对于"目前的答案真的是大家一致认可的答案吗"，"面前的人是那个能给出那样的答案的、至公无私的大人吗"这一点，传统中国的人们也时时抱有巨大的疑问。但若说他们在产生这样的疑问后做了些什么，那就是继续寻找公平的人并向他投诉，去打官司，最后上控。只有"虽然这里没有这样的人，但在某个地方是有的""在某个地方，有能给出那样的答案的人"这一点，他们是毫不怀疑的。

大前提被视为自明之理的背景　这样的想法是与他们关于纠纷的特有理解配套的。在传统中国，反复得到描述的纠纷与纠纷解决之间的关系是：人民竞逐于利己主义的"私"，他们不时犯下"欲之失"，其结果是共存秩序遭到破坏。所以，要由站在全体共存立场上的"无私"的大人指明什么是符合情理的。与此相应，双方当事人各自舍弃私心，一起接受大人指出的某一事实认识并将之作为自己的事实认识，从而消灭彼此间的对立、实现共存。或者说，是所有人的"心"变成一颗心之后，达成的"齐心""同心"的状态。岂止是"特定问题的答案是一致的"这种东西，这里甚至还幻想着消灭互相争执的二"心"。或者说，此处的出发点原本就是假定在个人受到"私"的驱使以前，所有的人具有一体性。这就难怪了。如果主体只有一个，那大概想法也只有一个吧。

关于"心"的特定理解与关于社会的想象　虽然从我们的视角来看，这种关于"心"的理解是非常勉强的假想。然而如第一章中所见的，传统中国的家正是基于这种假想建立起来，并付诸实践的。也就是说，虽然在传统中国，人们处分家庭财产的时候，是父亲在世的话，由父亲一人做出判断；父亲已故的话，由全体男性兄弟达成一致后做出判断，但那并不是父亲的意志（父亲死后，是男性兄弟的意志）对其他成员的意志的压迫，倒不如说是由"在家庭全体成员拥有同一个'心'的前提下，由父亲或男性兄弟作为代表，说出判断"这一逻辑支撑着的。在这里，全家人的"齐心"状态才被放在全部逻辑展开的出发点上，从一开始就把不"齐"的想法当作"私"否定了（在实践中，问题恐怕就在于彻底否定了人的固有意志）。

当然，现实中的社会并不是一个家庭。那里是各家的利己主义波浪翻卷如涡的世界。然而即使在现实社会中，"两者的共存"也在解决纠纷的时候被推到台前，体现全体共存价值的至公无私的大人说出所有人的意志（其他人遵从他的教谕、舍弃私心）这样的流程也为人们构想着。

审判因此举行。在传统中国，人们提到法（"天下公论"）的时候，设想的就是这样的主体状态与社会状态。法成立的时候，设想的是全员"同心"的状态——或者毋宁说，各个主体放弃自己的"心"的融合状态。然而，由于人心

"不一",这一状态很难维持下去。虽然可以期待的只是"一时的齐心",但每次分裂之后,再次谋求统一的事情都会永无止境地重复发生。

帝制中国的困境　在帝制中国,在充满私欲、互相对抗的私人之上寻找和创造"率先舍弃利益,并站在全体共存的立场上发言的、至公无私的、有德的"大人的,正是上述设想。在各家各户都秉持利己主义的现状中,绝对需要有无私的人为了所有人的共存而活着。既然天下的秩序得以维持,那一定有这样的人存在于某个地方(很可能是在社会上层)。而且,在传统中国,一些人可以通过科举考试做官,甚至通过革命当上皇帝。如果眼下没有这种公平、无私的大人,也可以自己努力成为那样的伟人。伴随着这样的期待,伟人不时出现,革命也不时发生。帝制中国的困境恐怕就在于此吧。结果是,人们不再追问包含在这一设想中的原理性问题。

规则型法背后的社会状态　那么,规则型法背后是怎样的主体状态与社会状态呢?在西方式的规则世界中,像听讼的地方官或治理全中国的皇帝这样的将其他人统辖于一身的世俗主体本身,就没有被设想存在。或许,正是因为没有这样的设想,才要求法这一社会制度发挥其功能。

比如来看这样一个例子:我们一想到中世纪西方的日耳曼世界,就会觉得法是在具有自我救济能力、彼此对抗的个体之间建立某种秩序而发展起来的制度。因此,如果要找到以形成秩序为目的的共同要素的话,只能在目前为彼此不同的各种个体所共有的要素中寻找。的确,仔细观察的话,可以在人与人之间找到共同点，人们的行动也有一定的规律性。而且，在相互尊重既得权的秩序中，最忌讳的是存在拥有超群实力的人。所以，一切尝试集结暴力的行为都会被行为主体之外的所有人视作危险，并在其萌芽状态即予摧毁。在这种情况下，如果有谁想让所有人认可自己集结暴力的行为是正当的，几乎唯一可行的办法就是说自己是为了保护所有人的既得权才这么做的。

因此，人们要求将既得权与共有的规则性予以提炼和明确化，并在将公权力的作用、地位限定为这一规则性的捍卫者之后建立起公权力来。在日耳曼世界中，公权力从一开始就是以恭敬地居于规则之下这一特殊形式建立起来的。所谓法治（rule of law），是指在受到法的权力制约的同时（或者说，在那之上），附加了"公权力居于法的制约之下"这一条件后，建立公权力的活动。虽然这是一个悖论，但毋宁说在这里，公权力越是将自己扮演的角色限定为客观正义的形式上的实现者（以法治制约自己），越容易要求个体提供权力资源。这样发展下去，规则型法的公权力远远超越了公论型法的公权力。最终，它将规则抛于身后，独力承担起实现正义的使命，产生了近代的国家权力（后述）。

法的制度化的两个起点 上面说的差异，是在中国式的"公"概念（舍弃"私"、所有人一心同体化）和西方式的"公"（pubic）概念（以个体分立这种"私"［private］为前提，认为公共是在其间延伸的空间）两者间，完美对应着的差异。

第五章 听讼——审判与判决的社会基础　　305

国家为了建立审判程序（这个打着"社会"的名义强制成员达成一致的制度），有必要将"社会"作为操作概念。然而在古代，"社会"无法呈现为一个达到与"国家"同等规模程度的实体。社会在本质上是一种虚构，是人们关于包括自己在内的人群的想象。在当时动员和可动员的关于社会的想象中，存在于历史中的两种类型是：从全体融合状态出发的"公"，和从个体分立状态出发的"公"（public）。它们的社会与个体关系为各自的法提供了一切理论的出发点。

即使同样揭示了整个社会关于特定案件的判断并迫使当事人一致接受它，在将所有人舍弃私心、一心同体化的状态视为理想社会，并设想有一张可以代表全体人的"心的""嘴"存在的地方，也设想着由那张"嘴"个别且直接地说出每一起案件的正确性这样一种法与审判的方式。而与此相对，在将社会看作拥有固有权利的各种个体的集合的地方，法与审判能给出的只是经过明示的个体间的共同点，它们本身也是围绕客观规则而生的。存在"天下公论"和存在规则在它们各自的法制理论中分别居于无须论证的、先验的大前提位置的最重要的原因，恐怕也是这一点。具体的"法的故事"是从这里开始的。

虽然大的主题是相通的，但东西方叙述"法的故事"的方式及法的制度化的出发点终究是不同的。我们不如还是坦率承认，在法的制度化问题的深处，存在一个只能用上面这种文明论的解释方式来说明的差异吧。

第六章
断罪——犯罪的处罚与判决的统一

第一节　命盗重案的处理1——州县进行的工作

本书在上一章，以州县官对户婚田土案件的听讼为例，从介绍细琐的实际运作情形开始，最后触及法与裁判的关系、裁判的成立、乃至于确立判决的规范基础等问题。

然而，一如在第四章最后介绍的，州县官并非完全以上述方法处理所有事案。事案一旦成为"命盗重案"，州县官并不被允许自理判决，而被要求须向上司报告，在此作业过程中，实定法与判例便逐渐浮出台面。[1] 再者，因事案性质不同，处理方法从受理阶段起便生差异。因此，本章拟再完全回到向官府提出诉讼的阶段，介绍尚未提及的命盗事案之

---

〔1〕以下关于清代上申制度的说明，若无其他特别标注，皆根据滋贺贺三《清朝时代の刑事裁判——その行政的性格。若干の沿革の考察を含めて》，同氏《清代中国の法と裁判》，創文社，1984年。

"断罪"型处理实态，并尝试描绘首次出现于其中的，实定法与判例机能的思考，及裁判制度运作的全体像。

1. 命案开始的应对

命案开始 首先，如前揭《大清会典》所述，在事案为"命案或盗案"的情形，有几件地方官在法庭审理前即须进行的事情。

大部分的命案、盗案，开始于被害者或被害者亲属的提诉（或说明被害情形的文件、事件报告）。[1] 与听讼时相比，此时所用的文书亦无不同。在命案的情形，大部分的文书标题为"报恳验究"，亦即报请检验究明之意，受理诉讼的地方官最初须进行的作业即为验尸（检验及查明死因、追究责任）及赴现场勘验。在接续初始对应的阶段，地方官被要求通过"通详"的事件报告（"通"具有多方一齐的意思，"详"则指称为详文的上申文书形式），向省内全体上司（总督、巡抚、按察使、知府等）汇整迄今为止的搜查过程。

通详一例 虽然有些冗长，但为了兼顾介绍地方官处理命案的最初应对情形，首先拟举一则涉及命案的通详为例。在《湖南省例成案》刑律卷六贼盗"恐吓取财"的项目下，有引用"少壮恶丐横索滋扰严行究遂"文书的常宁县知县

---

〔1〕 当然，不待民众提出告诉，官员自己也可根据线报或风声开始进行逮捕讯问（"访拿"。这种事案称为"访案"，滋贺秀三上揭论文第65页以下）。然而，因为通常忌讳官员积极介入民间（扰民）之故，从数量来看，"访拿"的情形虽属例外，但若溯其源头，可发现访拿的发动多因某个民众的密告而生。

"通详"。以下称为"厨师杀人事件"。

乾隆二十三年十一月十九日戌刻,据卑县南乡民窦百南报称〔午后8时左右〕,本月十八日,蚁〔小生〕娶媳设筵。早饭后有潭邑乞丐谢廷远,携侄〔兄弟的小孩,侄子〕谢宗文、谢夜呱、同伴周三序,至蚁家乞食。适蚁出外请客,蚁侄窦汝南给与酒肉米粮。讵伊等食后嗔肉微少,谢宗文闹入厨房,打断窓(按:窗)串,掷泥抢肉,与司厨〔厨师〕周坤易相殴伤胁。蚁闻即至扶救,不料宗文于昨夜深殒命。随投保正〔在地方上负责维持治安之人〕窦方华验明,理合报恳验详称等情。又据保正窦方华报同前由。

据此,卑职查,该尸距城四十里〔20公里〕。随于次早黎明,单骑减从,带领吏件,自裹糇粮,前往相验。于辰刻〔上午8时左右〕始抵尸所。著令件作〔负责验尸的衙役〕,将尸抬放平明地面,脱去原穿青绵衣套一件、破白绵布裤一条,用水洗净,眼同尸亲原报保邻人等,如法相验。

据尸叔谢廷远供报,尸年十九岁。

据件作张吉喝报,打量本尸,身长四尺七寸、辫长一尺一寸。验得,一仰面。面色赤。致命右额角一伤、斜正二寸八分、紫红色。浮肿系磕伤。两眼胞微开。口微开。上下牙齿全。舌在内。两手散。

肚腹平塌。致命右胁连合面右后胁一伤、斜长三寸三分宽三分、青紫色、系棍伤。不致命右胁一伤、斜正二寸五分、紫红色、略破粗皮、系跌伤。验得，一合面。不致命谷道有粪。其余仰合周身翻复细验，并无别故。

卑职亲视无异。追出凶棍，比对右胁伤痕相符，委系殴伤身死。当场填注尸格，著即备棺收殓，锢封浅厝，交给牌邻〔负责照顾地方之人〕看守、取结〔誓约书〕存卷。

随诣勘明寥百南住宅中，系正屋左右横屋各一栋，俱系三间。厨房在右边横屋。第一间檐下窗（按：窗）孔已断，门壁厨灶，俱有掷撒泥土。并验厨房外有深沟一条，内俱乱石淤泥。

勘毕就即逐一研讯。

问据保正寥方华供……

问据邻佑王启标、李恭一供……

问据寥百南供……

问据寥汝南供……

问据夏孝六供……

问据谢廷远供……要求与侄子申冤的。

问据谢夜呱供……

问据周坤易供，小的是衡山县人，今年三十二岁，搬住常宁南乡烟竹湖有十二年。父母死故，并没妻儿，止（按：只）有一个兄弟周老四，同小的耕种度活。小的与寥百南是近邻,向来相好。他本月十八日,因他儿子娶亲,雇小的整筵请客。早饭后……〔详细供述到人死亡为止的始末〕……今蒙验明伤痕,也是小的前生冤孽〔前世的因缘〕,愿甘坐罪,就是等供、据此。

除将周坤易带押羁禁,木棍贮库,余俱分别保释,容俟再加确审起衅殴伤致死实情,按拟解勘外,所有据报相验缘由,填格录供、取具件作不致增减隐匿妄报伤痕甘结、卑职加具印结〔盖有官印的誓约书〕、遵例先行具文通报。俯赐查核。

文中虽言"有潭邑乞丐谢廷远",但潭县(湘潭县)位于事件发生地湖南省常宁县北方100公里以上之遥,可见他们并非固定在当地乞讨。再者,从"携侄谢宗文、谢夜呱"来看,可知他们的父亲业已身故,母亲不知去向。谢廷远带领侄子们,同友人周三序转往寻找新天地,流浪南方乞食。但实际阅读供述,谢廷远当天似乎也露宿在某间庙宇的屋檐下,一早才离开,其后才在准备婚礼宴会的场合与其他人相遇,应该也有看到冬天清晨热气腾腾的样子。其次,扮演本件加害者角色的周坤易,出生地横山县也位在常宁县北方50公里以上之处,双亲也已亡故,与兄弟一起辗转流落常宁县。周坤易的境遇,与身无长物乞食为生的谢廷远一行,差相仿佛。幸运的是,周氏兄弟在当地能以佃户的身份安身立命,又因善于厨艺为人看中,被委以准备筵席的工作,最终却仍遭此不幸。所谓"前生冤孽"一语背后,仅有这些情节而已。

验尸的实际情形 验尸的实际作业,是由称为仵作的专门衙役负责,验尸结果要填入称为"验尸格"的印刷文书中。如图14开头所示,验尸格是一本印刷而成的小册子,全册共约9页,将应确认的身体各部位分别写成各条项,并在各部位预先区分注明"致命、不致命"区分。若伤在某部位而有致死可能性,该部位即"致命",若无致命可能性的部位,即"不致命"。[1] 人死亡时,通常在某些"致命"部位会产生异变,再者,如有复数加害者时,便生致命伤由谁造成的问题。附带一题,残存于《淡新档案》的验尸格中,各栏位的记录系由朱笔所书,可能是在仵作"喝报"同时,先经胥吏记录,最后再由地方官依笔记调整而成。

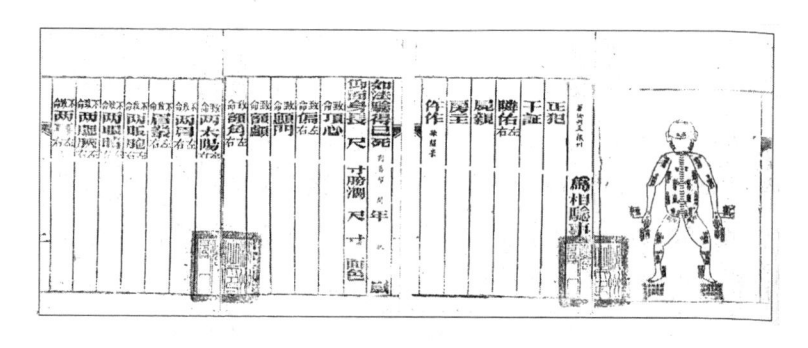

图14 验尸格

〔1〕中国自古以来,法医学的知识相当发达,宋代宋慈所撰的《洗冤集录》(宋慈著,德田隆訳,西丸与一监修:《中国人の死体観察学——宋慈『洗冤集録』の世界》,雄山閣,1999年,原著1247年),已经形成相当程度的体系。

《刑部题定验尸图》一卷（东京大学东洋文化研究所收藏）

在验尸现场，会预先召集关系人等，待验尸及现场勘验完毕后，当场对关系人等进行第一次讯问。另外，为便日后有再次进行验尸之必要，会暂时先将死者埋葬，并逮捕犯罪嫌疑人，将其移至县城收监。

上司对通详的指示 然后，地方官会将以上调查的情形向省内上司通详，巡抚对地方官的通详会批示："仰按察司，速饬〔对该当知县命令〕确审起衅殴伤致死实情，按拟解勘。仍候督部堂〔总督阁下〕批示。缴〔以上、谕知〕。格〔验尸格〕结〔仵作与知县的甘结〕存"。总督亦会批示："仰湖南按察司，速饬确审致死实情，按拟招报。仍候抚部院批示。缴。格结存。"从巡抚与总督批示末段可以清楚看到，巡抚与总督对省内事务有相互牵制的情形。按察司综合两人指示后开始行动，而督抚的命令会通过按察司、府传达至州县。命令的内容为，审理究明死亡事件的实情（确审），引用律例作成刑罚的原案（按拟），为了复审应将犯罪嫌疑人移送上司（解勘）。据此可以确定，本件裁判不会仅止于州县自理的阶段而已。

2. 州县衙门的审理

罪状自认说 验尸之日后，会择日召集关系人等至州县衙门进行法庭讯问。[1] 关于州县法庭上对命盗重案进行的审理及其目标的问题，过去因为无法看到州县层级的刑事裁判档案，滋贺秀三遂以上申文书中可以看到的罪状自认部分为素材，通过反推的方式描绘出下述图像。[2]

如果观察清代的实务，州县处理重罪案件的程序，是以取得罪状自白书为目标。有从最初即取得自白的情形，也有强势揭露各种证据进行诘问，并追索自白的情形，无论哪一种，都要全面比对本人的供述与证据进行全盘检讨，对感到供述不足或不正确的部分，再进一步反复诘问，可说是一种充满苦涩的调查过程……一旦经过在现代日本应由检察官进行的这种调查过程，得到被告的供述几乎近乎真实的心证，根据此供述，以犯人亲口述说犯罪来龙去脉的形式制作成文书（称为"招状"），再于宣读后取得本人签名（不限于签名，亦可盖章）。如果没有取得罪状自白书，便无法认定犯罪事实将人定罪，相反地，因为本人亦承认写在罪状自白书上的

---

[1] 也有开庭之前，由副官或胥吏衙役在大堂旁的"招房"（参照图10）等处，对逮捕到案的犯人进行预先审问，并作成供述笔录（草供）呈交地方官的情形。

[2] 滋贺秀三：《中国法文化の考察——訴訟のあり方を通じて》，同氏：《続·清代中国の法と裁判》，創文社，2009年，第13頁以下。此外，滋贺氏的理解，是将断罪程序中的取得自白（招状）与听讼程序中的遵依甘结状置于平行位置，并把两者结合为一组概念，作为使个案式的裁判不至于流于恣意的制度性保障，并进一步当成考虑判决正当性基础的方法。

事情，因此自白书的记载会被当作是正确的，事实的审理到此便结束，其后只剩对犯罪事实依法应如何量刑的作业而已。

滋贺的论述强调，裁判官系以犯罪者为对象，进行纠问主义式的调查并究明真相，最后取得犯人的自白，亦即"罪状自认"。滋贺并将"罪状自认"定位在刑事裁判的基础、科刑正当性的依据等处。那么，州县档案中实际的情形究竟是如何呢?[1]

档案传达的实际情形　即使是命盗重案审理，每次审问都会以与户婚田土、州县自理案件的相同形式制作"提讯名单、录供"。然而，不同于户婚田土事案，在命盗重案中，几乎必定会反复进行多次法庭讯问（包含验尸现场的讯问在内，至少进行三次）。在各次法庭讯问间，除犯罪嫌疑人当然被收监外，如有必要，证人等关系人也会被"押"（收监）。再者，根据档案，不仅是犯罪者，被害者或证人等非常多数的关系人也会被传唤至法庭上。因此，首先必须舍弃在密室调查犯人是否就可了结一切的印象。至于法庭讯问如何反复进行，如果结合多数法庭供状相互比对，即可知其情。唐泽靖

---

〔1〕 以下讨论参考寺田浩明《自理と上申の間——清代州県レベルにおける命案処理の実態》，夫馬進編《中国訴訟社会史の研究》，京都大学学術出版会，2011年。[中文版：张登凯译《自理与解审之间——清代州县层级中的命案处理实况》，（台湾）中国法制史学会、台北研究院历史语言研究所主编《法制史研究》第26期，2014年。——译者注]

彦即根据此种作业提出以下论点。[1]

在依时间序列重迭积累的讯问笔录间，有"意图统一事件关系人等所说的各种故事之力量"在运作，或者"在供述书中，官方语言操作的存在目的，系以当事人的声音再次说明官员已完成决定之案件性质，使原本存在多种面向的事件，统一成只能见到单一面貌的故事版本"。

首先要进行的是，解开犯罪者、被害者、证人供述的矛盾。在此过程中，附随在案件内的枝微末节处，有当事者间互相忍让即可解决的部分（例如有伤害或杀人事件背景的金钱争执），亦有加以适当体罚或命令其赔偿金钱即可解决的情形。再者，若加害者一方有太多关系者同时存在时，亦要就刑罚对象进行限缩。如此一来，在裁判结束前，若有已经解决的部分，或已出现被排除于刑罚对象之人时，为使故事更为自然，也会依序修改供状内关于纷争来龙去脉的说明（那些内容的供述应该也会实际在法庭上呈述）。

最后，若产生出全部关系者能够接受的事件整体样貌（或可说"真相已经完全被阐明"），地方官即以堂谕的形式表示事件整体，（除犯人外）全部出庭者当场提出遵依甘结状。例如，在一桩杀人事件，由被害者的父、兄提出的遵依甘结状内容如下。《巴县档案》（同治）命案1254-14。同治

---

[1] 唐澤靖彦：《話すことと書くことのはざまで——清代裁判文書における供述書のテクスト性》，《中国——社会と文化》第10号，1995年。

二年（1863）十月二八日。

> 具结状尸亲王德远、尸兄王兴顺。今于大老爷台前为结状事。情，蚁〔小生〕以报恩验究，具报蚁子王春身死在案。沐恩讯明，蚁子王春实被邓春戳伤身死，并没别故。将邓春掌责收明监禁听候详办〔为了科刑进行的上申程序〕。吩谕蚁等具结备案，日后不致借尸〔借尸体起衅〕。中间不虚，所结是实。

这种全部关系人对事实认识达成共识，并确定犯罪事实的阶段，称为"狱成"。[1] 被害者一方或证人们在此阶段，将以提出甘结交换获得释放。此外，因涉及此案而被问罪的人，如果是处以笞杖刑即可完结者，于此阶段执行刑罚后也可获得释放，本案犯罪者则会被再度收监。

与户婚田土裁判的异同 结果，即使是命盗重案，在法庭进行的事亦与户婚田土事案相同，皆在地方官主导下，以

---

〔1〕 另外本文虽然讨论了在一般情形下，犯人本人的罪状自认与其余众人的认识，在事实认定过程中的定位，然而关于"狱成"的实际情形，仍存在一些问题。第一，如果到最后为止都无法得到犯人本人的罪状自认时应如何处置？关于此点，可参考铃木秀光《「狱成」の现场——清代後期刑事裁判における罪状自认と衆证》，铃木秀光、高谷知佳、林真贵子、屋敷二郎编《法の流通——法制史学会六〇周年记念若手论文集》，慈学社，2009年。［中文版：《「狱成」之现场——清代后期刑事审判上的认罪口供和众证》，（台湾）中国法制史学会、台北研究院历史语言研究所编《法制史研究》第16期，2009年。——译者注］第二，事实认定只须有自白或证言即已足够吗？（除此之外是否尚需其他客观的证据？）。森田成满：《清代の人命事案における事实认定の仕组み》（《星莱科大学一般教育论集》18号，2000年）对此问题有所讨论。

包含犯人与关系人全体在内的人为对象，进行作业以确立与分享一个说得通的事件整体像，并统一事实认识，作业结果将产生极为安定的裁判基础（此为阻断后述犯人翻异或犯人亲属上控的手段）。如同向来的见解强调，裁判官以犯人为对象强迫其自供，再依据犯人的罪状自认而对判处其有罪赋予正当性基础的图式，即使是从判决的角度追溯而从上述大构图中所撷取的一部分，也仍未必能恰如其分地说明裁判现场的作业。越是集中讨论犯人自供问题，就越容易漏看支撑裁判的最大行动者，即周遭一干人等的姿态。

命盗重案与户婚田土事案的不同之处，毋宁说存在于关系人全体作成的情节内容及完结事案的方法之中。亦即，在户婚田土事案，包括以被确定且分享的事实认识为基础，乃至于其后众人各自应有何种举措为止，皆以堂谕明示，又因为发生纠纷的全体关系人，在遵依甘结状中随各自的喜好提出期望，接着以实现愿望当作案件的完结之故，原则上当事人间的共同认识一旦确立，便等于争点消灭、纷争解决。相对于此，命盗重案中制作出来的是一种断罪型故事，即本次纷争起因于谁的恶行，因此应以对某人施加刑罚，将其恶性披露于世间，并使其赎罪的方式结束本次事件。纷争的最终解决（被害者的申冤），直到国家对加害者实际施加刑罚后才首次达到完结。然而令人困扰的问题在于，州县官无法单独决定刑罚的具体内容并加以执行。

从刑罚所生的程序要求　第一，个案的量刑判断适当与否，对国家（皇帝）而言是重大的问题。"情法之平"即

"情"（犯罪情节、个别犯罪行为的恶性程度）与"法"（此处指科处的刑罚）的平衡必须正确，刑罚始能成为申冤的结果。如果刑罚过轻，被害者的冤抑无法伸张，相反地，如果刑罚过重，刑罚本身即会产生新的冤抑（冤罪）。在前者，对此感到不满的被害者一方首先可能会产生骚动，再者，如果施加的只是程度轻微的刑罚，则会出现模仿犯，并动摇皇帝统治的正当性。在后者，"天"会代替因冤罪而哭泣的犯罪者，在该地区掀起洪水或干旱等天灾，借此对皇帝示警。与听讼一样，在个案判断背后，经常也存在针对判断适当与否的结果责任论述。如果因为一个愚蠢官僚对犯罪者的量刑错误，使整个地区被洪水侵袭，任谁也无法忍受。因此，便采取重大刑罚的决定为皇帝专属事项的方针。

第二，虽然只是附随的问题，如果施加的刑罚是徒刑（必须护送至省内的其他县）或流刑（必须由各地的衙役接力，将受刑人护送至千里之外的其他省份），这虽然是单纯的实务问题，但州县官自始便无法单独进行此类业务。即使只为了执行刑罚，在省的层级执行的徒刑，最少也要得到巡抚的指示与命令，而在全国层级执行的流刑，最少则要得到刑部的指示与命令。

在这种断罪情形中，地方官以当事者的社会为对象进行实质的刑事裁判后，接着被要求进行请求刑罚执行许可的上申程序。

第六章　断罪——犯罪的处罚与判决的统一　　319

3. 作为选择场域的州县法庭

参与一般重案的路线 从相反的角度而言，即使是预设以州县自理、听讼开始的"户婚田土斗殴赌博等细事"裁判，在法庭审理过程中，当纷争起因于某人的恶行，为了解决纷争，对造成纷争之人施加徒刑以上的正式刑罚，亦属必要且适当，如果依这种处理方向整理众人的陈述并编成故事，程序也会进入断罪型路线。如此，将毫无疑问地进入前揭《大清会典》所述"罪至徒者，则达于上司以听复"的展开。

缓起诉处分型的展开 相反地，即使像暴力行为或诬告等乍看之下具有刑事案件性质，且按律亦应处徒刑以上重罚的事案（换言之，可想成是依断罪型路线处理的事案），在州县官通过法庭审理，妥善使加害者悔过自新，并以此为基础引导当事人双方进行和解的情形中，经常也可见到州县官进行听讼型故事的型塑，且只在州县官层级，对加害者施加程度轻微的体罚以处理事案（以现代的话来，可说是"缓起诉处分"），此外，一般也认为这种处置方式是妥善的。

例如，中村茂夫引用判语《徐雨峯中丞勘语》中，地方官对诬告事件处以杖刑的两个例子。[1]

> 某某"……本应按律坐拟〔本来应处流三千里〕。姑念母罄兄亡，情实可悯，尸身有伤，控非无

---

〔1〕中村茂夫：《清代の判語に見られる法の適用——特に誣告、威逼人致死をめぐって》，《法政理論》9卷1号，1976年。

因，应请祝网从宽，满杖以儆"。

某某"……亦应律拟〔本来应处徒三年〕。但念被诬搪抵，与平空诬告有间，审时即吐实情，不复狡辩。可否从宽咨革，满杖发落……"

依律规定，若判明所诉为诬告，原则上若该诉正确时，应对诬告者科处被告应被科处的刑罚。若诬告涉及人命，对诬告者科处的刑罚有时甚至会到达到死刑的程度。然而在官府受理的诉状中，仍然经常写着夸大的内容。于是，上述处理方式可说是处理诬告事案的常态。中村认为，州县长官采取此种做法的动机在于，"首先以实现当事人双方从今以后的人际关系恢复、调和为目的，并注意刑罚仅止于能够达到此结果的范围内"。

又如前述所言，尽管日常生活中经常发生亲属间的斗殴事案，但此类事案在律上规定的刑罚却属于异常严重的范畴。因此，当地方官即使确认兄弟吵架的事实，却仍将其视为户婚田土事案的附带要素时，如同"……依律二比均应责处，惟昆弟之间，情可掩法。姑宽亦免深究"（《淡新档案》22703-6，对蔡国卿诉状的批），采取的是从头到尾不处理兄弟之间暴力行为的对应方式。那么，这种处理方法在裁判制度中应如何定位？为了说明这个问题，必须把重点放在，跳到本节来谈的，在听讼与断罪间的主体选择契机问题。

听讼与断罪——选择的契机 如同前面曾数次提到，在这种裁判过程中并无我们所想的民事裁判与刑事裁判的区别。

裁判中进行的，只有国家代替天惩罚作恶之人，并实现当事人间适当利益分配的作业。然而，即使同为申冤型裁判，重点定位与订立目标的方法，明显也有两种方向。第一，如果把争论看作（双方都是半斤八两的）当事人间的利害冲突，采取的方法是将裁判重点、目的置于通过反省与让步、和解以平息纷争，且实现彼此共存。第二，如果把犯罪者的行为当成是明显的恶行（为满足自身欲望而伤害他人或杀害他人，又或强盗、夺取他人之物），采取的方法则是将裁判重点与目的置于公然惩戒。换言之，应把裁判的对象视为具有教化可能性的"良善"情形（愿者，乡愚，情有可原者），或应视为除了施以鞭打别无其他手段的"强暴"情形（黠者，豪者，奸狡之徒，难以原谅之徒），结果即有所不同。以前者为对象的裁判为听讼，以后者为对象的裁判则是断狱。[1]

于是在此情形下，通常会积极认为，即使犯罪行为本身

---

〔1〕 汪辉祖《学治臆说》中"姻族互讦毋轻答挞""犯系凶横仍宜究惩"这两个连续的条项，可窥见区分两种裁判方式背景的思考方法。尚且，因为汪辉祖甚至认为科以当事人笞杖程度的体罚（被科以刑罚之一方，代代子孙都会留下怨恨）都认为会有害于当事人间的调和，因此即使在谈听讼型处理及断罪型处理的对比，并非以州县自理或上申作为具体的区分标准，而是以不施以刑罚或施加体罚的趋向为基准，此为汪辉祖裁判逻辑的特征。于是，汪辉祖将不施以刑罚与民间解决加以融合的处理方式称为"息案"，相对于此，将包含体罚或刑罚在内的方式称为"断案"（汪辉祖《学治臆说》"断案不如息案"）。关于此史料的理解，参照寺田浩明《清代聴訟に見える「逆説」の現象の理解について——ホアン氏の「表象と実務」論に寄せて》，《中国——社会と文化》第13号，1998年。（中文版：郑芙蓉译《关于清代听讼制度所见"自相矛盾"现象的理解——对黄宗智教授的"表达与实践"理论的批判》，《私法》第3期，2004年。——译者注）

相同，依如何看待其背景（通过该裁判究竟想要达成什么），变更处理方法会比较好，甚至必须改变处理方法。当然，在当事人双方从一开始就在适当的场所互相折冲，而使诉讼不生为最佳解决方式的基础上，如果这种做法可能且适切，一般来说都会希望通过听讼型方式解决。这是因为州县法庭也是地方官以当事人的社会为对象，尝试以前述解决方式为目标的场域之故。

从第四章末段到本章为止所见的上申制度相关史料来看，以州县自理即可解决或必须上申的区别，虽然给人一种看似依事案客观性格即可机械性决定的印象，其实内部还有应依听讼型或断罪型方式处理的选择，毋宁说正是主体的判断在影响其后的处理顺序中占有决定性的地位。实际上，如果尝试通过听讼型方式并成功获得解决（当事者间取得共识，且不进行上控），就毋需讨论后面的问题。于是，如果为了解决纷争而不采取正式的刑罚措置，则实施刑罚伴随而来的其他问题也会因此而消失。上述缓起诉处分型措置，完全可说直接呈现这种思考方式。然而，并非所有情形都可以顺利进行。《大清律例》"罪至徒者，则达于上司以听复"，便翔实描述了这种情况。

命案、盗案上申义务的背景 什么事案以听讼型处理，什么事案又是以断罪型处理，原则上，是以州县长官与一干当事人等对话后决定，以此认知为基础，始能正确了解在"命案"与"盗案"中，国家制度要求应尽速将发生事案一事向上司"通详"，且裁判亦应以上申型方式处理的意旨。

制度上，因为命案与盗案被要求即使是笞杖型事案也要以上申方式处理，因此关键问题并非刑罚的权限。国家在那些案件类型中想阻断的，正是在此看到的，地方官选择听讼型方式解决的做法本身。在那些事案中，因为"有关风化（人民的教化、改善风俗）"，必须以断罪型方式处理并展示在人民之前。在命案的情形，这种做法与禁止死者亲属与犯人和解的"私和"一致。[1] 在那些事案中，州县官以听讼型方式处理一事已非美谈，毋宁说可以看成一种私下结案。实际上，也有官僚应尸亲要求"命案不报，遵准和息"，而被惩戒处分的例子。[2]

命案斡旋 为了慎重起见，在此要稍加说明，即便如此，地方官把命案当成听讼事案处理的例子，明显存在一定的数量。就此而言，如果查阅档案，有一种事件经过的例子为，虽然尸亲一方提出请求验尸的诉状，其后尸亲一方又再提出请求"免验"（免除验尸）的诉状，结果并没有进行验尸，最终以因事故死亡为由，在未上申的情况下结案。真的只是单纯有这种事件存在而已吗？其实，笔者曾调查《巴县档案》（同治）的命案，其中有上述案情经过的例子占压倒性多

---

〔1〕《大清律例》刑律人命"尊长为人杀私和"条。祖父母、父母及夫为人所杀，私和者徒三年。得财者流三千里。明律的规定几乎相同。

〔2〕《本朝则例类编》卷上"命案不报，遵准和息，查出续报处分"［康熙四十二年（1703）正月］。

数。[1] 从之后会提出免验申请的高度可能性来看，在同治朝的巴县，即使申请验尸的诉状提出后，官员不立刻前往验尸，或不通详的情形甚多。

免验申请背后 接着让我们来看一件，如前述事案经过，最后被害者家属提出遵依甘结状的例子。《巴县档案》（同治）命案1702-9。

> 具结状幸贵祥、同结幸李氏。今于大老爷台前为结状事。情，以报明作主之事，具报蚁父幸合顺身死一案，沐恩讯明。蚁父幸合顺，实系因酒醉失足跌伤右脚，兼染风寒身死。并没别故，与人无尤。不忍尸身暴露，情甘免验具结，回乡将尸棺掩埋。到蚁与洪长生……所争之界址，谕令魏大廷等，与蚁等理明。是以具结备案，日后再不翻异。中间不虚。结状是实。

虽然最初尸亲误以为是杀人事件而提出验尸申请，但实际上只是死者自己酒醉跌倒染病身死，因此提出免验申请。史料中除了提到此事外，另一方面不知道什么缘故，文书旁也注明可能是争执原因的境界之争和解案。

尝试从周边史料来看可知，在撤回验尸申请背后，很多情形是，原告一方（被害者亲属）从被告一方（加害者）手

---

[1] 关于以下论述的详细内容，参照拙稿《自理と上申の間——清代州県レベルにおける命案処理の実態》，夫马進编《中国訴訟社会史の研究》，京都大学学術出版会，2011年。

中得到五两至一百两程度不等的金钱。在发展成撤回验尸申请的背景中，一方面当然可能单纯只是误认或诬告，另一方面亦可见到明显就人命事案进行私了（私和）的情况。虽然有些案件是在提起验尸申请后才慌忙开始私和，但毫无疑问的，在有些案件中，最初提出的验尸申请，是一种促进既以开始的私和交涉，或使其增值的施压手段。然而不管是哪种情形，如果当事人间取得共识的话，就不进行验尸，甚至验尸反而有害和解进行。既然和解的目的已经达成，便尽快要提出免验申请。

　　于是，地方官在当事人提出免验申请时，即使几乎正确地把握当事人间正在进行的情况，一方面仍不详查事件背景而径行受理该请愿，然而，仅当场开庭召集双方当事人，确认是否有毫无道理的强制和解，及双方是否可以完全取得共识，在此基础上，（因为当然不能写出杀人的事实）制作出事故死、病死的事情，及对此支付慰问金的听讼型故事，并如上述一般取得双方的遵依甘结状，再对其中内容加以官方认定。上述案件可说无意间证明，于法庭上进行的是一种促进当事人双方对事实达成共识，并形成及确定共同故事的作业，但发展至此的事态与其说是"阐明真相"，毋宁说更接近相关人士全体的"统一口径"。

　　在地方官通过这些做法追认民间私和的背景中，以命案为中心的烦琐上申程序，为全体地方官僚界带来莫大的事务与费用负担，其中应该也有对涉案全体官僚科予惩戒风险的回避。再者，搜查能力与公判维持能力的问题（在集合当事人双方并统一口径的情形下,一般来说官僚一方并不具有突破统一口径并寻得真相的手段)也被充分考虑。但是,最大的理由恐怕还是地方官员希望借由这种做法响应民间的期待。对一般民众而言,明显涉及人命纠纷的事案中,除向国家提出告诉期望国家对加害者施以刑罚外,也有当事人间通过金钱和解解决事案的方式。实际上,对许多市井小民而言,所求并非杀人者的死亡,而是为了埋葬死者与考虑遗族之后的生活,希望由杀人者支付必要的费用。[1] 在加害者与被害者两家间有可能和解时,死亡事件发生的当下,就会有谁开始朝和解的方向行动。当为了解决案件而进行的自发性交涉遇到困难,打官司也是解决手段的一环。而且,就本件厚颜无耻的举动来看,市井小民从一开始就没有考虑一旦私和被发现将会受到处罚的可能。验尸申请与免验申请,便是在这些前提下提出的。如果从听讼基础思考,假使当事人间能达成和解,这种帮助和解完成的行为本身正是"息事宁人之道",也是地方官要扮演的角色。命案的听讼型处理事例,便呈现在这种夹缝之中。

州县法庭的两个面向 在州县法庭,会由州县官进行前述选择。选择之一的听讼型处理,其裁判目的在使当事人间达成和解,州县官作为仲裁和解的社会权威人士(大人、士大夫),于民间社会的权威序列中出现在相当前端的位置,更

---

[1] 如此思考的话,在国家方面,历代也有赎刑制度。刑罚及金钱的替代可能性并非只存在于民间的发想。

遥远的前端则可仰望皇帝的存在。如果当事人间可以达成和解，纷争就会当场平息，如果对解决方式有所不满，便会开始行动以寻求更高的权威。可想而知，这种做法是一种在民间调停的最初便存在的机制。或许可说，以这种做法将社会论理的一部分置入国家体制中的状态即是听讼。听讼与民间调停的互换性也是由此而生。相对于此，在走上断罪型处理的瞬间，裁判目的便被置于由国家处罚犯罪者的位置上，此时州县官的角色，与其说是基于自己的知识解决纷争，且通过成功解决纷争而在当事人间取得权威的有德大人，毋宁说是为了皇帝及中央进行最终判断，进行事前准备的官僚制度末端职员，单纯只是皇帝的手或脚而已（在上奏皇帝的文书当中，官员有自称"吏"或"奴才"的情形）。州县法庭，是发自于社会的由下而上的向量，与发自于国家的由上而下的向量，两者最初竞逐的场所，也是借由地方官员之手，甚至借由当事人间的选择，以决定通过审理将走向何种程序的场所。皇帝对大部分事案，虽然优先采取听讼型的处理方式，且容许地方官员朝向听讼型解决方式的努力，尤其是在命案与盗案中，要求官僚们以末端职员的身份进行工作。然而，并非所有案件都会依照这种制度设计进行。

4. 拟罪与上申

招状　即使如此，仍有一定数量的事案，确实是以断罪型方式处理。州县官为了上申，首先要再度传唤在先前的法庭上已经"狱成"的犯罪者，并重新取得"招状"（罪状自白书)。以上申文书中引用的部分来看,清代中期以前的招状,是以宛如从犯罪者口中详细陈述犯罪始末的特殊书写形式或文体所写成的文书,本节开头介绍的滋贺秀三罪状自认论点即出于此。然而,至少根据《巴县档案》(同治)来看,取自犯罪者的招状,与其他出庭者在法庭上提出的遵依甘结状,在内容上并无太大差别(毋宁说招状是与遵依甘结状并列,也是在前述关系人之间形成共同事实认识作业的一部分,或许更为贴切)。不管如何,只要取得招状,以犯罪者本人为对象的作业便完全结束,之后便回到内衙制作上申文书。

详文 上申文书是以"详文"的书写形式写成。地方官让刑名幕友书写原稿后,校阅原稿并确定内容。详文中先叙述事件发生以来,历经验尸、通详,直到调查为止的始末(之前提出的通详在此会依必要引用),其次介绍依督抚命令在法庭上进行调查的实况(在此也大量引用主要供状),再整理于法庭上确认的罪状,最后进行"拟罪"。这里也一样,不如实际观察史料更能清楚理解。让我们来读前述厨师杀人事件中,县的详文的主要部分。

〔开头有"五品衔……常宁县知县某某,为详复事"的起头文字,其后关于某日发生的某某一案,对某日的通详有收到来自督抚的批文"确审起衅殴伤致死实情,按拟解勘"的文字。〕

奉此。除邻佑王启标等,前已取供有案,遵例免其复讯外,遵即拘提应质犯证〔应讯问的犯人与证人〕复加研讯。

　　问据保正寥方华供……

　　问据谢夜呱供……

　　问据寥汝南供……

　　问据寥百南供……

　　问据夏孝六供……

　　问据周坤易供……各等供，在卷。据此。

　　该署湖南衡州府常宁县知县朱永烈，看得周坤易殴伤乞丐谢宗文身死一案。缘，坤易芸习包厨，与宗文素无嫌怨。乾隆二十三年（1758）十一月十八日，有县民寥百南娶媳宴会。雇周坤易在家置办喜筵……〔适当地汇整处理骚动的始末〕……坤易闪避顺拾火柴棍吓打。意欲赶逐，不虑殴伤宗文右胁连及右后胁蹲地，至夜殒命。

　　报经卑职验讯通详，奉批饬审。遵即逐加研讯，据供前情不讳。

　　〔以下为"拟罪"的部分〕查例载"白日入人家内偷窃财物，被事主殴打致死者，比照'夜无故入人家，已就拘执而擅杀致死'律杖一百徒三年"等语〔关于此适用条文的各种问题详如后述〕。今谢宗文前往寥百南家乞食，已经给与酒肉。乃于醉后混嫌肉少喧嚷詈骂，始而掷泥毁窗（按：窗），继而踢进厨房，抢夺肉食。周坤易往阻，又敢捡石殴打。似此恶丐肆横入室抢夺，较之"白日进屋偷窃者"，其情较重。而周坤易系司厨之人，有典守之责，与"事主工人"无异。将谢宗文还殴致毙，合之"白日行窃，事主殴打致死"之例意相符。

周坤易，应比照"夜无故入人家，已就拘执而擅杀致死"律杖一百徒三年，至配所〔徒刑的流放地〕折责四十板〔将杖刑一百次的分量换算为板刑四十次执行〕。夏孝六〔厨师的助手〕并未在场帮殴，周坤易与谢宗文殴打事起，仓卒救阻不及，应毋庸议。无干人等，概请省释。谢宗文尸棺著令尸亲领埋……

是否允协，理合连犯解候本府审转。

律例援引义务 如上所见，拟罪有义务援引《大清律例》的某一条文。《大清律例》刑律断狱"断罪引律令"条有以下规定。[1]

凡断罪，皆须具引律例，违者笞三十。

如同后述，律例各条文内容为细分化后的犯罪情节，及符合犯罪情节的特定轻重程度之刑罚。因此一旦引用特定律例，基本上也会确定刑罚的轻重。

于是，刑罚轻重程度在量刑上有误时（也就是未适当引用条文），官员要等待因其失态所生的相应处罚或处分。以下

---

[1] 条文名称虽言"律令"，但条文的本文规定的却是"律例"，虽然感到其中并不统一，但此应只是为了尊重自唐律以来在条文名称上的历史沿革。

为刑律断狱"官司出入人罪"条规定（律本文中区分各段的"○"亦为律文正规内容的一部分）。

> 凡官司故出入人罪，全出全入者，以全罪论……○若增轻作重，减重作轻，以所增减论。致死者，坐以死罪……○若断罪失于入者，各减三等。失于出者，各减五等……〔以下省略小注〕

若有误判，原则上由裁判官代受因误判所生的刑度差额（就算有"失"，也会以惩戒处分代替刑罚）。

如此量定适切的刑罚轻重＝选择适切的适用条文（罪名），对地方官来说是事关生死的重要问题。因此，选择适当与否，最为必要的是，以在详文中先已叙述的确定罪状为基础，进一步以对照此基础中当事人供述内容的方法，先委由上司作出判断，从审理阶段便开始思考应适用何种条文，并从预定适用的条文逆推，制作整理事件主角与配角的断罪型故事，并须无遗漏地搜集与此故事相符的供述。[1]

如此整理详文后，将详文与犯人一并送交至上司（府的长官）管辖。

---

[1] 在第五章第三节，本书认为，在听讼过程中要将何种事实当作具有法的意义之事实加以整理，其实并不确定，然而在命盗重案中，当决定了律例的罪名时，着眼点也因此而确定。森田成满就命盗重案中犯罪事实的认定问题，在叙述了官员的裁量权后，指出"尤其，当一面凝视记载于律例上的犯罪框架并一面摭取事实时，律例作为明确的犯罪类型，事实上，有不少扮演画出事实认定（详核案情）框架前导角色的情形"。森田成满：《清代の命盗事案における法源と推论の仕组み》，《星薬科大学一般教育論集》22号，2004年。

第二节　命盗重案的处理2——复审的过程

1. 复审的实际情况

招解与复审　上申的基本形态为，已为审理的下级官员将判断内容，以详文的形式书写并送交上级，此时会将犯人本人一并上送至一定层级。护送称为"解"，因与详文（招状）一并解至上级，故合称"招解"。不论什么情形，应将犯人送交何处大致上已有定例，一般而言，处相当于徒刑者送交知府，相当于流刑者送交按察使，相当于死刑者则送交督抚。

上司检阅送交的详文，若有嫌疑人亦会一并再行讯问。如果发生误判（量刑不当），依前揭规定，上司本身也会被连坐，因此上司不可能什么都不想而直接追认原案。

驳　复审过程中，如果上司认为原案有疑问，会毫不客气地指出疑点，并将原案文书退回。此过程称为"驳"。驳的内容分为下列两种。

第一，原拟事实认定（断罪故事）有问题。发生原因有，上司本人阅读详文，从中发现有不自然或论述矛盾，或被招解的犯人本人在上司面前翻供（翻异），也有亲属另外"上控"。

发生这样的结果，起因于当事人间对事实认识的统合不充分或不成功，因此必须以相关人士为对象，再度谋求意思统一。统一的方法，有将犯人与文书发回原审着其再次审理，若原因出于地方官本人的强迫，则发交相邻州县，派遣身负特殊命令的委员至该州县裁判，也有上司亲自就相关文书及传唤相关人等再度进行审理（"提审""亲提"）的方法。于是，对应方法分成三种，在自理事案被上控的情形亦无太大差别。若思考其中原理，不论何者皆显现出上司所持的裁判监督权，不同之处在于，在州县自理事案上控，裁判监督权的发动是由当事人一方提出，相对于此，在命盗重案，裁判监督只不过是寻常进行的程序之一而已。

第二，详文中狭义的拟罪、拟律（量刑＝法律适用）有问题。在此专指官僚制内部的意思统一，可说是必要复审制中的固有部分（不会出现在州县自理事案的上控）。在此情形下，上司有可能指出不备之处并发回原审促其重新考虑，如果认为只是技术问题，上司也会自己直接修改。然而不管是哪种情形，下级官员如果无法认同驳的内容，也会另辟蹊径，附带理由更进一步向上司上申。

刑名幕友的活跃场所　先前曾引用显示幕友自负的文章，汪辉祖《学治臆说》"遇公事援引律义反复辨论。间遇上官驳饬亦能自申其说。为之主者敬事惟命"，正好可以叙述这种情形。在汪辉祖自订年谱《病榻梦痕录》乾隆二十一年（1756）记事中，有汪辉祖的亲身经验。

　　　二十一年丙子。二十七岁。胡公督运临清〔被任命为督运道转任临清〕。余以病不能远行，就无锡县魏公廷夔馆，副秦君治刑名。秦君〔前任刑名幕友〕专法家熟律令。县民浦四童养妻〔为了使其于将来与儿子结婚，而于幼小时即招入的养女〕王氏，与四叔经〔人名〕私事〔奸通事件〕发。秦依服制〔媳妇与叔父间的亲属身份关系〕拟军〔充军，重刑〕。余曰，童养也，可以凡〔无亲属关系的一般人〕论。秦不可。魏公属余主稿。余以凡上。

常州府〔常州府知府〕引服制驳。余〔对知府上级的上司按察使〕议曰，服制由夫而推。王氏童养未婚，夫妇之名未定。不能旁推夫叔也。

臬司〔按察使〕以王氏呼浦四之父为翁，翁之弟是为叔翁，又驳。余〔这次是对更上层的巡抚〕议曰，翁者对妇之称。王氏尚未为妇，则浦四之父亦未为翁。其呼以翁者沿乡例分尊年长之通称。乃翁媪〔伯父伯母或叔父叔父〕之翁，非翁姑〔公公、婆婆〕之翁也。

抚军〔巡抚〕，因王氏为四妻而童养于浦，如以凡论，则于四无所联属。议曰，童养之妻虚名也。王习呼四为兄，四呼为妹称以兄。妹则不得科以夫妇。四不得为夫，则四叔不得为叔翁。抚军以名分有关，又驳。议曰，礼未庙见〔婚礼仪式的一个阶段。夫妇到宗庙祭拜〕之妇而死，归葬于女氏之党。以未成妇也。今王未庙见，妇尚未成。且记〔《礼记》王制〕曰，附从轻言。附人之辠（罪），以轻为比。书〔《尚书》〕云，辠疑惟轻。妇而童养，疑于近妇。如以王已入浦门，与凡有闲，比凡稍重则可。科以服制，与从轻之义未符。况设有重于奸者〔如斗殴杀人之类〕，亦与成婚等论，则出入〔刑罚过重、过轻的程度〕大矣。请从重枷号三个月，王归母族，而令经为四别娶。似非轻纵。遂蒙批允。余名颇为抚军所知。抚军者番禺庄滋圃先生（有恭）也。

刑名幕友最大的活跃场所即在于此，这桩事件也是幕友汪辉祖日后名满天下的开端之一（庄有恭是乾隆年间的大吏代表）。不能因为裁判出于文人官僚之手，便擅自认为裁判的专门性不高。因为在官僚的背后，有自负的幕友存在。

审转 与上述相反，如果上司认为事实认定与拟罪皆如原案一般毫无疑问，上司会以自己的名义书写详文送交更上一层的上级，亦即"审转"。

即便说是以自己的名义书写详文，首先会以某月某日从下属收到具有以下内容的详文为形式，大幅引用部下的详文，之后再书写自己的事实认识与拟罪。但是，在宣称下属的原案并无问题的上申事件中，后段内容在实质上，也与前段引用中所示的下属原拟无异。几乎没有太大差别的文章内容反复出现，即是审转文书的特征。然而，因为每一名上司都会反复进行这种作业，因此越往上级走，详文内容就成为多层次构造。

完结权限的分配 那么,复审要持续到什么层级为止呢?如同前揭《大清会典》记载"若命案若盗案……解上司以审转,总督若巡抚审勘乃具题焉",宛如可以见到全国命案与盗案每一件到都上申到皇帝。然而,若真如此,皇帝当然也会受不了,因此实际上是以下述程序分案。

详结 首先,即使是命案,也会有处以笞刑、杖刑的刑罚就可完结的事案。如之前看到的"威逼人致死"处杖一百的情形,再者,窃盗事案中,也有窃盗四十两以下且为初犯,处以杖一百完结情形。实际来说,到本段为止所见到的伴随解送当事人的正规上申,似乎被省略了。

简便的方法有好几种。若从一开始就已弄清楚事情的来龙去脉,有"详结"程序可适用,亦即在州县同时向省内各级上司通报事件发生的通详中,便已达拟罪阶段,当州县收到督抚承认拟罪的批后,便于州县执行笞、杖刑罚。[1] 再者,根据各省情况不同,也有采取先由州县执行杖刑,每季再由州县进行事后报告的做法。虽然就有进行上申(以文书进行复审)之点而言,这种做法不同于州县自理,但从上司并无任何讯问犯人的机会来看,也与一般上申有别。

批结 关于徒刑事案(包括一般案件的徒刑事案,与命案盗案的徒刑事案),承办州县上申的知府与按察使进行复审

---

[1] 铃木秀光:《详结——清代中期における軽度命盗案件処理》,《法学》63卷4号,1999年。

(审转)，如果总督、巡抚对按察使的详文写下命其执行徒刑的批，事件在当场就已"完结"（审理终了）并"发落"（刑之执行）。这种方法称为"批结"。例如前述厨师杀人事件为论处相当于杖一百、徒三年刑罚的事件，总督对按察使的详文有如下批示。

> 周坤易，照拟杖徒。〔以下说的是所有徒刑的具体执行方法〕查龙阳县徒犯现只九名。饬将该犯押发该县，折责〔将杖刑换算成板刑并执行〕、摆站〔使其担任驿站的传递业务〕、限〔徒三年的年限〕满释放、取"收管"〔从身份保证人所出的保证书〕报查。余如详行……仍候抚部院〔巡抚阁下〕批示。缴。

如果巡抚也同样发出认可指示，事件就此便可完结发落。然而，如同《大清律例》刑律断狱"有司决囚等第"条例中规定"其寻常徒罪，各督抚批结后，即详叙供招，按季报部查核"，督抚被要求在上申文书中整理事件处理的始末，按季向刑部汇报，并受事后审查。

咨结 在流刑案件（乾隆后期以后，包含涉及人命的徒刑事案），督抚被要求就每一事件事先向刑部提出"咨"，以询问刑部意见。因为省的长官与刑部的长官在官制上位阶相等，因此使用称为"咨"的平行文书格式。在督抚送出咨文后的阶段，人犯会送回州县并留置于州县监狱。

收到咨文的刑部，先由以省为单位设置的承办分司（清吏司），核议该省原案并作成新的原案，由审议官（司官）审查，之后若再经长官（堂官，由尚书二名、侍郎四名组成的合议体制）批准，即"咨复"该省。因为是由咨文往返之故，这种方法称为"咨结"。另外，如上揭"有司决囚等第"条例中，对流刑事案有"督抚项目咨部核复，仍令年终汇题"规定，督抚有义务在年末汇整审理结果（包含上述徒刑的批结结果）上奏皇帝。

报告义务与事后更正的可能性 流刑以下的事案原则上如前述，由臣下（督抚或刑部）"完结发落"，只有年末时汇整结果的一部分（人命徒刑与流刑事案）具题皇帝而已。皇帝将完结发落的部分权限委以官僚，如此也可大幅省去皇帝的麻烦。相反地，当皇帝日后阅读"汇题"而感到有不当之处时，事后可能进行加重或减轻的更正。在此意义上，上述两者只不过是暂时开始执行的决定而已，重大重罪案件的最终裁判依旧由皇帝进行。正因如此，便形成只有无事后更正余地的死刑案件，必须由皇帝亲自一件一件发落完结的结果。

题结 死刑案件采取的做法是"题结"，就每件案件书写题本（相对于上述"汇题"，称为"专本具题"），对处刑的当否、可否寻求皇帝决定。当进行到这个阶段，人犯会由省的都城被送回原州县，留置于州县监狱。图15所示即为三个题本封面的例子。

具体来说，首先巡抚要书写如图15左例的题本给皇帝。题本内容大幅引用按察使详文（另外，按察使的详文内容则大部分引用知县的详文），再加上巡抚自己的看语及拟罪，最

第六章 断罪——犯罪的处罚与判决的统一　339

图15 题本之例

后以"理合具题，伏乞皇上睿鉴，敕下法司，核拟施行"结尾。对于此题本，将以皇帝附加的"三法司核拟具奏"朱批为结尾。

接到朱批的三法司（刑部、都察院、大理寺）将进行复审。实际上，在巡抚向皇帝提出题本的同时，也会将副本送交刑部，因此实际审查不待上述朱批便已开始。与咨结案件相同，刑部内也有负责该业务的清吏司，由其作成原案上呈长官。三法司题本是以"该臣等会同都察院、大理寺，会看得□□一案"，分析事案及拟罪，最后以"臣等未敢擅便，谨题请旨"收尾。皇帝对三法司的题本则以"朱批"完结。

立决与监候 另外，死刑不论斩、绞，皆分"立决"（即时处决）与"监候"（监候秋后处决）。如果遵守死刑要在万物迈向死亡的秋季执行方合天道运行的古典思想，原则上应采监候。然而，也有必须即时处刑而超越此原则的情况，此时便会选择立决。清代立决、监候的区别明定于律文，因此州县从拟罪阶段起，便要提出包含立决、监候在内的原案。

图15右二例的三法司题本，其中所附的皇帝朱批内容大致为下述短文。立决的情形（图中央之例）写的是"□□著即处绞〔或斩〕。余依议"，接到朱批后，下一次就会为了具体开始执行死刑，而进行取得皇帝许可的程序（几次装作皇帝重视人命，死刑执行犹豫再三的样子）。处刑由人犯收监的州县执行。监候的情形（图右例）写有"□□依拟应绞〔或斩〕，监候秋后处决。余依议"的朱批，犯人则保持继续在州县监狱的状态等待后述"秋审"程序。

2. 秋审

秋审的三种分类　如果只看"监候秋后处决"文字，只会理解为收监等待秋天到来即执行死刑，实际上，清代所有的监候人犯在执行死刑前，都要付诸"秋审"（对在京人犯进行的程序称为"朝审"，以下包含于秋审中讨论）。秋审是指，一年一度，身在北京的九卿、詹事、科道等高达百名的高官集于一堂，针对可否执行监候人犯死刑进行审议的程序，审议结果将人犯分为"情实"（案情确实，执行死刑为允当）、"缓决"（暂缓执行，本次处决以暂缓为适当）、"可矜"（有可怜悯之处，减为流刑以下之刑或赦免为适当）三种。此外，对尚有双亲年迈，但家中男子仅余犯人一人的"亲老丁单"犯，有免其死刑，改处"在留养亲"使其"留养"的制度，对此的审查亦在秋审程序中进行。[1]

秋审程序 秋审的准备作业始于初春。在各省，收监于州县监狱的监候人犯，会被再度送往省的都城进行讯问，由按察使主导，作成区分上述三种结果的原案，上申刑部。刑部以自己既有的文书为基础进行检讨，并结合从省送来的上申案，印刷制成原案书"秋审册"，事前送交负责秋审的九卿、詹事、科道（在此阶段，秋审册也会被送交给皇帝）。时至八月，九卿、詹事、科道等在天安门外金水桥西侧召开"秋审大典"仪式，进行审议，审议结果会以题本上奏皇帝。因为秋审需要如此长的准备时间，若于程序开始日（秋审截止日期）后才被判处监候之人，将赶不上今年的秋审，则会顺延至明年的秋审。

九卿、詹事、科道的上奏，不论是"情实""缓决""可矜"，皇帝都可以批驳。再者，特别是对"情实"人犯，制度上设有不同于驳的机制，让皇帝有机会针对每一个人犯（无须特别表示理由）进行取舍选择（"勾决"制度），因此只有皇帝标示（"予勾"）的人犯才会成为执行对象。没有被标示（"免勾"）的人犯，会与缓决人犯一同留待次年再行秋审。

当然，如果继续这样下去，"缓决"人犯与"免勾"人犯

---

[1] 关于秋审问题，近年来赤城美惠子、高远拓儿等人进行大量的研究。详细内容可参考赤城美惠子《日本における秋審研究の紹介と今後の課題》，中国史学会编《中国史研究》第47辑，2007年。

就会慢慢累积，秋审对象也会增加，到了清代中期已经增加为一万人左右。比起审理上的困难，更麻烦的是监狱塞满秋审人犯。因此陆续提出，针对特定类型的犯罪者，在历经数次缓决后改处可矜的策略。

程序差别成为刑罚轻重的倾向　于是，当制作了这种适用程序上区分的机会，程序的区分本身，便如同刑罚轻重不同一般而被使用，这也是清代刑事裁判制度的一种特殊习惯。

例如，如果有"秋审截止日期"的制度区别，下回则与此相反，因为这种事案的恶性特别高，产生即使过了秋审截止日期，也要被加入该年秋审大典（此被称为"赶入"）的犯罪类型。另外还有"勾决"制度，当逢喜事之年"勾决"会暂休（遇该情形时则会予以全部情实人犯免勾）的方法确定下来的话，其后就会制定即使是勾决暂休之年仍特别要勾决的犯罪类型。再者，为了强调皇帝的恩典，产生虽然每年情实但每年必定免勾的犯罪类型，其后更进一步发展成，若有持续十次情实且免勾即改判缓决的犯罪类型，与若有持续两次情实、免勾即改判缓决的犯罪类型。关于缓决人犯也有恩赦减等的例，与缓决十次即减等的例，当这些例确定下来后，就会产生相反的情形，即使遇有恩赦，无论持续缓决多少次也不当然减等为流刑的犯罪类型也被定型化。[1]这种开展背后，存在整个裁判制度为符合案情多样性，而使刑罚轻

---

〔1〕　赤城美惠子：《清朝秋審における赶入について》，《中国——社会と文化》第20号，2005年。

重更细分化、多层级化的根本需求。

3. 权宜处置

先行正法的各种类型 以上，是从命盗重案的发觉到处刑为止的标准处理程序全体像。这种制度可以说是相当烦琐，而被精致地设计出来。尤其是死刑执行（称之为"正法"），让人印象深刻的是不畏烦琐的程序，对每一桩案件都慎重，都要取得皇帝裁决。另外，从史料来看，在遵守严格程序的例文中，混杂着不待皇帝批准，在下属层级即可进行"即行正法""先行正法"的几种类型。[1] 这种做法在整体制度中虽属例外，但为了思考程序的意义及其定位，可将这几种类型当作绝佳的线索，以下也稍微补充说明。

第一种例外是"杖毙"，亦即在侦讯现场以杖刑将犯人处刑。从州县官到督抚都有实际执行的例子，有事前（通过以奏折上奏皇帝的个人上奏管道，此与通常使用的题本有异）取得皇帝许可而执行的情形，也有不待皇帝许可即执行的情

---

〔1〕以下可参考铃木秀光《杖毙考——清代中期死刑案件处理の一考察》，《中国——社会と文化》第17号，2002年。（中文版：娜鹤雅译《杖毙考——清代中期死刑案件处理の一考察》，张世明等编《世界学者论中国传统法律文化》，法律出版社，2009年。——译者注）同氏：《恭请王命考——清代死刑裁判における「権宜」と「定例」》，《法制史研究》53号，2004年。[中文版：吕文利、袁野译《恭请王命考：清代死刑判决的"权宜"与"定例"》，《内蒙古师范大学学报（哲学社会科学版）》2009年第4期。——译者注] 同氏：《清末就地正法考》，东京大学《东洋文化研究所纪要》第145号，2004年。同氏：《「请旨即行正法」考——清代乾隆・嘉庆期における死刑裁判制度の一考察》，《专修法学论集》第98号，2006年。引用史料根据铃木氏的研究。

形。再者，即使在一般程序中，有处以死刑的案件，也有涉及律外的紧急判断例子。第二，清代中期开始，在督抚层级多行"恭请王命"，此种做法为，一面以一般程序所载的死刑（大多是罪状清楚明白的立决案件）题奏，另一方面则不待皇帝批准与执行命令书的下达，便将由皇帝预先颁赐给巡抚，作为军区长官的巡抚军旗"王命旗牌"带至刑场，以该旗当作皇帝命令，当场执行死刑。第三是"就地正法"，清代后期逢太平天国之乱，在全国交通联络有断绝的倾向中，对特定案件采取将上述"恭请王命"部分简略的方式便逐渐定型。

皇帝的态度 不论何者，皆非循正常步骤到达臣下执行死刑的阶段，但皇帝对这些做法未必经常抱持否定态度。在此，不如观察史料。首先，关于杖毙，《雍正朝汉文朱批奏折汇编》六册，No.263"福建巡抚毛文铨奏报缉获漳浦县不法之徒情形折"〔雍正三年（1725）十月二十五日〕福建巡抚上奏如下：

> 林棍等聚众制械，欲进漳浦县城，抢劫富户，实因本年八月二十五日，有厦门匪类郭兴等一案，所以乘风而起。若不从重严行究处，何以慑怖奸人之胆……此案奸徒虽聚众商谋抢劫，然实未上盗，似与厦门郭兴等公然杀害官兵者不同〔正在确认是否为未遂。如果是未遂，律上所载的刑罚为流三千里，尚未至死刑〕……将内为首及藏械藏人者，即在该地立行杖毙，抄没其家外，其余伙犯严行枷责〔杖

第六章 断罪——犯罪的处罚与判决的统一

刑与枷号〕，仍按轻重分别永行禁锢看守。

> 皇帝朱批：甚好。但一点宽纵不得。令匪类漏网，遗害良善，大损阴德事也。将此等放虎入山之假仁，万万行不得，只以严为好。

在另一件事案中，皇帝叱责了未采取恭请王命的官僚，命其今后应固定采恭请王命方式的例子，如下述乾隆五十五年（1790）谕旨：

> 惠龄奏"审拟昌邑县民人晴必窿杀死无服族叔晴有喜等一家六命"一案，已批交三法司核拟速奏。此等凶犯，不法已极，照例问拟凌迟〔凌迟处死〕，即应一面奏闻，一面恭请王命，先行正法。若照寻常案件之例，等候部复，设或疏于防范，越狱脱逃，或竟染患病症，瘐死狱中，使凶犯幸逃显戮，日久百姓或不知为何事。惠龄审拟晴必窿一案，不即正法，殊属拘泥……嗣后各直省，凡杀死一家三命以上凶犯，审明后，均著即行正法，以儆凶残。

慎重之必要与当场决定之必要　对皇帝而言，并不认为遵守前述上申步骤绝对就是好的。这是因为官僚是皇帝的手脚，皇帝官僚制原本即为一体。当然，在皇帝眼中官僚贤愚不一，皇帝永远会担心官僚判断有偏差或产生冤罪。因此，便制作复审制并以"刑罚之慎重"为目标。然而，考虑到文书程序烦琐与帝国整体的幅员，越慎重执行程序，所费的时间便越长，一旦费时，则会发生如上述史料中乾隆皇帝所言的弊病。若"当场决定"的必要性高于"慎重"的必要性时，即有空间（有时也需要这种做法）非由皇帝本人，而是由下属官僚总之先体现皇帝官僚制全体判断。执行杖毙时，官僚的举动宛如皇帝本人，从高揭王命旗牌的巡抚口中说出的话语，也被当作是皇帝本人所说的。

然而对臣下而言，在尚未确定皇帝意向的阶段就预先采取行动，多少带有几分赌博的味道。如果处理得恰到好处，会得到"非常好"的称赞，但太过擅自行动又会被叱责是"僭越"，相反地，过于慎重又会被批评为"拘泥"。

在先前命盗重案的听讼型处理，州县官扮演的角色，有从民间社会由下而上的"士大夫"面向，也有从皇帝角度来看作为臣下、手脚的"吏、奴才"面向，虽然有时也会看到两种角色互相冲突的情形，但本文在此讨论的，是后者中两个极端的选择，也就是即使同样作为皇帝官僚制度的一员，也要选择究竟要作为皇帝本人的代理人（整体皇帝官僚制的代表）来面对人民，抑或要彻底采取作为皇帝官僚制内部末端职员的立场。在此即显示出官僚的矛盾。

制度与定例　因此，本节最后将整理在整体裁判制度中可见的权限分配特征，在此想举出的是，脱离特定个人形态的官僚职务之体系编制，及皇帝可自由任命官员担任该官位的问题（原则上，不进行官位的世袭或卖官）。若着眼于此，将此体系编制称为"官僚制"应名符其实。

然而，就州县长官、府的长官、督抚、皇帝这条行政上的主要轴线而言，无论何者的职务内容都是统治该管地区的所有事物，且在理念上，他们也作为一个统治者形成一体。在此可以各种类型在程度上的不同，作为理解该体制整体性的方法，亦即州县官一方面作为全体皇帝官僚制的代表，把自己当成好似皇帝一般现身于民众之前，另一方面因为这个体制的顶点是皇帝，官僚只不过是皇帝的手脚。无论如何可以确定的是，不管多么有才能的皇帝都没有办法一个人做出所有的判断，但要委由下属进行判断，又会担心贤愚不一的官僚们自作主张。在担心官僚制度末端恣意作为与忧虑中央负担过重之间，不断上演"应委托谁至什么程度为止决定什么事情"的拔河。

　　从上述可以看到的州县自理与上申的区别，与上申事案中详结、批结、咨结、题结的区分，皆是在此构图中，以职务分摊与权限分配为中心所下的一种功夫。当然，其中不只有判断权限分配的原则问题，也夹杂文书制作事务的费时费力与交通通信的难易程度等问题。在没有绝对正确答案的前提下，反复寻找实务上之均衡点。而各时期均衡问题的标准安定状态，便被记载于各种史料当中。与其说这些是权限分配的硬性"制度"，不如说正如官僚们自身所称的是一种"定例"。但正因为这只是这种程度的事物，在意识那些定例的前提下，更进一步加上个案式的判断（权宜的处置），并对此进行个案式的评价。不断反复累积下，权宜措置本身终于成为新的定例。

第三节　律例及其运作方法

1. 律例的由来及其内容

如同前两节中所见，以命盗重案的处理为中心，当州县完成调查后，律例会在地方官与幕友讨论并书写详文的阶段登场。话虽如此，并不代表命盗重案裁判所根据的规则，与户婚田土事案的裁判有所不同。

科刑的正当性基础　首先，当发生应科处刑罚之行为时，应依刑罚处罚该犯人一事，毋宁说州县官是根据以相关当事人为对象所进行的断罪型故事形成，与包含犯人在内的全体关系者之承诺（也可以说成是"弄清真相"）为正当性基础。到此部分为止，地方官进行的基本上与处理户婚田土事案时相同，在作业过程中规则并非必要，再者，就算实际上从档案来看，在法庭审理的阶段，实定法也几乎没有公开出现在台面上（但考虑将来的拟罪，在台面下仍意识到规则的存在）。

再者，即使通过上申与复审希望达到的目标是"情法之平"，其目的在正确对应该事案并科以轻重相符的刑罚，而在案情中不仅是该犯罪行为本身，也包含犯罪行为的背景在内。在有无限个案的前提下，原则上也认为，命盗重案与户婚田土事案一样，事案的正确解答会依不同个案而有差异。而且人民是"皇帝的子民",剥夺其自由并伤害其身体是一件重大的事。因此正式的刑罚,是由受天命的皇帝本人,或对每个案件进行事前审查(死刑案件的情形),或在每个季节进行事后审查(包含人命的徒刑事案及流刑案件),做出最后决定。因为判断内容为刑罚,且判断主体是皇帝本人,因此即使以接受判断为主的相关当事人有直接的反应,也无法向再上级的单位上控或由上司监督裁判,但会产生另一种追究皇帝责任的机制,即因量刑判断错误而导致治安恶化或天灾等结果,最终导致革命发生。就此,亦无规则存在之必要。

以断罪为中心存在的,最终还是借由自由组合利益分配与刑罚来进行,且对其适当与否将被追究结果责任的个案式裁判,其并不需要以规则作为原理,不仅如此,完全不存在相同事案,越进行这种讨论,越看似不可能将案件类型化,也因此以此为前提的实定法化不可能达成,且亦不适切。

律例登场的脉络 然而,实际上命盗重案的刑罚部分有类型化的可能,不仅如此,类型化也是无可避免的。

也就是说,不同于连结论部分都无限个别的户婚田土事案(或包含于命盗重案中的利益再分配部分),在命盗重案的事案间,具有清楚且相当单纯的共通事项,即成为量刑刻度的五刑二十等刑罚。看似同样的杀人行为,为何在这个事案中处以斩刑,而在另一个事案中处以绞刑。究竟基于什么原因,使刑罚结果分成两种。如果比较各种事案,并非不需要对犯情类型化。姑且不论实际上谁会追究"判断一贯性",但就算仅着眼于皇帝一人,"判断一贯性"仍是可能被追问的问题。

本书在此，还要加上大规模裁判制度特有的问题。如果考虑到全国所生的庞大事案量，不可能只靠皇帝一人处理，但像刑罚这样的重大问题，也无法完全委由官僚制度末端的官员进行。因此便产生如同前节所见，制作原案、复审、决定等多层级的分工体制。然而，即使在制作原案方面，各官僚若在无任何前提限制的状态下被委任进行"情法之平"判断，无论如何都无法整合判断结果，若因此向中央集中，反而将造成不可收拾的结果。在皇帝官僚制内部的多数主体间，"判断的统一"仍有必要。当然，为此必须将事案类型化。

在此前提下登场的，即为律例。在律例所附的序文中，皇帝亲自明确提出说明。在附于清代最初法典顺治律的世祖章皇帝（顺治帝）"御制大清律原序"〔顺治三年（1646）〕中，有如下文字：

> 朕惟，太祖太宗〔努尔哈赤、皇太极〕创业东方〔满州地区〕，民淳法简，大辟〔死刑〕之外惟有鞭笞。朕仰荷天休〔天的赞赏〕，抚临中夏，人民既众，情伪多端。每遇奏谳〔判决原案的上奏〕，轻重出入，颇烦拟议，律例未定，有司无所禀承〔接受命令〕。爰敕法司官，广集庭议，详议明律，叁以国制，增损剂量，期于平允。书成奏进，朕再三复阅，仍命内院诸臣校订妥确，乃允刊布，名曰《大清律集解附例》。尔内外有司官吏，敬此成宪，勿得任意

低昂，务使百官万民，畏名义而重犯法，冀几刑措之风〔世间无罪人即毋须刑罚适用的状态〕，以昭我祖宗好生之德。子孙臣民，其世世守之。

律例被期待的第一功能，是为臣下制作量刑原案之际提供指引。第二，使民知刑罚轻重以制止犯罪之欲，则为接续在后的附带目的。

律文的例子　实际上，律例内容的书写方式，原本即在因应前述两种目的。不如举一例来看，以下为《大清律例》刑律"斗殴"条的前半部。

斗殴（相争为斗、相打为殴。）

凡斗殴（与人相争），以手足殴人不成伤者，笞二十（但殴即坐）。成伤，及以他物殴人不成伤者，笞三十。（他物殴人）成伤者，笞四十。（所殴之皮肤）青、赤（而）肿者为伤。非手足者，其余（所执）皆为他物。即（持）兵不用刃（持其背柄以殴人），亦是（他物）。拔发方寸以上，笞五十。若（殴人）血从耳目中出，及内损（其脏腑而）吐血者，杖八十（若止皮破血流、及鼻孔出血者，仍以成伤论）。以秽物污人头面者，（情固有重于伤，所以）罪亦如之（杖八十）。〇折人一齿、及手足一指、眇人一目（尚能小视，犹未至瞎）、抉毁人耳鼻、若破（伤）人骨、及用汤火铜铁汁伤人者、杖一百。以秽物灌入人口鼻内者，罪亦如之（杖一百)。

　　折二齿二指以上，及（尽）髡（去）发者，杖六十徒一年（髡发不尽，仍堪为髻者止依拔发方寸以上论）。○折人肋、眇人两目、堕人胎、及刃伤人者，杖八十徒二年。○折跌人肢体、及瞎人一目者（皆成废疾），杖一百徒三年。

　　○瞎人两目、折人两肢、损人二事以上（二事如瞎一目又折一肢之类）、及因旧患令至笃疾、若断人舌（令人全不能说话）、及毁败人阴阳者（以致不能生育)，并杖一百流三千里。仍将犯人财产一半断付被伤笃疾之人养赡。〔……以下为有共犯情形时，主犯从犯的罪刑分配。省略〕

绝对主义的法定刑　　依循着提供量刑导引的目的，贯穿其中的是彻底细分的犯罪态样，针对这些态样，从五刑二十等的刑罚中斩钉截铁指定特定刑罚的书写方式。在此意义上，可以说存在于其中的是庞大的犯罪刑罚一览表。因此大部分的律例条文，可以如表5表式化。

　　表5左列，为上述刑律斗殴"斗殴"本条的分解形态。由此来看即可清楚知道，把犯罪情节样态细分化，并将其置于五刑二十等刑罚尺标中的适当位置。写于正中央的"亲属相殴"系统的内容则是再次收录于第一章第三节讨论同宗身份关系时的表1左侧。在此，犯罪是在什么样的人际关系间被进行，亦为犯情的一部分，并成为量刑判断的重要构成要

表5　律的构造

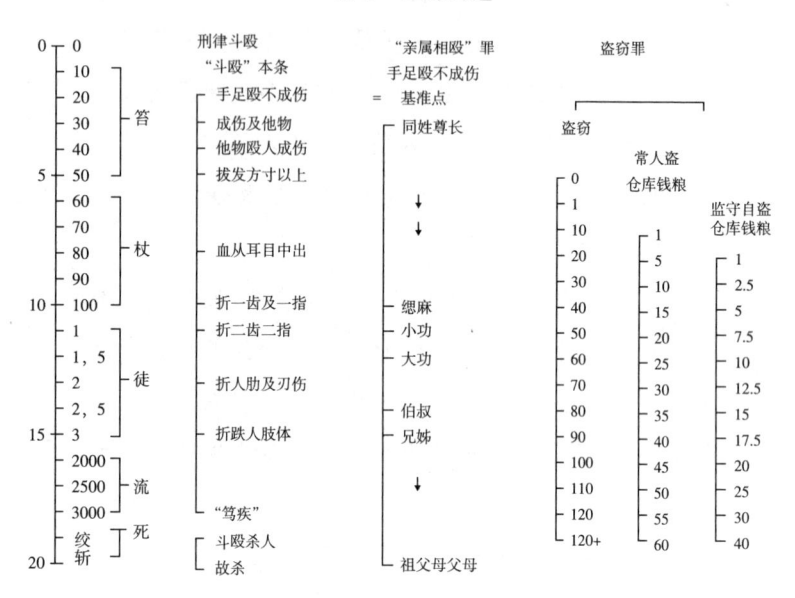

		刑律斗殴	"亲属相殴"罪 手足殴不成伤 = 基准点	盗窃罪		
0	0	"斗殴"本条		盗窃	常人盗仓库钱粮	监守自盗仓库钱粮
	10	手足殴不成伤	同姓尊长	0		
	20 答	成伤及他物	↓	1		
	30	他物殴人成伤	↓	10	1	
	40	拔发寸以上		20	5	1
5	50			30	10	2.5
	60		缌麻	40	15	5
	70 杖	血从耳目中出	小功	50	20	7.5
	80		大功	60	25	10
	90			70	30	12.5
10	100	折一齿及一指		80	35	15
	1	折二齿二指	伯叔	90	40	17.5
	1,5 徒		兄姊	100	45	20
	2	折人肋及刃伤		110	50	25
	2,5		↓	120	55	30
15	3	折跌人肢体		120+	60	40
	2000					
	2500 流	"笃疾"				
	3000					
	绞 死	斗殴杀人	祖父母父母			
20	斩	故杀				

素。在欠缺裁判官于适用律例后,以裁量补其不足的机制这个前提下,除预先将这些要素全部置于律例中外别无他法。在右侧书有"窃盗系统"的栏位中,有各种窃盗态样的例示。窃盗的刑罚,基本上依所盗财物多寡而定。所得为零指窃盗已行而未得财。通常窃盗以十两为一个刻度,依次加重刑罚一等。窃盗四十两处杖一百,五十两则直接移至徒一年,这种量刑方式充分显示,五刑被当作反应犯罪恶行的尺标使用。于是在窃盗案中,谁偷了什么东西成为犯罪情节重要的构成要素。因此,为了以法订定常人盗取仓库钱粮,与更进一阶的仓库管理者本人盗取钱粮的刑罚,遂制定了律文。

以长时期累积下来的刑事裁判经验为基础，考虑每一个犯罪的犯罪情节构成要素（影响量刑的要素）将其予以一定程度的类型化，并针对各案情分别给予适切且毫无疑义的刑罚轻重。虽然仅在单一犯罪类型内进行区分就已经非常麻烦，但在共有五刑二十等刑罚尺标基础上，将多种犯罪类型进行横向比较一事也成为可能。例如，从表5的杖一百的线横向延伸，殴打对方折其一齿或一指的恶性，与殴缌麻尊长未成伤、窃盗他人财物四十两以下、窃盗仓库钱粮十五两以下、或仓库管理者窃盗仓库钱粮五两以下的恶性程度相同。只要启动这种机制，无关乎意图之有无，总体上即有其意义。裁判官员需要具备在考虑到这点后，仍可维持心安的洗练程度。在这个过程中，进行犯罪类型化、犯罪情节细分化，再者，以过失、责任问题，共犯罪责分配或罪责竞合等一般问题为中心，这些与我们的刑法学具有共通性的原理也被反复地纳入考量。[1]

律典的编别构成　当然，其中也不免有反复试错的努力，如在第二章第二节服役者的身份处遇部分所见，此种试错努力直到律的历史最后也依然持续进行。然而，大方向的安定可说在《唐律》就已经达成。唐律全部有30卷、502条。开

---

〔1〕 因为本节集中讨论的是律例作为法的应有形态，因此几乎无法言及这种传统中国的刑法思考内容，对此具代表性的研究有中村茂夫《清代刑法研究》，東京大學出版會，1973年。再者，石冈浩、七野敏光、中村正人《史料からみる中國法史》，法律文化社2012年版中"第三部　刑事法"各章（由中村正人执笔），对几个代表论点也有简单明了的解说。

第六章　断罪——犯罪的处罚与判决的统一　*355*

头有作为通则规定的名例,以下分为卫禁、职制、户婚、厩库、擅兴、贼盗、斗讼、诈伪、杂律、捕亡、断狱总计12篇(加上"名例",总计12篇)。[1]

其后也持续进行律的改订,清朝时《大清律例》(附带提一下,如上述顺治律序文所示,当初的正式名称为《大清律例集解附例》,乾隆律时变更其名)位居基本法典的位置。[2]律共有436条,包含其后增加称为条例的追加法在内,最后总共有1800余条(两者合称"律例")。全体而言,开头有名例律46条,以下配合中央六部的官厅编制分成六编。以下介绍各编中的小区分(门)名与条文数:吏律(职制、公式)28条,户律(户役、田宅、婚姻、仓库、课程、钱债、市廛)82条,礼律(祭祀、仪制)26条,兵律(宫卫、军政、关律、厩牧、邮驿)71条,刑律(贼盗、人命、斗殴、骂詈、诉讼、受赃、诈伪、犯奸、杂犯、捕亡、断狱)170条,工律(营造、河防)13条。虽然有户律,但其中列有与上述

---

[1] 关于法典编纂的历史,参照滋賀秀三《法典編纂の歷史》,同氏《中国法制史論集——法典と刑罰》,創文社,2003年。再者,石岡浩、川村康、七野敏光、中村正人《史料からみる中国法史》,法律文化社2012年版中"第一讲 律令法体系はどのように形成されてきたのか:周から隋へ(《律令法律体系是如何形成的:从周代到隋代》——译者注)""第二讲 律例法体系はどのように変容していったのか:唐から清へ(《律例法体系是如何变化的:从唐代到清代》——译者注)",也有对最新研究成果的优秀介绍。

[2] 关于清律的文本研究,可参考滋賀秀三《大清律例をめぐって——〔附〕会典、則例、省例等》,同氏《中国法制史論集——法典と刑罰》,創文社,2003年(该论文初次发表在1974年)。谷井俊仁:《清律》,滋賀秀三编:《中国法制史——基本資料の研究》,東京大學出版會,1993年。后述关于坊刻本说明主要根据此二研究。

相同的刑罚规定，因此并非我们所认为的民事法律。

2. 律例的使用方法

即使是由如此庞大的条文所形成的律典，因为裁判本身是成立于个案式的公论型法的原理，因此裁判与实定法的关系，与依法裁判世界中的裁判及实定法关系自然有所不同。[1]

简单案件 尽管如此，若以律例是累积过去司法经验所制定而成为前提，在大部分的事案，律例中已经存在该犯罪情节类型化后的对应条文。地方官就本次事案的断罪故事，援引对应的条文拟罪（或因应实际情节而为正确表现的话，裁判官将预定援引的条文放在心中，同时拼凑断罪故事后，使全体关系人恰如其分地提出符合该故事的供述），上司、皇帝也以该上申原案已充分完成而直接核可，最后如律例上所载判处刑罚，这种展开在命盗重案裁判中占压倒性的多数。在律例已经规定了毫无轻重疑义的刑罚的前提下，官僚们并无我们当代法官一样的量刑裁量余地。结果出现程度超过我们的"依循法律规定的裁判"。

困难的案件 然而，律例为揭示具体犯罪情节，并列举

---

[1] 寺田浩明：《清代刑事裁判における律例の役割·再考——実定法の「非ルール的」なあり方について》，大島立子编：《宋—清代の法と地域社会》，财团法人東洋文庫，2006年。（中文版：曹阳译、陈新宇校《清代刑事审判中律例作用的再考察——关于实定法的"非规则"形态》，寺田浩明著、王亚新等译《权利与冤抑：寺田浩明中国法史论集》，清华大学出版社，2012年。——译者注）

对应犯情的刑罚轻重之物。越是想适当指定量刑，便不得不连描述犯罪情节的地方都要个别具体，然而讽刺的是，越是仔细指定，从中却产生更多疏漏。如"有定者律例，无穷者情伪也"的谚语，其中当然抱持如此预设，即不论如何认真制定律例，必定会存在律中未载对应犯情之刑罚的案件（律中未定的犯罪情节）。再者，若是如此，以既有律例条文即可完全足够（或应先以既有律例涵盖）的想法，反而成为错误的态度。"刑名案件有一定律例无一定案情。倘拘守正条，必至情重法轻，或情轻法重。自应斟酌参看，轻重适平，庶无枉纵。"（《湖南省例成案》户律婚姻"幼抱养媳或为嫂或为弟妇，兄亡弟续，弟亡兄续，酌量情节分别裁定"）。

无正条的情形 当臣下于拟罪阶段，发现事案的"情"不只是既有律文所定的"情"时应如何处理，律实有积极规定。如《大清律例》名例"断罪无正条"：

> 凡律令该载不尽事理，若断罪无正条〔正确且适当的条文〕者，（援）引（他）律，比附应加应减，定拟罪名，（申该上司），议定奏闻。若辄断决，致罪有出入，以故失论。

虽然可以做出并没有适合条文的判断，但也不能提出毫不预设前提的量刑建议。在这种情况下，则会被要求引用其他（但好像可以变成该案量刑线索的）条文，视其必要加减刑罚作成原案，在官僚制内部检讨其引用之适当与否，并交由皇帝裁决。如此援引条文的方法，当时称为"比附"。[1]

比附　以下举比附的具体一例。例如，尝试思考有以下两条文的情形。第一是刑律人命"斗殴及故杀人"条。

> 凡斗殴杀人者，不问手足他物金刃，并绞（监候）。○故杀者，斩（监候）。

这是斗殴杀的一般条文。第二则是刑律贼盗"夜无故入人家"条。[2]

> 凡夜无故入人家内者，杖八十。主家登时杀死者，勿论。其已就拘执而擅杀伤者，减斗杀伤罪二等。至死者，杖一百徒三年。

即使有斗殴并将人杀死的情形，在主家（包括家的族人、奴婢、雇工人）撞遇夜间无故进入家宅的人而将其杀死的案件中，可视为正当防卫判处无罪。"已就拘执"后，即使将对

---

[1]　还有，虽然想要赋予在处罚犯罪之际援引律例的义务，但律并没有办法事先预设所有的恶行，作为克服此种困难的方法，与下述比附并列，也有预先设定包括式的条文，在必要的场合援引此种条文方法论理的方式，但实际上在轻罪情形才会用此种方法。《大清律例》刑律杂犯"不应为"："凡不应得为而为之者，笞四十。事理重者，杖八十。（律无罪名，所犯事有轻重，各量事而坐之。）"在轻罪情形，适合用作比附的条文较少，且对笞杖刑程度的犯罪情形而言，亦无必要采取比附这种较为严重的手段。在上申事案中出现的轻罪者（如成为造成人命事件发生远因之人，或居于杀人事件周边但未防止杀人事件者）的拟罪等场合，经常使用这个条文。关于该条文的各种使用方法，参照中村茂夫《不应為考——『罪刑法定主義』の存否をも巡って》，《金沢法学》36卷1号，1983年。

[2]　关于此条文，参照中村正人《清代刑法における正当防衛（一、二）》，《法学論叢》127-1、127-3，1990年，及同《清律『夜無故入人家条』小考》，《中国史学》5号，1995年。

方擒获绑缚而杀伤，考虑到有一定程度的危险，原则上减二等，纵使达到杀死的情形也是徒三年。

在有此二条文的状态下，也会发生主家于黑夜中将小偷杀死于"人家之外"，或"于白昼"将小偷杀死于家内的情形。当然，也有"斗殴及故杀人"本条存在。但若考虑事情状况，应予以部分减刑才属妥当。但"夜无故入人家"条仅规定黑夜于家内发生的事件，并没有将对应上述事案的刑罚也规范进去。因此，作为律无正条的案件，要从量刑根据与程度开始考虑。接近的其他条文中有"夜无故入人家"条。然而，没有必要采与"夜无故入人家"条本体相同的做法予以无罪。而是同样依"夜无故入人家"条中的其他减刑规定，即"比照"（比附）"已就拘执而擅杀"，作成是否依此将加害者予以徒三年的刑罚原案上申。为什么虽然于黑夜"于人家外"，或"于白昼"但在人家内"登时杀死"之人，会被类比为（非登时）"其已就拘执而擅杀"，对我们来说一时很难理解，或许为了无罪而以"黑夜""人家内""登时杀死"三点当作一个组合来思考，条文中既已对欠缺第三项目"登时"部分的情形定有量刑，在此基础上，而将此量刑判断当作欠缺第一项目或第二项目之情况的判断参考。如此原案在复审过程中反复磨合，并整合官僚的意见后上申，在得到皇帝裁可后，处徒三年的刑罚并执行。

因为比附最后必须经过皇帝核可，可说裁判正当性出于皇帝本人的判断。然而最了解案情微妙差异的，要属身处现场以当事人为对象的、直接处理事案的地方官。因此末端官僚原本应受律的规制，但比附制度容许由其开启皇帝依个案追求"情法之平"的作业，或甚至对应注意而未注意的末端官僚设有罚则，以积极要求其履行此项工作。如此即提供地方官一个通过全体官僚体制就"情法之平"问题再为检讨的机会。如果发生"那个部分不需要区别，是末端官僚想太多了"的情形，只要上级官员或皇帝不予批准就可以了。

皇帝的临时处置　再者，根据事案种类，当然存在到皇帝阶段，才由皇帝自己发现事案的情与律条设定的情有所不同（或者正因为是皇帝才可以指出这种不同）的情形。在臣下（认为该案只是简单案件）单纯且直接援引律并上申的事案，亦有皇帝可用"特旨断罪""临时处置"等方法独自下达"情法之平"判断的案件。乾隆三年（1738）四月二十二日，有兄弟间因争产而起的伤害致死事件的三法司题本（原拟为依"弟殴胞兄致死"律斩立决），有皇帝将其改完斩监候朱批的例子。

> 雷风，于推跌之后，又被方氏衣蒙头面，雷春复行扭殴，雷风急欲挣脱，拳脚一踢，误伤伊兄肾囊身死。情尚可原，雷风著（着）改为应斩监候，秋后处决。

从文中的"情"，可以解读成皇帝的主观心情及包含事案在内的客观情状。但即使是心情，仍并不只是私下的感伤，毋宁说是被外界客观情状所触发而引起的行动。纵使应注目的对象不同，臣下仍轻易放过其不同之处。此不同之处，只有通过皇帝的敏锐情绪才能感知，并化作语言。[1]本案的情节，与"弟殴胞兄致死"律设定的情节稍微不同。既然如此，追求情法之平的刑罚也应有所不同。着眼于细微的情节差异，称其与律例中设定的情节"有间"并进行个案判断，几乎是皇帝常用的手段。

反复进行个案判断的背景　如上所述，在律无正条的名义上，进行未载于律例的判断或律外的判断。而且，如果只为填补其中空白，最后虽呈现出空白完全被填补的状态，但实际上如此的律外判断会无休止地出现。造成此现象的背景可能有二。

第一，"有无正条"的问题，并非如客观事物一般地存在。如上举例的黑夜于人家外或白昼于人家内的杀人事件，在文义的论理上皆应属"斗殴及故杀人"的范围，若只讨论条文之有无，条文本身是存在的。毋宁说所有的开始，是看了事案后，判断若本件适用"斗殴及故杀人"本条刑罚便会过重。首先，皇帝的专断处置，也是当皇帝看了事案，将"本次事案的案情"从律例所载的案情中抽离开来，并置于不同位置的可能性甚高。再者，有探究适当刑罚轻重的行为存在，之后则对欠缺可实现刑罚轻重的适当条文存在持续进行

---

〔1〕　在区别无限且连续的事物时，经常离不开此种构图形式。例如在日本，对一般人来说雨就只是雨，所有的雨都一样，但经由优秀的俳人之手（如《俳句岁时记》中所载的各种"季语"），可以感受到数十种雨的类型区别，并分别吟颂。有趣的是，一般人学了这些"季语"，看雨的样子也变多了。律例中的"罪名"也发挥"季语"般的功能。

讨论。反过来说，其中欠缺在尽可能以既存的实定法涵盖犯罪事态（理应能够覆盖，且应该覆盖）的强烈意志或要求（法的概括性预设）的方法。如果有实现更佳的"情法之平"之要求，在此之前便已存在的条文（文义的）的包摄范围便会产生一些不规则的情形。

第二，如后所见，在情法之平的"情"中，除该事案的内部案情外，也包含每个时代，每个地区的重罚化、轻罚化等外部情节。如果连这个部分也包含进去，便可以无休止地主张情与情间的差异。

结果，为因应新的事案、新的状况，皇帝站在最前线，一次又一次地编织出实现"情法之平"的解决印象，这种印象主导了案件的进展，为使当朝皇帝做出的新判断，与在既有条例中确定下来的历代皇帝的判断，能毫无矛盾共存，"律无正条"可以说是一种戏法。

3. 遵从律例判断与律外判断

遵从律例判断与律外判断的关系　在此背景下，清代命盗重案的判决中有"律例中有相对应条文的判断"与"律例中无直接对应条文（在此意义下即为律外）的判断"两种，但两者的关系与我们所熟悉的"根据规则进行判断（依法判断）"与"个案判断（恣意的判断）"不同。

首先，虽然律外判断的基础与目的是实现"情法之平"，但律例揭示的价值同样也在追求"情法之平"。再者，律外判断的最终判断主体为皇帝，但律例的立法者也是皇帝。区分两者的理由在于事案的"情"，当律例中不具对应该"情"的刑罚时，便会进行律外判断。换句话说，遵从律例进行判断与律外判断、依既有的条例与单独的个案判决，是以对应的情不同为基准完全并列存在，而非"原则与例外""规则与事例""一般与个别"的对比。毋宁说在论理上全部都是"事例"，其中的差异只不过是类型的广狭或既定与未定的区别而已。

通行 如果从另一个角度来说明，完全符合实定法的判决与律外判决，其正当性并无根本上的对立。或者从无论何者都是由皇帝所为的角度来看，对皇帝而言，区别立法与裁判的论理门槛相当低，其价值与运用者也都相通。于是，恰如其本质，时而由皇帝亲自进行事案判断，同时也积极将其立法成为例，就此呈现出实际上裁判等于立法的形态。

皇帝若认为，今后就相同类型事案也要采取与这次相同的处理方式时，只要在叙述处断的上谕末段宣称"嗣后……以此为例"或"嗣后遇有此等案件。均照此办理"，并写下"通行内外各衙门知之"即可。当有此指示后，会将该事案题本的主要部分与谕旨内容印制成小册子，发给所有负责裁判事务的官署。此种行为及发配的文书被称为"通行"（"通"具有各方一齐的意思，而"行"指上对下的一种命令文的书写范式）。日后遇有处理该类事案之际，通行的地位优先于律例。只要皇帝有意为之，任何时候都可以通过这种方式处理。

然而，相对于这种立法的容易程度而言，即使经过好几次的实定法化，该实定法本身保持个案式的特质依然隐藏其中。这些实定法也无法避免随时被下一个更好的"情法之平"判断所变形的命运。

实定法援引义务的意旨　结果，制度整体的目标在于，就特定的个别事案实现"情法之平"本身。最终负责担保"情法之平"适当与否的实现者，除皇帝外别无他人，于是，就制度上来说，皇帝成为所有命盗重案处理的最终裁决者，完全不需要从实定法中寻求任何判决的正当性。看了上述引用巡抚对批结事案的批文，以及皇帝对题结事案的朱批即可知，的确在最终决定的文句当中，不可思议地并未引用律文，仅直接标示刑罚轻重而已。

最终，赋予官僚援引律例义务的意旨中，有当臣下进行量刑判断（的提案）之际，必须"参照"律例（当作既有的权威性判断事例群），并明示与特定条文关联之处。提供给官员们量刑判断的"一览表"，是为了量刑提案而存在的具有权威性的线索，而援引方法又分成一般援引与比附援引两种。在大部分的事案中有"情法之平"的判断先例，这些先例又化成律例条文。当沿袭先例就可以解决时，官僚会进行一般援引，并由皇帝裁决。如果仅看此种情况，的确类似事态的包摄判断。然而，一旦认为当案情不同，便有官僚进行比附型援引，再由皇帝裁决，或等待皇帝亲自进行"特旨断罪""临时处置"等不同发展。皇帝在这种情形下，将会以裁判者兼立法者的身份行动。反过来说，正因有此必要，在此种裁判制度下，不论何时，皇帝（立法者）都不会脱离现役裁判官的位置。

第四节 成案的使用

1. 禁止援引成案

未成为通行的判决例 在此制度中，裁判（判决先例）与立法（实定法）的区分门槛非常低。实定法也是一种事例，虽然裁判是参照既有的事例群进行，而在大部分案件中既有事例会被反复沿袭，但有时在反复沿袭过程中，也会出现以通行的方式形成新事例而直接插入其中。当引用律例进行裁判时，也进行类似律例的补充。

然而同时也应注意，并非所有由皇帝进行的律外判断都会成为"立法"。从数量来说，皇帝认为案情不同而下的新判断，大多数并非未积极将这些判断变成"通行"，而是单纯以个别判决例（"成案"）的形式定位。令人感到非常有兴趣的是，臣下拟罪之际，引用此种未通行的成案是被明文禁止的。

> 刑律断狱"断罪引律令"条的后段部分"其特旨断罪，临时处治，不为定律〔条例〕者，不得引比为律。若辄引（比）致断罪有出入者，以故失论"。同条条例三"除正律正例而外，凡属成案未经通行，著为定例，一概严禁，毋得混行牵引，致罪有出入……"

他们也用他们的方式区别一般"立法"与个别"判决",其中亦有制度性的区隔。那么,两者的差异究竟具有什么意义,实际上又有什么机能?

禁止援引成案的理由 禁止援引成案的表面理由,在汪辉祖《佐治药言》的"勿轻引成案"有以下叙述:

> 成案如程墨〔科举的模范答案集〕然,存其体裁而已。必援以为准,刻舟求剑〔剑落于水中,为了标记之后捡拾的场所,而在船缘做记号的故事〕,鲜有当者。盖同一贼盗,而纠伙上盗事态多殊。同一斗殴,而起衅〔见血的纠纷〕下手情形迥别。推此以例〔类比〕其他,无不皆然。人情万变,总无合辙之事。小有参差,即大费推敲。求生之道在此,失入〔误判〕之故亦在此。不此之精辩〔精致的辨别〕,而以成案是援,小则翻供,大则误拟。不可不慎也。

在此也浮上台面的,是案情(事案)的个别性与一次性。然而,只是单纯强调事案的个别性与一次性,则律或通行便无法存在。这是一个既以迫于必要而踏出类型化第一步的世界,被要求的是其中更能区分各类型的道理。

最终结果的关键,取决于皇帝的犹豫。皇帝可以把任何自己的判断通行,而部分事案中事实上即循通行而为。因此,特别在本次事案不予通行,唯一的理由是,对本案的一般化可能性怀有不安。对直接处理事案的皇帝而言,本案量刑的适当与否甚为明了，且对结论也具有自信。但事案的什么要素扮演造成此判断决定结果的角色，却经常连皇帝自身也不了解。如果让臣下可以自由援引这种判断先例，必然会发生擅自采用近在眼前的解释而产生混乱的问题。毋宁可说在使用成案的方法安定下来为止，"用法之权"（《读律琐言》），此种权限专属于一人，即认为其专属于皇帝远为合理。若以此种方式进行，就会形似皇帝的恩典，也时而出现这样的形容。

2. 成案在事实上的参考

臣下眼中的成案信息利用价值　然而，如果认为成案只是可以用了就丢的东西，其实也并非如此。不论如何，在"文书主义"行政的体制上，文书上申管道中的官僚共享各种信息情报，即使没有特别通行，在一定范围内的人也可以知道事案处理的详细经过。

而且在下一个事案，官僚也有作成原案上申皇帝的义务，如果无法顺皇帝的意，则会遭到皇帝毫不犹豫地驳回。为了避免被驳回，有必要观察皇帝过去至今的判断倾向以拟定对策，且仍有拟定对策的余地。因为有上述规定，使本次成案无法顺理成章地被援引，而新的成案大部分会成为比附的成案。当知道某一事案为皇帝采纳的比附事案，且认为本次事案也可能会往该方向前进，采取与成功例子相同的做法比附为佳。此外也有"援引两请"的特殊上奏方式，即首先在遵照律例规定定拟的基础上，由皇帝决定是否应引用前例案件再发动特旨。[1] 即使皇帝不积极通行，仍存在不少由臣下在收集先例的基础上进行"精细辨别"，即虽无明示援引，但仍将其当作事实参考的中间阶段。

刑部 在直属于皇帝的刑部内，即使放着不管，每天也会有成套的成案讯息留存。因此刑部设置专门单位律例馆，负责以回应堂官发问而进行调查、答复的方式，整理成案讯息。所谓"答复"称为刑部"说帖"，在后述判例集中也收有相当数量。在说帖中，刑部说明自己判断的顺序如下。[2]《刑案汇览》卷二十三"谋杀祖父母父母"条，道光二年（1822）说帖。

> 本部办理刑名，均依律例而定罪，如用新颁律例，则仍以最后之例为准。至律例未备之处，则详查近年成案，仿照办理〔若有比附而被裁可的成案，自己也模仿该案为相同比附〕。若无成案，始〔自己独自的做法〕比律定拟。

幕友的自行努力 在州县末端现场，也同样抱持想避免上申文书被驳回的心情，这种心情尤其以刑名幕友特别强烈。然而与刑部不同的是，州县并无通过业务遂行而自动累积全

---

[1] 滋贺秀三：《清代中国の法と裁判》，創文社，1984 年，第 84 頁，注 237。同氏：《中国法制史論集——法典と刑罰》，創文社，2003 年，第 245 頁。

[2] 小口彦太：《清代中国の刑事裁判における成案の法源性》，《東洋史研究》45 巻 2 号，1986 年，其他。（中文版：《清代中国刑事审判中成案的法源性》，杨一凡主编《中国法制史考证》丙编第四卷，中国社会科学出版社，2003 年。——译者注）

国成案的机制。因此有能力且勤劳的幕友们，在业务中将看到的最新事例情报，努力进行抄写、搜集的工作。谷井阳子称其为"幕友的自助努力"。[1] 如此作成的记录有一些被称为"幕友秘本"，在幕友之间传抄，并广为流传。

成案集的刊行 然而随着这些文本的需求提高，经过一段时间后，掌握更大范围信息情报的刑部或省中央的官僚、幕友等人，开始编纂主要成案并出版。最后书写题本的是高官。比起在自己的阶段一个一个修改，只要从一开始就给予官僚制度末端充分的信息情报，并使其作成适切的原案，会使事情更为简单。

成案集的刊行虽然始于清代前半，其中最有名的是《刑案汇览》60卷［道光十四年（1834）刊。乾隆元年（1736）开始至道光十四年（1834）为止，将近百年间的刑案5640余件］、《续增刑案汇览》16卷［道光二十年（1840）刊、咸丰二年（1852）合刊。道光年间的事案1670余件］、《刑案汇览续编》32卷［光绪十年序。道光十八年（1838）起至同治十年（1871）为止的1696件事案］、《新增刑案汇览》16卷［光绪十四年（1888）刊。道光二十二年（1842）起至光绪十一年（1885）为止的新例291件］系列。[2] 其他尚有《驳

---

〔1〕 谷井陽子：《清代則例省例考》，《東方学報》第67册，1999年。（中文版：《清代则例省例考》，杨一凡主编：《中国法制史考证》丙编第四卷，中国社会科学出版社，2003年。——译者注）

〔2〕 参照中村茂夫《清代の刑案——『刑案匯覽』を主として》，滋賀秀三编《中国法制史——基本資料の研究》，東京大學出版會，1993年。

案新编》《驳案续编》《例案全集》等庞大的出版物。就形式而言，虽然只是简要书写当初每件案件的事实概要与处理结果要旨，但为了使利用者对沿袭先例的适当与否有更精密的判断，逐渐变成几乎按照题本主要部分（事案细部）原文收录。

再者，在裁判以外的一般行政领域，也希望其实务运作或将来的政策提出，能以最近经由皇帝或巡抚裁决的先例为基础。在省级单位与部级单位进行的各种行政先例集编纂（"省例"或"则例"）与成案集的刊行，都可以理解为此整体趋势的一部分。[1] 再者，想知悉最新趋势，亦毋须等待编纂本出版。为了因应此需求，开始出版称为"邸报"的私纂官报。如此在清代后期，官僚界全体的事例信息情报实时共有机制，逐渐趋向完备。

奏请定例的展开　当然，以这种机制反复进行特定成案的事实上参照，在官僚界内部自然会形成一定的处理方式。[2] 如果发展到这种程度，毋宁授予特定成案官方规范的地位，变得更说得通。因此在这种情形，也允许由臣下提出立法化的提案。如上记"断罪引律令"条例三［乾隆三年（1738）刑部议复御史王柯条奏定例］的后略部分。

> 如督抚办理案件，果有与旧案相合，可援为例

---

〔1〕 参见寺田浩明《清代の省例》，滋賀秀三编《中国法制史——基本资料の研究》，東京大學出版會，1993年；另见谷井陽子上揭论文。
〔2〕 当然在另一方面，从官僚的角度来看，也有仅属于一次性措置，之后便被忘记的成案。

者，许于本〔题本〕内声明，刑部详加查核，附请著为定例。〔另外，乾隆八年（1743）以后这种做法稍有退后，变成"听该督抚援引成案，刑部详加察复，将应准应驳之处，于疏内声明请旨"。〕

条例编纂事业　与先前看到的"通行"相配合，这种"递年奏定成例"方式，也造成单行法令反复制定的情形，想当然尔，这些单行法令具有比律例更优先的效力。拟罪之际，在查看律例之前，必须先在"通行"与"递年奏定成例"寻找是否有相关的先例。因此为了避免书册散佚与情报混乱，便形成主要由省级单位每年制作整合文书，再由辖下负责单位印刷、发布的机制。

然而不论如何整编成书籍的形式，如果只保持这样的形态，也只不过是具有权威的事例，应该适用于什么情形其实并没有明确的界线，再者也会出现事例相互间有微妙抵触（反过来说，官僚一方可以自行判断如何使用）的案件。因此，便开始再整理这些单行法令并将其条文化，从反面的角度来说，也终于开始以一定期间的单行法令为整理对象，进行"检讨后认定其无效"的作业。如此制作出来的，即是本文曾述及的律例中的例，也就是律的附属条文"条例"。[1]

条例的历史　明代初年的洪武帝重视律，且强烈厌恶官僚们使用成案恣意判断，因此在明初致力整建明律的同时，

---

[1] 滋贺秀三：《大清律例をめぐって——〔附〕会典、则例、省例等》，同氏：《中国法制史论集——法典と刑罚》，创文社，2003年。

也完全禁止官僚以律以外之物作为法源。然而到了明代中期，无法避免由皇帝所作的"非常裁断"与"临时处分"陆续成为先例，与其不整理这些先例而产生混乱，不如整理先例并从正面的角度给予其定位，于是在弘治十三年（1500）制定《问刑条例》297条。其后继续追加，至明末成为382条。

清朝从建国之初到康熙年间，继受明律与问刑条例，顺治四年（1647）大致上沿袭明律的方式制定大清律（《大清律集解附例》）10卷（顺治律），接着康熙十八年（1679）把条例以《见行则例》的形式刊行。其后亦持续进行律的改订与条例的整理。雍正三年（1725）将条例分为"原例""增例""钦定例"进行整理（合计824条）。雍正五年（1727）改订的《大清律集解附例》30卷（雍正律），在乾隆五年（1740）时再次更订为《大清律例》47卷（乾隆律）刊行，条例也进行第二次增补整理（总数1042条），同时也制定今后每三年一度定期进行条例编纂的制度。乾隆律时律已经完全固定，此后法的变动则专由条例负责。然而，三年一度的条例编纂似乎过于忙碌，乾隆十二年（1747）以后，条例纂修改成每五年一次，这个节奏持续至同治九年（1870）为止皆未废弛。

条例的具体例子　例如，先前曾举以"夜无故入人家"条为中心的条例为比附的例子，当时的处理是以"康熙五十一年（1712）刑部议准定例、雍正三年（1725）律例馆奏准附律"展开，结果形成以下的条例。

凡黑夜偷窃，或白日入人家内偷窃财物，被事主殴打至死者，比照夜无故入人家已就拘执而擅杀至死律，杖一百徒三年。若非黑夜，又未入人家内，止在旷野白日摘取蔬果等类，俱不得滥引此律。

正因为如此，在前述"厨师杀人事件"中，除此之外别无可援引的条文。[1]

基本法典、副次法典、单行法令的三种区分　关于法律的形式，首先在王朝建立之初以前王朝的累积为基础，制定以律为名的基本法典；其后根据上述论及的，由皇帝制定单行法令，而为了克服历经一段时间后单行法令的无整理性所制定的编纂物，即为副次法典，不论在哪一个时代都可以看到这种情形；再者，逆推而阐明中国法制史上出现的法典书物，应如表6所记的代表例，均可定位于这个类型中的某一个位置，这是滋贺秀三氏的一大功劳。[2]

秋审的判断基准　以上是律例、成案与一般判决间的关系，而关于秋审的皇帝判断，也可以看到类似的展开。

秋审时，与秋审前的一般审理程序不同，本来是连实定法本身都完全不存在。臣下也直接针对每一件事案的"情"，进行情实、缓决、可矜的分类判断。然而，当然有依皇帝对"情"的判断而翻复臣下对"情"的判断之例。例如《秋谳

---

[1] 此条例其后加入"追捕"的形态等元素，持续进行了修订。

[2] 滋賀秀三：《法典編纂の歴史》，同氏：《中国法制史論集——法典と刑罰》，創文社，2003年。

表6 基本法典、副次法典、单行法令的三分类

	基本法典	副次法典	单行指令	备　考
春秋	刑书		象魏	
汉	九章律	令	诏	
晋	泰始律令	科		律令制初期
隋	开皇律令格式		敕	律令格式体制初期
唐	贞观律	贞观格·式		
		真元格后敕		格后敕引起的法律变化
五代		清泰编敕		从格后敕到编敕的发展
宋	（宋刑统）	建隆编敕		
		元礼敕令格式		唐代以降"令"式的消失
金	泰和律例			
元	［欠］	大元通制		
		至正条格		
明	明律	问刑条例	谕·旨	
清	清律	条例		

滋贺秀三，"中国法"辞条（《布里塔尼卡国际大百科事典》第13卷，1974年，第218—222页）

辑要》［光绪十五年（1889）刊本——译者注］卷首收录的上谕即为一例：

> 乾隆四十五年九月初五日奉上谕。"本日刑部将川省秋审缓决人犯本进呈，内曾子开致死胞弟曾保开一案。刑部因曾子开忿伊弟作贼起意致死，尚无图谋财产情事，拟以缓决。所办非是。曾保开屡次行窃，不听教管，反被出言顶撞，曾子开原可鸣官究治，或自行管束锁禁，俱无不可。乃该犯〔曾子开〕因有代弟赔偿行窃钱文一事，恐此后复犯再行赔累，心怀忿恨，登时毙命。实为残忍。该部自应照例问拟情实，将伊弟行窃缘由加片〔贴付笺纸〕

第六章　断罪——犯罪的处罚与判决的统一

声明。〔因为一旦如此做的话，看到付笺的我（皇帝），会因为哀怜其情而在"勾决"时作出免死的判断〕自可免勾。即该部不行加片，此等案情，朕无不留心综核，持平办理，乃竟依该督原拟予以缓决，将来数年后，与常犯一律减等〔也就是当缓决数次之后，便机械性地减至流刑〕，未免失之宽纵〔这样就稍微过轻一点〕。著（着）传谕刑部堂官，将此案另行问拟。嗣后如遇有此等案件，均著照此案办理。将此传谕知之"。钦此。

这是于缓决与情实免勾之间，存在极细微差异互角的例子。在秋审时，争执的就是这种差异，于是皇帝有时会要求如上揭例子一般的处置先例化。即使在秋审，一方面由皇帝有意识地"立法"（有意识地进行先例化与产生通行），另一方面也会依皇帝之意而继续产生庞大数量的成案（其中有单纯裁可臣下的原案与驳回臣下的原案）。于是，即使是在这个领域中，在官僚这边也逐渐产生推敲"倾向与对策"的努力，努力的成果也会作成如《秋审比较实缓条款》这类的书物。然而，其成立的顺序稍微有点复杂。

秋审条款 《秋审比较实缓条款》，是在皇帝裁决完毕的先例当中，寻找将监候事案区分为情实与缓决的分类基准，并将判明的法则（？）以条文的形态整理而成的书物。最初有50条左右，最后发展成200余条。在为使刑部各清吏司作成秋审原案的实务可以统一进行，因而制订的勤务执行内规中，

存在《秋审比较实缓条款》的原型。[1] 配合秋审准备作业开始,每年改订并发给部内。以下举一条文为例:

> 职官服图门"一、殴死妻父母之案,如负恩昧良,逞忿行凶者,应入情实。其余理直情急金刀一二伤,及他物伤无损折者,亦可缓决"。

然而一如前述,秋审册,是刑部确认由省作成的上申文书后制成。当省提出的原案与刑部的判断一致即不生问题,但有时也会产生龃龉,此时就会作成将两种见解一并记录的秋审册("不附册")。当然,依照最终结果,其中一方见解被认定为"有误"的原案,也会导致皇帝依秋审驳案的多寡而发动惩戒的情形发生。如果发展至此,比起只知道本省事案情报的各省,根据所有秋审事案情报拟定"倾向与对策"的刑部绝对更加有利。各省当然会希望将相当于刑部内规的秋审条款发布至全国。刑部在一两次配合各省期望后,渐渐拒绝提供,然而通过从刑部司官等级转任各省按察使的官员(此为一种定型化的升迁管道),仍持续出现将刑部内规断断续续流通到省的情形,至清代后期,成为各种律例的坊刻本(后述)不可或缺的附录(而且饶有趣味的是,因为刑部内规流出的时期与管道不同,每个坊刻本版本,在内容上也会有

---

[1] 参照高远拓儿《清代秋審制度と秋審条款:とくに乾隆・嘉慶年間を中心として》,《東洋学報》81 卷 2 号,1999 年。赤城美惠子:《清代秋審条款考——人命門をてがかりとして》,鈴木秀光等編:《法の流通》,慈学社,2009 年;另见其他论文。

微妙的差异)。一段时间后,即使是州县末端,也会根据这些流出的刑部内规制作详文(详文内也特意言及,在秋审条款中被举为实缓判断基准的微妙情况)。于是,当最后清末宣统二年(1910)改《大清律例》而制订《大清现行刑律》之际,秋审条款也摇身一变成为《钦定秋审条款》与律一起钦定颁布。

3. 实务参照对象的全体像

在此,以如此的方法,从事例开始乃至于与实定法并列。虽然在制度上呈现两极化,有明示援引义务的律例与通行、奏定成例,也有明示禁止原引的成案,实际上,官僚所为的事实上且自发的参照作业,宽缓地将两者联系在一起。

统一规制的各种手法 于是当中央欲统一规制官僚的判断时,因应其中所求的"分散度/统合度"与"流动度/安定度"的不同,采取积极利用微妙"稳定度的差异"的各种方法。

另一方面,亦有图全国同时"因时制宜"而为国家立法的例子,其中最大的例子是律的全面改定。乾隆皇帝所书的乾隆律序有以下所言:

> 有曰宽严之用,必因乎其时……深念因时之义,期以建中于民,简命大臣,取律文及递年奏定成例,详悉参定,重加编辑,揆诸天理,准诸人情,一本于至公而归于至当。

臣下也说了相同的事情。以下为傅鼐关于乾隆律的"奏请修定律例疏"。

> 刑罚世轻世重，自昔为然。而宽严之道，遂如温肃之异，用而同功。时而崇尚惇大，禁令渐弛，道在整饬，不得不济之以严。时而振兴明作，百度具张，道在休养，不得不济之以宽。宽严合乎大中，而用中本乎因时。盖所谓中无定体随时而在。

相反地，当要求依每个地区、每个时期而有不同的对应方式时，便采取委由负责实务工作者间量刑情报、量刑感觉的共有与推移的做法。例如事关"因地制宜"涉及"因时制宜"的秋审判断基准，有以下的例子。《秋谳志略》比对条款、增拟第三条目。

> 秋审实缓有一定不易之成法，而又当合时地以相参。所谓惟齐〔整齐〕非齐〔不整齐〕并行不悖也。即如僧人杀人与私铸钱文二项，乾隆三十三四年间，多入情实。不过三四年，犯者渐稀，仍复入缓。乃辟以止辟之明效大验。又回民之案严于陕甘，抢夺之案严于啯匪〔四川省的犯罪集团〕，械斗之案严于闽粤，牛马之案严于蒙古，斗杀之案严于新疆，近日江海盗案严于粤省，窝窃赎赃之案严于楚粤。皆因地制宜、所以移风易俗、久则必变也。司谳者当深体此意，俾全局在胸触目即是。不可执一而不二。亦不必类推以及余。

不可忘记的是,在这些议论背后,存在能要求各判断主体"全局在胸触目即是"程度的高度情报共有体制。

实务家使用的律例本　而在每个命盗重案处理的背后,如果要追求现行成案的知识,即使只知道律例条文,对职业的实务家也有所不足。因此,便出现实务家们日日使用的律例本。

律例的正式文本是由刑部发布的"部颁本"。内容仅有序文与律例本文而已。然而民间书肆出版的则有所不同,是由著名幕友担任编者,附加各种情报的"坊刻本",多为实务家所用。如《大清律例增修统纂集成》《大清律例汇集便览》《大清律例会通新纂》等各种书籍。

图16是《大清律例增修统纂集成》〔光绪二十五年(1899)排印本,该书有好几个版本——译者注〕刑律人命"夫殴死有罪妻妾"条第一页。

在此稍微说明其内容,下段有律的条文名称与本文。"凡妻妾因殴骂夫之祖父母父母,而夫(不告官)擅杀死者,杖一百(祖父母父母亲告乃坐)。若夫殴骂妻妾,因而自尽身死者,勿论(若祖父母父母已亡,或妻有他罪不至死而夫擅杀,仍绞)。"直承律文之后有"总注"(后述),再其后有条例的列举。

最上段有与此条相关条文、参考条文的指示,以"关于……可见于……"的形式列举。

中段列有各种情报,称之为上注。第一种参考情报是关于各种律例注释书对该条文之解释。若要列举其中主要书名,

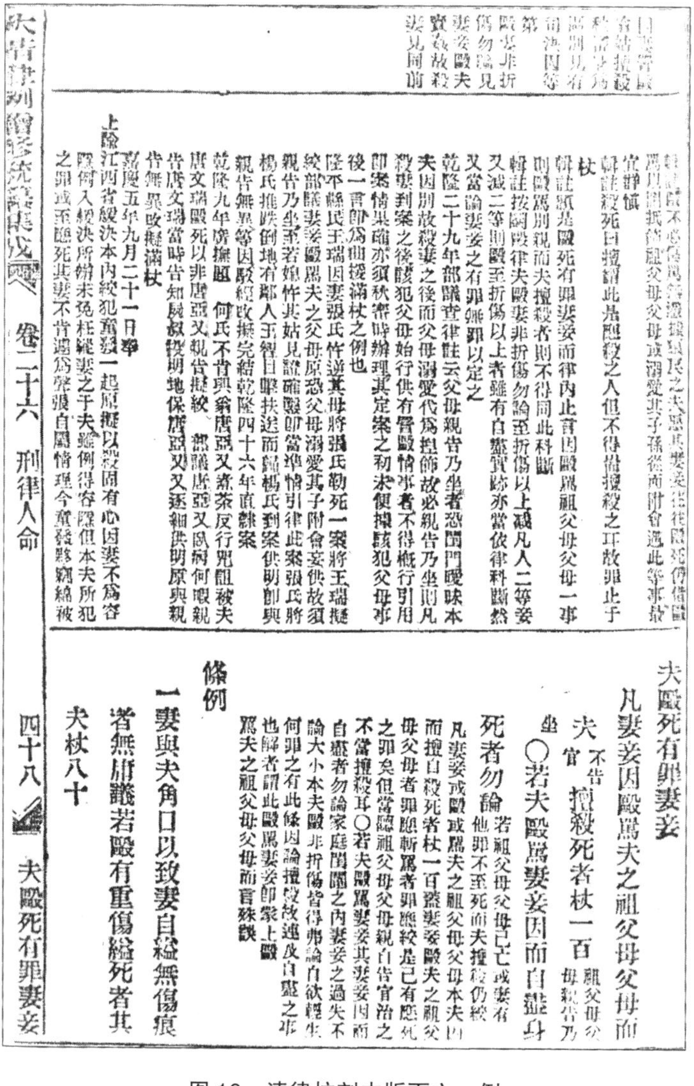
日聚皆毆有姑擅殺杖論以為嚴別見有而決因等第毆妻非折傷勿論見妻妾毆夫實殺故殺故見同前

輯註毆不必傷罵不必侍撥長之夫惡其妻妾往往毆死仍借圖罵其祖父母父母或溺愛其子孫從而附會遇此等事故宜靜慎

輯註殺死曰擅謂此是應殺之人但不得擅殺之耳故罪止于杖

輯註須是毆死有罪妻妾而律內止言因毆罵祖父母父母一事則毆罵別親而夫擅殺者則不得同此科斷

輯註按鬪毆律夫毆妻非折傷勿論至折傷以上減凡人二等妾又減二等則毆至折傷以上者雖有自盡實跡亦當依律科斷然又當論妻妾之有罪無罪以定之

乾隆二十九年部議查律註云父母親告乃坐者恐閭門曖昧本夫因別故殺妻之後而父母溺愛代為捏飾故必親告乃坐則凡殺妻到案之後該犯父母始行供有詈毆情事者不得概行引用即案情果確亦須秋審時辦理其定案之初未便據該犯父母事後一言即為曲援滿杖之例也

隆平縣民王瑞因妻張氏忤逆其母將張氏勒死一案將王瑞擬絞部議妻妾毆罵夫之父母原恐父母溺愛其子附會妾供故須親告乃坐至若媳忤其姑見證確鑿即當準情引律此案張氏將楊氏推跌倒地有鄰人王程目擊扶送而歸楊氏到案供明即與親告無異等因駁經改擬完結乾隆四十六年直隸案

乾隆九年廣撫題　何氏不肯與翁唐瑞又煮茶反行咒詈被夫唐文瑞毆死以非唐瑞又親告擬絞　部議唐瑞又既稱何氏詈親告唐文瑞當時告知族叔保明地保唐瑞又又逐細供明原與親告無異改擬滿杖

嘉慶五年九月二十一日奉

上諭江西省緩決本內絞犯龔毅一起原擬以殺固有心因妻不為容隱例入緩決所辦未免枉縱妻之于夫雖例得容隱但本夫所犯之罪或至臨死其妻不肯違悖聲張自屬情理今龔毅竊綿被

夫毆死有罪妻妾

凡妻妾因毆罵夫之祖父母父母而夫（不告官）擅殺死者杖一百（祖父母父母親告乃坐）○若夫毆罵妻妾因而自盡身死者勿論（若祖父母父母已亡或妻有他罪不至死而夫擅殺仍絞）

凡妻妾或毆或罵夫之祖父母父母本夫因而擅自殺死者杖一百蓋妻妾毆夫之祖父母父母者罪應斬罵者罪應絞是已有應死之罪矣但當聽祖父母父母親自告官治之不當擅殺耳○若夫毆罵妻妾其妻妾因而自盡者勿論家庭閨閫之內妻妾之過失不論大小本夫毆非折傷皆得弗論自欲輕生何罪之有此條因論擅殺故連及自盡之事也解者謂此毆罵妻妾即蒙上毆罵夫之祖父母父母而言殊謬

條例

一妻與夫角口以致妻自縊無傷痕者無庸議若毆有重傷縊死者其夫杖八十

大清律例增修統纂集成　卷二十六　刑律人命　四十八　夫毆死有罪妻妾

图 16　清律坊刻本版面之一例

《大清律例增修统纂集成》的页面

有"辑注"即《大清律辑注》（在本书中所书写的"总注"为上述私家版本总注的主要内容）、"集注"即《大清律集注》、"全纂"即《大清律全纂》、"笺释"即《王肯堂笺释》、"据会"即《刑律据会》、"琐言"即《读律琐言》。例如图16的上注第一项所写者即为"辑注。殴不必伤，骂无凭据。狼戾之夫恶其妻妾，往往殴死，仍借殴骂以图抵饰。祖父母父母或溺爱其子孙，从而附会。遇此等事，最宜详慎"。

第二种参考情报为重要成案的情报。例如图版上注第七项所书"乾隆九年广抚〔广东巡抚〕题。何氏不肯与翁〔公公〕唐亚又煮茶，反行咒诅，被夫唐文瑞殴死。以非唐亚又亲告拟绞。部〔刑部〕议，唐亚又卧病，何暇亲告。唐文瑞当时告知尸叔〔何氏的叔父〕投明地保，唐亚又逐细供明。原与亲告无异。改拟满杖〔杖一百〕"。

实定法实务的活跃　以上是命盗重案处理及其中实定法、成案扮演的角色概要。其中，共有庞大数量信息情报（实定法情报、成案情报）的上、下各阶级官僚们，成为一体并负责处理事案，而皇帝位居系统顶点，在官僚们的瞩目下做出判断。在处理过程中所为之事，离"率性而为"相距甚远。

虽然裁判采取个案主义的理念，但为使全国事案的处理可以整齐划一，也有必要进行一定程度的类型化，因此便制定引用律例的拟罪及上申制度。然而当出现无法符合律例内容的情状时，则会积极进行律外判断。这种判断的射程范围与先例程度究竟何在，最主要是由皇帝来判断，但官僚通过各阶层的事实参照也参与了这个过程。具有较高度稳定性的结果将会朝向实定法化,相反地,即使已经实定法化,只要有必要,也可以突破实定法进行个案判断。在往返过程中,实定法也反复活跃地进行修正。

然而,这种"活跃"当然与依法裁判并不相同。虽然并非"空文",但也不具有在判决的各个角落都能以实定法来控制的"实效性"。即使把这种情形说成是"不贯彻依法裁判",也无法了解什么。不论怎么说,其中的裁判并非想根据规则而取得正当性,且律例的角色也不是对裁判提供正当性的基础。这种议论只是单纯搞错场合而已。那么,应如何在比较法史中定位实定法的应有形态才属适当?这是最后留下来的问题。

第五节 判决基础的赋予及判决的统一

1. 现代裁判中的量刑实务

到目前为止律例在比较史上的定位作业,是把现代裁判中刑法典的角色放在心中,经常把律例放在刑法典的位置上以论其功能的过度或不足。然而相反地,如果以上述传统中国的律例与成案的动态为基准反视现代裁判制度,我们能看到什么呢?[1]

现代日本的量刑行情 传统中国的裁判中，律例的第一个任务，是统一全国官僚的量刑判断。那么在现代日本，难道就不存在这种课题或必要性？刑事法学者井田良对统一日本量刑判断的"量刑行情"（日语中称为"量刑相場"）运作描述如下。[2]

> ……在我国量刑实务中，量刑行情具有相当强的规制力。裁判官们在参考检察官求刑的同时，也以过去裁判例中有关量刑所累积的庞大数据为线索，在过去的裁判例中找出与现在审理中的事案最接近的裁判例，并以该案宣判的刑度为基准加以些微修正，决定最终量刑。在中央集权式的司法制度下，裁判官虽然每数年一度会在国内移动，与此相伴的，全国各地量刑确实相当统一。

> 然而，量刑行情的法的特性究竟是什么？其规制

---

[1] 以下论点基本上是基于寺田浩明《裁判制度における「基礎付け」と「事例参照」——伝統中国法を手掛かりとして》，《法学論叢》172卷4、5、6号，2013年。（中文版：魏敏译《审判制度中的"依据"和"案例参考"——以传统中国法为线索》，周东平、朱腾主编《法制史译评（2013年卷）》，中国政法大学出版社，2014年。——译者注）对笔者而言，这个问题是我在研究初期便已经意识到的问题之一，但回答这个问题却是到末期才进行的。参照寺田浩明《清代司法制度研究における「法」の位置付けについて》，《思想》792号，1990年。（中文版：王亚新译《日本的清代司法制度研究与对法的理解》，寺田浩明著、王亚新等译《权利与冤抑：寺田浩明中国法史论集》，清华大学出版社，2012年。——译者注）

[2] 井田良：《わが国における量刑法改革の動向》，《慶應法学》第7号，2007年。

量刑的根据从何而来？如此等等都成为问题。这种量刑行情具有的，并非只是习惯或习惯法上的法规制力。量刑行情只针对裁判官，对一般人并无拘束，且视具体个案的个别情况而稍微脱离量刑行情，并不被视为问题，由此来看，可以说量刑行情只是关于个别事例的妥当量刑，多少反映平均思考方法的线索而已。即使违反量刑行情，仍并不构成量刑不当，只是量刑的感觉事实上反映到量刑行情（以量刑行情为线索，便可察知量刑感觉）而已。

在现代日本，借由法院网罗全国过去的量刑事例并建置数据库，裁判官在量刑判断之际，会自发地参考这些数据库。在日本称这种实务的整体为"量刑行情"。

其中授予判决正当性基础是对刑法典的准据，因此这种量刑行情的参照实务，并不会出现在刑事诉讼法的台面上。然而，刑法典中一般只会标示对该犯罪的判处的最高刑度，一切具体量刑委由法官为之。但不管怎么说，现实中的问题是，不论如何宣称作出的判决都是在法典已经允许的裁量范围内，从现代日本国民的感情来看，他们并不容许每个法官作出相互不一致的刑罚判决。为了克服即使独立判断，仍会产生完全不同的判决结果的难题，在法院内部，法官彼此要下的工夫，便只有参照量刑行情的实务。

当然，在参照先行事例的基础上如何进行判断，是委由各法官独立进行。有认为情状相同而沿袭先行事例的量刑判断，也有认为先行事例的情状与本次事案的情状不同，而做出与先行事例不同的量刑判断，更有认为虽然事案情状相同，但因时代不同，有意识地做出与过去不同的判断（改订其判断）的空间。如此所下的判断本身，也会通过再登载于数据库的做法，成为下一次量刑行情的要素。

在现代日本，法官资质的相同性与他们所持的适度同质倾向发生相互作用，通过自发且相互的参照作业，宽缓地统合全国的量刑判断（市场式的、"行情"式的方法）。从而实务家们给予这种日本式的量刑行情实务非常高的评价，相对地，学界对此则有不可能检验、不可能提出反证及欠缺"明确的法的根基"的批判。[1]

于是，先把律例看作收集过去量刑判断的精华，再赋予传统中国裁判中见到的援引律例一种"参照"过去事例的特性，在量刑判断时参考过去判断事例这一点上（虽然大部分的判决是单纯沿袭前例，有时也有做出其他判断的空间），其实现在日本的法官每天也在做相同的事。如此看来，量刑判断时参考先例的行为，意外地似乎具有普遍性。

美国的方式 那么，其他国家是如何统一量刑的？根据刑事法专家的研究，位于现代日本的对角线的可能是现代的美国。在美国，法官似乎更具有多样性及旺盛的独立心，以前也曾经存在非常极端的量刑不一致状态。

---

〔1〕 遠藤邦彦：《量刑判断過程の総論的検討》，《判例タイムス》第1183、1185、1186、1187号，2005年。本文以下介绍关于美国的状况也是根据此篇论文。

美国在 1970 年（公民权运动前）为止，法官被授予完全的裁量权。"联邦事实审法院的法官对被害人，从保护观察到犯罪刑罚规定的最长期刑为止，不受上诉法院控制，可自由选择量刑。而且事实审法院无须记明量刑理由"。结果量刑判断变得无法预测，且实际上也进行着明显不公平的裁判。此种不公平裁判可以被看作与被告人的人种、性别、社会地位相连，结果导致监狱暴动频繁发生。

虽然有点晚，但最后终于制定了量刑改革法（1984 年），1987 年以后，联邦政府的司法部门底下的合众国量刑委员会制定"联邦量刑指南"。这个指南是结合"联邦最高法院量刑表"与"联邦最高法院量刑指南说明"两者而成。前者以纵轴将"犯罪等级"分成 43 阶段，以横轴将"犯罪经历类型"（有无前科及犯罪程度）分成 6 阶段，合成共有 258 格网目的大型表格，在各格内以月数表示徒刑（上限是下限加上 25%或增加 6 个月有期徒刑中较大者）的上限与下限。后者有 600 页左右的详细说明，如果依照每个罪名的确认列表计算分数，最终显示出总分。根据总分可以决定上述量刑表的"犯罪等级"，若再加上该犯罪者的"犯罪经历类型"，就可以毫无疑义地决定应适用的指南范围。

然而，在此也有裁判独立的要求。由上述机制导出的指南范围并不具强制力，仅有劝告的效力，因此上下两方面都可脱离。但必须附上充分的理由，且脱离时很可能被以量刑不当为理由提起上诉。就 2001 年度的实际状况来说，坐落在指南内的有 64%，从上方脱离的有 0.6%，从下方脱离的有

35.4%，其中以被告配合追诉为理由者有17.1%。

中央集中信息型　在美国，就制度的功能与事物的实质，与现代日本的量刑行情相同，是在法官间对量刑判断的统一。然而，日本的法官是自发性参照生于法官间的事例信息情报，美国则与日本不同，是由法院中央将先行的事例判断以类似实定法的形态集中整理，并赋予一定的权威，提供末端法官每日进行实务的参考模组。

然而，如果回顾之前讨论的，美国的机制，不论是把依照犯罪行为的轻重而予以统一刻度的刑罚，及以此为目标将构成要件细分化的刑罚规定等工具，或是于裁判之际赋予裁判官参考义务的反面，实务上仍有一定程度背离此刻度的余地，这些皆与传统中国五刑二十等的刑罚体系与律例的组合及运用方法，类似得不可思议。最相似于传统中国律例的机制，竟然可以在现代美国找到。

自我更新性　再者，这种对比也让我们看到律例的特性。意即在此存在的，是为了裁判制度内部规制所为的机制。然而规制背后存在的，是类似的判决相互间须确保统一，此一法本身的要求，因此命令内部（基于政策考虑，使中央进行部分程度的调整），基本上也是以作为被规制者的法官到目前为止的所作所为为基础所生。其中与量刑行情相同的，不论好坏都由法官集团自我反省、自我更新的世界，由中央集中情报信息与权威提示的机制，便是在这种背景中成立。

从而若回顾传统中国，向来都把皇帝想成是立法者，且把律例当作皇帝对臣下的命令来理解。然而如前节所见，皇帝既是立法者，同时又是裁判官。皇帝作为规制裁判官们的主体，同时也是叙述由官僚、裁判官们所整合出的结论的官界公论之口。律例或通行，即为裁判实态的统合整理成果，这些成果会再一次回到官僚、裁判官们身上。于是官僚、裁判官将律例统合的成果，以便于阅览的方式作成原案，皇帝则集中原案作出裁决，裁决的成果又再一次进入律例或通行中循环。这种机制与现代美国的量刑说明的世界相同，最重要的还是裁判官间或裁判所内的沟通机制。

2. 赋予基础与事例参照

赋予基础的问题及其区别　接着，应如何思考量刑实务中所显现的中、日、美三者的方法之定位呢？

首先，最初应确认的是，现代日本的量刑行情参照、现代美国的量刑说明参照，更进一步言，连传统中国的律例援引在内，皆并非前章后半整理检讨的裁判或判决的社会基础本身。

现代刑事裁判的正当性基础（判决对社会的正当化），日本、美国都是以正式立法的刑法典为根据，将刑法典中的一般规则适用于个案。再者，传统中国裁判的正当性基础，反而是来自各个事案的情法之平之实现本身，律例参照并非赋予正当性基础的本体。结果，上述三种参照作业，都像是一种，把基于各自正当性基础而作出的当下判断，与以相同的方法所下的周边的判断，或过去的判断进行"磨合"的作业。

必须进行事例参照的背景　尽管在这些作业背后共同存

在的,是"相同事物相同对待、不同事物不同对待"这种法的当然要求,但在大规模裁判制度下,多数裁判主体同时并行的判断,相互间实有不得不分散的严峻现实。

当然如果只谈论理逻辑的话,因为在规则型裁判中,判决是客观规则的单纯逻辑展开的例子,不论由谁来做,因应事案的异同,应该都会作出相同事物相同对应、不同事物不同对应的判决。再者,在传统中国的情形,传统中国的判决,理应是天下任何正常人都会那样思考,且因为有德的大人单纯只是体现并说出那样的思考结果,所以只要是由先天有德的大人来负责,无论是哪一位大人,只要基于因事案异同进行细微的对应方法,应该都会出现相同事物相同对待、不同事物不同对待的判决。然而,实际上规则并不会自己自动发生论理上的逻辑展开。支撑规则针对个案发生论理展开的,是由裁判官进行的法解释,而当作出解释的人不同,解释本身也各异。在没有客观基础的情形下,却想要进行更细微判断的传统中国型裁判中,就变得更加困难。即使官僚全体努力想要将皇帝的想法当作自己的想法而行动,因为官僚"贤愚不一",终究无法达到"一心同体"的结果。

不论在什么情形,实际上赋予正当性基础的构造本身,并未能满足在该裁判制度下所进行的统一多数判决的要求。因此为补充其不足,在裁判机关中也发展出某些磨合机制。该机制也就是存在于这个问题的一个大略的场所。

在事例参照类型差别基础中的事物 然而令人感兴趣的是,纵使在正当性基础的层级上,谈论的东西有了一百八十度的不同，但传统中国与现代美国就此方面所做的事，却并无不同。或者更正确地说，跨越赋予基础的做法不同，以磨合的方法为中心，从如量刑行情一般，裁判官相互间参看毫无加工的原始事案情报的做法，到如美国联邦最高法院量刑指南或传统中国的律例般，由裁判机关中央收集事例信息情报加以整理、成文化并再发配给末端裁判机关的做法为止，都是存在着的。

之所以能有这种变化，与其说是因为裁判正当化原理的差异，毋宁说恐怕是为了共享事例情报的软、硬体整备状况，及接受情报的裁判官员们的同步程度等，尤其是沟通技术上的差异。于是就沟通技术而言，比起夹杂着经由谁的手而成文法化（抽象化）的类型，即时相互参照尚未加工的原始事例的做法，自不待言属于更高的阶段。

例的世界 本书尝试观察清代法制史的走向，虽然当初参照对象仅限于律例，但随着官僚界内部情报流通的活络，从末端现场对成案的事实参照开始，终于走向从中央持续刊行与发布大规模成案集，律例本文也在这种庞大数量的参照情报信息中逐渐被淹没［虽然同治九年（1870）停止条例编纂制度，但法的修订或统一全国量刑基准的作业并非就此中止。之后仍继续大量出现成案集］。在清代全部的行政领域中，也是在这种倾向下大量出现"则例""省例"等。结果这些立法的目标，与现代日本的量刑行情相似，是一种即时共有与参照事例情报的体制。滋贺秀三将这种情形称为从

"法的世界"转向"例的世界"。[1] 这种现象虽然向来从依法裁判的视点被负面理解，但从事例参照制度的脉络来看，传统中国的实定法制度是朝着这个方向"进化"或"高度化"的议论便可以成立。[2]

裁判制度中的两种层次 总之，在欲进行比较裁判制度论时，除了与如前章所论的判决与裁判制度为中心的赋予社会正当性基础之话题，为了使基于那些方法而被授予正当性基础判决相互统一，似乎有必要再提出一个讨论层次，亦即裁判官集团内部进行的事例参照。整体像如图17。

在赋予正当性基础的层次上追求的，是对该判断如何被当作社会全体的判断定位的问题作出回应，由此便产生规则型（事前具有一般规则适用于个别案件，或进行论理逻辑演绎的正当化方法）与公论型（把个案式的判断当作普遍主义的共有，并就该事案对天下万民以临机应变的方式生成，并提示应如此为之的答案的正当化方法）的对比。

相对于此，在事例参照层次使用的是一种，使裁判官的

---

〔1〕 滋贺秀三：《法典編纂の歷史》，同氏：《中国法制史論集——法典と刑罰》，創文社，2003年，以及《中国における法典編纂の歷史——新著刊行の報告》，《日本学士院紀要》58卷1号，2003年。

〔2〕 如果粗略比较并整理规范制度化的两个方向，在规则型世界中，因为进行的路线是将判决的正当性基础强固地制度化，因此在裁判积累过程，社会的规则性渐次被当作实定的规则抽出，最后朝向将这些规则相互归结成一个巨大体系的方向（后述）。相对于此，公论型（个案主义式结论的普遍主义式共有）世界，因为进行的是为了判决整齐划一的制度化，最初的目标，是完成作为判断共有大纲的成文法体系（于是在此前提下，乍看是以类似规则型的抽象化为基础），但连技术性的制约皆无，最后便走向所有事案情报即时共有（通过这种做法使全体裁判官齐心同体）的非规则的极致路线。

	规则型的法	公论型的法
基础赋予	将事先存在的规则适用于具体个别案件，演绎逻辑的推论，刑法典	针对眼前一个个具体案件："天下公论"临机应变的随时生成与宣示

·-------------------（上图与下图似无必然关联）-------------------

事例参照	活生生的事例信息之共享与自发的相互参照（量刑行情或"例的世界或空间"）	←各种形态→	中央收集事例信息，将其条文化再予以集中发布并强制施行（USSC量刑指南或律例）
	大规模的审判制度之运作实务（事例参照的各种形态）		

图 17

判断相互同化的方法，此处亦形成对比，其中一种是像共有量刑行情或"例的世界"一般，共有未加工的事例情报及自发性相互参考的类型，另一种是采取如联邦最高量刑说明或律例般，由中央收集情报予以条文化，并将结果再发布及强制使用的类型。

　　这两种层次的运作，基本上没有关系。赋予正当性基础层次的选择，如前章所述，是因支撑着法与裁判的创造故事不同而有所区别。相对于此的事例参照层次，其不同之处与大规模裁判制度运用实务的应有形态及其中的沟通技术等有关，因此该应有形态也与技术发展一起产生改变。但麻烦的是，实定法会显现在这两种层次中。在赋予基础的论述中，西洋式的刑法典是规则型下的一种装置。相对于此，律例则是在事例参照的论述中，中央集中收集信息情报型下的一种装置。如果不区分这两种层次，而将全部混在一起讨论，或许便是造成至今为止以律例定位为中心的学说史混乱的最大原因。

3. 裁判实务中两种层次的混淆

将此认知扩张至全体裁判制度论 到此部分为止，主要把话题限定于刑事裁判的量刑问题，并进行东西方制度比较。实际上，中国的律例只在统一命盗重案的量刑判断部分发挥功能。再者，即使在现代的刑事裁判，量刑也带有一定程度的行政特质，从以当事人为对手（赋予基础的问题）的裁判制度中切割出去。两者间共同话题的独立性，毋庸置疑的，成为我们发现不同于赋予基础的"事例参照"此一共同契机的开端。然而如果开始在意这种机制，立刻便可知道，这种二元性绝对不会仅限于刑事裁判的量刑事项。意即，在规则型的裁判中，不分民、刑事，裁判官于下判决之际即在进行"法解释"，这是因为在裁判核心的本体部分，已然包含此二种契机在内。

规则型裁判中的法解释 首先，在法典法的国家，关于判决的正当性基础赋予，可以描绘成"成文法—裁判官—事案"的单线图像，实际上每条线都非孤立。在这个图像周边，存在这群裁判官僚就类似事案使用同一条文或相近条文的多数判断前例（不限于由最高法院所做的裁判例，即广义的判例），导出结论时，在必要范围中慎重对应先行判例，并在其中寻求自己本次判决的定位。再者，在判例法国家，进行的是一种更为复杂的机制，即于裁判时参照与本案相关的先行事例，并从中提炼出一定程度的规则，再将该规则当作自己处理的判决的正当性基础，而这种机制每天都在进行。

不论哪一种情形，在一个法解释的作业中，赋予基础作业与事例参照作业几乎是无法区分地被同时进行，毋宁说通过这些作业，规则的内容因应事例群的分布进行论理逻辑的分节化，再通过相互参照使全体裁判官集团共有这些信息情报。

公论型裁判中的法解释　若回过头看，即使是以传统中国的律例操作为中心，纵使方向完全相反，也可以感受到几乎存在相同的构图。即如前所述，援引律例，并非属于从一般的规则中演绎个别结论种类的赋予判决正当性基础的系统，毋宁说自始至终都一贯进行，在同种类的判断先例中定位本次判断的事例参照系统之行为。然而，这种事例参照作业，与事例参照作业中的赋予基础作业，即根据情法之平的实质主义正当化，并非完全不同。

也就是说，从位居顶点的皇帝眼睛来看，过去的判断例，不论何者都是与自己一样位于至尊地位的皇帝，针对各种案情所为的情法之平实例。而且，所有的事例都被记录下来，且成为官僚界内部的共有情报。即使要说如何进行实质主义的判断，实际上所有的判断都是建立在彻底意识到这些先例群的存在之基础上，在官僚的注视中，除了将本次判断与先例群间"进行磨合"别无他法。实质判断的思考与事例参照，并非不同的事物。

于是，所谓律例，即是将那些先行事例中安定度较高的部分条文化的结果。对末端官僚而言，为了使自己所作的原案最终可以实现，虽然必须先经过上司的复审过程（说服上司），但律例是由官僚界全体所共有的判断模组。将本次事案进行的情法之平判断与律例相联结的事情，唯有拟律而已。除此之外，随着时代前进，最近成案情报也以带有各种附加重量的形式，日日在官僚界内部流通共享。此过程中，就该事案，做出自己情法之平且宣示的赋予基础型作业，与参照律例或成案，再把自己的判断定位在既存的共有判断模组网目中的事例参照作业，完全是表里如一进行。这就是法解释在传统中国的位置。

事例参照的前位化、裁判实务的共通化　令人感兴趣的是，不论东方或西方，制度一旦安定（充分以上程度的事例积累）下来，关于日常末端业务，集中在事例参照作业的侧面变得前位化，结果使东西方的裁判实务相似点也逐渐增加。

也就是说，实际负责裁判的各个裁判官员，经常处于事例参照的网络中。不论东西方，裁判官进行的大部分作业，实际上都是把该次的事例判断，放到先行事例群中的适当位置，再者，当事人追求的，也是在作业中受到公平对待，意即希望自己也会被以最近类似事例中的方法相同对待。为了使这样的作业可以公平且有效率进行，有必要进行充分的类型化及区分情形，而为了使处理方式整齐划一，到处都在制定规定。[1]接着，这究竟是赋予基础层级的规则，还是事例参照层级的说明，要区别两者有其困难，且区别两者恐怕亦无实益。

对于如第五章所述，东西方裁判的原理对比论，从宣称知晓实务的人口中，有时会出现"两边进行的事情没有多大差别"这种不满与批判，然而以断罪来说，这种声音的确并非毫无根据。在裁判制度的存在已被视为理所当然，且与此相关的实定法与判例亦已备齐的世界中，"裁判究竟是根据什么而成立的？"的根源问题，不知不觉间被偷换成"裁判官进行裁判时在看什么？"这种虽小一圈但因而却更具体的问题，若在这个层级上进行比较，则类似之处实际上比不同之处更多。

对应赋予基础差异而剩余的部分　然而，要这么说的话，在讨论大规模裁判制度时，最后关于赋予基础的要素并非全部消失。即使在目前所见的范围中，也可以清楚看到两个不

---

[1] 还有，即使是民事裁判，例如现代日本的机动车事故损害赔偿基准的形成与共有，也有事例参照系统的情报是经由法曹（法官与律师公会）编纂的开展。再者，即使是传统中国的户婚田土事案，在一省之内或全国对事案处理的整齐划一成为话题时，也制定有各种共通的说明（以"章程"为名者多）。举例来说，寄放在典铺或染房之物，因火灾而烧毁，或因窃盗而遗失，究竟要令谁负赔偿义务的问题，以当事人们提出其他县或其他省的例开始，在官僚一方，以各县实务整齐划一为目标，在省级单位（《治浙成规》"典铺被失分晰议赔""染铺被窃酌议赔偿"；《湖南省例成案》户律钱债"典当染铺如遇自行失火及被贼行窃量赔一半"；《福建省例》"典商收当货物被窃照例赔偿""染店收染民间布匹被窃赔偿办法"；《粤东省例新纂》卷七刑·盗贼"当铺染店抢劫分别应否赔偿"），及以各省实务的整齐划一为目标，在全国单位，皆出现制定统一基准的言论（《大清律例》"失火"条例及"费用受寄财产"条例）。

同之处。

首先，因为赋予基础的原理不同，裁判机关的构成方法也完全不同。

在规则型裁判中，最终仍涉及相同事物相同对待，不同事物不同对待的要求，各个裁判与各个判决本身，只要形式上可以根据规则型进行，个别便有充分的方法可以成立。因此，每个裁判机关可以独立进行裁判，裁判组织的整体，也是以累积这些裁判机关的方法建构出来。错误的判断，总之会先以判决的形态浮出台面，参照以被客观化的判例为对象的统合的作业公然进行。

相对于此的公论型裁判，正确答案之所在，是追求天下一般人都会有的一致的判断，因此裁判制度内的散乱判断（连官僚界内部的意见都不一致）自然不允许浮出台面。官僚间的判断错误，每一件都必须在尚未决的情形下，于裁判机关内部进行统合。传统中国的裁判制度，是在皇帝统治下的一个裁判机关，能构成强力的裁判监督的最大原因即在于此。

再者，在这种相互调整中制作出来的裁判官员共识，最后会导向不同的地方。

规则型裁判中，裁判官员们通过公开的判例，共有法解释的情报，其中虽然进行着竞争与淘汰的作业，但一个法解释越是能安定地被共有，越不会被当作是裁判官员们思考的东西，而是自始写在规则本身中的东西，意即规则所持的"意义"。为了弥补规则自己无法自动反复展开论理开展的缺点，裁判官员们每天进行的共同作为，如此最终被规则回收、吸收，最后显现的结果，讽刺的是反而变成一种对所有个案都能显示出适当的逻辑分化的全能规则，及默默进行将规则适用于具体案件这种事务的谦抑的裁判官员图像。

相对于此，在公论型裁判中，官僚制内部经由事例参照等作业提炼出的判断，最后由皇帝对该事案判决的形式表现于外。或者若说其中的真实情况，由皇帝之口表示出的结论，其实大多是由臣下们制作出来的（正因为有这种方法存在，即使是年幼的皇帝也依然可以胜任）。然而，即使如此，最后显现出来的，是对所有个案实现情法之平的全能皇帝（及与皇帝一心同体化的皇帝官僚制），与皇帝之下为因应案情差异的最佳的判断事案，两者并列的图式。在这个图式中，则将所有的一切都集中到皇帝身上。于是在皇帝一人之上，已不存在任何实定式的事物了。

为了补救赋予基础之神话缺失，官员们在裁判现场进行的事例参照，结果总是就一个个案件强化了赋予基础的神话，但这种事例参照的契机却从制度表面上消失。或者正因为这种契机的消失，到目前为止很少有关于这个局面的讨论。

这些差异在现实上的意义　有这些制度性的差异，神话的差异也被维持下来，明确地留下痕迹。然而麻烦的是，在其前方出现了几个问题，即这种神话上的差异是否也在"现实中"产生某种程度的差异，更甚者，那些神话在现在到底还有多少意义。

实际上，如果上诉已经成为日常生活的一部分，即使在审级制的裁判中，到最终审为止也会形成一个组合。即使说审判过程中也会出现暂时的结论，但这也不会造成任何改变。再者，以规则和人的问题为中心，亦已存在从以下的思考方向得来的更进一步的论点。棚濑孝雄对现代美国著名法学家德沃金所示的"真实的"法官像有如下介绍。[1]

> 在古典的形式主义中，即使具有相同的体系性，当假定从基本命题到下位的法命题的阶层构造，法律判断即从此命题而来的演绎推论所生。相对于此，德沃金（Dworkin）认为，在实际的法律推论中使用的法，其内部包含法的原理与价值，且带有更有弹性的意义存在，以他的话来说，即为"没有网眼的编织物"。
>
> ……这种带有弹性的法，并非只是单纯存在于彼而被认识之物而已，而被解释成由解释法律的人每次建构的事物。面临具体问题，想要充分考虑法的正确解释究竟为何的法官，会广泛参照相关判例、法理论或者以这些为根据的议论，重新掌握成为推论前提的法。虽然以现在关心的角度重新思量作为法而被继承下来的东西，并重新构成最善的法的作业可以称为构成的解释，但其特征是，并不存在法官将妥当的现行法意义中的"法"，从"应该是法的事物"的规范性判断中切离的情形。

---

[1] 棚濑孝雄：《现代法理论と法の解释》，《司法研修所论集》第115号，2005年。

> ……德沃金强调的是，从事这种实践式法解释的法官，与古典式的形式主义所想定的孤立的解释主体不同，是存在于时间、空间的"解释共同体"中，进行法解释。所谓空间的意义系指，法的解释是超越裁判而被传达给其他的法官或法律学家，并被反复思量，且其议论以各式各样的形式，在事前或事后反复回馈，这是一种连我们都很熟悉的状态。很容易能理解，在这种相互批判过程中进行的裁判上，解释的左右摇摆程度，比起由法官单独进行裁判的情形，远远较小……即使主观来看由法官个人进行法的解释，但实际上的解释者，是构筑法官作出如此解释的解释共同体。

德沃金在这里所说的其实就是，即使是规则型裁判，判决绝非以客观的方法从规则导出。然而，在剥下神话标签的前端出现的这种法官像，令人惊奇的是与传统中国的裁判官员像几乎无法区别。在清代裁判官员面前，也有从律例到成案这种像是"没有网眼的编织物"存在，他们为了解决眼前的事案，将这些规则进行"结构性"解释。虽然在这些判断背后没有实定法，但却形成一种，在其他裁判官员的"相互批判中"进行的，由皇帝官僚制全体构成的一个"解释共同体"。

即使说到规则型，在裁判官员独占规则解释权的场域，原本区别规则与裁判官员的意义便不浓厚。如上述裁判官员集团被看作具有同一人格的前提下，愈发使规则与人的差异消失。欲以此重新说明规则型的话，难道不是只以意识形态来装饰实际情况吗？因此，便有了上述这种批判的登场。

赋予正当性基础问题的走向　然而，当然不管如何"解释共同体"化，也只不过是法官们（称为法官的特定人们）的意见。在此明显存在的，是为何能够形成可以强行适用于社会全体的规范性权威的问题。有关规则与公论对比的理论（第五章第四节）原本打算回答的课题正在于此。清代皇帝官僚制相对于社会的定位，与现代美国的"解释共同体"在社会中的定位是否相同？抑或裁判制度不证自明的结果，使得赋予基础的历史问题全体已经完全失去了其意义？在此可以看到，几个在法史学上应该阐明的问题依然存在。

第七章

法律、权力和社会

从第四章到第六章,本书将论述焦点从"社会"移开,重点探讨了国家所行之审判和审判中的法律。本章在此基础上再次将目光投向"社会",探讨对于传统中国的人和社会而言,法律以什么样的形式而存在这一问题。

第一节 寻找中国的法律

1. 习律、审判和权利

规范的合理化论 关于社会、法和国家(公权力)的关系,我们最为熟悉莫过于马克斯·韦伯关于规范的合理化理论了。韦伯将出现在社会中的法的逻辑顺序叙说如下。[1]

在社会最底层，存在这样一种人类行为的次元，既没有强制也不具备作为规范的自觉，仅仅具有的是在事实上且集合性地被不断反复的规则性，这被称为"习俗"（Sitte）。但是，逐渐地在社会集团中对正确行为有了一定程度的共识，并抽离出成员对违背行为的个别的、分散性的责难的规范性所具有的规则性，这被称为"习律"（Konvention）。不过，只要根据的是个别的、分散性的责难，那时而有偏离的情形也不可避免。于是，围绕重要的规范，为了防止逃脱者的出现，社会团体有组织地遵守行为规范并制裁违背行为规范的行为（出现负责的具有该权力的人员），并给出了明确（给予一定的社会制度性地位）行为规范的方法，这在韦伯的理论中则被称为"法律"（Recht）。而且，该法律最初呈现的是应对小规模社会团体的地方性习惯法的形式，最后形成的就是最具有组织化、体系化和普遍化形态的国家法的形式。

这里所举的是社会成员将人类社会中事实上存在的规则性自觉地抽离出来并将其明确，将其再整理为人们应该遵守的规范，并由此建构管理自己（和该权力）构造的各个阶段。虽然说规则型的审判中所用的规则并不是必然来源于社会中存在的规则性，但作为现实的问题，审判中出现的民事方面

---

[1] 石村善助：《法社会学序説》，岩波書店，1983年，第183页以下。另外，其和传统中国法的关系，参照巩涛（Jérôme Bourgon）著，寺田浩明译《アンシビルな対話——清代では法と慣習とがシビルローの中に融合しなかった件について》中的译者解说部分，《中国——社会と文化》第20号，2005年。

的规则大部分确实都是在这样的背景下产生的。

在这样一种构造下，审判既具有依照规则裁决社会中各个纷争的机能，同时也具有以下功能，即通过区分是否作为审判规范，将社会中自生存在的规则性（"习律"）中的重要部分通过权力转换为带有制裁特权的规则性（制度性）的法律。而且，这里的权力虽然说是被规则所束缚，但同时，权力积极地扮演社会中自生的规则性的制裁主体，并从其中寻见自身存在的根基。如此，法律和权利互为表里，而社会（社会的规则性）、国家（审判权力）和法律三者在同心圆般的蜜月关系中构成了我们所熟悉的法律秩序的样貌。

中国的法律、社会和公权力　但是，显而易见地，上述理论并不适用于中国。确实，中国也可以说有类似上文所述之"习律"的存在。以土地秩序为例，从持有来历者管业开始，到卖与外人、自己耕作和欠租情形下可以夺佃，社会布满了自生的规则性。但是，审判遵从的理念是实现共存，其目的可以说在于抑制市场性规则的暴走。审判，是在情理之下考虑与该案件相关的所有因素，所以即使是来历管业的这种最强有力的要素，在审判中也仅仅是考虑因素之一，而且在某些情况下还会陷于被攻击的境地。如此，部分"习律"通过审判以审判规范的形式被明确化和特权化的程序在此无法启动，"习律"仅仅作为"习律"本身存在于社会中。

权利的性质　并且，审判作为强行实现的装置——实现以全有或全无的方式划定的一定范围内的规则性——而并不发生作用时，即使将利益主张的大道理正当化的逻辑为社会

第七章　法律、权力和社会　　*405*

所共有，但其正当利益的正确范围如果离开个别具体的社会关系则无法有所定论。忘记这一自觉意识而主张自己的利益的客观性和绝对性的态度本身就被视为有违常识。由此，在审判中并不是积极地主张和论证自己权利，这里出现的是责难对方忘记互让态度的这种"欺压与冤抑"型诉讼。

而在这样的构造下，将权利视为客观存在而将其作为买卖对象的做法实际上就缺乏稳定的基础。土地也好，田面也好，田底也好，虽然常常出现它们的归属和转移这样的外相和表象，但这些被标准化了的外相不仅当然不是自然的"实物"，也不是由制度创设和备份了的"物权"。应该说这些是为了维持今后关系的稳定，为了在买卖和所有这种日常性表象中使用的一种"拟实体"。虽然平时将其作为客观存在的实体，但一旦有了纷争，这些突然就会在各自的场合中还原为支持"管业"的正当性主张和博得社会同情的要素，并以相应的方法得到处理。但是，反过来看，由此可以说，这里也没有必要为类似物权的这种新的权利的形成做制度上的准备。只要有支持来历和管业的一定的事实，和社会对此的同情，这里就会有和买卖、所有相似的运作，其延长线上不知何时还会出现新的种类的"业"。

2. 判决整体上具有的规则性

判决的整体情形　如上所述，传统中国的审判与社会中的"习律"性质的规则性之间有明显的反向接续关系。审判并不依照"习律"的规则性进行，也正是因此，无论经过多少审判，也不会总结出审判规范。[1] 但是，并不能就此断定在这样的审判下就不能实现"习律"层面的权利，也不能就此说判决中缺少大致的规范性。从审判史料中可以看到审判整体上具有舒缓的整体性，以及其和市场的、契约秩序之间的亲和性。限制"应得部分"这一做法，反过来说就是实现"应得部分"。当然，因为"情"这一要素的存在，各个案件所实现的内容在最后看来是各式各样的（case by case）。但是，如果观察各个领域中的判决总体，可以发现这里存在一些明显的脉络。

规则性的背景 "习律"并非审判规范，而且审判理念整体上反而是与"习律"式的规则性相敌对，但结果为何会若此？

其原因恐怕就在于"习律"自身所具有的能力。国家制定出一君万民的政治秩序以后，这些万民之间形成怎样的社会关系原则上被委以社会。尤其是均田制衰落后的财产秩序，从民间土地秩序的形成到租佃惯行（惯行一词，中文多译为习惯。但正如下文所述，一直以来的日本的研究为了将其不与习惯法概念混同而特意称为"惯行"，本译文沿用此用法。下文同。——译者注）的样态，几乎社会关系的所有内容都是由社会自身形成，国家所做的仅仅是对现状的追认。这一

---

[1] 换言之，也就是说传统中国不存在西方法律史中所论的"习惯法"。参照滋贺秀三《法源としての経義と礼、および慣習》，同氏《清代中国の法と裁判》，創文社，1984年；同氏《伝統中国における法源としての慣習——ジャン・ボダン協会への報告》，同氏《続・清代中国の法と裁判》，創文社，2009年。

第七章 法律、权力和社会　　407

社会秩序根本上由市场的交换关系构成，这里支持的是公平（give and take）的精神和社会关系根本的相互性。现实中，国家权力审判时在奉行共存的理念下进行的个别主义式的行为，其不过是在大前提下所做的微调整而已。遍览大量的案件，可以看到其背后都有这一全局性的构造。

研究者当然可以将这些判决群整体所具有的规则性和体系性与民间日常的契约秩序结合起来进行再分析。正如本书第四章开头部分所述的传统中国民事法研究。虽然本书只就家族法和土地法进行了探讨，不过对于人们生活领域相关的所有法律规范，列出一个整体纲要进行讨论也并非不可行。[1]

民事法研究的陷阱　不过，这里需要反复叮咛的是，研究者在进行这种再建构工作时，如果比照西方判例法国家的法官在法庭的做法，即从判例中抽象出规则性，而且将这种抽象出来的规则性视为支持当时审判的"审判规范"，视作判决背后的正当性基础，这样的考虑明显是不正确的。

即使从判决书中抽象出规则性的要素，并将其在理论上提炼出一种体系的形式，但进行这种抽象的是现代的学者而不是当时的人。即使以"发现法律"来讨论传统中国的法律，

---

〔1〕　其典型例子是临时台湾旧惯调查会制作的《台湾私法》（1909—1911年）。正文内容6册，附录参考书7册，计6000多页。分为"第一编 不动产""第二编 人事""第三编 动产""第四编 商事及债权"，几乎涉及了民事实体法的所有领域。另外，关于该书的背景，参考西英昭《『台湾私法』の成立過程——テキストの層位学的分析を中心に》，九州大学出版会，2009年。

但根据当时的审判人员和当事人等发现的是一件件案件中各自的情与理集合下的个别的结论（这就是传统中国的"法律"），而不是被普遍化了的规则。或者说，在审判并非基于规则的地方，仅仅将规则性部分归为具有特权性质的存在而在体系上进行再构筑的做法，显得并不自然。在这里，"人情万变，总无合辙之事"、"执一不二"（见第六章第四节）方是该有的态度。他们并非不能从事态中抽象出通用的规则，而是去避免这种抽象所带来的处理问题的僵硬性（就民事关系而言就是固定利益的绝对化）。在他们眼里，（抽象出规则性）这种操作反而是多此一举。

与近代惯行调查之间的差异　将可以发现的规则性与审判规范相混淆的这种错误，或许意外地是受到惯行调查框架的影响也说不定。作为中国法制史学的一部分的民事法研究，无论好坏，都是以继承日本殖民统治当局在中国台湾和东北地区的惯行调查成果这样一种方式开始的。批判的对象、探讨的对象自然而然都是调查报告书。而且，在大部分的调查中，一开始就确定了调查结果以"惯习"这一资格成为新被导入的近代规则型审判的法源的一部分。其任务一开始就是以此为目的调查收集规则和制定规则。现在需要我们做的是厘清当时的法律和审判的成立。不理解这一脉络而以同样的论调去讨论的做法并不可取。

判决的依据和判决的模式　在非规则型法的世界里，判决依据的原理和判决结果展现的模式处于不同的维度。如果要讨论审判的依据，则只能用独特的方法去讨论这里的法律

第七章　法律、权力和社会

和审判的理论。反言之，如果不对审判和判决的依据单独进行理论上的整理，那就会重复这种将新发现或新还原的规则性错认为审判规范的讨论。

而收集大量的判决，从中找出规则性这样一种探索法则型的研究方法无论看上去多么具有中立性和实证性，其本身藏着巨大的陷阱，可怕性不言而喻。

3. 法律之所在

心中的法律　在此，法律的形式是情理这一个词和无数符合情理的纷争解决的成功例子。其并不以规则的形式被抽象和客观化，并非高高地站在审判规范的位置上。那么，法律在何处呢？

如果一定要问这个问题的话，那答案就只能是"在每个人的心中"。在此，对一般规则的考量和对个别事情的考量、理和情的契机等，都浑然一体地在人的心中，在与每个事件的相遇中，经过调整与该事件契合，从而呈现具体的样态。但一旦该事件结束后，又从该事件中分离出来回归到没有固定形态的状态。法律就如此这般在人们心中合拢又散开。[1]

而审判所做的，就是用这种方法将人们心中的法律（的要素）进一步地调整和统合的社会性作业。如此，大家一致

---

［1］　最初将法的本体比作不定型的大海，将具体的国家法和判决例比作"漂浮在情理的大海四处的冰山""情理之水的部分凝结"的是滋贺秀三氏。滋贺秀三：《民事的法源的概括的检讨——情·理·法》，同氏：《清代中国の法と裁判》，創文社，1984年，第284、290页。

的判断内容（引导纷争解决的事件图）由德高望重之人讲述。或者说在听闻德高望重之人的讲述过程中，人们的判断逐渐划一。

情理论的登场　所谓审判就是判断的二重调整。不过，如果在确定判断的人就是德高望重的人的情形下，或者将大家的共识统合起来假托德高望重的人来表达的情形下，后者的社会性调整、统合的过程就被省略，只浮现出前一种呈现出来的协调的场景。这就是第五章第三节中所述的情理理论的登场。此时，社会性的统合问题已经解决，所以这不是为了说服别人的讨论（情理理论中本来就没有这一打算）。这里出现的是：德高望重之人或者说作为正常（拥有健全常识）的中国人在面对案件时如何考虑、如何苦心判断的没有任何矫揉造作的朴素说明。

体系性的问题　由此，判决的总体就是"正常的中国人"在遇到各种各样案件时的答案的总体。人（虽然不知原因）就是符合逻辑的存在。重视案件无限的差别性和那些判断中贯穿着某种一贯性，这二者并不矛盾。具有这种内心的人们的日常行为产生出了"习律"，进一步做出了判决。上文所见的判决整体所具有的稳定的体系性，从这一点来看，就是正常的中国人的内心所具有的体系性。审判官代表了这种大家内心共有的判断。这就是传统中国审判官、当事人和法律之间的基本关系。

因此，从内容方面讨论传统中国法律时，如下一种论述方法反而可以更加朴素地推进，即：不是从审判制度和审判规范去讨论，而是朴素地、看似无方法地从"正常的中国人"出发，不特意去区别日常生活和审判、民间史料和国家史料，考虑中国人关于该问题一般作如何思考，又如何行动。

新问题——心中的体系性的社会共有　在上文论述的基础上，我们再将目光投向现实社会并非由德高望重的一人而是由数目众多的人构成的事实时，就出现了在这个社会中关于法律我们不得不思考的另一个重要问题（而且是不易解开的难题），即：在众多人的心中的那个判断体系，其相互之间一般说来是如何分布又如何被统合的？

如果从上文的论述脉络而言，或许可以说这个问题就是要考察在情与理的调和之中，被称为"理"这一部分的社会存在形态。理是普遍适用于同类情形的妥帖的道理。其主体内容就是所有人都认可的逻辑。但是，这里并不存在判断什么是理而进行公示的构造。一方面，该道理可能为大家无丝毫怀疑地信服。另一方面，如果没有达到这种状态，那什么是理这个问题自身摇摆不定，最后就会被卷入对情的考量的程度之争中。是什么支撑着这种构成人们日常行为和争论的共有框架呢？

并且，在接受制度性的秩序整理之前，如果如上所述，被人们分散地保有的、已经具有一定的社会性的行为规范被称为"习律"的话，那这里所要思考的问题也可以说是"习律"在中国的存在样态。在西方法律中，讨论法律的出现首先要讨论制度性的习惯法，"习律"作为其途径的点在突然之间被通过。但是，这里并没有习惯法这样一个制度平面，所以，围绕法律的存在形式，"习律"作为一个应该被正面探讨的问题领域而出现。

第二节　心中之法律的社会共有

1. 不言自明的理和符合逻辑的理

不言自明的共有部分的存在　虽然说法律以其不定型的状态存在于人们心中，但如同在第一章所见的同居共财的家的运作方法和兄弟均分的家产分割方法等、在第二章所见的在管业来历构造内运用的土地用益方法等，这些在制度上并没有特别的规定，但其主要内容持续稳定为人们（而且是如此广阔的国家里的庞大人群）所共有，在人们日常生活中被运用，没有特别突出的地域差别，也没有剧烈的时代变动。那么，这种共有是如何而来又如何得以持续的呢？

由于这些是家族法和土地法的核心，要考察具体法律的存在基础，这一部分是需要首先厘清的。但是，棘手的是，核心之外的周边部分（以土地法为例，管业来历是其核心部分，而周边部分则是指各种其他规定，例如：典的回赎中出现的对回赎期限的规定、租佃中出现的退佃时是否退还承佃时所交的附加费用的地方性规定等。）可以为了划一处理的目的而制定作为事例参照的章程等具体内容的指示，而中心部分作为不言自明的理反而无法在制度上寻得其对应物。就家

第七章　法律、权力和社会　　413

族法而言，虽然可以说构成其基础的是分形同气的血缘观，而且关于为何某个民族共有某种特定的血缘观，就任何民族而言，这个理由都很难说清楚。但是土地法却无法用这个理由来敷衍。土地法并不是那么古老的历史形成物，而且无论是其来历和管业，是活还是绝，虽然说是一种朴素的想法，但很难说是自然天成的、放任不管的话也会如此形成的事物。虽然如此，其在全国统一地存在，而且不言自明般地被维持，其中的理由若何？

书写语言这一基础　虽然普通民众的识字率低，但事实上，在传统中国，几乎所有法律实务都书立文书，由此，我们首先应着眼于文书书式集发挥的作用。或者说，卖和典等契约用语自身构成了事态的理解和交易实务等现实性构造，那问题的一部分可能与中国文化中的书写语言所发挥的作用这一问题相重合。确实，包括刑事审判，传统中国法律中的书写语言具有强大的控制力。比如，律中将无婚姻关系双方的性行为称为"奸"，而"奸"这一词语在被使用时就含有违法的意思。换言之，法的世界中除了这种词，并没有表示婚姻外性行为的中性词。上文说过审判时如果事实明晰的话其评判也自然而然地出现，更准确地说，只要是以书写语言来整理所有的事项的话，不可能产生不同于评判的其他的事实认识。这里的所有叙述，都是在这种书写文化上展开的。其状态既可以说是欠缺法律特有的制度空间，也可以说是如同在第四章欺压冤抑论中所论及的：在这个范围内，法律逻辑遍布于被文字化的日常世界的全部。

文明层次的共有 规制社会关系的逻辑的核心部分（最根本的部分）作为人与人之间无需制度性规制的不言自明的理，和书写语言一同在文明层次共有，其共有部分构成了围绕法律发生的所有各式各样展开的现实性基础。但是，我们首先应该认识到的是：对该基础的形成，我们却无法作出更为确切的说明。

地方性的共有——变动部分 不过，不能就此认为判断框架内的（理）的所有部分都被不言自明地共有，也不能就此认为剩下的都是围绕"情"的判断。在不言自明的理的共有状态和完全分散状态（通过听讼而一次一次地被共同化）之间，明显还存在一种中间状态。从第二章论述田面田底惯行的形成和展开的过程中就可以看到很好的例子。

一种极端是：只有田主一方被纳入来历和管业的框架内，在此基础上，被要求退佃的佃户拿出一些论据要求金钱方面给付的情形。而另一种极端则是：不仅仅是田主，甚至佃户对于自己经营（管业）的正当性也诉求于给予了前任佃户金钱而从其继承而来的事实，而且该主张为该田主、佃户和周围的人持续性地接受，该地位作为普通财产而处于流通状态。另外，在这两个极端之间，还存在一种中间状态，即：佃户一方主张来历管业，而田主对此否认，也就是说田面田底框架的存在与否成为争论点的这一状态。来历管业这一理解框架自始至终都为全体人员不言自明地共有，而关于佃户耕作是否纳入该框架，则有各种各样的理解，这在逻辑的空间内被稳定地共有（被视为理）或被争论。也就是说，"理"是

第七章 法律、权力和社会 415

由从不言自明的理到不稳定的理构成的大集合。

或许因为地主和佃户之间是当时社会中最广泛、最激烈也最普通的争夺利益的场所，租佃关系领域内在围绕交租方法、退租补偿、礼金等方面，也反复出现类似的局面。可以说，租佃关系是研究法律存在形态的素材宝库。

惯行的构造　这种逻辑规范框架的共有问题，在规则型法律的世界中被视为社会团体规模的习惯法的形成和变动的问题。但是，这里的审判并不寻求规则（rule），法律在人们的心中。自然，判断框架的逻辑性共有和推移也存在于人们的心中。不过，这个具体而言意味着什么？审判和发布告示这种官方的法律事件是如何与当地共有判断框架的推移和定型联动的？上述文明的共有的问题虽然太过茫然而无法概括，但关于这个问题，却可以进行实证性的论证。这种考察应该会对人们心中法律的社会性的共有这一问题的整体厘清提供一些线索。

对于这种地域性的、有时间限定的逻辑性规范框架，一直以来的日本的研究大概为了将其不与习惯法概念混同而特意称为"惯行"。此处将进一步解明惯行的构造。[1]

---

〔1〕　接下来的论述基于寺田浩明《清代土地法秩序における「慣行」の構造》，《東洋史研究》48卷2号，1989年。（中文版：王莉莉译、周蕴石校《清代土地法秩序"惯例"的结构》，寺田浩明著、王亚新等译《权利与冤抑：寺田浩明中国法史论集》，清华大学出版社，2012年。具体的内容请参照该论文。——译者注）

2. 共有状态的事实性

民众对周围惯行的言及 首先，在和他人交涉时，虽然说什么都可以作为论据，但对以下问题的判断很重要，即：该论据在何种程度上可以强烈地主张、到何种程度才不会被说成是有所"恃"。现实中，无论是何种主张都是一边观察对方和周围人的反应（他们对于这一点是如何考虑的）而一边进行。

而且，有时候，当事人以这个地方的人都若此、这个是周围"一般的做法"作为自己主张的理由。有如下事例：田主在夺佃时，向佃户提出支付"出庄银"是按"湘潭的俗例"夺回佃田，而向田主要求退租补偿但在金额上未能达成妥协的前佃户与田主新招的新佃户发生争论。[1] 在这里，事情和西方式援用习惯法的做法颇为相似。那差别又在何处呢？

重心和突出 最大的区别还是在于有没有将"俗例"的实现作为任务的审判机构。在传统中国，争论处在所有的事情都可以作为论据的世界中。接近大家行为类型"重心"的行为肯定更有可能被人们接受（被视为理）。但是，这只不过是解决纷争时被考虑的要素之一。对方的情况如何尚不可知。在这里，任何主张都不是绝对的。不过，反过来说，如果从该范围中"突出"（不被大家普遍承认，但自己判断是有道理

---

[1] 中国第一历史档案馆、中国社会科学院历史研究所合编：《清代地租剥削形态：乾隆刑科题本租佃关系史料之一》，中华书局，1982年，案件号224。

的）的、个别的脱轨行为，虽然与此相关，容易发生以刀等锐器伤人的事件，但这并不一定是不可以的（根据个别情形，有时候在事实上也会实现）。现实呈现的正如成功事例（或者失败事例）的"正态分布"曲线图。顺应大势虽然是必要的，但相反也还有少许冒险的余地。在这个世界里，所有人都是一边摸索着这个风险一边前进。

效尤 分割家产执行的是兄弟均分，从拥有正当来历者管业这一层面来说，其重心的位置自身基本上不会有所动摇，大家都会将其认为是不言自明的理，在认定其合理的基础上展开争执。但是，不是所有问题都是这种重心位置是不言自明的、不动摇的。例如，史料中常常会出现"效尤"这样的说法，即谁做了坏事而其他人效仿而为之的意思。

> 若因循不办，众佃效尤，驯至废弛矣。（《赵氏宗祠经费章程》）[1]

> 秋收稍歉，强悍者倡首抗欠，群相效尤，谓之霸租。（光绪《江阳县志》卷9"风俗"）

这两个都是抗租的史料。前者言如果放任恶行的话，众人就会开始效仿，结果恶行就会普及开来，需要不放过最初不付地租的人，对其严行惩罚。后者言在众人"效尤"之前，"倡首"（站在前面倡导的领导者）有引发效尤一般的自觉的行为。

---

[1] 仁井田陞：《中国法制史研究（奴隷農奴法・家族村落法）》，東京大學出版會，1962年，第525頁所引。

而在这种重心的推移中伴随有现实的效果。黄中坚《征租议》言道：

> 今乡曲细民，无不酿金演剧，诅盟歃结，以抗田主者。虽屡蒙各宪晓谕，而略不知惧。间有一二良佃愿输租者，则众且群起而攻之，甚至沉其舟、散其米、毁其家，盖比比然也……诸绅士有田业者，皆恐犯众怒，不敢发言。刁风之可畏如此。

抗租运动前，纳租是佃户一般的姿态，是位于重心的行为，当然此时欠租是有风险的、突出的行动。但，一旦挑起抗租运动的话，这次如果继续做"良佃"的话，对于一般的佃户而言是极其危险的。此时，安全的重心在欠租一方，而输租反而成为突出的行动。

风、俗、习 正如史料最后所言的"刁风之可畏如此"。表示这种事态的，除了效尤，还有"成风""仿效刁风"等说法。

> 彼唱此和，相效成风。(《临汀考言》卷15"审谳")

> 自孝廉去世，迄今又十余年矣。佃户之刁风，转相仿效。(《江苏山阳收租全案》雷序)

> 刁民闻风以起，恣意评告，而地方官不可为矣。(汪辉祖《学治臆说》"民气宜静")

作为表示当地人们的标准性的惯常行为意义的，除了

"风",还有"习"和"俗"。还有各种各样组合而成的词汇,如"风习""习俗""风俗""恶习""恶风""积习"等。所谓惯行就是"风俗"。

和习惯法的对比 对西方法律史中出现的"习惯法"和传统中国的"惯行"的差异,在此再行整理如下:在习惯法中,某种规范依照团体组织的原理最初就存在于大家个别行为的外侧,并拘束大家的行为(反过来说也是保障了大家的行为),大家(即使厌烦,也将其作为客观存在的妥当的规范来)遵守,对违背它的行为会给予有效的惩罚。反过来说,要将违背习惯的做法和新的权力主张作为正当的行为的话,首先必须将那些客观的规范经过某种程序进行修订。或者说,实际上即使没有全部被遵守,但存在一个制度的框架来辨别该规范是否应该为社会所遵守。相对于此,惯行则是始于主张理的某个成员的个别行为,认可其是符合理的人数逐渐扩大并蔓延开来,以如同具有重心和周边的"气性"般的形式存在,并被恰当地被比喻为"风"而日渐推广。

惯行的存否与个别纷争的关系 这只是一定类型行为的数量上的蔓延,其最安定的形态也只是个别成功例子的累积。不过,相反地,这些个别行为的归属对全体动向(重心之所在)给予直接的影响。

比如,向上一个佃户支付相应的对价承耕的佃户,和田主就可否夺佃发生争执,如果是田面田底惯行已经稳定的土地的话,佃户所做的就和普通的土地纷争相同,主张来历管业。但是,并没有登记惯行的机构。即使一方认为是基于惯行的权利主张，而另一方坚持说这是对方单方面的独自想法（史料中称之为"说"），最后陷入对惯行存在与否的争执。这既可能动摇惯行，不过，反过来，一个案件的胜利也是该"说"成为被广泛接受的"理"的途径，也就是惯行的成立和稳定的途径。个别争讼的归结影响惯行的稳定的话，利害相关的人员们就会集聚到衙门，关注诉讼的结果。

3. 作为行情的法律

竖立石碑 毋庸置疑，如果任重心（或者说惯行的框架）随意变动的话，受困扰的是当事人自己。于是，人们就试着稳固有利于自己的配置。

比如说，夺佃时要求支付退租补偿金，"创立退脚之说，每亩勒银一两不等，方肯还田，否则据为己业，任彼更张"。佃户们的行为发展为"私自竖碑"（同治《瑞金县志》"严禁退脚科敛名色示"）。另外，由于存在田骨和田皮的做法，创造了佃户可以单方面解除租佃契约而田主不可以单方面和新佃户缔结契约的"说"的佃户们，率领一党数千人到县衙给地方官施加压力，要求将其主张刻入石碑作为"例"（同治《兴国县志》卷46"杂记"）。上述两个史料都是反对退租补偿金和田面田底惯行的地主这一方书写的史料，所以佃户一方的主张都单单只是"说"。但佃户们为了表示这不是一己之说，或竖立石碑，或要求地方官宣布其为"例"。

地方官的作用 如同上述最后一个史料所示，在这种局面中，地方官屡屡作为决定事态走向的关键人物。如此，给新任地方官提供有利于自己一方的信息就显得尤为重要。

地主的例：欣闻荣任我县的日期已近，不胜欣欢。这里须先奉闻一事，我同安县，近来发生甚为异常的风潮……以上都是业主与佃户之间长年使用的旧惯例，并非最近急加增减的。然而进来无赖游民，倡平斛之说，诳职深山野谷农民，成群结队，扣县衙大门，要求平斛。想来，县知事大人来临，佃户们定会结队求见，因此，必须制机先以镇压，请求使之沉默之策。（蔡献臣《清白堂稿》卷10"尺牍"）

佃户的例：适大司马郭公维经，以援虔至汀、张胜、沈士昌等遣数百人入汀，泣诉田主取租激反佃人状。大司马主先入之发言，大悉恚粮户。至瑞金，田贼数万人，复阻截离城三里外寺驻车，谗声百端。（乾隆《瑞金县志》卷7"艺文"）

结果甚至发生了每逢地方官交代，地方上的惯行就会变动的情形。在同治《瑞金县志》卷16"兵寇"中对此有相关记载。

康熙年间，地主招人承佃时征收各种附带性的费用，因佃户拒交而经常发生诉讼。在这种情况下，地方官"严加惩创，煌煌明示，勒碑县门，谓可永守勿失"，从此立下了佃户承佃时要交费用的惯例。

但是，雍正七年，一位同情佃户的地方官上任。

于是，"奸徒窥见意旨，遂乘衅而动，聚诸游手，（为斗讼的费用）沿乡科敛，按亩索钱，挺身为词首，创立名款，用诬田主。其大端则以革批赁、桶子、白水（皆为招人承佃时的附加费用）为词"，即佃户借机要求废除以前要求交费的惯例。对此，"郡守信之，檄行各县，悉焉革除"，其结果则是"致主佃相狱，累岁未已"。从此废除了要交费的惯例，代之以不交费的惯例。

但是，之后情况又发生了变化。"幸而此公旋去，各上宪洞悉情弊，力惩奸徒，刁风渐息。"

正如该史料所示，提起诉讼和发布禁令是交织在一起的，而地方官通过对个案的审判和给民众发布告示这两个路径来发挥影响力。

审判的社会效果 就前者而言，前述汪辉祖的《学治臆说》"亲民在听讼"中有叙述如下。

> ……不知内衙听讼止能平两造之争，无以耸旁观之听。大堂则堂以下伫立而观者不下数百人，止判一事，而事之相类者，为是为非，皆可引伸而旁达焉。未讼者可戒，已讼者可息。故挞一人，须反复开导，令晓然于受挞之故，则未受挞者潜感默化。

审判是将双方当事人心中的判断标准调整一致的场所，同时，也是影响周遭人们心中判断标准的场所。或者也可以说，如果审判的实务是在天下的公论之下将当事人的判断标准调整一致,那各个审判的成功和该地方范围内的判断标准的调整则互为表里。

告示的社会效果 如下文所示,告示宣示的是为改善一般风俗的惩罚性措施。"昆山县奉宪永禁顽佃积弊碑"中有言:[1]

> 可见此风总未尽革,以致因此犯法者,日见其多。与其事后严惩,莫若事前告诫……本署司思欲挽回积习,不忍不教而诛。除札饬苏州府通饬各县抄示晓谕立石永禁外,合亟申明例案,严行禁约。为此示仰各都图农佃及佃属保总人等知悉……(省略下文个别的罚则)……

不过,与并不是所有的地方官的判决都能让诉讼当事人遵依相同,地方官的告示也不能让地方上的人们都遵守。

史料中有告示的张贴改变事态的记载,如奴仆叛乱时知县发出告示,"告示出县城各门,则人渐平静"(光绪《麻城县志》"大事记")。

而相反地,也不少告示最开始就被无视的记载。围绕对"大卖小卖"这一田面田底惯行的禁令,"主佃相疾,虽经大宪之碑禁,顽梗如故"(同治《新城县志》卷1"风俗")。又,虽禁止在收租时使用大升,但"审看得,斗头一项屡屡奉各宪严行禁革,乃尤悯有不畏死,私立斗头横抽租谷者"

---

[1] 江苏省博物馆编:《江苏省明清以来碑刻资料选集》,生活·读书·新知三联书店,1959年。

(《临汀考言》卷 15 "审谳")。许多告示末尾都以"勿视为纸上具文"(《天台治略》卷 4 "一件饬端士习以挽颓风事"等)结尾,反而说明了很多告示被视为了具文。

另外,还有例子表明告示在刚张贴后短时间内是被遵守了,但其效果不能持续。例如,《福建省例》卷 14 "田宅例"的"禁革田皮田根,不许私相买卖。佃户若不欠租,不许田主额外加增"[乾隆三十年(1765)]中,布政司就当地的田面田底惯行,因"虽奉明示饬禁,风雨损坏,及视为故套",在重新"请呈永禁"的具详中,叙述了虽然经雍正八年(1730)、乾隆二十七年(1762)反复立碑,但所立之碑被无视而被埋入土中的经过。不过,尽管如此,仍然请求下令于各处立碑。另外,"宁都仁义乡茶亭碑记"(《民商事》江西省赣南各县习惯)的碑文也叙述了雍正十年(1732 年)、乾隆三十三年(1768)、乾隆三十五年(1770)"久奉各大宪勒碑永禁,乃日久则禁弛",并叙述了再立该石碑的经过。或许,大部分立碑都如此。在此,甚至没有如下一种理念,即:一旦设立了法,那直到废止之前都应该是法。其和物体的碑文一道湮灭,湮灭后又被再次大写特写而唤起人们注意。

多种多样的影响主体 如上所述,在稳固惯行的重心和制定重心方面,在地方上具有最大权威地方官的告示确实有强大的力量,但该力量并非绝对的,有时还会被无视。不过,如果从国家的告示也是一种推动行为来看的话,向民众诉说的不仅仅是官。众人"效尤"冒险个体的突出行为,并在某一时间点事实上得以"成风",民众之中某人自觉地倡导其说，剩余的众人唱和，这种情况也不少。比如说同治《雩都县志》卷13"艺文志"中记载，康熙年间皇帝发布命令：因该年歉收，国家减免税粮，地主也应配合减免地租。抗租运动的首领自行将康熙年间其"除赋蠲租"的上谕进行解释，并"倡说"今年也应该免除地租，"一倡则百和，比年之秋收，颗粒亦不纳田主"。此时，比起官员所言，没有官位的佃农的言行更有效果。

行情之比喻 地方社会上充满了有影响力的人物和他人受其影响的行为。结果，在这里可以看到的是：各个人心及其集合体在事实上不停变化和其某个时间节点的状态，以及与此相对应的官民各主体的各种各样的相互作用。

对此，与其用现代的制度性的"法"这个词来称呼，远不及用"行情"来描述更为准确。如同效尤事例所示，在这里，人们是参照当时周围的行情决定自己行为的主体，反言之，同时，他们也是通过自身行为改变行情的主体。行情变动可以是由某个人突出的行动和人们事实上的追随而引起，也可以是由老百姓中某个人积极地表达其"说"而"唱首"，在周围人们的"百和"中而被推广。在此，国家（地方官）作为行情形成的登场人物之一而发挥作用。有时以权力介入的提前表示来引起行情变动，而有时权力的实际介入却并没有引起任何变化（反而被行情"压制"）。

惯行的基础 上文所举田面田底的惯行也是在这样的构造中以稳定的状态而存在。大家都不争执的部分就是该地方财产法秩序的基本构造，人们以其为前提（不言自明的理）

而对其他问题进行争论。但是,无论是分布地区(并没有制度性的适用范围和管辖)还是案件类型(惯行的存在与否、是否是其适用对象等个别性问题),越是周边部分,制度性基础的欠缺越是明显。其被颠覆的可能性(从"理"的位置被拽下,被贬为"说"的可能性)被看破的话,瞬间人们就会开始议论惯行本身存在与否,将对方和周围拖入该议论的框架中。结果,即使是理,谁都不争的则为理这一说法和在谁都不争的时间内则为理这两种说法互为表里。

如此看,其确实也并不可靠。但是,审视如同管业来历这种根本性的构造,这里存在的是人们自然而然的看法和事实上的稳定的共有,并没有超越这二者以外的制度性构造。如何接近这二者,如何将其作为"不言自明的理",是这里的行为目标。

第三节　社会和权力

1. 民间规范的定立

法在人们心中以未被制度化的状态存在。国家面向社会的立法(告示)是影响人们心中的法从而改变各行动标准的要因,其影响力是有限的。那么,人们自身是如何定立和大家共有的规范的呢?[1]

乡禁约 乡村上自发制定的禁约被称为"乡约""乡禁约""乡规民约"等。明代虽然没有留下具体的文书例,但可以在日用百科全书的契约文书格式集中看到很多文书格式的例子。[2]《三台万用正宗》民用门、乡约体类"乡约"所述如下:

> 本乡居民稠密而无他业,众皆赖农耕维持生计。故禾苗生长之时,各家宜各自关好牛马鹅鸭,不得纵放践人田土、啄人庄稼。"爰自某月某日会众议约以后,倘有无籍者不依条约,照例惩罚。如有抗拒不遵,定行呈首官府,众共攻之,以一科十。纵律无正条,其情可恶。必敬必戒。故谕。"

其中言道,最近有人为节约饵食费用而将家畜放养于山野。当然,如果是无人的山野并没有问题,但如果是在住家稠密的地方的话,家畜徘徊之地就会涉及别家的田地。这就如同让家畜去别家田地里吃食一般。别家的损失是自己的利

---

[1] 本节论述基于寺田浩明《明清法秩序における「約」の性格》,溝口雄三等編《社会と国家(シリーズ・アジアから考える第四卷)》,東京大學出版會,1994年。(中文版:王亚新译《明清时期法秩序中"约"的性质》,寺田浩明著、王亚新等译《权利与冤抑:寺田浩明中国法史论集》,清华大学出版社,2012年。——译者注)史料方面的论据和更为详细的论证,以及以其为中心引发的各种论点等参照该论文。

[2] 相关史料可参考如下资料。仁井田陞:《元明時代の村の規約と小作証書など(1)(2)》,同氏:《中国法制史研究(奴隷農奴法·家族村落法)》,東京大學出版會,1962年。《同上(3)》,同氏:《中国法制史研究(法と慣習·法と道徳)》,東京大學出版會,1964年。

得，而如果互相都这样做的话就没有损与得。但是，如果在农作物发芽的时候如此行之，则就是社会整体的大损失。从理性上思考当然应该制止。但是，考虑到如果只是自己一个人停止该行为的话则自己受损（如果大家都遵守的话则自己也遵守），因此需要针对违反行为，约定规定惩罚规则和执行该惩罚的人。由此，有了上文的定立。

这个是"会众议约"，即将全村的人召集起来相互定立罚则的文书体例。另外，同书收录的文书例"禁田园山泽约"禁止践踏山野的不良之徒，其中描述了会众议约的情形"会众一方宰猪置酒歃血预盟"而新定禁约，还约定了今后每日加"巡逻之功"，每月举行一次交换巡逻岗的"交牌之会"。

同系列的史料中，还记载了同族的族长聚集族人和邻近的人，就祖先坟山给定禁约时的文书例。

> "立禁约人某等"于某地有祖坟山一处，近来屡遭盗伐。于是，"会集族众坟邻护近人等，置酒告明设立严禁"，此后不得入山采伐草木，本家子孙分派巡守，邻里则应相互看视。若再有窃盗之事即行送官究治，"为此特禁，决不轻宥"。（《云锦书笺》"坟山禁约"）

这里的禁约不同于上述"会众议约"二例中的由众人共同讨论定立，而是宗族的领导一方制定，示以周遭之人，要求大家的遵守。不过，这里和上述例相同，也是"会众"而"置酒"，而且禁约内容也大同小异。

上述诸例是对应该禁止打压的搅乱农村生活的行为,农民之间决定罚则,并制定持续的监视告发体制。所谓践踏山野的"不良之徒",大部分也就是这些特定人群中的内部人士,其担心的是大家中有人会如此行事。由此定立禁约,相互看管。

而到了清代,就有了围绕地方上的治安维持和防卫问题定立合约的实例。如"咸丰十年(1860)合约字"有如下叙述:[1]

> 自祖先移住台湾以来,数百年间一直保持当地的安宁。但近年却出现了"奸宄由放纵,间有无知不法之徒,恃强借端滋扰,擅敢纠恶,逾庄抢夺"的状况。为此,"会集我老东势等庄公议",各自约束子弟,并立下严规。今后若有不法之徒擅敢借端结党滋事行抢,无论本庄还是他庄,应即鸣锣聚众拿捕。拿获人犯者有赏,因此而负伤者给金养伤,有隐匿犯人者则严罚之。所需费用由受害者负担三成,其他七成"系通庄田甲均派"。人犯轻者罚款,重者送官。

该合约字的另一个部分则列举了与明代尺牍中各种禁约相类似的禁止内容。这是因为治安的恶化,几个村联合起来自己组织防卫团体时的合约。文中举"有隐匿犯人者",说明

---

[1] 戴炎辉:《清代台湾之乡治》,联经出版事业公司,1979年,第148页。

了不法之徒不只是外部人员。其中规定拿获犯人给予赏银，负伤者有调医钱，这表明他们对于贯彻规约时可能会遭遇的相当程度的暴力行为的出现有一定的思想准备。

抗租运动的盟约和信约　另外，约定大家集体行动、不要抢先，并为此定立罚则的情形，在一定地域的佃户们共同要求减免地租之际也同样存在，在这个意义上，事态的一部分与上一小节所见的"抗租"有所重合。此处再举黄中坚的《征租议》。

> 今乡曲细民，无不醵金演剧，诅盟歃结，以抗田主者。虽屡蒙各宪晓谕，而略不知惧。间有一二良佃愿输租者，则众且群起而攻之，甚至沉其舟、散其米、毁其家，盖比比然也……诸绅士有田业者，皆恐犯众怒，不敢发言。刁风之可畏如此。

与上文所见定立乡禁约的情形一样，佃户们在这里也是"诅盟歃结"，即同样地以血为盟，约定违背者会受到攻击。另外，还有在此时定立文书契约（信约）的例子。乾隆《乌青镇志》卷2：

> 小涉旱涝，动辄连圩结甲，私议纳数，或演剧以齐众心，或立券以为信约。倘有溢额者，黠者遂群噪其家，责以抗众，否则阴中以祸。

虽然同样是抗租，前者以是否"输租"为断，约定今年均不纳租。后者则是"溢额"的问题，其约定内容稍显微妙。

如同第二章所述，在田租固定的地方，遇到气候不好、收成不顺的情形，通常地主们会聚集一起查验庄稼，定"乡间体例"，按其一律减免。但是，在这个史料中，看似是佃户们单方面集聚决议的，即"私议纳数"。当然，在此，约定所有佃户的相同的减免率非常重要，决定要全免却"愿输租"者，决定了纳50%却"溢额"纳80%者，则被作为"私议"体制的破坏者，约定参加盟约的所有人要对其进行攻击。

史料中并没有强制参加盟约的相关记载，所以无法确定被攻击的"良佃"们最初是否参加了盟约，但是可以想见：最后没有依照私议的佃户们都会受到暴力攻击，一旦掀起了抗租运动，观望的佃户们大概也不得不暂且在形式上加入盟约（如果不加入，在此时可能就会受到攻击）。如此这般，将周围的人逐渐都卷入其中，而随着人数的增加、规模的扩大，对周围又会产生更大的同步的强制力。

2. 主唱和唱和

共通的构造 如上所述，在乡村，人们会定立约定对违背者处以严厉处罚的各种禁约，并拥戴该禁约的统治性团体。正如史料所示，其处理的内容和宣扬的目的虽然各种各样，但如果着眼于这种禁约和统制团体被制定的背景及其规范的定立和结团的手法，可以看到其具有显著的共通性。

个家利己主义现状和共同一致的必要性 首先，这些禁约和结团的出发点在哪里？为何有共同一致的必要性？其答案就是对以家为个体的利己主义（个家利己主义）的横溢所抱的危机感。

　　典型的就是上文所述放养家畜的农民们。短期来看虽然是占了便宜，但谁都明白，如果全体人员都长期如此，则自己的利益也会受到损害。而同时又担心：如果只是自己一个人停止了的话，受损的又只是自己。上文所述的组织防卫团体一事也与此类似。"强者依势横行，弱者缄口畏缩，或徇情以容隐，或贪利以偏护，卒致禁令败坏，风俗益颓"（《云锦书笺》"地方禁约"）。一个人无法对抗不法之徒的暴乱，但如果被害的是邻居，闭其门而"缄口畏缩"，以免卷入其中，这在短期来看是聪明的做法。或者"容隐""偏护"，甚至与不法行为之徒为伍。但如此行之，最终不知什么时候也会轮到自己家成为受害者。最好的办法是所有人齐心协力对抗不法之徒。但是，如果发生袭击时，即使鸣铜锣，如果大家没有按照约定出现，结果还是自己一个人承担被害结果。事实上大家真的会出来吗？而抗租运动中，就会有抢先"输租"或"溢额"的"良佃"出现。佃户全体一致行动的话，那结果也会成为与该地方查验收成相应的当年纳租标准，但如果出现一两个破坏抗租行为的人，团结的景象就会突然崩溃，最后抗租运动就会以一部分"惰农"的佃户的个别欠租结束。可见其中统制的必要性，但，由谁来统制呢？

　　强制执行惩罚主体的缺失　　其次，这里欠缺有实力能防止离脱行为的单独主体。在具有强烈流动性的中国农村社会中，不能期待存在相当于村落共同体的庄屋和领主这种兼具权威和实力的单独主体。惩罚违背者的力量结果也只能从在这里的老百姓中求取。将鸭子随意放养，随意进入坟山的也是这里的老百姓，为了防止该行为而进行巡逻的主体也只能是老百姓。抗租运动中离脱而行的是佃户，为了防止这种离脱行为也只能靠动员佃户的力量。

主唱和唱和　与这种情形相似性相对应，禁约的定立和团体的形成也都按照以下的步骤进行。

就规约类中对规约定立经过的描述而言，几乎都可以看到结团发起人的存在，他们言"目击斯祸，风俗日偷，居民受害，某等深为未便"，因忧心事态发展而率先向人们"主唱"共同和连带的必要性。而且，主唱者们如禁止放养鸭子这类的发言，虽然确实在当时的时间点上与各个成员的短期利益和行动原理有抵触，但实现的是全体长期的利益，这在大家心（良心）中是已经潜在的意见。倡导人所做的是自己率先舍弃"私"，由此将大家心中潜在的"公心"表于言，希望剩下的人也受其言鼓励而舍"私"，与主唱唱和而共同赴"公"。

具有制裁机构的共有规范就此被确立。本节开头围绕乡约叙述了两种类型：即会众的乡民互相议约的形式，和倡导人出示规约而要求聚集的人遵守的形式。但如果从这个构图来看的话，这二者之间也并没有太大区别。互相的议约如果没有发起人的话也无法开始，反过来说，即使出现禁约定立者的倡导人，其制裁力的形成也需要唱和者一方最低程度的自发性。于是，后者也是"会众""置酒"。而且最终所追求的也都是以发起人的主唱为媒介的参与者全体意见的一致。

全员齐心，以同样的方法和同样的积极性来思考，是这里追求的最高境界，最初由谁提出，并无所谓。

同心、齐心　或许正因为这样，这些规范内容本身虽然只不过是某项内容的具体的、限定性的规定，但却近乎过于地强调参与者互相之间的一条心（"同心""齐心"）。两个抗租运动都记载了演剧一事并非偶然。看演剧时，人们一起哭笑，此时人们的内心是同步的。反过来说，为了达到这种状态，在合约前大家一起观剧。而且杀生啜血的情景在各处忽隐忽现，对此也可以作类似的理解。人们如兄弟一般同心同体。如此"齐心"和一体化的众人，接下来攻击怀有"私心"的其他人并实施统治。由此，强调同步的轮子像滚雪球一般扩大。这种共通的构造，也是事情发展的目标。

构造性的特征——脆弱性　但也正是因此，其结合的脆弱性也显而易见。最重要的是，在这里，规约的制裁主要依靠规约参加者的力量。而且虽然约定互相检举揭发，但其背后总有"恃强不服"者横行，还有"阿纵不举"者（《云锦书笺》"田禾禁约"）和"阳奉阴违、徇情庇袒"者［同治十年（1871）"合约字"］的存在。实际上，如果情势不利的话，即使多加动员也只是徒增"袖手旁观"之人，结果再次成为"强者依势横行，弱者缄口畏缩"的情形。即使规定将鸣铜锣而不出者于翌日的集会中处罚，但如果大家都不出来的话翌日连实行处罚者都没有。此处，使得人们尊重规约的契机（强制契机）依据的是集结于规约下的人们的实力（自发性的契机），而反过来，集结的契机（自发性的契机）自身往往又依据于强制契机的效果。促成一体性集结的当初的危机感退去的话，不知不觉间，事态就又回到了出发点。

人心不一　颇为有趣的是：从这个意义上看，"人心不一"这一史料中的用语，根据史料的上下文而具有两种不同意思。其一是人心分散（如第三章第三节所见"齐心合约"的一节）。其二是人心易变，口头约定不可靠（如第五章第二节"姚思忠等人合约"的末尾）。人心分散，需要齐心，人们寻求禁约的主体，主体应其要求而出现，双方的契机相互结合，齐心协力。但人心易移，危机过去后，人心回到分散的状态，失去一时集聚而来的齐心，回到最开始的状态。这种聚散在这里周而复始。

小结　在传统中国，老百姓之间也自发地定立罚则。罚则定立的主导权归于站在"至公无私"立场上主唱的主体，该罚则的制裁主体是与主唱唱和而来的民众。在二者结合强大有力的状态下，该集结发挥由"公"除"私"的强大的同步强制力；而其结合一旦微弱，制裁力也会降低，罚则失去意义，集团最后也就回到零散的状态。无论是集结的必要还是解体的契机，问题的状况和在第三章第二节中所见的"一体性的集结"类似，有时在实体层面上二者是重叠的。

3. 国家与社会

领导力的多样性和界限　最后，从国家和社会、权力和民众的观点来对前一小节和本小节的论述进行简单地再梳理。

首先，将目光投向领导力一方的话，引起注意的是：与法在人们心中相对应的，不仅仅是国家权力、具有推动人心能力的人，谁都可以成为某种立法者。而且以主唱和唱和这一构造为媒介的话，基本的制裁力也同时得以达成。即使没有官方地位的佃农只要能"一唱百和"，就可以统治其他佃农的行动，其势如果控制了该地方的话，"诸绅士有田业者"也不能不默许。正所谓"刁风之可畏如此"。

相反，其力量也有另一面，即仅仅限于众人赞同主唱行动时才有效。人们如果叛离的话，其力量就加速度般地散失。不过，领导者一方的统治力有其界限这一点，实际上就国家而言也相差无几。正如"虽蒙各宪晓谕，而略不知惧"所示，地方官的带罚则的告示时而也被百姓视为具文。和民间团体不同，国家的暴力机关并不会因为民众不依从就立即解体，但国家的刑罚力也不是总能让人们畏惧。国家的告示也如此，在大家都遵从的前提下法一般的存在，但如果大家都将其无视的话，也就只是磨损的碑文而已。总而言之，无论是民间的倡导者还是国家权力，在这里都基本上体现了其权力的无能为力。

对领导力的期待　　不过，如果从百姓的角度来看的话，这里总存在对权力登场的需求。在放养鸭子的利弊之间进退两难的百姓所需要的是确立对违背者严厉惩罚的秩序和能强制执行的权力主体的登场。而寻求地方惯行统一的民众的行为，最后还是归结为要求官宪发布告示。听讼就是请求国家将双方各自的判断进行统合。在社会生活的各个层面中，因心中的法各不相同而困扰的是百姓。但"私"人相互之间，无法超越对各自利益的追求。于是，期待超越两者的"至公无私"的主体的登场，而应此期待出现发挥这一作用的人，而这一行为的最终指向就是国家。

约之主体的相互关系　在此，权力无论是国家的，还是社会的，都在于将分散的人心归拢，并拟制出同心的状态。如此将人心归拢的行为被称为"约"和"约束"。在这个意义上，可以说社会全体可以被看作对人心进行或强或弱的"约束力"。在抗租运动中，官宪和抗租的领导者之间进行的是对那里的人心的争夺战，"各宪晓谕"和"诅盟歃结"争夺统治力。而组织防卫团体的乡禁约要对抗的"恶"者们，实际上很多就是抗租运动。民和民之间也在争夺人心，而首先浮现的，便是做出各种约定的主体相互之间拮抗的光景。

但是，做出约定的主体相互之间的关系并不只有对抗。从定立乡禁约的史料来看，也有乡民代表联名将乡禁约的文案递交给地方官以求得认可的例子。[1] 民间的约束主体要代表"公"，那自然会向官府寻求权威的由来。其预先寻得认可也有如下之考虑，即：实行乡禁约时发生的伤害和杀人不用被当作一般的刑事案件，而是准照执行公务的情形被处理。另外，也有唱首者为了让其余的乡民承担经济负担，而向地方官寻求具有权威的许可和保证。地方官根据其内容，认可的，则将地方上的治安承包给他们；相反地，也会拒绝"假

---

〔1〕 寺田浩明：《明清法秩序における「约」の性格》，沟口雄三等编：《社会と国家（シリーズ アジアから考える第四卷）》，東京大学出版会，1994年，第82页以下。

公济私"之人所提出的基于自己个人利益而试图榨取其他乡民的请求。

一般说来，民间社会由某人来"约束"，从国家来看是有利也有弊的。全民民心的统合，首先由父亲约束家人，使得家族全员齐心，而后由宗族的族长在此基础上统合族人全体的心，然后地方官统一统治地区的人心，以"修身、齐家、治国、平天下"的顺序渐进，最后在皇帝之下，全民达到一体化。在国家这个设想中，每个更大的"公"会将前一环节的小"公"作为"私"来消化，由此，社会中存在的"约束"构造也未必就是国家的敌人。

但是，现实问题是，首先，在一体化了的同居共财的家的外围，充满的是各个家相互间不断重复的生存竞争的个家利己主义。而且，宗族的约束程度一旦强化，所发生的就是和该宗族与其他宗族之间对立的激化（如果有对抗的必要的话，就寻求各宗族的约束，或者说由各宗族来实现）。将一定程度以上的刑罚执行委以国家，这对双方来说是和平相处的事。例如这些社会团体懂得自重，"小则祠堂，治之以家法，大则公庭，治之以官刑"（第四章第二节），"若抗拒不遵，定行呈首官府"（本节开头所见《三台万用正宗》"乡约"）。但是，如果其统制进一步极端，于宗族内执行死刑的话，与国家的冲突就不可避免。适当的零散状态对于国家来说不尽是坏事。实际上，无论好坏，跨过同居共财的家这一道门槛，民众之间的强烈的约束状态并不会长久持续。在此，很难在国家内分化形成稳定的支配构造。

以齐心为目标的各种尝试　如上所述，这里的社会秩序就是：在一君万民的整体构图之下，众人在各种各样情形下不断与不同的人约定的行为，不断进行人心调整的大大小小的努力。

无论如何，"你拥我挤"的社会交涉的所有局面，都是在磨合自己和对方的互让标准。其失败和决裂导致的纷争，以官员为媒介进行的调整就是听讼，其寻求权威的行动通过打官司进入国家的框架之中。

在争执过程中，双方自然有争执的部分和被双方都视为不言自明而不争执的部分。但其制度性的基础薄弱，除不言自明的理外，二者的界限在不同事件中各不相同。各个纷争的归结也会导致共有部分发生变化，人们有时是有意识地瞄准该变动而为之。不能忍受判断标准混乱的官宪们虽然出示告示，意图诱导地方全体的动向，但其结果既有成功也有失败。其中出现的各种暂时的安排就是惯行。

而且，这种行为模式在官僚系统内部也可窥见一斑。在伴随"驳"的命盗重案的向上呈报过程中，仔细想想，在官僚之间的，其实也是对判断的调整过程。作为判断参考的标准有律例和成案等信息，但即便如此，每逢案件也需要个别的调整，在此，皇帝直接发挥其主导权的一面，和皇帝代表官僚们宣布官僚们相互调整的结果这一面，这两者互为表里。无论哪一个阶段的官员，作为暂时的判断主体，其所做的只是暂时的安排。而这就是定例。

最后，无论是听讼还是断罪，皇帝官僚制审判所示判断的正确性在于其代表了全体人民的判断。在此，官员的判断和人们现在心中所想之间相互作用。民是官教化的对象的同时，官是民间公论的宣示者。如此，法的最终主体是天下的全体人民。在中国的审判理念中，超越审判官团体，全体人民恒常地成为一个"解释共同体"（在当代美国情况如何呢?）。法在全体人民心中，其心划一，其心由皇帝之口表达，这是这里对法的憧憬。

易风移俗 不过，这当然不过是无法实现的憧憬而已。人们依然是"人心不一"，皇帝选任的科举官僚也是"贤愚不一"。由于人们所行是"风""俗"，地方官的统治当然也为使该地方"易风移俗"为目标。但是，这并不容易。在任期结束时，官员感叹如下：

> 然诸事废弛，风颓俗散，非振兴惕厉，不可以返其本复其元……且任事不久，未能变化风俗，移易民情。（《天台治略》卷7"一件临别叮咛事"）

无论好或坏，目标永远无法达成；无论幸或不幸，地方官的工作永无尽头。

第八章
传统中国法与近代法

以上，笔者带着与西方法进行比较的意识，将传统中国法秩序的形态，从人民到国家做了一次概观。不过，清末以降，中国与西方各国实际发生接触以后，固有法与外来法之间发生了冲突与融合，而此一过程，甚至在现代中国的内部仍然持续推进着。对此历史过程的详细厘清，原非本书的课题，但就法形态的比较而言，可以说，这个冲突与融合的局面，反而才是理论性的关键所在，不能忽视略过。

不过，不能忘记的一个事实是，到这里为止，我们看到了许多有关传统中国法与传统西方法在理论上的对比，但固有法与外来法的冲突、融合过程，其实并不只是这些对比的单纯重现。因为，和中国固有法发生冲突与融合的时期，不在明、清，而是在近现代，当时中国本身业已朝近代国民国家进行转变。而且，发生冲突与融合的对象，并非西方法的整个传统，而是近代法，即"规则型的法"的近代形态，而理所当然地，即使在西方，近代法也是到了近代以后才产生。亦即，除了目前为止所讨论的东西法传统的比较，东西方的法中都出现了"近代"这个新的主题。如果我们未就近代法的内涵进行一定程度的了解，那么，接下来的讨论势必将寸步难行，又倘使我们没有弄清楚近代法与传统法的相对关系，则本书目前为止讨论的内容在现代所具有的意义，也将无法确定。因此，在本书的最后，虽然讨论的内容愈益超出了笔者的能力范围，但是，为了让本书的内容能够具备现代意义，笔者希望在必要的范围内，针对传统中国法、传统西方法和近代法的关联性，特别是对它们在"法形态"上的异同进行整理。[1]

掺入了近代法而进行中西法的比较时，可能存在着各式各样的着眼点，但从本书的立场来看，最重要的课题，如同序章中也曾稍微触及的，乃是以下两种社会形态的异同：一是在一君万民的国家体制下所开展的、在世界史上异常早熟的传统中国契约社会；一是经过"从身份到契约"的历史性变化而产生的西方近代市民社会与契约社会。而为了进行两者的比较，当然，我们也必须将近代以前西方社会中存在的

---

[1] 顺带一提，关于以下将谈论的近代法，笔者所认识的事实，与本书目前为止有关西方法的论述一样，其大部分的根据，是基于笔者自身对于日本战后各种西方法史学研究成果进行学习后所累积的心得，而这些研究成果的代表作，乃是村上淳一所著的《近代法的形成》，岩波书店（岩波全书），1979年。但是，笔者就近代法进行讨论的所有内容，其呈现的清晰度，仅止于和本书所处理的传统中国法图像相互看看的程度，相信那些西方法史学的作者们一定都会说，不记得自己曾经做过如此草率的论述。无论如何，以下所提出的内容，毕竟只是一个传统中国法的研究者迫于立论上的必要性，从传统中国法这一侧遥望之下，描绘出来的西方法与近代法图像。关于西方法史的实际情况，尚请读者们就教于西方法史的专家。

契约所呈现的形态，纳入视野之中。因此，本章主要想根据契约的形态，思考传统中国法、传统西方法与近代法三者之间的相互关系。

首先，在第一节中，拟将传统中国契约的形态与近代以前的西方契约形态进行比较，然后，整理近代法自近代以前的西方契约中产生的情形。而在第二节中，拟介绍此种近代法导入中国以后，在中国内部引发的变化，最后，思考在法的世界史上对于近代法导入中国的过程进行定位时，需要什么样的理论架构。

第一节 一般的人际关系与制度性的关系

1. 传统中国的契约

传统中国的契约裁判 传统中国的社会关系，大多通过契约成立。当然，进入裁判的纷争，也因此大多与契约有关，而当时的法庭，对于那些纷争不加区别地予以受理，并做出裁判。那么，在传统中国的裁判中，契约究竟被如何看待?[1] 首先,我们试着阅读下面三则史料,这些史料的来源,皆是清末的判语《三邑治略》。[2]

卷五"讯黄汉清一案"

讯明。黄汉清之祖黄佩臣〔A〕,买陈映堂〔Y〕住宅一所,计价九百串文。验明印约纸张,确系咸丰十一年所立。而〔关于该处土地,有第三人〕刘宏逵之父〔X〕在日控称有当价贰百五十串文未赎〔卖主Y以该处土地作为抵押,向自己借款贰百五十串文〕。查验归约〔可能是类似抵押契约,以不移转占有的形式作成的金钱借贷担保契约〕,陈际文〔Y〕亲笔〔此为X所主张〕两张,字迹均不相符,显有情弊。断令刘宏逵〔X〕让去钱五十串,仰黄汉清〔A〕书立二百串票据交伊〔X〕抱告〔代理出庭之人〕收领外,陈启运〔Y〕系出卖房主,义送钱壹百串文〔给代其偿债的买主和黄汉清A〕,此房即归黄汉清自得。老约〔咸丰十一年(1861)的卖约〕发还,当约注销,具结〔遵依甘结状〕完案。此谕。

---

〔1〕 本节中的讨论,乃是根据寺田浩明《合意と契約——中国近世における"契約"を手掛かりに》,三浦徹、関本照夫、岸本美緒编《比較史のアジア——所有・契約・市場・公正(イスラーム地域研究叢書4)》,東京大學出版會,2004年。(中文版:郑芙蓉、魏敏译《中国契约史与西方契约史——契约概念比较史的再探讨》,《权利与冤抑:寺田浩明中国法史论集》,清华大学出版社,2012年。——译者注)

〔2〕《三邑治略》(全五卷)〔光绪三十一年(1905年)序〕乃是清末地方官员熊宾的判语,其中卷四、卷五收录了熊宾在湖北省利川县、东湖县任官时所作的判文。

第八章 传统中国法与近代法 **445**

Y欲以900串文将其土地卖给A时，X介入其中，宣称自己对Y拥有250串文的债权，该处土地乃是该债权的担保。裁判官员调查X提出的证明字据后，谓字据有可疑之处，因此将250串文的债权折减为200串文，并实质上使卖方Y与买方A平均分摊这200串文，借此让停滞中的买卖契约得以实现。

卷四"讯牟奇翠一案"

此案，牟奇翠〔A〕承买刘松魁〔Y〕田地，本无错误。因刘名著等〔C〕有祖坟在内，先经〔中人〕杨焕章〔B〕劝刘名贤〔X〕承买，而刘名贤〔X〕故意揑贱，致使刘松魁〔Y〕转卖牟姓〔A〕。始终错误即在刘名贤〔X〕一人。断令此地仍归刘姓户族刘银魁〔D〕接买，将牟姓〔A〕所出之税契中资各费，均归刘银魁户族〔D〕付给。杨焕章〔B〕另代牟奇翠〔A〕再买田地一分，以免轇轕。牟奇翠〔A〕此次所买之约，着原中杨焕章〔B〕送来缴销，仍同杨焕章〔B〕邀刘姓合族及牟奇翠〔A〕等到面书立约据，卖于刘银魁〔D〕名下以作护坟之田，嗣后亦不得再卖他姓。各具结完案。此谕。

Y欲将祖先坟茔所在的土地卖给外姓A，缔结了契约，随后X介入，主张同族先买权。对此，裁判官员认定，Y原本欲将土地买给同族的X，但因X仗恃其同族先买权，想要强以低价买进，致Y生厌，将土地买给了A。但裁判官员又认

446　清代传统法秩序

为，坟茔之地仍以同族买进为宜，故令 Y 将土地另外卖给同族的 D。但在同时，考虑到善意第三人 A 的情况值得同情，因此命中人 B 为其寻找替代土地，缔结买卖契约。在此，与其说法庭是实现既存契约的地方，不如说它成了斡旋新的卖买契约之处。

卷四"讯曾成意一案"

讯明此案，曾成意从前归并刘传福老当，有二百四十串字据，钱尚未付。验明属实。而邓永潮等所取〔以担保欠款为词而强取？〕谷子，据邓永川等供有十余石，据曾宪藻供有三十余石。经本县裁夺作为二十石，照二十四年以前市价每石作钱七串，合共一百四十串。外有邓永潮佃曾成意房屋一所，尚欠二十串佃钱未付。两项作抵〔作前述二百四十串之抵〕，合共一百六十串。除抵项外，曾成意净找邓永潮钱八十串文，以清此事。当堂书立〔支付八十串文之〕票据，将〔二百四十串之〕借据退还曾成意收执。至从前两姓互控各案凤嫌，着本城绅首刘子书等，在公所备办酒席三棹，二比见面，永敦和好。届时本县亦自亲临，均勿负谆谆劝诫苦心。此谕。

曾姓与刘姓之间，存在着许多个债权债务的关系，演变成涉及武力行使的纠纷。于是，裁判官员将那些关系全部揭示后，一举进行清算，而且为了促成两姓的和解，甚至要备置酒席。又，这则判语另外记载：日后熊宾因公路经附近时，对于上述处置心怀感谢的两个宗族，还给了他热烈的款待，"足见百姓无不可感化"。

传统中国契约的特性　上述三则事例中，各个当事人提出的契约字据在裁判里都获得了详细的调查。但显然地，裁判并非致力于单纯地实现契约文书所书写的事项。在裁判中，当事人双方在过去缔结某些契约内容的这个事实，毋宁是被当成事态发展至此的一种原委，而获得考虑、调查，并且受到重视。但是，这终究不过是要确认、确定双方当事人在缔约时点成立的合意内容，不会由此马上导出此次裁判的结论。毋宁说，是由于先前的约定与利害分配变得难以实行，才会引起这次的纷争。因此，裁判官在裁判的过程中寻求的是，重新分配双方当事人的相互关系，解除现存的僵局。在此裁判中，曾经缔结契约的事实，对于双方当事人现在的行动，几乎不会发生束缚。如此一来，此种约定，是否可说与近代西方法上的契约具有同样的意义呢？

经过上述的思考后，若试着将视线转移到诉讼的领域之外，则在传统中国里订立数量最多的土地契约文书，其实质的内涵，乃是买主预先自卖主处取得的"产权证书"，其作用在于买主日后被人追问管业来历时，可以表明过去曾经买入该笔土地的事实。买卖之际的行为，反而只是产权证书和价钱的以物易物或现金交易。这种约定，从一开始，就不是要求自己和他人对于将来的行为承担义务的"契约文书"。

当然，即使在传统中国，把履行留待将来实现的这种约定类型，也有存在的必要性，而且，这种约定有时也会实际发生。但是，例如在进行远距离的大规模买卖时，常在缔约之际交付定金，整个买卖完成的方式，是一方反复发送相当于定金价值的部分物品，一方反复支付后续买卖之用的部分价金。当事人虽然很想进行大型的交易，但因担心对方是否会履行，故一旦交易达到某种程度以上的规模时，就会出现将大型交易分割成短期结算的小型交换的行为。此外，在佃农先行利用标的物，日后再支付对价的租佃关系中，如果田主不在土地所在地居住而城居化，主佃之间的日常人际关系松动，那么随后就会开始产生押租的习惯。押租原本的意义是预防欠租之用的担保金，但是根据不同的想法，也可能被理解为预付一年份租金以购买一年份土地用益权的手法。而通过每年秋季的纳租，此种租佃关系年复一年地重复着。此种关系要达成的目的，也是在维持同时履行的关系，或者说更贴近现金交易的形态。此外，另一种对应方法，是在分种的情况下组成极为典型的合股式关系。这些关系的成员即使对于将来的情况有所不安，但是只要能够让各人以持份的方式分享利益、分担风险，则彼此之间于日后不再需要进行清算。上述的情形，都是在努力回避我们所想到的，将履行留待日后实现的那种"契约"。

在传统中国，契约即使具有讨论并决定某个时点的利害分配的意义，但是，无论在社会生活或裁判中，它几乎都不具备严格约束日后行为的机能，也不具备和反复无常的现实社会关系相互区别且不受事实影响的独立地位。也就是说，大部分的社会关系是通过当事人之间随意的约定而成立。在此意义上，传统中国社会可以称作"契约社会"，但在那里实际成立的社会关系，和人与人作成的一般约定之间，并没有太大的不同。

中国式的信义论　在传统中国里，将100%的实现视为理所当然的"契约"类型十分薄弱，或者根本不存在。对于这样的现象，我们应该要如何理解？经常被提到的，是东方社会欠缺"契约精神"（指因为是契约，所以绝对必须遵守的想法）的说法，这似乎是从人性的问题来回答上述的现象。但是当然的，传统中国的人们并非认为不遵守约定也没关系。《朱子增损吕氏乡约》"过失相规"内明确记载，"或与人要约，退即背之"（言不忠信）的行为，是最严重的一种过失。对于传统中国的人们而言，"信"乃是最重要的德行之一。

只是，在中国式的想法中，或许接着会出现以下的讨论。亦即，遵守约定固然正确（本人坚持遵守约定是对的），不过由于客观状况的恶化导致约定无法实现时，让对方独自承担情况变迁的全部责任，这真的是正确的、合乎信这个德行的行为吗？如果信指的是与对方的感受相通，那么就必须一直设身处地替对方着想，一旦发生了意想不到的新情况，当然必须和对方一同思考因应的对策。这就是人与人之间正确的互动关系，而追求此种正确性的想法，也支撑着约定的实现。

结果，传统中国契约与近代西方契约的分歧在于：即使有合理原因导致当初的约定内容难以实现，契约他方当事人乃至国家、社会是否仍会勉力要求实现契约条款的原本内容，又是否会认为此种要求是绝对正确的，且实现这个契约乃是公权力应该要担负的任务呢？近代契约论对于这个问题，基本上会回答"是"，相对于此，传统中国契约会积极地回答"否"。在此情况下若回答否，那么，无论如何完备文件的格式，如何强化证明的方法，契约和基于一般的社会信义所成立的约定之间，仍没有实质性区别。

中国式的公证 实际上，在传统中国也可以看到官方对于契约文书的真实性进行确认与强化的作为（广义的公证）。例如本书前面章节所述，若在买卖土地时缴交契税（契约税），州县官府会在契据的重要地方（价格与日期处）盖上官印，而盖有这种官印的契据（红契）比起未盖官印的契据（白契），被赋予了较高的可靠性。此外，有时候在法庭中，官员会废弃假文件，然后在真实文件旁边进行批注，以证明其真实性。但是，无论这些做法将文件的真实性提升了多少，获得证明的，只是过去成立合意的事实——"原委"——的确切性。裁判进行的方式，乃是充分考虑这些原委后，思考在当下最适当的利益分配。

2. 西方近代以前的契约

西方近代以前的契约裁判 那么，西方在近代以前的契约，是什么样的内容？首先，和传统中国不同，在西方的法庭中，与近代世界一样，契约裁判的基调是对于契约记载事项的强制履行。不过同时，和传统中国及近代世界皆不同的是，在那里，涉及当事人之间约定的纠纷，原则上并非全部都会在法庭中获得受理与裁断。只有国家选定的某些种类的约定，或者履行国家规定的严格方式后作成的约定，才会被当成"契约"，在法庭中获得受理，成为裁判的对象。传统西方契约与传统中国契约、近代契约之间具有的此种微妙差异，正是思考各种问题时的关键所在。[1]

裁判权力的参与所代表的意义　关于这种起诉层面的限制，常见的一种说明是：即使在西方，由于近代以前的国家权力尚属脆弱，对于契约的"法律保护"范围仍较狭窄。由于这样的论点，不知不觉中，一种（没有经过特别论证的）反面理解竟悄然孕生，认为没有在法庭中提出的约定，本质上与受到法律保护的契约相同。

但是从逻辑上来说，上述事实，当然也可以同时导出这样的理解，即只有被提交到法庭的约定，才是100%实现型的约定，其外部则是不属于100%实现型的（与传统中国的信义类似的）辽阔世界。又西方法史上特有的"公证人"所承担的任务，也会支持这里的推论。公证人并非如同上述中国式的公证般，只是证明存在约定的这个事实，由于他的参与，

---

[1] 若为慎重起见进一步补充，在中国历代的法制中，也可以看到一些限制特定契约案件（大多是订立契据后经过一定年限的古老契约）起诉的条文。但是，那里并不存在着制度性契约与一般性约定的区别，而是律典对于当事人事到如今才拿出此种旧契据（大多是不实文件）挑起纷争的异常举止，保持着警戒的态度。而实际上在判例中也可以看到，如果能够清楚证明过去成立合意的事实，契据的陈旧程度并未被视为问题。以上参阅寺田浩明《清代中期の典規制にみえる期限の意味について》，《東洋法史の探究——島田正郎博士頌寿記念論集》，汲古書院，1987年。（中文版：魏敏译《论清代中期土地典卖规制中的期限》，《明清论丛》第18辑，故宫出版社，2019年。——译者注）

人们之间的约定将会转变成具有法律意义上的"契约"。决定性的关键是,单纯的约定与特殊的约定(法律上的"契约"),亦即普通行为与"法律行为"之间,存在着全有和全无的区别。而涉及契约纠纷的裁判,其受理或不受理,也对应着此种区别,同时发挥着创设此种区别的作用。这么说来,按照下面的方式描述存在此处的事态,在论点上将能取得更大的平衡。

作为权力性机制的契约 亦即,在西方,一旦约定之后原则上就要100%实现的社会关系愈来愈有用,但是若将相关条件委诸当事人决定(可能反而被人们具有的信义妨碍),则此种关系将会难以安定成立,故它和裁判、公证人等法律制度,是以成套的形式存在的。具体来说,国家为了将不同于一般约定的"特别约定"予以神圣化,规定了特定的方式("赋予法律效力"之用的礼仪),而且特别规定了某些类型的约定(必须注意,例如罗马法在早期脱离形式主义,承认诺成契约时,其契约亦仅限于买卖、租赁、合伙、委任四种类型),只受理和这些约定有关的诉讼,或者在法庭中只对这些约定进行100%实现型的处理。人们也可以如同从前一样,在当事人之间缔结以社会信义为基础的(传统中国式的)约定。但是,当他们决定要以100%实现型的形式进行这个交易时,首先要约定共同利用这个特殊的制度,或者将这个交易放进国家规定的架构里(履行制度所规定的仪式性程序、前往公证人面前等)以进行约定。西方所谓"契约",与其说是当事人之间的自然关系,不如说是有官方第三人介入的特定约定方式，若再进一步说，即是国家及司法制度创设，广泛提供人民利用，具有权力性质的机制。

这样一来，西方契约具有的绝对实现性质，与其说它是当事人的"契约精神"形态的问题，或许单纯地说是那个权力性制度因应其目的和设立趣旨而具有的属性更为恰当，而且这种说法十分充分。

社会关系与契约制度　关于此种最初的契约制度（及其与当事人们的社会关系之间具有的关系），令人意想不到的是，现代伊斯兰法的实例提供了鲜活的意象。根据诺尔·库尔森（Noel J. Coulson）的看法，伊斯兰的契约法中原则上只有买卖、赠与、租赁、使用借贷等四种契约类型，国家只推荐这些契约，并仅针对这些推荐的契约进行积极的保护与支持，而与这些特定契约类型不同的一般性的契约概念与契约理论，皆不存在。[1] 亦即，在那里，存在着契约自由成立以前的制度性契约的世界。但是，人们在从事上面四种类型以外的交易约定时，也希望能够受到国家的保护。典型的例子，是伊斯兰法上禁止的附利息之金钱借贷，人们为此发明了如下的操作手法。[2]

　　欲借贷金钱的人，以 150 万元向放款人购买某

---

〔1〕 参阅ノエル・J・クールソン著，志水巖訳《イスラムの契約法——その歴史と現在》，有斐閣，1987 年。英文版请参阅 Noel James Coulson, *Commercial Law in the Gulf States*, Cambridge University Press, 1984。

〔2〕 参阅柳橋博之《比較法上のイスラーム》，竹下政孝編《イスラームの思考回路（講座イスラーム世界4）》，栄光教育文化研究所，1995 年。

物，但支付金钱的日期订在一年以后。随后，放款人立即以100万元的价格向借款人买回该物，并当场支付价金。实质上这就是年利率50%的金钱借贷，但在形式上，只是进行了两次有效的买卖。

这是被称为"潜脱手段"的知名规避手法。在此，契约制度仅提供给国家认可的（认为有助于公共善的实现）交易，但是，人民想做的，是国家认可之外的事情。其结果，"国家契约制度上的关系"（"法律关系"）与"当事人实际缔结的社会关系"明显发生龃龉。但反过来说，即使如此，契约制度仍然发挥了作用。因为所谓契约，是具有权力性保证的特殊工具，而人们会根据自己的目的决定如何搭配使用这些工具。

契约制度的社会效用　又，虽然契约是部分限定的制度，但国家创设契约制度并提供给人们利用的这件事情本身，给市场社会的形态带来了巨大的变化。因为，从前在市场交易的内容，局限于眼前存在的东西，但是，如果契约制度对于将来一定行为的实现，坚定地提供了保证，人们就可以把还不存在的东西也带到交易的场合，作为交涉的标的。契约制度是一种将市场交易标的的范围向未来进行扩张的时光机器，而最终，在交易中交换的两个标的，全都会变成未来的东西。

当然，虽然有契约制度，但现实社会中存在的未来风险并不会全部消除，不过，风险因此受到了限定，而且那些风险反而也成了事前换算成金钱进行交涉的内容（甚至可以说，为此而设的机制，正是契约制度）。而此种发展，让裁判致力于契约内容100%实现的正当性获得了进一步的强化。

规则型裁判制度下契约制度的利用 此外，只要市场社会中存在此种需要，在规则型的法的世界中，即使在国家未创设、提供特别"契约制度"的地方，人们也会为了达到这个目的而开始设法运用裁判。其典型的例子，是英格兰法律史中被当成契约制度的开端之一，而被举出的"串通诉讼"。当人们想要以强而有力的方式约定本金100万元、年利率10%的金钱借贷时，放款人会以借款人为被告提起诉讼，主张目前尚有110万元的债权尚未获得清偿，借款人也会当场认诺，法院因此会下达借款人应支付110万元的命令，而放款人会在收到法院的命令状后，亲手交付100万元给借款人。在此，与其认为裁判制度（或国家）是为了实现社会正义而创设的机制，不如说它是被当成私人间进行特殊交易之用的工具。

提供形式性服务的国家 像这样的，西方法律史上，从很早以前开始，在各地都可以看到一种坚定的社会关系的形式，这种社会关系由国家权力介入，双方当事人之间无法轻易创造，且这种社会关系不因时间流转和情事变更而有所松动。当时，相较于某些社会正义的实现者的这个身份，国家（裁判权力）更像是提供形式性服务的主体。或许在西方法律史中，此种形式性服务的形式性实现本身，就被视为一种社会正义。而传统中国式的法与公权力，由于经常介入现实生活的核心，在那里致力于实质正义的实现，因此变成了现实生活的其中一种构成要素，反而绝对不具备这种国家与社会之间的相对关系。

那么，这个西方传统法上特有的、法的工具性面向，在近代有了什么样的开展？以下，将从工具性的法的全面性开展这个角度，试着描绘近代法的图像。

3. 近代法的历史性定位

法律空间的一元化　关于西方法在近代的开展，其他暂且不提，首先必须指出的是，人们谈论法的空间所产生的历史性变化。

亦即，如同第二章有关土地所有的说明，在近代以前的西方，原则上，当事人要凭自己的力量去实现法（权利），因此，只有具备自力救济能力的人，才能成为法律主体。结果，拥有武力的家父长对于家庭成员和家内奴隶的支配，领主对于家父长们的支配，以及贵族对于领主们的支配，形成了多层次的政治支配结构，而在这些贵族的同侪中，具有最高权威的人是国王，这是中世纪时西方国家的实际状态。在近代以前的西方，并非所有的人都可以站上法的舞台，而且在那里的法的舞台，既多元又多层次。

近代国家形成的方式，是王权宣称自己是每个人民的权利保护主体，将上述中间支配阶层打倒，然后将权力集中到自己的身上。国家能够独当一面地扛起权利保护的责任以后，各个主体就没有必要为了确保自己的权利而继续持有暴力。那么，一直以来用暴力支配及保护所属人民的中间权力阶层，当然也会丧失其社会性的存在意义。最后，连家父长权力的存在意义也遭到否定，于是具有理性判断能力的所有成年男女，开始作为权利能力的主体，并列在国家的底部。又，在国家的顶端所需要的，不再是血肉之躯的君主，而是所有权力汇集后的抽象支点，由此产生了主权的概念。

于是，近代以前法律主体的限定性与法律空间的多样性同时消灭，取而代之的，是以国家为单位创造的一个巨大的法律空间，而在这个空间之内，在国家主权下被彻底平均化的市民，平等且对等地并列着。

契约服务提供范围的全面化 第二个变化，必须举出契约自由原则的成立。[1]

在近代以前的西方，"契约"提供的服务内容，基本上是由国家权力单方面地作政策判断上的决定。我们可以在脑海中想象一种状态，即在社会里面，零零星星地放着几台具备特殊用途、特定目的的"要件—效果"型的输送带，提供人们使用。但是，由于近代的市民革命，契约服务内容的判断主导权，从国家转移到了市民身上，从此以后，原则上市民所做的正当合意，全部都应该受到国家的法律保护，而运用

---

〔1〕 关于"契约自由"原则的研究，可参阅星野英一《契約思想·契約法の歷史と比較法》，《岩波講座「基本法学4——契約」》，岩波書店，1983年。根据星野教授的说明，契约自由原则有以下几种含义。消极地说，包括：第一，缔结或不缔结契约的自由；第二，选择缔约对象的自由；第三，决定契约内容的自由；第四，排除要式契约的自由（契约方式的自由）。积极地说，则契约自由指的是：因当事人的请求，国家通过法院强制性地实现契约的内容。从当事人的角度来看，这意味着实现契约的内容时，能够得到国家权力的帮助；从国家的角度来看，则是在一定范围内把社会关系的形成授权给了私人。

法律保护这些正当合意，也是国家的任务。但即使如此，既然国家参与其中，那么当然里面会残留着实现最低限度公共善的要素。不过在此，图画与留白的比重已经逆转，对于契约的限制，变成只有在契约内容违反"公序良俗"的情形时，才例外地将它从法律保护的对象中排除。

于是，契约成了可以全面性地将人们的大部分合意盛入其中的通用容器，或是用以形成坚固社会关系的普遍性工具。在此，社会全体成员就其所要处理的大部分社会关系，拥有了初期契约制度中可见的"由国家权力支持的处分能力"。而私人普遍地运用国家权力以后，反过来说，是国家权力变成以中立的形式，普及到了各种社会关系之中。因此，以国家权力所保证的契约来武装自己的个体，拥有的处分能力急遽增大，从前原本所有人都不敢着手的跨越时空的大规模交易，却在此时的一般市民之间很平常地进行着。

规则的体系化　和以上的衍变并行，裁判中使用的规则，其涵盖范围的全面化与内容方面的体系化，也获得了推进。

在近代以前，以规则的名义出现的，是许多个别获得承认，在某些（例如传统、宗教等）意义上具有正当性基础的，零散、片段的因果关系命题所形成的庞大类群。诉讼与权利也和那些片段式的规则一样，具有个别性与片段性的特征。诉讼当中具体存在的，是援引片段式的规则进行的辩论，而这些辩论不但种类繁杂，不易掌握，并且深具个别性质。另外，神与理法的意象，朦胧地笼罩着整个裁判。

不过，中世纪的法学者们以完备无缺的法作为努力的目标，近代法学者们则想要通过人类自己的手，自觉性地把握那埋藏在人与社会当中的"法的全貌"，将它转化成语言。他们以理性之眼，重新检查、评价所有的规则。其后，一种崭新的状态获得建立，在这里面，规则之间彼此紧密地配合，规则自身又形成了自我充实、内部无矛盾的逻辑空间与"体系"，而且（并非以模糊的意象，而是以非常具体的方式）渗入现实生活中的大部分社会关系。

近代法与东西传统法的异与同 以上三个发展互起作用，让法似乎成了与现实社会情况相称的蓝图。从商品买卖到身份关系的缔结，现实社会中成立的重要合意，亦即现实社会中存在的大部分重要社会关系，如今可以用法律关系来形成。而其实际上呈现的状态是：重要的社会关系全都预先在法的平面上描绘设计图，接着，在现实社会中实现这些关系，又，倘使事实和法律之间产生分歧，则依照法律对事实进行纠正。

如果将此种状态放进历史之中来看，传统中国法从最初开始，就希望形成一个将世间所有的人、事皆纳入其视野中的秩序。但是，由于传统中国法采取了直接操作现实社会关系的方式，结果几乎导致法与现实的一体化，使得法不具有独特的形式性空间。相对于此，在传统西方法中，无论是遵循规则的裁判，或是形成社会关系时作为工具使用的契约制度，从很早开始就兼备了形式性的要素。不过，在近代以前，它们全都只是片段式的东西，法仅仅渗透了社会关系的一小部分。可是到了近代以后，此种形式性的法，继续保有其形式性而又变得全面，并且带着国家权力的支持几乎渗透到了现实世界的每一个角落。

这是人类未曾见过的法的形态，而人类开始尝试运用此种新形态的法，将历史性的秩序对自化与相对化（对原本被视为绝对的历史性秩序，重新以理性反省其对于人类的意义，并将之相对化），并进行人为的重新建构。这就是近代法。的确，这是近代西方的一大课题，而显然地，人类在其中做出了对他们而言具有决定性意义的突破，使近代法成为人类法律历史的分水岭。

近代法与社会——三个侧面 近代法为西方法带来的历史性变化，若重新进行理论性的整理，可以从下面的 ABC 三个面向来掌握。第一是局限于法的内部发生的变化；第二是近代法为社会关系的形态带来的变化；第三是近代法为人类的样貌带来的变化。这些变化，也可以说是工具性的法渗透到现实世界时的三个深度。

近代法 A——法的国家化、理性化、工具化 随着前述国家体制的变化，从前分散在社会里的各种权力所承担的裁判，全部为国家所独占，而且法也基本上成了国家制定法。同时，裁判的主要任务，也从当场发现、实现法与正义，转变成辅助工具性的法进行运作（确保"法的安定性"）。

当然，国家在此制定的民事法，从内容上来看，大部分只是一直以来内在于人类与社会中的规则性经过自觉化与明确化之后的产物。但是，通过国家将之制定法化的这个过滤方式，法脱离了"内在于社会的规则性"此种地位，重新被定位成国家为了创设某些因果关系命题、形成合理的社会关系，而向人们提供的工具。而此种因果关系命题，是经过人类理性深思熟虑后，由国家权力所确保实现的。反过来说，一直以来形成法的实际内容，且确保其正当性的历史要素与社会要素，对于裁判的运作与秩序的形成，并未直接发生作用，而是被推捧为限制国家立法内容的原理，实际上转化为次要的因素。

于是，法的全部内容，暂且被国家吸收。

近代法 B——法律关系的原则化　法律作为社会关系形成的工具，无论形态如何改变，从逻辑上来说，它都是有别于人与人之间的社会关系，乃是一种国家的制度，而人们会依照自己的需要，利用此种带有权力性质的制度。

但是，在西方的历史上，随着封建制度的各种权力解体，所有的社会关系也跟着任意化与合意化，亦即共同体发生解体，以及市民社会开始形成。这个所谓"从身份到契约"的历史性转换，以一种国家权力支持人们利用法律制度（或利用法律制度脱离封建性的关系）的形式进行，而且，在这种形式下产生的社会关系的扩大，也促进了工具性的法的发达。在此，以国家权力作为后盾的法律关系本身，无论内容良窳如何，都被认为是逐渐诞生的新式社会的社会关系所具有的标准形态。在此，我们可以看到中国社会的契约化与西方社会的契约化，其形态的根本差异所在。亦即，中国社会的契约化中，社会关系是不具特定形式的任意关系化；相对于此，在西方社会的契约化中，社会关系朝向"形式性且权力性的契约关系"衍变。

因此，我们也可以认为，法律制度的利用，不仅仅是当事人依其方便对于个别制度的使用，而是以"合理性秩序"完整替换历史上的社会秩序的过程（以前者驱逐后者的过程）。此"合理性秩序"，是根据理性仔细地设计，并由国家权力为之担保；而历史上的社会秩序，则易为私人间的权力关系所左右。或者我们也可以认为，这是利用"从巫术中解放"的理性个体汇集成的国家权力，将社会关系的形态完全改造（使之"合理化"）的过程，抑或是将个人从地方性的社会关系——共同体式、惯例式的制约——之中解放出来，重新安置于只受正义和理性支配的平坦平面上的过程。又或者可以说，法律制度的利用，是在国家备置的法律平台上，重新建构新式的社会。

于是，原本暂时全部被国家吸收的法，再度开始渗透到整个社会。而在此现实基础之上，局势又往前面迈进了一步。

近代法 C——按照近代法性质的人类图像重新建构整体人类世界　构成近代法的主要要素（其立基于自由且独立的个人、私人土地所有权、契约自由原则的契约），从事实上来看，全都带着明显的国家制度性、人为性，以及因此产生的历史性。因此，具备理性且被拟制为权利主体的所有成年男女并列的状态，只有在国家权力全面接手需要暴力的权力实现以后，才会在法的历史中出现，才能持续地存在。另外，所有权（尤其是近代的土地所有权）也如同第二章所见那般，其原本的实质内容，只是国家的土地利用权制度中的一小块碎片的商品流通，其真正的成立，必须要等到近代主权国家导致封建势力解体，以及由此解体形成的土地所有的去政治支配化。而对等的法律主体之间互相自由缔结，且缔结以后彼此都必须严格受到拘束的契约，从历史上来看，反而也只是契约此种权力性制度的全面化（反过来说，是国家权力渗透、普及到了整个社会）以后所产生的东西。

但是，关于近代法的讨论，尤其是关系到如何赋予整体法秩序基础的社会契约论，带有一种强烈的倾向，将此种对应于近代这个特殊历史阶段的，且大多从国家权力中产生的各种要素，竭力巧辩为自然的事物或国家成立以前即存在的事物。他们主张，所有的人天生都是独立自主的平等主体，这些主体向自然投入劳动，而作为劳动的反射效果，产生了土地所有权；又此种独立自主的主体按照自己的意志订立契约，且该契约因独立的意志同时具有的自我拘束性，因而产生了效力。这些基本要素在国家产生以前，基本上全都已经存在于人们之间。毋宁说，所谓国家，是这些自由的个人们为了进一步确保独立的个人们原本享有的各种权利，而在事后自发形成的团体。

目的、属性与效能　社会契约论进行此种理论建构的目的是显而易见的。为了对抗将社会的权力性要素全部吸纳、已变得极度肥大的国家权力，就必须厘清人民与国家在理论上的相互关系。或者谓人民为主，国家为从；或者谓每一个人民才是实存的实体，国家不过只是那些人民所创造的名称。而如果要提出一种人民命国家消失则国家马上就消失的论述，首先必须将一切还原到个体之中，因此，社会契约论导入了先于国家存在的自然状态的虚构说法。

但是，社会契约论无论在多大程度上将人类社会倒回到如同原子单位的人类的并存状态，它从一开始就决定，人类社会最终会到达的地方，是近代国家＝市民社会的这个成套组合（如果不能顺利到达，独立的个体实际上将会马上消失）。在此意义上，社会契约论当中的个体图像，是从理想的最终秩序开始反推而创造出来的，它把原本属于国家制度方面的东西（国家权力在近代法中担负的任务）拿出一部分，以人类本性的形式，事先嵌入了个人里面。其典型的例子，或许是本节前项中所见有关"契约精神"的论点。在国家成立以前的阶段，若考虑到100%实现型的契约，想要为其拘束力赋予正当性的基础，那就必须提出一旦表明合意后即永远拘束自己的此种个人意志，以作为解答。如果我们说，那是人类的约定所具有的本质，那么它确实是先于国家存在的东西，国家仅仅是给予了它"法律上的保护"，且防止其发生例外的脱轨。而人类之间的社会关系，在原理上被认为和法律关系互相重叠，或以为法律关系才是真正的人际关系，此种想法的背后，隐藏着契约原本具有的国家干涉与国家制度性的元素。近代法以此种方式，不仅吞没了国家与社会，最后甚至也将人们吞没其中。

法与人的相互关系　这样整理后，我们可以清楚地看到，通过近代法的形成，法和人之间的关系正好发生了一个大回转。

亦即，在传统法的阶段中，理法内在于作为自然存在与历史性存在的人与社会中，人类可说是受理法束缚着。根据不同的看法，也可以说那是人类被囚禁于巫术之中的状态。然而，由于近代法 A，法被国家从历史性存在的社会与人类之中抽出，作为一种理性的构筑物而彻底地外部化与客观化。接着，由于近代法 B，此种外部化、客观化的法，对于社会进行了改造。最后，这种法以近代法 C 的形式，再度被嵌回人类之中，人类的内部因此充满了近代法。而这些人类，又重新创设了国家。进展到这里的话，近代法与其说是一种工具，不如说，它近乎成了涵盖一切与人类、社会、国家相关事物的"世界"。当人们察觉到这一点的时候，他们居住的世界已经在不知不觉中发生了改变。

而"理性"这个词，是为了作为这个回转的立足点而发挥作用。社会按照理性（摆脱惰性）重新建构，而人类既被要求按照理性行动，同时也如此自我期许（努力使自己改变）。不过，这样使理论自我充实化的结果，其付出的代价，是"理性"这个词几乎丧失了实证性的根据。存在那里的，结果只是一个庞大的循环论证。不过可以说，由于完成了此种论证的循环，人们最终才得以从传统法与传统社会的制约，以及历史给予的条件中脱离。

社会契约论，乃是为了建立这个从历史中分离的世界，而运用的"创世纪"，它虽然可以说明这个世界的内部构成，但是在此内部构成中无论如何追溯，都不可能到达现实的过去。这么一来，也不是不能说，人类被完全关进了这个空间里。

ABC 三者同时进行　不过,在实际的西方法律史中,前述的 A、B、C 三者,以近代国家的形成、近代社会的形成与近代人类的形成等方式,既相互地影响、促进,又同时前进。既然国家直接积极地从事市民权利的实现这件事,成为人类一切行动的关键,那么,法的功能朝向国家集中的情形,以及契约制度和规则的全面性整备(近代法 A),实际上与社会关系的法律化(近代法 B)互为表里,在前者促进后者的同时,后者也推进着前者。此外,在国家权力强大化的同时,为了对此强大化的权力进行市民的统制,当然也必须随之发展相关的理论与制度(近代法 C)。不过反过来说,只要有 C 的保证,A 与 B 也可以放心地向前迈进。或许,正是对于国家权力进行制约的理论,意外地成了国家权力在现实中得以强大化的最大支持。

此种新的法形态,在近代西方各国中急速形成,而那些近代西方国家乘着商船与战舰,逼近了亚洲。

第二节　中国与近代法

1. 近代法导入的历史脉络

东亚继受近代法的实情　东亚之所以导入近代法,与其说是基于当地法律固有的因素,不如说是出于国际关系方面的原因。当近代西方型的"国家"形态逐渐成为世界的标准,为谋幸存，首先最重要的是，一定要使国家的外在形态符合帝国主义时代的规格。于是，在一些国家内，急速进行了政治上的反省，以及国家权力的集中（未能这么做的地方则遭殖民统治）。

近代法的国家制度部分的导入　这些国家运用了集中后的国家权力，循着近代西方国民国家形成的既有"公式"，一一布下了阵势，其中，也导入了近代法制度。至于其背景，有作为条约修正的条件（在现代来说，就是 WTO 的加盟）等来自外国的外部压力，以及富国强兵、殖产兴业的内在动机等。在此导入的是前述近代法的 A 部分，亦即国家为了形成合理的社会关系，当作其中一种工具，而创设、提供给市场的法制度。这是传统东方国家完全无法想象的新式机制，它们期待能够借此促成社会的高效率化。

在遭受殖民统治的地方，由殖民统治当局代为从事这些法制度的导入工作，而这从反面暗示了，从某个侧面来看，在那里的法制度导入无论是好是坏，形成近代国家的精英分子正在对国内进行着类似于殖民统治的开发工作。在那里做的事情，是对于已在其他地方被"发明"的技术（完成品）进行"利用与应用"，如果局限于国家制度部分来说的话，乃是整套封闭体系的导入。当然，为了导入近代法，必须要有相应的土壤，而导入的程序，与铁路网、邮政制度的导入和运用基本相同。最初，先从几个模型中选定适合本国情形的模范国家，接着配合本国的环境，对其规格进行一定程度的本土化，并招募外国人及设立培训专门人员的学校。当该学校的第一期毕业生爬升为国家组织的领导阶层，系统就会自律地运作。

不过反过来说，这样的导入作业之所以能够完成，全是因为近代法 A 具有让这些导入成为可能的高度可移植性。在近代法中，法的实际运作部分完全被集中到了国家，而且无论在哪个国家，被集中的内容（与警察相关的部分暂时搁置，仅限于司法制度部分而言）都出乎意外地具体而微。根据看法的不同，那只是政府机关的其中之一，亦即国家制度里极小的一部分。而且，那个制度标榜的是基于（人类普遍的）工具理性对于合法性秩序的形成，在原理上，那甚至不是最早的"西方"法，它从最初开始，就彻底地从历史社会中割离。很显然地，正因为近代法是此种形态，才能成功导入。

立宪主义等问题　不过，近代主权国家的形态对于亚洲而言，也是一种舶来品。与近代法 A 的导入同时间，近代法 C 式的意识形态（特别是市民社会、立宪主义性质的秩序构想）也以思想的形式到来，为新政权实施国家权力的正当化，以及精英分子对抗主流权力而提出关于参政的要求，提供了理论性的根据。不过，东西方的发展方向，有很明显的差异。在西方，权力朝向国家集中，是为了因应人民希望国家提供法律保护的要求（或者说在此限度内将权力集中给国家），因此，在法律化获得进展的同时，出现立宪主义式的国家统制理论，乃是非常自然的事。相对于此，在东方，权力朝向国家集中的现象，乃是国际关系下的产物，近代法制度的存在，可以说是强大的国家权力为了富国强兵、殖产兴业而进行的国内布局。是以，对于国家权力要进行立宪主义式的统制，还必须付出其他的努力。至于剩下的近代法 B 的部分，亦即法律上的关系在社会关系形成之际应该居于多重要的地位，这取决于生活在社会当中的人民要在多大的程度上予以选择。

各国传统法之间的差异　此种导入近代法的活动，与传统秩序（社会关系与公权力）和传统法之间，会发生什么样的纠结？虽然是同属亚洲地区的国家，但是既然传统时期各个国家、社会及法的形态截然不同，其发展的情形当然不可能完全一样。

例如在日本，明治维新以前的秩序，是类似前近代西方的封建割据型的国家及社会。对于日本而言，统一的国家和全国性的市场，和西方一样，属于近代的新现象。而近代法制度作为一种与之相应的新机制，在必要的限度内获得导入，其配合着新社会关系形态的扩展与深化，进行法空间的扩展与深化，或走或停。但是，两者之间最初的关系，有点类似分居两地的状态，而其开展的结果所呈现的第二次世界大战战败，也被赋予了"近代化不足"的此种意义，而后，近代法进一步持续地导入。如果对此详细说明，当然要耗费相当于几部专书的心血，但是可以说，其间的发展所呈现的构图本身，比较接近一直线。

中国近代法史概略　相对于此，关于中国的近现代史，无论是谁看了,都会感到迂回曲折。[1]最重要的是,如同本书开头处所见,作为近代法前提的统一国家与市场社会此种成套的组合,对于中国而言,一点也不是新鲜的事物。在中国,那是一千年乃至二千年前开始就已经存在的现象,而且,当时已经完成了成套的法与裁判,以独特的方式因应此种早期的"市场社会"化。在那里,存在着和日本及西方都完全不同的历史性前提。

可是,这样的中国也遭受了西方列强的入侵,殖民统治的危机迫在眉睫。于是,这里也进行了近代西方式国民国家的形成作业。但是,此一作业的内容,并非如同西方与日本般,要去除封建制度以完成国家的大一统,相反地,是将扩及"天下"那么广大的秩序构想,缩小到近代西方式的"国家",而且将那些生活中与国家不发生关系的"天下公民",重新锻炼成为精勤于国家的近代性"国民"。然后,这个国家就会变成导入近代法制度的主体。

但是,中国已经有了因应契约社会的民事裁判制度,不仅如此,它已经占据了对于秩序形成而言不可或缺的位置。虽然做了近代民事法源与民事裁判制度的整备,但与其说那是从无到有的过程,或另外重新建立与现实相互区分的制度性平台的作业,不如说,此处采取的方法,是将既存于中国但形态松软的东西,维持原状地重新缝合,使它变得更加紧

---

[1] 具体的历史发展,参阅高见澤磨、鈴木賢《中国にとって法とは何か——統治の道具から市民の権利へ》,岩波書店,2010年。

实。在此（与日本不同），新与旧之间，有点处在一种零和博弈的关系。由于已经是二十世纪的社会法时代，因此在法的内容上，不加回避地对于社会福利的面向进行了考虑（例如1930年保护佃户的土地法）。但是，另外还存在着"法的形态"这个问题。假使裁判必须遵守规则，那么能够提交到法庭中的论据，无论是好是坏，都将会受到限制，这无疑是将特权的地位仅仅赋予和规定相对应的部分论据，而将剩下的自然生存权的要求，从公的世界中排除。如果按照从前的价值观，这正意味着原本应该站在全体共存立场上公平行动的国家，存在着"偏私"。

1978年以后，中国开始了改革开放、"市场经济"化的时代，政府容许了在全体人民生存范围内受到管理的私权，而再次进行近代法制度的导入。

2. 传统法与近代法

那么，近代以后中国的法所呈现的状况，亦即传统法与近代法在那里呈现的关系，在中国法与世界法的历史中，应该要如何予以定位？目前可见的讨论，大致区分为以下两个方向。

第一，从近代法形成史着眼的理论 将现状视为世界近代法形成史的其中一个片段（因此，这个理解方式，是将自身的事情称作"普世史"式的理解架构）。在此，按照近代法C式的想法，所有独立自主的个人，以及保护其权利的国家权力，两者的组合，被视为是人类历史的目标，而近代法乃是此种秩序在法律上的形态（或者说，只有近代法才有资格被称作法）。法的整个历史发展，即抵达近代法全面化的这段路程，而近代法的全面化，亦即用法将所有非法的要素完全排除、克服的状态。而如同反复发生的近代法制度的导入史所说明的那样，中国当然也处在此种普世性的历史推移之中。

清末民初在中国负责导入近代法的当事人中，有半数的人本身持有这样的认识。他们存在着强烈的意志想要实现"近代化与合理化"，认为那是一种可以抵抗帝国主义列强侵略的国家改造、社会改造及文化改造，而近代法乃是用以实现（或紧紧抓住）这个梦想的东西。

当然，如果在这样的框架下进行理解，则所有的现状，都是对过去进行彻底清算的漫长过渡期中的一个片段。而且，如果有近代法 A（国家法制度），按理来说应该也会有近代法 B（社会关系的合理化）和近代法 C（国家权力的立宪主义化）。

另外，如果使用从近代国家状态反推回去的人类图像来进行历史叙述的话，无论什么样的历史社会，都可以描绘成期待（开始等待近代国家的出现，人类与国家的关系将会回复平衡的状态）近代国家出现般的样貌。此外，若将近代法当作认识、评价事物状态的唯一概念框架（唯一的"法"概念），来记述现状，那么就可以把现存的一切，描写成朝向近代法发展的路途上的某个阶段（还欠缺某些东西的状态）。无论这样的论述内容好或不好，它是一个可以自我充实、自我圆满的体系。

但是现在，这种信仰从大多数人的心中消失了，同时，这个论述在概念的层次上一开始就具有的循环论的构造，逐渐变得显眼。之所以看起来好像欠缺了什么，就是因为用这个概念框架去观看事物。事实的状态，其实就是现在所呈现出来的样貌，没有更好，也没有更差。而关于历史的走向，事实并不能提供任何的说明。

当然，即使在那些热情冷却之后，以这样的论述设定政治目标，仍可充分成立。但是在此情形下，现状的认识与目标的设定之间的关系，开始变得具有讨论的意义。如果希望说服自己人以外的其他人，何以那个设定的目标会成为大家应该要向前迈进的目的地，那么就必须另外寻求解释，进行说明（或政治性说服）。因此，论述会自然而然地转变成其他的内容。

第二，从中国的固有法着眼的理论　相对于第一种观点，将现状定位在中国法的固有历史发展中（与普世史的理解对比的话，是一种"固有法"论）。

伴随着传统中国法研究的进展，中国的"市场经济"化、"契约社会"化的早期发展及对于它们采取的固有处理方式，获得了厘清。明清时代与其说是和现状断裂的前近代，不如说是和现状接壤，可被称为初期现代的时代，而我们也可以在这个基本框架中，从私权保护的比重变动这个角度，来理解中国近代法史。[1] 若从这个视角重新观察，则在公与私取得平衡的帝制时期的悠长传统之后，中华民国初期导入近代法，短暂地将私权全面化，但由于中国的革命，这些发展暂时归零，新政府创设了使"公"全面性优先的体制。然"市场经济"化以后，渐渐回归到一个中庸的状态，在全体共存的范围内承认私权，近代法制度是那里面为了特殊用途而制定的极小部分内容。在此种想法之下，现状被定位成中国型市场秩序的最安定基本形式的回归（不是一个不安定过渡期），亦即与西方接触后造成的近代混乱的结束。短期之内，现状不会再发生变化，也已经不再需要变化。

这个说明，对于近代法化以外的秩序，也赋予其历史上的定位，在这一点上，相较于只能说明新秩序优势登场，全面称霸世界的普世史式的理论架构，明显地更加具备实证性及理论上的魅力。不过，这个论述是建立在一个假设之上，即明清时代的国家与现代的国家面对社会时，站在同样的位置。但实际上，现代国家如同前面所述般，是疯狂集中权力的近代型国家权力。

传统中国的国家揭示了一君之下万民共存的理念，但实际上，它只是追认了无数个别的"家"在那里拥挤生存、紧张竞争的大致状态，并进行了微小的调整。反过来说，当时的国家在现实上的脆弱性，正好和"公论之口"——具体揭

---

[1] 参阅寺田浩明《近代法秩序と清代民事法秩序——もう一つの近代法史論》，收入石井三记、寺田浩明、西川洋一、水林彪编《近代法の再定位》，創文社，2001年。

示平衡的秩序状态之人——此种权力正当化的方式相互匹配。

共通的缺点 关于现状的说明，从近代法形成史着眼的理论，把近代法完全称霸的状态放在未来，而从中国的固有法着眼的理论，将传统法式框架的持续存在，当作论述的大前提。结果，两者在途中都变成了政治论述。或许两者共通的一点是，即使除去政治色彩，仍会将自身的法形态予以绝对化，并从此处描写所有的景色。但是，现状显然是传统法与近代法的各种要素发生混淆的状态，而且人们寻求的，也是能够俯瞰法形态变化的更大理论架构。

引用世界的一切来理解自己的"普世史"，以及仅仅注目中国的"固有法"，其间存在着裂缝，而跨越这个裂缝的提示，可能就存在现实的西方法律史之中。因为，即使在西方，近代法也是近代的产物，且就现实而言，近代法在西方也尚未完全称霸，那里也可以看到某些传统法（固有法）与近代法的混淆。幸好我们在前一节曾经比较西方的前近代法与近代法，而在本节中，我们看见近代法进入中国的法传统后所呈现的状况。若将这两者并列观察，那么，共通的部分是什么？相异的部分又是什么？普世史式的现象究竟为何？这一点，将由实际上的历史发展告诉我们。

近代法与传统法——四个问题层次 近代法（或其背后的主权国家权力及人类理性这两个近代性要素）在什么样的程度上，深入地渗透进历史性存在的各个社会秩序（其中包括西方型与中国型的秩序）中？同时，各个文明发生的历史性问题，以何种方式呈现？如果从这些视角出发，尽可能形式性地整理问题，则应该讨论的层次，以及应该获得解答的问题，大概可以分成以下四者。

问题一——作为共通要素的近代法制度　无论东西方，其共通出现的法，是起源于西方、完成于近代的、一种形成社会关系的成套工具。在社会关系形成之际准备好这样的选项，其好处毋庸置疑。尤其对于资本主义经济而言，可以说那是不可或缺的社会基础。虽然这是西方发明的创意，但由于西方技术的导入，非西方各国制作出来的，基本上也是等级品。对于近代社会而言，近代法类似电力、铁路的发明，而就像我们现在看到电灯时不会想到美国，看到铁路时不会想到英国一样，今日已经无须拘泥于近代法的来源。

近代法在理论上的支撑，是工具性的人类理性，现实上的支撑，则是独占其领域内一切暴力的近代国家权力。但是，如果近代法的安定运行，对于社会的运作而言变得不可欠缺，随后即使少了国家的后盾，它也可以借由自身具有的合理性与规则性，在依照理性运作的社会中获得自己的位置。

即使概略地提到近代法，其中当然也会有几种样式（例如大陆法系与英美法系）。当然，围绕近代法的普及与运用、更加合理的制度改良，以及由此形成的内容之间的关系调整等，国际之间有必要展开合作与竞争。事实上，如果有某个国家制定了新式的民法典，全世界的民法学者将会深感兴趣，热衷其间，并致力于创作世界最新版的民法典。这不仅仅是西方国家的事情，东方各国的法律实务界和法学界也有参与其中的权利与责任。

此种参与，乃是以参与者的近代理性提出合理性秩序的构想，也是为经济合理主义的行动提供形式上的平台。在此意义上，此种参与，是近代法在形成过程及向世界普及的过程中，一开始就存在的特性，而东亚各国对于近代法的导入，也可以说是此种参与在早期留下的一个镜头。

问题二——各国社会中对待近代法的方式　只是，近代法制度这个人为的、合理的，但又具有权力性质的法制度，以及由它形成的片面性的社会关系（法的关系），在各国遭遇其历史上既存的各种整体秩序时，受到如何的对待？这个问题，与上述如何设计较好制度的问题，是个别独立的存在。具体地说，它有两个面向，亦即从社会的面向来看，面对具有权力性、形式性、部分性等性质的此种近代法式的法律关系，原本具有全面性的日常社会关系，会如何反应？另外，从国家的面向来看，关于秩序的形成，国家公权力扮演了什么样的角色（例如，为了提升计算可能性，主动承担强化规则性的角色，或者站在全体共存的立场，主动阻止规则的强行）？

从近代法和传统西方法的关系上来说，两者具有承续性的关系。这是因为，在西方法传统中，法的其中一个侧面，即它是形成社会关系的工具，而近代法是借由将这个侧面极大化的方式，才得以成立。而在对于权力有何角色期待的这一点上，两者之间也没有太大的历史性变化。但是，纵使在西方社会中，面对社会关系的法律关系化（所谓"合理化"），从近代的一开始就存在着批判与恐惧。因为一旦社会关系要通过法律关系形成，则实际上个体之间的关系将会变成要以国家权力作为媒介。无论国家多么谦抑地行动，但由国家备置的个体之间的关系，依其本质，乃是具有限定性质和片面性质的关系，利用这些关系来缔结人际关系，无疑是要放弃原本丰富而全面性的人际关系。而且，愈是仰赖国家备置的法律关系，其背后代表的，是血肉之躯的人类自己形成社会关系的能力衰退，以及个人对于体系的从属性、依赖性增加。而且，对于大部分的市民而言，法这个机制的内部关连并不明确，难以正确地理解。如此一来，即使原本打算以合理的关系取代巫术的关系，但对于近代法的新手而言，这些合理关系本身反而可能成为另一种"巫术"。[1]

相对于此，在亚洲各国，近代法终究是外来物，其与日常的社会关系之间的区别，对于任何人而言都显而易见的。旧有的社会关系依然残留，且国家权力有一半是由传统式的公权力观念支撑。近代法中司法权力被要求扮演的角色，与传统公权力被期待的角色间，出现了无法避免的紧张关系。但即使如此，由于种种的因素，亚洲各国仍自发地导入了近代法，而近代法一旦开始使用，日后恐怕也不能欠缺。究竟应该在什么地方停下脚步才是适当的，目前仍处于持续摸索的阶段。由此看来，进行近代法的导入时，各国的旧有社会秩序与近代法之间，无论是承续性或断裂性的关系，都会出

---

[1] 关于韦伯等人对于近代的批判，参阅中野敏男《近代法システムと批判——ウェーバーからルーマンを超えて》，弘文堂，1993年；山之内靖《マックス・ウェーバー入門》，岩波新书，1997年。

第八章 传统中国法与近代法

现各自的难题。

问题三——近代法对于各国社会的改造　但是，除了前述对于近代法的抵抗，另一方面，近代法制度（创造近代法的、拥有强大力量能够左右那个整体秩序的国家权力，以及不受一切惯例束缚的近代理性）也对抵抗它的传统国家社会进行改造，将它们吞没。在此，之前所见的西方模式下的近代法 B 和近代法 C 所具有的机能，亦即以近代法的法律关系全面取代社会关系，进而将所有人类改造成"近代性人类"的机能，可以当作先例来加以理解。

不过，如果要运用近代理性和近代国家权力改良社会，提出的设计图（理性的秩序构想）不限于古典自由主义式的近代法图像。最重要的是，近代国际社会的现实状态，是主权国家彼此之间的军事对抗。为了在以国民国家为单位的国际生存竞争中胜出，国家内部反而被要求在有限的资源当中达成全体共存。当个体和全体之间的和谐状态被迫再度调整后，强调权利的社会性的各种新式法理论也因此应运而生。此外，就有限的资源当中达成全体共存，以及个体、全体间的和谐状态的调整而言，共产主义也是其中一种回答的方式。

通过近代法开启了新的"法的形态"之后，接着，法的内容会受到检讨。也许检讨的范围会一直延伸到近代法 C，而若能将法与历史社会间的理论联系切断，检讨法的内容时，就会变得完全自由。如果最后甚至能够修改人类的图像，在某个意义上，表示在那个法的里面出现了"什么都有"的世界。虽然所有近代法的理论，都无法提供检视法的内容是否正确的终极判断标准，但反过来说，既然人们赋予了近代国家权力彻底改变人类与社会的力量，那么他们就不得不做出某些选择以进行改变。无论在哪里，每个人都必须要仰赖理性，选取自己现在与未来的秩序形态。

而在选取现在与未来的秩序时，主要会被追问的，是全体与个体的关系，而思考这个问题时，首先会出现两个方法的选项：一是从全体出发，寻找个体在其中的定位；二是从个体出发，构思全体的形态。而经由本书所见的东西法传统差异，意外地和这个对比互相对应，这令人不能不感到惊讶。这个对比，可以说是人类自始抱持的本质性问题的呈现，因此，将现存关于东西法文化比较的各种论述，定位成这个传统的自觉性的再定位或现代性的再生，也不是不可能。

只是必须注意的是，存在此处的，是理性的人类（具体上是以国民国家作为单位）重新做出的价值选择，亦即在广义的近代法平面上所做的设计方案的选择。在以近代国家权力和理性作为背景开始进行陈述时，不管是什么样的论述内容，在一定程度上都是对于古典自由主义式的近代法意识形态进行的改版。关于个体与全体的关系为何，提问的场域显然已朝向近代理性支配的世界滑动，因此现在如果还在谈民族性、地域性的问题，当然是不合时宜的。而针对法提出的各种"亚洲价值"的论点，同样也不宜谈论这些问题。有关亚洲价值的讨论，乃是借由积极带入东方的传统价值，将有关人类理性的问题从西方的独占中解放出来的过程；同时，也可以说是东方以此种形式，最终被卷入始于西方的新式论述方法（西方的游戏规则、近代法的讨论空间）的过程。

实际上，第二个问题与第三个问题互为表里地前进。而在此过程中，传统秩序中的价值要素，即自觉后而意识到的要素，会作为近代法的内涵之一，渐渐被放进近代法所创造的各种秩序构想中。

问题四——事实性的界限　不过，是否只要人类想到什么，秩序就会发生同样的改变？人类是否也会那样改变？短期的成果不能保证长期的成功。在一些发展中国家创造近代法秩序，此种"法与发展研究（Law and Development Studies）"的尝试未必会如心所愿地获得成果，但其不发生改变的原因（反过来说，为何在某些地方会成功？），目前尚不清楚。又，是什么在现实中支撑着实际的法？关于这个答案的全貌，实际上我们现在还是不知道。于是，在第四个问题，这些东方、西方、左派、右派等各种理性主义、建构主义式的秩序理论，在现实上全部都存在着界限，但这个问题可能会永远持续蔓延。

总结　即使存在着传统的差异，但是在第一个问题的层次，还是可以谈论共通的问题。不过，虽然在那里可以谈论共通的问题，但不能说传统的价值就会立刻消失。而且，传统要素从第二个问题到第四个问题，以各式各样的形式出现。人们经过自觉而认识到的传统价值，其中一部分，反而会转换为有关近代法内容的讨论；而尚未经过自觉，继续维持的传统要素，在发生新旧的冲突以前，人们甚至无法察觉到它们的存在。这些多样性的新旧对比轴，在今日仍复杂地交叠在一起。

广义上而言的近代法化过程,整体看来一直持续前进着,但其内涵未必是"普世史"的理解所设想的单一内容。法的形态的此种历史性衍变,并非让人们的选择性缩小,反而具有扩大人们选择范围的面向。因此,要迎来什么样的近代,其实取决于每个不同的国家。

终　章
跨越文明的法论述方式

在序章里，笔者揭示本书的其中一个目的，是要探求一种不受限于西方法律传统的、崭新的法论述方式。而在本书中，笔者运用了概念上具有独立性的方法，描绘传统中国的法秩序图像，同时，由于论述过程中遭遇的论题所需，乃试着在各种情况下，积极以各种相应的方式对于传统中国法、传统西方法和近代法进行了比较。最后，在以上种种讨论的基础上，关于运用跨越文明的方法论述法的历史时所需共通要素为何的这个问题，笔者拟试着整理、呈现个人目前的想法。那么，首先要问的是，现在一般通行的法概念及法论述方式，存在着什么样的问题？

1. 作为比较法史学研究之用的法概念

西方型法理论的特色　西方人在说明法的历史时，是将之理解为规则获得制度化的直线发展历程，亦即人类将内在于社会中的规则性加以明确化、自觉化之后，以权力作为后盾支持这些规则性，借此将自己的社会改造成一个合理的社会，最终则要以规则覆盖整个世界（第七章第一节）。

而在另一方面，此种说明也是西方历史经验的如实反映。面对如何赋予判决正当性基础的此项课题，西方人自从把规则的存在当作毋庸置疑的前提以后，就将接下来遭遇的其他各种课题理解为规则不够完善所引发的问题。因此，他们通过让规则明确化、全面化的方法来解决这些问题。而近代法正是在这样的历史发展轴线上出现的，可以说，正是近代法在历史上的此种实际存在状态，形成了往后的人类历史共通课题（要以人类理性设计什么样的近代法内容、要如何处理人类理性设计的秩序与现实上存在的人类秩序之间的关系等课题）的前提。切合此种经验而在学术上形成的法概念，是一种呈现为规则形式的法。可以说，西方人如此将法概念化的做法，其实是极其自然之事。

规则的功能差异　但是在本书里，笔者探讨法的形态差异时，意识到了三个讨论面向，即：Ⅰ裁判的基础赋予（主要在第五章）、Ⅱ判决的统一（主要在第六章）、Ⅲ人际关系与制度性关系这两种社会关系的区别（主要在第八章），而在这三个讨论面向中，规则未必仅呈现出一种内涵与作用。在"Ⅰ裁判的基础赋予"面向中出现的规则，乃是存在于裁判机关外部，拥有各种权威的规则性，其用途在于运用此种普遍的规则性，为个别的判决赋予正当性基础。在"Ⅱ判决的统一"面向中出现的规则，乃是裁判官员下达的判决最终在结果上所具有的规则性，其成文法化的目的，在于为接下来的个别判决提供可以参照的基准，而这样下达的判决不久之后又会循环成为规则。在"Ⅲ人际关系与制度性关系这两种社会关系的区别"面向中出现的规则，是一种基于理性思考后，由权力所支持的因果关系命题，而设置此种因果关系命题的目的，在于辅助合理社会关系的形成。

　　三个面向中见到的规则，都具有由权力担保实现的因果关系命题的此种性质，而且一旦将它们书面化，大概都会采取分条分项列举条文的形式，但是，三者的成立基础与目的却有相当大的不同。尤其必须注意的是，具有理性性质的规则Ⅲ与具有历史性、社会性（存在于历史上、社会上）的规则Ⅰ，两者在内容方面虽然有许多重叠，但就其现实上的基础以及各自和国家的相互关系而言，却有着将近一百八十度的巨大差异。出人意料地，这三个讨论面向乃是不同层次的独立议题。

　　各个讨论面向中有别于规则的其他选项　而与此对应，我们在"规则型"的相反面所看到的法的形态，在这三个讨论面向中也呈现了相当不同的样貌。

　　首先，关于"Ⅰ裁判的基础赋予"，规则型的做法是将一般性的规则适用于个别事实，以赋予裁判正当性基础，与此相反，另外有一种方式，是思考每个案例事实中成立的具体正义为何，并在裁判的当下直接导出此种正义。两种方式在形式上差异甚大，但其共通之处，在于两者的目的都是要显示社会全体对于各该案件的判断，以解决纠纷，而无论何者，都各有其利弊得失。

　　关于"Ⅱ判决的统一"，规则型的做法是由最高裁判机关将案例统整为规则的形式，然后分发到基层裁判机关，而与此并立，本书之前介绍了另一种方式，是由审判现场的裁判官员积极地共同分享案例的资讯，并且主动互相参照彼此的裁判。追求判决统一的原因，乃是出自规模庞大的裁判制度运作下所衍生的课题，而选择采用何种做法，取决于信息资讯交流的技术，未必与Ⅰ的选择有联动关系。

而在"Ⅲ人际关系与制度性关系"中出现的，是有关人类相互间社会关系建立方式的选择。通过规则建立的制度性关系，其优点是获得国家权力的支持而免受私人权力关系的影响，而且预先根据理性彻底做了深入的考虑；但是相反地，其缺点是具有局限性与片面性，并且造成人们对于体制的过度依赖。在制度性关系之外，也存在着各地不同的各种人际关系形态，亦即基于各自的正义而成立的社会关系形态，此外，将这种关系全部替换为规则型的制度性关系，未必一定是最妥善的。

将上述整体视为法的重要性　站在比较史的立场上，与其认为这些居于规则反面的各种规范不是法而将之割舍，远不如将它们也视为法的其中一个种类进行讨论来得恰当公允，而且也会增加讨论的深度。

例如，关于"Ⅰ裁判的基础赋予"，我们看到中国的裁判——尤其听讼——中所呈现的法与裁判的形态，在追求个别主义之外，大体上也欠缺规则性，以及制度上的共通点。中国的裁判并未因此就沦为裁判官员的纯粹恣意，它们有自身所追求的社会正义，也是和公权力有关的一种任务设定。

将中国的法与裁判视为法与裁判的其中一种类型，并思考其形成的缘由，这会让我们获得许多线索，用以思考规则型的法与裁判的形成及特征（此种公权力的行动方式在历史上具有的特定性质）。

此外，关于"Ⅱ判决的统一"，如同现代日本的量刑行情般，在通过规则赋予其正当性基础的裁判中，我们也可以看到毫无矛盾地存在着不以规则作为媒介的案例参照方式。由于此种统一裁判的做法不采取规则的形式，因此也不属于法治（rule of law）的情形，但是它所寻求的"相同事物为相同处理，不同事物为不同处理"的要求，毫无疑问是属于法的课题。此外相反地，直接在"判决的统一"层次中发挥作用的传统中国律例，乍见之下采取了类似规则的形式，然而其裁判正当性基础的赋予却是"非规则型"的形式。

而关于Ⅲ，本书将传统中国的契约社会与近代契约社会的差异，理解为以信义为基础的人际关系与制度性社会关系的差异，而正是这样的理解方式开启了一条途径，让我们得以合理地俯视近代法此种特殊的法与各种传统法之间的关系。

规则型法理论的问题点　虽然在西方法上，法的三个讨论面向的答案偶然地都在规则里获得，但看来似乎没有必要认为规则的形式是多数人对于法的本质性属性的认知，或认为只有规则才是法（有关法的讨论必须与规则连结）。

而实际上，例如，依据外形将传统中国律例视为规则的一种，但是为了和起源于社会（道德常规/mores）的西方型规则做出区别，而对它们加上了"由上而下的法""管理之用的法""具有官僚制度性质的法"等名称，此种做法，其实并不能厘清律例的功能及律例与各种规则型法的相互关系。甚至如同本书所示，此种讨论方式毋宁掩盖了律与规则型刑法典的脉络差异，反而让人看不到普遍存在于世界的各种法秩序中的案例参照要素，且因此忽略了法的正当性基础赋予所固有的问题。为了给予律例合理的定位，解开所有纠结的关键，是直接承认在裁判中存在着与规则型不同的正当性赋予形式，如此才能看出律例的功能不在于赋予裁判的正当性基础，进而重新探讨律例在何处发挥作用。此外，有一种研究态度，是见到存在于民间的规则性时，因它们不是国家法，而称之为"民间法"或"习惯法"，即使这种做法看起来是要撷取存在于民间的规范，但实际上乃是不加省思地将西方近代国家法的模式扩展到民间方面，最终只会沦为为了在日后将民间规范纳入国家法秩序所做的先前准备。但是，公权力应该扮演的角色，并非只限于强化存在于社会中的规则性，除了此种角色，我们必须思考更多的可能性。针对与世界上的法有关的各种问题，如果理所当然地采取规则形态论或规则的自我发展此等论说方式，其实不如想象中那样的正当及有效。

法文化型论述的问题点　不过，如同本书所显示的，认为每个文化的法概念不同，而将讨论的中心置于东西法文化的比较，这种论述同样也存在着许多问题。

的确，我们无法否定，在三个比较的面向中，围绕着"Ⅰ裁判的基础赋予"所进行的规则型与公论型的比较，在法与裁判启动运作的情况下，呈现为有关公权力角色定位的根本性差异，若继续探究其差异产生的背景，那么最后将会走到一种文明论的讨论。但是在历史上，那些裁判实际上是在规模庞大的裁判制度中进行，而规模庞大的裁判制度通常与另一个跨越东西方的议题"Ⅱ判决的统一"密切相关，现实中发生的大多数现象，是以Ⅰ和Ⅱ两个问题交叉的形式存在着。说明此种存在形式的原因时，文化性的起点差异与"路径依赖"的视角（认为过去的起点不同，日后的选择与发展当然会受到影响的一种观点。例如本书第六章第五节中曾经提及，由于裁判正当性赋予的形态不同，裁判机关的组织形态也因此有异）直到最后都不可或缺，但若要理解、说明制度的实际状态，那么即使将讨论的范围限缩至传统时期，仅仅仰赖文化比较的方法也显然力有未逮。

此外，在Ⅲ当中，我们看到了司法权力具有提供合理社会关系的作用，而此种作用在传统中国法中并不存在，在此意义上，其有一部分确实是文化的问题。盖近代法是西方法文化的产物，它自传统中国法中自然产生的情况实属难以想象。但是，Ⅲ的其他的部分终究是属于人造工具的问题，亦即始终是国家制度的问题。并且，此种人造工具或国家制度全面化的近代法，以近代国家和近代理性的存在作为前提。而毋庸赘言，即使在西方，近代国家与近代理性在近代以前也不存在；又相反地，若仅就近代而言，非西方诸国也拥有各自的近代国家与近代理性。在Ⅲ的面向中，东西方的比较还交叉着传统与近代的比较，而现代中的主要比较轴，显然在于后者的比较。

当然，在此阶段中，东西方传统的比较可能会牵扯着法的问题而进行。但是，此时讨论的对象乃是近代国家法的内容要如何设定，亦即，人们追问的不是隐藏于人与社会中的文化制约相关问题，而是如何选择价值的问题。无论是批判或拥护这些价值，如果一味地完全使用东西法文化比较论式的方式进行讨论，那么这些讨论既不正当，而且无效。

作为比较法史学研究之用的法概念　　如果认为规则是法的本质，因此设想法的历史演进结果当然会由自主性的规则涵盖整个世界，此种论述将会危害比较法史学；相反，思考各国法文化的本质为何，认为那些本质一直持续地决定了各国的法，这样的论述也会对比较法史学造成危害。

无论东西方，人们会努力探寻能够贯通历史的"法的本质"，并且想要据此做出足以自我完善的说明，然而此种努力似乎反而在不知不觉中，将自己导向没有出路的困境。或许可以说，人们尝试通过规范来建构秩序，但由于此种尝试经常会在两个价值选择的端点间摇摆（详见后述），先天上具有不稳定性，遂使得人们追求着此种过度自我完善的概念化（例如建立规则型的法理论或天下公论型的法理论）。然而，将自身的世界完全封锁在内的法概念，即使可以作为一种区域性的意识形态，支持着那个地域及那个时期的法，而发挥作用，但是对于比较史的研究而言却不适当。一旦执着于此，或许在那个阶段里，法史学将会成为特定法意识形态的从属物。

如果非要追寻涵盖整个世界史的法概念不可，那么姑且将答案视为是使上述ⅠⅡⅢ的三个对比得以成立的整个"理论空间"，这从比较法史学的角度来看，或许是有用且具有实证性质想法（但此种法概念与前述的法概念或许属于不同的层次，乃是为了探究前述的各种法概念而运用的一种概念及框架）。实际上，为了能够放开心胸地讨论传统中国法、传统西方法与近代法中见到的裁判、实定法、判例、契约的形态，且互相给予彼此适当的定位，有必要提供一个至少如此辽阔的理论空间。

法概念扩展的基础　而从历史上来看，讨论法概念的定义时要提供具有一定大小的理论空间，其原因不难想象。因为，法此种社会现象经常处于全体与个体、一般与个别、既存现状与理性设计的两个极端之间，承担着连结两者的任务。

就全体与个体而言，自古以来，在赋予法正当性基础时，会出现由全体导出法或由个体导出法的论述，但是因此而提出的"完全的全体"及"完全的个体"，乃是从之后要建构的法图像反推出来的虚构意象。倒不如说，人们在全体与个体中间不完整地共有着什么的状态，才是始终存在的历史实貌。因为人们虽然确实是个别地存在着，但如果要说他们是分散的个体，那么他们却又共有着太多的前提。又就一般与个别而言，纷争解决制度的稳定运作必须要有一般性，但实际上发生的纷争以及寻求的解决最终却是个别性的，法的任务不可能在达成其中一方时即告终了。最后就既存现状与理性设计来看，虽然人类社会中也有许多方面可以自由改变，但是在一定的范围内，多半只能自然形成。法的形式性与人类的多面性并非单纯地并立。而讨论人类在此种具有伸缩余地的理论空间内将建立什么样的秩序、能建立什么样的秩序，其代表的意义，应该就是对于法的历史的讨论。

此外，本书在比较传统中国法、传统西方法与近代法的过程中，找到了"Ⅰ裁判的基础赋予""Ⅱ判决的统一""Ⅲ人际关系与制度性关系这两种社会关系的区别"三个讨论问题的面向，以作为法的问题的扩展方法，但当然，问题的面向不必然局限于这三者。笔者期待，随着研究者将研究的对象扩及其他地域与其他文明的法，更多有用的问题面向与不同的比较项目能够得到发现。

2. 对于日本法的提问

经过这样的思考后，笔者脑海中对于日本法也重新浮现了许多崭新的问题。运用本书中所尝试的方法，一笔勾画出传统日本法秩序的整体图像，这或许值得其他研究者一试。即使仅对应于本书内所遇到的课题，以下三个提问也立即成立。

三个提问 第一，是与裁判的基础赋予——"法的形式"——有关的问题。本书针对中国的情形，揭示了直接探求天下人皆以为是的答案这种法与裁判的模式。对于传统中国的人们来说，完全没有对于"不完善的法治"感到满足或者因其不完善而感到烦恼的问题，但他们仍然孜孜不倦地努力去追求"天下人皆以为是的答案"这一正义实现的课题。

由此可见，建立一个以规则型为基本的"搜寻类似物"理论完全不同的独特法理论，不但可能并且有其必要。那么如此一来，在日本，法又是呈现了什么样的形式？日本人究竟将什么视为社会正义？又其想要遵循的规范为何呢？

第二，日本法制史中具有代表性的各种制度性要素（特别是法典之类）的定位，应该可以提供有趣的讨论主题。如果用本书的用语来说，即这些要素的定位是属于正当性赋予的系列，抑或是案例参照的系列，又或者是这两者以外的系列呢？并且，一旦这些制度性要素被创设，以维持、管理这些制度性要素作为"家业"（职责）的日本式的"家"也会随之出现，这些制度性要素被当作"家"的技能（例如解释、操作法律的技能）而获得反复锤炼，基于它们是代代相传的家业与家艺而获得社会的尊重，同时，却也由于它们仅仅是一种家业和家艺，因此在不必要的情况下遭到社会的轻视。此种情况，和我们在前面看到的正当性赋予及案例参照的混合状态，何处相同？何处相异？

第三，近代法的讨论，正是日本所需要的。日本的近代法导入从比较史上来看，无疑是异常顺利的。但是同时，在近代法的导入上一直持续存在的不完全感却也难以消除。传统日本在面对近代法时，究竟作出了什么样的反应？又近代法在哪些方面及什么程度上改变了日本人的世界？这些令人感兴趣的问题数不胜数。

现代中国法的论述方式　若将以上的提问当成自身的提问来试着思考，我们会察觉到，关于现代中国法与现代日本法的关系，我们有可能而且有必要做出不同于过往的讨论。过去最常见的做法，是将日本列为近代法化、西方法化的先进国家，将中国列为近代法化、西方法化的后发国或落后国家，然后进行比较。此种落差的存在当然不假，但如果比较的对象是近代法 A 的形成（法的国家化、理性化、工具化），由于中国也已经完成了此种近代法的导入，因此这样的比较已经超出了有效的期限。此外，倘若仍以近代法全面化此种普世史式的观点来进行讨论，那么与日本有关的探讨也和中国的情形一样，会遇到第八章所述的问题，即众人是否仍相信此种普世史式的近代法发展模式，以及此种论述在今日具有什么意义。

毋宁说，现在应该要做的是，虚心比较中日两国在以下共同问题中如何付出努力和进行苦战的轨迹，而这些问题包括：这两个具有各自不同历史的国家在传统时期如何形成秩序？他们目前为止如何在本国法史中定位近代法此种新的事物？而且，他们未来又将如何定位近代法？在此种比较中，层层堆积着本书所示的所有问题。或许答案不易获得，但是对于自我省察而言，这种比较肯定能够发现相当多有用的线索。

法史学的课题　虽然是非常理所当然的事，但仍必须说，世界各国应该都是面向前方，生存在本国法的历史最前线，而且今后仍将继续向前迈进。亦即，法的历史发展乃是永无止境的。今后的法史学研究被赋予的课题，正是要以此种立场与态度，描绘所有国家、社会和所有时代的法的历史。

后　记

　　本书为提供给日本的大学法学院，讲授"中国法制史"或"东洋法制史"的教科书。

　　在课堂上讲授自己对于专业领域所建构的体系理解，是法学院教师的首要之务。体系化（或者能够自圆其说的全体面貌）的这种无言的压力，则时常起着作用。即便是必须讲授以相关法典条文为前提的实定法学领域，也由每位研究者经各种深思熟虑，创造出各种体系，然后分别在课堂上讲授。基础法学下的各科目，本来就没有应讲授何种内容的标准，因此，在课堂上讲授的范围，则取决于自己所创造的体系。

　　中国法制史学的教学，作为一个指标性的体系，当然可以选择讲授从上古殷商到现代为止的历史演变进程，也有人以此为目标。不过笔者的目标则是就当中的法秩序，独立且内部无矛盾地重新组成其全体。无论在世界的何方，一边是人们有各自的生活感觉，另一边则存在着国家规模的政治秩序。而笔者之所以从治学一开始，就思考传统中国的此种呼应关系，是因为可以用现代世界所具备的呼应关系之理解，以相同的程度，加以剖析。

　　当然，这是一个仿佛陷入泥沼的课题。无论是生活感觉，还是政治秩序，我们总是陷入自己的认知，而毫无自觉。多半的操作，是事实的阐明，而剩余的另一半，则是察觉到自己的理解框架下渗透出的偏见，再加以订正，而且是每个部分都互相联动的体系性说明。如果翻转了其中一个论点，则多数的论点，也随之翻转。倘若改变其中一个装载，则使得全体失衡，因而促进新的问题、其他偏见的发现，几乎没有止境。从《日本的清代司法制度研究与对"法"的理解》（1990年）到《审判制度中的"依据"和"案例参考"——以传统中国法为线索》（2013年）为止的主要论文中，乃笔者与授课当中所遇到的问题（皆是采取个别实证难以处理，体系构成上的理论问题），恶战苦斗之中写下的作品。文章不只有艰涩难读而已，也因此，下一篇论文，必然成为前一篇论文的修订版。在此层面上，此种授课方式，也决定了笔者大半的研究风格。

　　笔者所开设的四学分中国法制史课程，始于1987年千叶大学法经学院的"东洋法制史"课程。其后，随着工作的变动，从东北大学法学院到京都大学法学院，课程名称及教室也随之物换星移，这四学分课程，即笔者主要锻炼的场地。对于采用笔者，给予笔者授课机会的诸位先进，以及当时参加尚不成熟的课堂之学生，笔者致上由衷的谢意。此外，笔者早年曾在东京大学、名古屋大学、东北大学、大阪大学等校的文学院，以年轻的学生、研究生为对象，进行授课，也迫使笔者增广历史学方面的见闻。尤其感谢故沟口雄三先生、森正夫先生、故寺田隆信先生、片山刚先生惠赐珍贵的机会。至于法学院的集中讲座，从 1990 年以来，曾于东北大学、九州大学、名古屋大学、福冈大学、大阪市立大学大学院等校，各举行一至数次。时间大致上集中在酷热的暑假与凛冽的寒假，集中一至二周，从一早到傍晚，连续数日，详细解说所有的体系。虽然十分费力（对选课学生来说，更是辛苦），然而，也通过此种授课方式所给予的机会，能够意识到体系的正确与否。在此也一并感谢邀请的诸位先生，以及参加的学生们。

　　本书是以 2016 年度下学期，笔者于京都大学法学院所开设的"东洋法史"课程讲义为基础所著。不但如此，本书的一部分就是这一课程中授课时所述的内容本身（润饰此原稿的同时，也在进行授课）。该年度亦为笔者在京都大学法学院开设课程的最后一次。授课时，尚无教科书可用，待课程结束以后，教科书才完成，或许不尽合理（不如说是相当脱节），然而，这是日本一部分法学院不可思议的传统之一。既然是授课讲义，则讲义的内容，必须年年优胜劣汰（不停滞在编写教科书这件事情上）。而最后，应将其达到的目的，以体系书的形式公之于世（不仅以教室里的学生为对象）。在如此的准则下，这几年来，尽力完成了本书。联其中，很自然地是进行了以下工作，即在构成笔者主要观点体系的所有论文当中，若论点相互关联但有暧昧不明之处，则重新耙梳其逻辑论理，最终制作出确定版本。然而，随着年龄增大而衰减的集中力、判断力，远远超过预期，也因此对于下笔时间过晚一事，懊悔不已。不过，果然撑到最后阶段，还是有所好处。其间，自己已经解决的问题，也属不少，而只要想到，若是在问题解决以前，便已成书，则不禁令人悚然。此一时期，万事效率低下，而笔者能够获得充裕的时间与精神，专注于此一课题，实属万幸。深深感谢同僚们给予的各种关照。

"日后由东京大学出版会出版教科书"的这一话题，可上溯到十五年之前的前任编辑，故门仓弘先生。门仓先生退职后，当时由创文社进入东大出版会的山田秀树先生，则接手了这工作。回想起来，令二位久候多时，直到最后，也承蒙诸多关照。值此出版之际，再向二人谨表谢意。在最后阶段，继任笔者职位的铃木秀光教授，通读全书，并予以详细的订误，亦感谢其协助。

最后，谨将本书献给已故的恩师滋贺秀三先生。虽然总是无法以正确的言语表述，加上形形色色的混乱与龃龉，然而，师承先生，再驳论先生同时进行探究，最后而有如此的结果。由衷希望先生能够阅读本书。

2017 年 11 月
寺田浩明